Erschienen
im Jubiläumsjahr 2002
bei Klett-Cotta

Jürg Willi

Psychologie der Liebe

Persönliche Entwicklung durch
Partnerbeziehungen

Klett-Cotta

Inhalt

Einleitung 7

A. Grundlagen einer Liebesbeziehung

   1. »Liebe« – ein vernachlässigter Aspekt
      in der Psychologie von Paarbeziehungen 13

   2. Was heißt Selbstverwirklichung in der Liebe? 24

   3. Beziehungsdilemmas in der Selbstverwirklichung
      der Liebenden 40

   4. Der Wandel von Liebesbeziehungen in der
      gesellschaftlichen Entwicklung nach 1968 52

   5. Wie Mann und Frau einander in ihrer Entwicklung
      herausfordern 64

   6. Sexualität – die bindende und zerstörerische
      Energie der Liebe 82

   7. Religiöse Vertiefung der Liebe 103

B. Die Liebesbeziehung als Prozeß

   8. Selbstverwirklichung im Prozeß einer Liebesbeziehung 125

   9. Unbewußte und neurotische Liebeskonflikte 181

  10. Die Vorwürfe des Partners als Stimme
      des Unbewußten 216

  11. Das unbewußte Konstellieren von Umständen, die
      Veränderungen induzieren 237

C. Die beziehungsökologische Perspektive der Paartherapie

  12. Die ökologische Fallkonzeption der Paartherapie 251

  13. Integration von Elementen anderer therapeutischer
      Ansätze in die ökologische Paartherapie 267

  14. Was Paartherapie bewirkt 290

Zusammenfassende Gedanken und Ausblick 303

Literatur 309

Sachregister 319

Personenregister 327

Einleitung

Vier Bücher habe ich über Paarbeziehungen geschrieben. Ist von einem fünften noch Neues zu erwarten? Der Zeitraum, in dem ich diese Bücher schrieb, erstreckt sich über mehr als 25 Jahre. In dieser Zeit waren Partnerbeziehungen einem starken gesellschaftlichen Wandel unterworfen, aber auch unsere Kenntnisse über Paarbeziehungen haben sich erweitert und differenziert. In »Die Zweierbeziehung« (1975) und dem dazu gehörenden Buch »Therapie der Zweierbeziehung« (1978) ging es um das unbewußte Zusammenspiel von Partnern bei Partnerwahl und Paarkonflikt und um die pathologischen Motive und Ängste, welche Partner in einer Kollusion miteinander zu bewältigen versuchen. Die darin beschriebenen Beobachtungen waren neu und erschienen genau im richtigen Augenblick, nämlich zu einem Zeitpunkt, als die westliche Kultur sich von dem Gedanken verabschiedete, in Paarkonflikten zwischen Schuldigem und Unschuldigem zu unterscheiden, und zu akzeptieren begann, daß in einer Paarbeziehung das Tun des einen immer auch das Tun des anderen ist. Die Leserinnen und Leser stürzten sich geradezu auf »Die Zweierbeziehung«, um dem pathologischen Zusammenspiel in der eigenen Paarbeziehung nachzuspüren und das für sie zutreffende Kollusionsmodell zu diagnostizieren. So geriet ich mit meinen Beschreibungen in eine Krise, weil ich den Eindruck bekam, das Buch werde oft für die Bestätigung beziehungsfeindlicher Einstellungen mißbraucht. Manche fanden darin den Nachweis, daß es sich bei der Ehe um ein pathologisches Phänomen handle. Ich kann mich an Seminare mit Eheberaterinnen und -beratern erinnern, in denen ich die Teilnehmer aufforderte, an die Wandtafel zu schreiben, was ihnen zum Stichwort Ehe einfalle, und es niemanden gab, der damit einen positiven Begriff zu assoziieren vermochte; dafür aber fanden Begriffe wie Langeweile, Gewohnheit, Versorgung, Sicherheit, Abhängigkeit, Unterdrückung breite Zustimmung. Deshalb setzte ich mich im Buch »Ko-Evolution – Die Kunst gemeinsamen Wachsens« (1985) grundsätzlich mit der Frage auseinander, was Selbstverwirklichung in einer ökologischen Sicht bedeutet und wozu der Mensch überhaupt Beziehungen braucht. Unter Berufung auf Begegnungsphilosophen, insbesondere auf Martin Buber, stellte ich dar, daß der Mensch sein Selbst nicht im Rückzug und in der Abschottung gegen andere findet, sondern im Gegenteil, daß Beziehungen das Medium sind, in welchem der Mensch sich in seiner Verschiedenheit von anderen wahrnimmt, festigt und verwirklicht. Ich ergänzte den auf Pathologie sich beziehenden Begriff der Kollusion durch den Begriff der Ko-Evolution, also auf die Perspektive, wie Menschen sich in einer Partnerbeziehung persönlich entwickeln und wie sie einander im Wachstum anregen. Nicht nur unter pathologischen Bedingungen, sondern allgemein bildet sich zwischen Partnern ein gemeinsames Unbewußtes in der Korrespondenz ihrer Entwicklungsbereitschaften. Dieses artikuliert sich in den Partnern oft in polarisierten Formen. Kollusion kann als pathologische Spezialform einer Koevolution verstanden werden.

Es folgte 1991 das Buch »Was hält Paare zusammen?«, in welchem ich Koevolution eingehender als Korrespondenz der Entwicklungsbereitschaften von Partnern beschrieb. Zwischen Partnern entwickelt sich eine Dynamik von wechselseitiger Herausforderung, Begrenzung und Unterstützung. Vor allem aber habe ich aufgezeigt, daß es zu kurz greift, die Psychologie von Partnerbeziehungen nur aus der Dynamik der Zweierbeziehung verstehen zu wollen oder diese mit den frühen Beziehungserfahrungen oder gesellschaftlichen Einflüssen zu begründen. Bisher kaum beachtet wurde der ökologische Aspekt einer Partnerbeziehung, nämlich daß Partner sich in einer Lebensgemeinschaft eine innere und äußere Welt schaffen, die für die Identität, Sinnerfüllung und Stabilität einer Partnerbeziehung von zentraler Bedeutung ist. Eine dauerhafte Lebensgemeinschaft entwickelt Qualitäten, welche einer kürzeren Liebesbeziehung versagt sind. Es handelt sich dabei um die gemeinsam geschaffene innere Welt, bestehend aus einem gemeinsamen Konstruktsystem, gemeinsamen Vorstellungen über Sinn, Ziel und Normen des Zusammenlebens, um die gemeinsame Geschichte und den gemeinsamen Erinnerungsschatz, aber auch um die gemeinsam geschaffene äußere Welt, die gemeinsame Behausung, repräsentiert durch die Wohnung, ihre Raumaufteilung und ihre Einrichtung, den gemeinsamen Besitz und insbesondere die miteinander gezeugten und erzogenen Kinder. Daraus hervor ging 1996 das Buch »Ökologische Psychotherapie«, das sich an Fachleute richtet und sich mit einer beziehungsökologischen Konzeption der Einzeltherapie befaßt.

Im vorliegenden Buch möchte ich den Begriff Partnerbeziehung durch Liebesbeziehung ersetzen und werde das damit begründen, daß »Liebe« immer mehr zum maßgeblichen Faktor für den Zusammenhalt von Paaren wird. Wenn Liebe erlischt, löst sich heute in der Regel eine Partnerbeziehung auf. Doch der Begriff »Liebe« ist von Fachleuten noch wenig akzeptiert. Man assoziiert die Liebesbeziehung mit Romantik, Illusion, Honiglecken und »la vie en rose«. Liebe wird in den Medien oft in einer lächerlichen Weise propagiert – mit der Traumhochzeit, dem Traumpaar, dem Traummann oder der Traumfrau, die sich zu ewigem Liebesglück verbunden haben – wobei jedermann weiß, daß dieses nur kurze Zeit dauern wird. Mich erstaunt der ungebrochene Wunsch, Glück in der Liebe als höchsten Wert zu erhalten trotz aller gegenteiligen Unglücksbotschaften. Mich erstaunen die Widerstände auch bei gebildeten Menschen, sich in die Thematik der Liebe kritisch zu vertiefen und sich zu fragen, ob Liebe und Glück so eng aneinander gekoppelt sind, wie es die Medien verheißen. »Datings« in Fernsehen und Internet drohen zu einer Droge zu werden, deren Dosierung laufend gesteigert werden muß und deren Absetzen zu Entzugserscheinungen führt. Die Inflation von Liebesbeziehungen macht diese brüchig und oberflächlich. Eine vertiefte Auseinandersetzung mit dem, was zwischen Liebenden abläuft, wird vermieden, aus Angst, damit deren euphorisierende Wirkung zu zerstören. In diesem Buch wird Liebe nicht mit Glück gleichgesetzt, eher mit Erfüllung und Selbstverwirklichung. Dabei können einem Leiden und Einsamkeit nicht erspart bleiben. Persönliche Reifung und Entwicklung wird im Erwachsenenleben durch keine andere Beziehung so herausgefordert wie durch eine Liebesbeziehung. Es gibt aber auch keine Beziehung, die das persönliche Wohlbefinden und die psychische und körperliche Gesundheit so gefährdet wie eine destruktiv gewordene Liebesbeziehung. Die Gefahr besteht, daß der Schmerz über das Scheitern einer Liebesbeziehung gleich mit dem Eingehen einer neuen neutralisiert wird, ohne daß man sich bemüht hat, sich über die Hintergründe des Scheiterns klarzuwerden und für eine neue Beziehung etwas dazuzulernen. Mit dem Auflösen einer Liebesbeziehung wird oft eine wichtige Chance ungenutzt gelassen. Partner erkennen sich in der Regel sehr genau und weisen einander auf anstehende Entwicklungen hin, denen jeder von ihnen auszuweichen neigt. Oft sind Partner jedoch nicht ansprechbar auf die zutreffenden Hinweise, die sie einander geben, vielmehr versuchen sie die Vorwürfe durch Rechtfertigung und Gegenangriffe unschädlich zu machen. In diesem Buch möchte ich aufzeigen, wie Partner oft als Stimme des Unbewußten sich den Weg zu zeigen versuchen. Die Auseinandersetzung mit einer gescheiterten Paarbeziehung kann für die persönliche Entwicklung ein großer Gewinn sein.

Wie in meinen früheren Büchern gilt mein besonderer Dank den Mitgliedern der Arbeitsgemeinschaft Koevolution, dem Dozententeam, der vom Institut für Ökologisch-systemische Therapie angebotenen Weiterbildung, insbesondere Ruth Allamand Mattmann, Robert Frei, Bernhard Limacher, ferner Barbara Meier und Alois Haas. Ein besonderer Dank geht an Christine Pettke, die mit großem Engagement die verschiedenen Versionen geschrieben hat, an Herrn Dr. Heinz Beyer, den Lektor des Klett-Cotta Verlags, und an Oliver Eller für die kompetente Beratung und sorgfältige Betreuung, aber auch an die vielen Paare und Seminarteilnehmer, die mir über all die Jahre mit ihrer konstruktiven Kritik den Weg gewiesen haben. Meine Frau Margaretha Dubach war mir auch diesmal die wichtigste Quelle von Anregungen, auch wenn sie mich in Zeiten, in den ich vom Schreiben eines Buches besessen bin, ins Pfefferland wünscht.

A. Grundlagen einer Liebesbeziehung

Das Buch gliedert sich in drei Teile. Im ersten Teil befasse ich mich mit den Bedingungen und Voraussetzungen einer Liebesbeziehung. Es geht um die Frage, wozu Menschen Liebesbeziehungen überhaupt brauchen und weshalb sie sich nicht besser in mitmenschlicher Unabhängigkeit entfalten und verwirklichen können. Was ist von den radikalen und revolutionären Forderungen der Zeit von '68 geblieben, was hat sich bewährt und was mußte korrigiert werden? Kann man heute wieder etwas ideologiefreier über Unterschiede der Geschlechter diskutieren und in diesen ein kreatives Spannungsfeld für die Gestaltung einer Beziehung sehen? Gelingt es in einer reifen Liebe, Sexualität vollumfänglich zu integrieren, oder müssen wir damit leben, daß die Sexualität der Lust und die Sexualität der Zugehörigkeit auf Dauer schwer vereinbare Gegensätze sind? Kann die Uneindeutigkeit sexueller Strebungen eine dauerhafte Liebesbeziehung auch beleben? Kann Liebe religiös vertieft werden? Welches Verständnis von Liebe bieten die christlichen und anderen monotheistischen Traditionen an, welches die fernöstliche Spiritualität und Mystik? Macht das christliche Ritual einer Heirat heute noch Sinn?

1. »Liebe« – ein vernachlässigter Aspekt in der Psychologie von Paarbeziehungen

Weshalb ist Liebe für das Verständnis von Paarbeziehungen so wichtig? Die Frage klingt banal. Liebe wurde bislang aber erstaunlich wenig erforscht. Weshalb? Ist es die Scheu, Liebe durch psychologische Forschung zu banalisieren, ist Liebe kein seriöses wissenschaftliches Thema oder läßt Liebe sich zuwenig exakt definieren? Auch wenn wir nicht genau festlegen können, was Liebe ist, so können wir die Auswirkungen dessen, was Menschen als Liebe bezeichnen, beschreiben. Diesem Buch liegen die Erfahrungen über die Gestaltung von Liebesbeziehungen zugrunde, wie sie mir von den Paaren, die ich in meiner therapeutischen Tätigkeit kennenlernen konnte, geschildert wurden. Nachdem heutzutage gesellschaftliche und ökonomische Sachzwänge in den Hintergrund getreten sind, stellt sich die Frage, was Paare noch zusammenhält. Über zwei diesbezügliche Untersuchungen aus unserem Arbeitsteam wird hier berichtet. Die eine zeigt die hohe Bedeutung des Verliebtseins als Grundlage einer dauerhaften Liebesbeziehung, die andere klärt die Bedeutung verschiedener Faktoren für den Zusammenhalt von Paaren. Liebe erweist sich dabei als der wichtigste Faktor. Dementsprechend wird in diesem Buch der Begriff Partnerbeziehung weitgehend durch »Liebesbeziehung« ersetzt.

Die Zurückhaltung der Fachleute gegenüber dem Thema Liebe

Was ist Liebe? Eine gültige Definition kenne ich nicht. Es läßt sich vielleicht eher sagen, was Liebe nicht ist: Sie ist nicht bloß Zärtlichkeit, nicht bloß Erotik, nicht bloß Fürsorge, nicht nur Bindung, nicht nur Sympathie. Liebe ist vielleicht ein nicht weiter ableitbarer Begriff, ähnlich wie wir nicht sagen können, was Leben oder was Seele ist. Und doch können wir auf diese Begriffe nicht verzichten. Wir benützen sie in einer selbstverständlichen Weise, und alle scheinen zu wissen, was damit gemeint ist. Werden Klienten in der Paartherapie gefragt, ob sie ihren Partner noch lieben, so können sie diese Frage meist klar beantworten, ja, sie können sogar die Intensität ihrer Liebesgefühle auf einer Skala von null bis hundert angeben. Auch wenn wir letztlich nicht sagen können, was Liebe ist, so können wir ihre Auswirkungen beobachten, wir können die Verwicklungen und Widersprüchlichkeiten einer Liebesbeziehung beschreiben.

Die schwierige wissenschaftliche Faßbarkeit von Liebe mag ein Grund sein, daß bis in die achtziger Jahre Liebe kaum ein Forschungsgegenstand war und sich als Stichwort auch erst vereinzelt in psychologischen Wörterbüchern findet. Ein anderer Grund mag die Scheu vor der Entzauberung der Liebe durch wissenschaftliche Objektivierung sein. Sollte Liebe nicht jener Bereich bleiben, der vor der wissenschaftlichen Ausleuchtung zu bewahren ist? Besteht nicht die Gefahr der Banalisierung der Liebe durch die Wissenschaft? Empirische Forschung kann nur die Oberfläche sichtbar machen, die dann leicht für das Ganze gehalten wird. Geht dabei nicht das Hintergründige, Verborgene und Unaussprechbare der Liebe verloren? Die Paarforscher Schindler, Hahlweg und Revenstorf (1998) schreiben, daß die letzten zwei Jahrzehnte an wissenschaftlichen Bemühungen zwar erste vielversprechende Ansätze zu einer Theoriebildung erbracht haben, jedoch unsere Kenntnis dessen, was das »Geheimnis der Liebe« ausmacht, noch dürftig ausfällt und die Ergebnisse trocken und bescheiden wirken. Klassifikationssysteme geben keine Erklärung dafür, wie eine Liebesbeziehung entsteht, was sie ausmacht und von welchen Bedingungen ihr Verlauf abhängt. Viel beachtet werden vor allem die Arbeiten zweier Autoren: Lee (1973) entwickelte eine mehrdimensionale Typologie von sechs Liebesstilen, der romantischen Liebe als Eros, der spielerischen Liebe als Ludus, der freundschaftlichen Liebe, der besitzergreifenden, der pragmatischen und der altruistischen Liebe. Für Sternberg (1986) besteht Liebe aus den drei Komponenten Intimität, Leidenschaft und Verbindlichkeit/Entscheidung. Ich gehe nicht näher auf deren Arbeiten ein, weil ich meine, daß der Platz für diese recht theoretischen Einteilungen in Kapitel 8 ist, wo ich Liebe als Prozeß beschreibe, der sich in verschiedenen Stadien entwickelt, von der Liebessehnsucht über das Verliebtsein bis zur Altersliebe. Es soll dort einsichtig werden, daß Liebe ein vielschichtiges Phänomen ist, das sich nicht eindeutig definieren läßt, weil es sich laufend wandelt. Jedes Stadium fordert dem Liebenden einen neuen Entwicklungsschritt ab. Man kann die Entwicklung in den einzelnen Stadien beschreiben. Ich verzichte jedoch auf den Versuch einer allgemein gültigen Definition der Liebe.

Andererseits zeigen Paar- und Familientherapeuten eine besondere Zurückhaltung, von Liebe zu sprechen. Die harten Auseinandersetzungen ihrer Klienten entkleiden die Beziehung jeglicher Romantik. Dabei geht die Wahrnehmung der sich in allem Streit verbergenden Liebe leicht verloren.

Da die empirische Erforschung der Liebe bis jetzt für die Praxis noch kaum relevante Ergebnisse gezeitigt hat, versuche ich die Psychologie der Liebe vor allem aus den Erfahrungen der therapeutischen Praxis herzuleiten. Das Buch beschränkt sich auf den Prozeß der Liebe zwischen Mann und Frau. Natürlich gibt es auch die Liebe zur Arbeit, zur Heimat, zu Tieren. Ein besonderes Thema bildet heute die gleichgeschlechtliche Liebe. Ich möchte mich an die Thematik halten, mit der ich mich in den 35 Jahren meiner Tätigkeit als Paartherapeut am meisten befaßt habe, und das sind die Paarbeziehungen von Mann und Frau.

Liebe hat viele Erscheinungsformen, die zudem kultur- und zeitgebunden sind.

Das Verständnis von Liebe, wie ich es aus den verborgenen Sehnsüchten und Hoffnungen meiner Klienten heraushöre, findet sich bei Jacob Needleman (2000), einem amerikanischen Religionsphilosophen, darin begründet, daß der Mensch unvollständig geboren wurde und ständig in einem inneren Kampf steht, um vollständiger zu werden. Dieses Wahrnehmen des anderen als einen, der ständig auf der Suche nach seinem Weg ist, läßt das Bedürfnis entstehen, ihn bei dieser Suche zu unterstützen. Needleman bezeichnet das als die vermittelnde Liebe. Wir können einander als Suchende sehen, wir können etwas von der Suche des anderen erahnen, wir können um das Ringen des anderen nach innerer Freiheit wissen, um die Offenheit für das in uns, was größer ist als wir selbst, von dem wir abgeschnitten sind durch unsere Begierden, Ängste und

Illusionen. Liebe ist Liebe zum inneren Kampf des Menschen mit sich selbst. Es ist nicht die Liebe zur Tugend, es ist die Liebe zum Kampf um die Tugend. Es ist nicht die Liebe zur Stärke, es ist die Liebe zum Kampf gegen die Schwäche. Es ist nicht die Liebe zum Geist des anderen, oder zu seiner Seele. Es ist die Liebe zu dem, was sich im anderen nach Geist und Seele sehnt und darum kämpft, so verschwommen unser Verständnis der Dinge auch ist (S. 45–46).

Der Wunsch, daß der andere wachsen möge, kann aus der Wahrnehmung unserer eigenen innerlichen Situation hervorgehen. Erkennen wir unsere tiefsten Bedürfnisse und Wünsche, öffnet uns das für die Bedürfnisse und Wünsche im anderen. Wir erkennen im anderen den Wunsch, den Kampf mit sich selbst aufzunehmen. Das kann unser Herz auf spontane Weise für ihn öffnen.

Auch in meinem Verständnis beruht Liebe nicht in der Befriedigung definierter Bedürfnisse, sondern ist ein Prozeß des Werdens, ein Prozeß der Entwicklung zweier Menschen in der Wechselwirkung ihrer Beziehung, eine Koevolution. In der Liebe stellen zwei Menschen sich wechselseitig die Erfüllung und Verwirklichung ihrer tiefsten Sehnsüchte in Aussicht. Doch die angebotenen Möglichkeiten zur persönlichen Entfaltung bleiben eingeschränkt durch die unausweichliche Begrenzung der wechselseitigen Verständigung und Ansprechbarkeit. Das Ringen um die Verständigung und das Aufrechterhalten der Hoffnung, trotz Unvollkommenheit ihrer Erfüllung, sind wesentliche Qualitäten der Liebe.

Ich möchte zuerst über die Ergebnisse von zwei Studien unserer Arbeitsgemeinschaft Koevolution berichten. Diese Studien haben unsere Einstellung zum Thema Liebe verändert und sie zum Schlüsselbegriff unseres Interesses gemacht.

Ist Verliebtsein für Dauerhaftigkeit und Glück einer Paarbeziehung wichtig?

Verliebtsein hat unter Psychotherapeuten keinen guten Ruf. Es gilt als ein Zustand der Illusion, der projektiven Verzerrung, ja, als eine maniforme Psychose, jedenfalls als ein Zustand, wo der Realitätsbezug verlorengeht und die Betroffenen keinem rationalen Argument mehr zugänglich sind. Mit Erleichterung stellen Außenstehende fest, daß Verliebtsein ein flüchtiger Zustand ist und oft bald in den Katzenjammer der Enttäuschung übergeht. Es stellt sich somit die Frage, ob Verliebtsein eine notwendige Voraussetzung für eine dauerhafte Liebesbeziehung ist oder ob sie deren Bildung eher behindert. Ist für eine dauerhafte Partnerbeziehung eine vernünftige und realistische Einschätzung von Möglichkeiten und Grenzen einer Liebesbeziehung die beste Grundlage? Mit einer eigenen Studie versuchten wir die Bedeutung des Verliebtseins für die Ehe zu klären (Willi 1997; Riehl-Emde und Willi 1997). Wir befragten 605 Probanden mit einem Fragebogen (zwei Drittel davon Frauen; 66 % der Befragten sind verheiratet, 24 % alleinstehend, rund 10 % geschieden). Ich beschränke mich hier auf jene Ergebnisse, die für das vorliegende Buch wichtig sind.

Was ist von der Liebe auf den ersten Blick zu halten? Liebe auf den ersten Blick gilt als bloßes Strohfeuer, ja, als Projektion des eigenen Wunschbildes auf einen Partner, den man ja noch gar nicht kennen kann. Demgegenüber gilt ein allmähliches Sich-Verlieben als eine reifere, rationalere und solidere Beziehungsform. Unsere Untersuchung zeigt, daß 25 % der Befragten sich in ihren aktuellen Partner am ersten Tag verliebten (13 % sogar auf den ersten Blick), 30 % dagegen erst nach mehr als zweimonatiger Bekanntschaft. Ein verzögertes Verliebtsein führte aber nicht häufiger zu einer dauerhaften Partnerschaft als ein sehr rasches Feuerfangen füreinander. Erstaunlicherweise zeigten sich die Verliebten auf den ersten Blick nicht weniger zufrieden und glücklich in ihrer Partnerbeziehung als jene, die zum Verliebtsein mehr Zeit beanspruchten. Ebensowenig ließ sich, im Unterschied zur Fachliteratur, bestätigen, daß Männer sich schneller verlieben als Frauen. Männer machen lediglich den Anschein, sich schneller zu verlieben, da sie Verliebtsein offener zeigen, während Frauen sich mit Sprödigkeit vor einer vorschnellen Offenbarung ihrer Gefühle schützen. Die Liebe auf den ersten Blick erscheint weit treffsicherer, als vermutet. Es ist, als wären Menschen fähig, in Sekundenschnelle intuitiv die wesentlichen Aspekte eines potentiellen Liebespartners zu erfassen. Liebesbeziehungen scheinen zumindest auf den ersten Blick oft irrationalen Regeln zu folgen.

Eine andere Frage in der Studie war, was aus der großen Liebe des Lebens geworden ist. Kann man davon ausgehen, daß die Beziehung durch die »große Liebe« eher stabilisiert wird oder umgekehrt, daß es ein Vorteil sein kann, in einer kritischen und illusionslosen Weise zueinander zu stehen, in welcher man dafür weniger enttäuscht werden kann? Bei jedem Sechsten der Befragten führte »die große Liebe« gar nicht zu einer Beziehung. Es zeigt sich hier ein wichtiger Unterschied zwischen Liebesbeziehungen und Sympathiebeziehungen. Sympathiebeziehungen beruhen meist auf Gegenseitigkeit. Man findet denjenigen meist nicht sympathisch, dem man unsympathisch ist. Das Wort Sympathie besagt ja bereits, daß man »sich gegenseitig« gut leiden mag. Ganz anders im Verliebtsein. Dieses muß nicht erwidert werden. Man kann eine tiefe Liebe zu jemandem empfinden, der auf diese Liebe nicht eingeht, ja, eventuell gar nichts davon weiß. Dennoch scheint eine Beziehung zur »großen Liebe des Lebens« das Heiraten zu begünstigen. 60% der Verheirateten geben an, mit ihrer großen Liebe zusammenzuleben. Das unterscheidet sich deutlich von den Geschiedenen mit neuem Partner, von denen nur 18 % angeben, ihr Expartner sei ihre große Liebe gewesen. Auch die Ledigen mit festem Partner sehen in diesem nur in 29 % die große Liebe ihres Lebens. Weit häufiger als bei Verheirateten führte bei ihnen die große Liebe nicht zum Zusammenleben, ja in einem Fünftel der Fälle überhaupt nicht zu einer Beziehung. Den Ergebnissen zufolge unterscheiden sich eheliche und nichteheliche Partnerschaften hochsignifikant bezüglich Häufigkeit des Zusammenlebens mit der großen Liebe. Gegenüber Ledigen mit festem Partner beruhte bei den Verheirateten die große Liebe häufiger auf Gegenseitigkeit, und die Beziehung wurde seltener unmittelbar nach einer Liebesenttäuschung eingegangen.

Wie steht es mit Glück und Zufriedenheit in der Partnerbeziehung bei Verheirateten und bei Singles? Wie schon erwähnt, unterscheiden sich die Verheirateten von den Singles mit festem Partner dadurch, daß sie häufiger mit der großen Liebe zusammenleben. Die Bedeutung des Verheiratetseins mit der großen Liebe zeigt sich auch in der geringen Scheidungsrate von nur 6 %. Die Heirat der großen Liebe scheint also seltener in einer Scheidung zu enden.

Sprechen diese positiven Befunde bei den Verheirateten auch für eine höhere Zufriedenheit und Glück in der Beziehung? Laut unserer Untersuchung ist das nicht der Fall. Ledige mit stabiler Beziehung beschreiben sich signifikant häufiger als glücklich in der Partnerschaft als die Verheirateten. Sie sind auch häufig zufriedener mit verschiedenen Aspekten der Partnerschaft, vor allem mit der Kommunikation, dem Austausch von Zärtlichkeiten und mit ihrem Sexualleben. Am unzufriedensten erweisen sich die Verheirateten mit Kindern. Dieser Befund überraschte uns, er entspricht jedoch den Resultaten von Belsky and Rovine (1990). Es ist möglich, daß die Verheirateten mit Kindern zwar häufig unzufrieden mit ihrer Partnerbeziehung sind, jedoch aus der Beziehung zu ihren Kindern emotionale Befriedigung schöpfen.

Weshalb heiraten Ledige mit festem Partner nicht, wenn sie doch glücklicher sind als die Verheirateten? Oder sind sie glücklicher, weil sie nicht verheiratet sind? Daß die Beziehung der Ledigen zu ihrem Partner glücklicher und zufriedenstellender ist als jene der Verheirateten, könnte darauf zurückzuführen sein, daß die Ledigen eine unbefriedigende Partnerbeziehung rascher auflösen. Es könnte sein, daß sie mehr Sorgfalt und Energie für die Pflege ihrer Zweierbeziehung insbesondere bezüglich Kommunikation, Zärtlichkeit und Sexualleben aufwenden. Es könnte aber auch sein, daß die Singles sich deshalb nicht zur Ehe entschließen, weil ihr Partner für sie nicht die große Liebe ist. Ihre Erwartungen sind dann weniger hoch und in der Realität eher erfüllbar. Verheiratete, die ihre große Liebe geheiratet haben, scheinen auch dann eher zusammenzubleiben, wenn sie in der Ehe nicht glücklich und zufrieden sind.

Zusammenfassend ergibt unsere Studie den Eindruck, daß Liebesbeziehungen einer anderen »Logik« folgen als andere Beziehungen. Oft beginnt eine Liebesbeziehung nicht allmählich, sondern stellt sich als Verliebtsein schlagartig ein, man ist vom Pfeil des Amor getroffen – Verliebtsein als »coup de foudre« (Blitzschlag). In einer Art Evidenz erkennt man die geliebte Person schlagartig, bevor man über sie ausreichende Informationen zur Verfügung hat. Man kann sich dabei zwar täuschen, erstaunlich häufig ist die Wahrnehmung jedoch zutreffend. Im Verliebtsein ist man nicht zwangsläufig auf Erwiderung der Gefühle angewiesen. Man verliebt sich oft scheinbar gegen alle Vernunft. »Le cœur a des raisons, que la raison ne connaît pas« (Pascal).

Verliebtsein erweist sich in unserer Studie als ein wichtiger Stabilisator einer ehelichen Lebensgemeinschaft. Insbesondere auch, wenn die Partnerbeziehung nicht mehr als glücklich und zufriedenstellend erlebt wird. Glück und Zufriedenheit sind somit nicht die einzigen maßgeblichen und vielleicht nicht einmal die entscheidenden Qualitäten für das Aufrechterhalten einer Partnerschaft. Qualität und Intensität des Verliebtseins wurden bisher in der Psychologie von Partnerbeziehungen und in der Paartherapie erst wenig beachtet.

Liebe, der entscheidende Faktor für den Zusammenhalt von Paaren

1991 habe ich im Buch »Was hält Paare zusammen?« meine therapeutischen Erfahrungen zu diesem Thema dargestellt. Die darin aufgestellten Thesen wurden von meiner früheren Mitarbeiterin Astrid Riehl-Emde in einer empirischen Studie überprüft (Riehl-Emde, Frei, Willi 1994; Riehl-Emde 1998). Sie befragte schriftlich eine Stichprobe von 204 repräsentativ ausgewählten Paaren (Durchschnittsalter der Männer 45 Jahre, der Frauen 43 Jahre) mit einem für diese Studie entwickelten Paar-Inventar. Die durchschnittliche Dauer der Ehe betrug 16 Jahre (5–30 Jahre). Der Fragebogen umfaßte zunächst 18 Bereiche, die für den Zusammenhalt einer Partnerschaft bedeutsam schienen. In einem ersten Durchlauf wurde Astrid Riehl-Emde jedoch von den Probanden darauf aufmerksam gemacht, daß der wesentlichste Faktor, welcher ein Paar zusammenhält, die Liebe sei, und diese im Fragebogen nicht berücksichtigt werde. Der Fragebogen zu »Was Paare zusammenhält und was sie trennt« wurde dementsprechend auf folgende 19 Items ergänzt.
– Austausch im gemeinsamen Gespräch
– die Aufteilung gemeinsamer und eigener Lebensbereiche
– berufliches Einkommen

- die Beziehung zu den Herkunftsfamilien
- die Rollenaufteilung innerhalb der Partnerschaft
- die persönliche Entwicklungsmöglichkeit in der Partnerschaft
- die Wahrnehmung von Solidarität und Unterstützung innerhalb der Partnerschaft
- das gemeinsame Sexualleben
- die Erotik
- die Liebe
- die Zärtlichkeit
- der Umgang mit dem Thema sexueller Außenbeziehungen
- die Identifikation mit der Partnerschaft
- die Wahrnehmung der Verschiedenheit der Partner
- Gefühle von Verpflichtung und Schuld dem Partner gegenüber
- die Angst vor dem Alleinleben
- die finanzielle Situation
- die religiöse Dimension der Partnerschaft
- der Alltag mit Kindern

Die Probanden hatten unter anderem die Items bezüglich ihrer Bedeutung für die Stabilität ihrer Partnerschaft einzuschätzen, aber sich auch zu äußern, in welchem Grad sie mit diesem Item in ihrer Beziehung zufrieden sind. In der Rangfolge an erster Stelle steht eindeutig die Liebe als wichtigstes Motiv für das Zusammenbleiben, gefolgt von Identifikation mit der Partnerschaft, Austausch im gemeinsamen Gespräch und persönlicher Entwicklung in der Partnerschaft. Mit Identifikation mit der Partnerschaft ist gemeint, wie man selbst oder der Partner zur Partnerschaft steht, und ob man zum Partner halten würde, egal, was ihm zustößt. Es ist damit der Zusammenhalt gemeint, der entstanden ist durch die gemeinsame Geschichte, insbesondere auch durch die schwierigen Zeiten, die man miteinander durchgestanden hat, aber auch die Überzeugung, daß sich das Zusammenleben lohnt. Die Probanden schienen keine Mühe zu haben, die Fragen zum Item Liebe zu beantworten. Männer und Frauen gaben nahezu identische Rangordnungen der Bereiche an. Beide beurteilten die Liebe und die Identifikation mit der Partnerschaft als wichtigste Stabilisatoren. Überrascht hat uns, daß Themen, die gesellschaftspolitisch in den letzten Jahren die

Zusammenhalt von Paaren | 21

intensivsten Diskussionen ausgelöst hatten, nicht in den vorderen Rängen stehen, so etwa die Aufteilung von gemeinsamen und eigenen Lebensbereichen oder die Rollenaufteilung. Überrascht hat auch, daß Zärtlichkeit erst an zehnter, Erotik erst an zwölfter und gemeinsames Sexualleben gar erst an vierzehnter Stelle stehen.

Die Rangfolge für die Stabilität der Beziehung deckt sich weitgehend mit der Rangfolge für Glück und Zufriedenheit in der Partnerbeziehung.

Die Befragten bezeichnen sich heute im Vergleich mit dem ersten Jahr ihrer Beziehung als weniger glücklich und zufrieden, unabhängig von der Dauer der Beziehung. Auf die Frage, ob sich die Liebe im vergangenen Jahr im Vergleich zum ersten Beziehungsjahr verstärkte, abschwächte oder gleichgeblieben ist, gaben mehr als die Hälfte der Befragten an, daß sie gleichgeblieben sei, 30% jedoch, daß sie etwas abgenommen habe. Ähnlich verhält es sich mit dem Austausch im Gespräch. Mit ihrer persönlichen Entwicklung in der Partnerschaft sind fast ebenso viele jetzt zufriedener wie unzufriedener als im ersten Jahr. Im Unterschied zu diesen Resultaten steht die Identifikation mit der Partnerschaft, die in mehr als 75% der Fälle zugenommen und nur selten abgenommen hat. Besonders groß ist der Anteil der Unzufriedenen im intimen Bereich, nämlich im gemeinsamen Sexualleben (52% unzufriedener als im ersten Jahr), Zärtlichkeit (50%) und Erotik (41%). Diese Befunde zeigen gewisse Parallelen zu den Ergebnissen der Verliebtheitsstudie. Im Laufe der Beziehung nimmt die Identifikation mit der Partnerschaft zu, das Gefühl von Glück und Zufriedenheit mit der verbalen und sinnlichen Kommunikation jedoch ab. Das entspricht meinen früher beschriebenen Beobachtungen (Willi 1991), daß die Identifikation mit der miteinander geschaffenen inneren und äußeren Welt, mit dem dyadischen Konstruktsystem und der dyadischen Nische (s. Kap. 8) für den Zusammenhalt eines Paares mit zunehmender Beziehungsdauer bedeutsamer wird.

Für das vorliegende Buch sind folgende Resultate von Bedeutung: Liebe ist das zentrale Motiv für eine Partnerbeziehung. Von den verschiedenen Bereichen einer Partnerbeziehung stehen der Liebe am nächsten die Identifikation mit der Partnerschaft, der Austausch im Gespräch und die persönliche Entwicklung in der

Partnerschaft. Diese Bereiche müssen in einer Psychologie der Liebe einen zentralen Platz einnehmen. Liebe hat jedoch oft einen irrationalen Charakter, der noch wenig erforscht ist. Zwar wird für eine Liebesbeziehung die Erfüllung höchsten Glücks ersehnt, aber der Bestand einer Liebesbeziehung ist nicht primär auf die Erfüllung von Glückserwartungen angewiesen. Liebende sind bereit, für ihre Liebe zu leiden. Wichtiger als Glück und Zufriedenheit ist die Identifikation mit der Liebesbeziehung. Diese wird im Laufe des Zusammenlebens intensiviert. Schwierige Zeiten gemeinsam zu bewältigen und sich die gemeinsame Geschichte zu eigen zu machen, scheint die Liebe zu vertiefen und zu stabilisieren.

2. Was heißt Selbstverwirklichung in der Liebe?

In diesem Buch wird die These vertreten, daß der Mensch sich grundsätzlich nicht in mitmenschlicher Unabhängigkeit, sondern in Beziehungen entwickelt, und daß Liebesbeziehungen das Medium für die Entfaltung, Entwicklung und Verwirklichung des intimsten persönlichen Bereiches sind. In einer Liebesbeziehung begegnen sich zwei suchende, unfertige und ungesättigte Menschen, die hoffen, in und durch die Beziehung ihr persönliches Potential verwirklichen zu können und zu neuen Entwicklungen aufzubrechen. Selbstverwirklichung erhält durch das Beantwortetwerden durch den Partner eine andere Qualität von Wirklichkeit. Doch die Partner müssen damit leben, daß sie vom anderen immer nur im Bereich seiner Ansprechbarkeit beantwortet werden, und diese ist – wie auch die eigene – begrenzt. Partner ringen miteinander um die Erweiterung der wechselseitigen Ansprechbarkeit. Da, wo eine Korrespondenz von Entwicklungsbereitschaften zwischen beiden vorliegt, stimulieren sie sich in der Verwirklichung ihres Potentials in hohem Maße. Sekundär geraten sie jedoch leicht in Rivalität um die Vorherrschaft der eigenen Verdienste und des eigenen Einflusses. Diese Dynamik wird mit verhaltensökologischen Modellvorstellungen sichtbar gemacht.

Von der normativen zur
verhaltensbiologischen »Liebesethik«

Liebe ist ein Begriff, mit dem leicht entweder schwärmerische Romantik assoziiert wird oder Vorstellungen einer höheren Moral. Der deutsche Idealismus feierte die Liebe als Stifterin einer höheren Einheit der in Subjekt und Objekt aufgespalteten Welt. Liebe führt vom Subjekt weg und macht das Objekt zum Herrschenden. Nach Hegel ist man nur eins in der Liebe mit dem Objekt, denn dieses beherrscht nicht und wird nicht beherrscht (Zit. Hoffmeister 1955). Weitverbreitet ist die Meinung, die menschliche Natur sei ihrem Wesen nach von Egoismus und Konkurrenzdenken beherrscht.

Liebe brauche eine moralische Erziehung zur Bereitschaft, die eigenen Interessen jenen des Geliebten unterzuordnen. Auch Darwin war der Überzeugung, daß das moralische Gefühl oder das Gewissen der bedeutungsvollste Unterschied zwischen Mensch und Tier sei (Zit. Vogel 1992). Wahre Sittlichkeit zeige sich erst in der Überwindung natürlicher Neigungen. Moralische Normen hätten die Aufgabe, den in der Natur des Menschen angelegten amoralischen Antrieben, Neigungen und Verhaltenstendenzen entgegenzusteuern, sie zu bremsen oder zu unterdrücken. In der Aufstellung verklärter moralischer Normen für die Liebe liegt meines Erachtens die Gefahr, daß Streit und Auseinandersetzung, aber auch eigennütziges Verhalten einseitig negativ gewertet werden. An den hohen Idealen der Liebe gemessen wird das konkrete Verhalten von Liebespaaren nur als unvollkommen gesehen werden können. Demgegenüber bietet die Verhaltensökologie Modellvorstellungen mit einer hohen Erklärungskraft für die Widersprüchlichkeit der real gelebten Liebe an, nämlich für den Widerspruch zwischen Anziehung und Abstoßung oder zwischen Altruismus und Egoismus. Ich möchte es diesbezüglich mit Edward Gibbons Mahnung halten: Man traue keinem erhabenen Motiv für eine Handlung, wenn sich auch ein niedrigeres finden läßt (Zit. Vogel 1992, S. 209).

Die Verhaltensbiologie hat seit Darwin eine große Entwicklung genommen. Es ist heute verständlich, daß sie in ihren Anfängen den Ruf nach der Rettung ethischer, menschlicher Normen entstehen ließ.

Darwin hat mit seinem Werk »On the Origin of Species by Means of Natural Selection« (1859) neue Ideen über die Entwicklung der Arten formuliert. Er sah in der Selektion den einzig richtunggebenden Faktor der Evolution. Jenes Verhalten, das am besten an seine Umwelt angepaßt ist, bietet den größten Überlebensvorteil. Darwins Theorie des Kampfes ums Dasein schien nach einem moralischen, menschlichen Gegengewicht der mitmenschlichen Liebe zu rufen. Die Darwinisten stellten die Natur als ein Schlachtfeld dar, auf welchem die Schwachen durch die Stärkeren, Gewandteren und Listigeren vernichtet werden. Daraus war zu folgern, daß der Mensch von der Natur nur das Böse lernen konnte, den unerbittlichen Kampf aller gegen alle.

Doch schon Darwin hatte auch die andere Seite des Lebens der Natur betont, die Kooperation und wechselseitige Hilfe. Streit und tödliche Konkurrenz sind der Art immer schädlich. Die klassische Ethologie postulierte ein moral-analoges altruistisches Verhalten (Konrad Lorenz) im Dienst der Arterhaltung oder Gemeinschaft. Es wurde bei Tieren »selbstloses« oder gar »sittliches« Verhalten gefunden, welches der Gruppe oder Art Vorteile fürs Überleben verschafft. Konrad Lorenz (1965) bezeichnete das Töten von Artgenossen bei Tier und Mensch im Sinne der Arterhaltung als höchst unzweckmäßig. Der Zivilisationsmensch aber kann diesen Mechanismus außer Kraft setzen und aus der »natürlichen« Moral ausscheren, ein Verfall, dem er mit rationaler Moral entgegenarbeiten muß. Nun war es der Mensch, der von den Tieren zu lernen hatte, zu Gunsten anderer Artgenossen auf Maximierung des eigenen Reproduktionsvorteils zu verzichten. Es wurde postuliert, daß ein Volk mit genügend Mitgliedern, die aus Patriotismus, Treue, Gehorsam und Mut stets bereitwillig anderen helfen und sich für das allgemeine Wohl opfern, in einer natürlichen Selektion den Sieg über andere davontragen werde. Statt eines Kampfes aller gegen alle wurde jetzt die Unterordnung der Interessen des einzelnen unter jene der Gemeinschaft als hohe ethische Standards aus der Natur abgeleitet, auch was das Verhalten des Menschen in der Liebe betrifft.

Mit der Soziobiologie – beginnend mit W. D. Hamilton (1964) – wurden nun aber Modelle entwickelt, welche auf moralische Ideale verzichten können und die Bedingungen für die Zweckmäßigkeit egoistischen und altruistischen Verhaltens in ein neues Licht stellen. Die Verhaltensbiologie eröffnet einen lebensnahen, »natürlichen« Zugang zum komplexen Sozialverhalten des Menschen und damit auch zum Verhalten der Liebenden. Um das Beziehungsverhalten von Menschen zu verstehen, braucht man sich nicht weiter auf ethisch zu fordernde Merkmale und Instinkte wie Altruismus oder Egoismus zu konzentrieren, sondern man kann auch menschliches Verhalten dahingehend prüfen, *unter welchen Umständen welche Beziehungsmuster »Überlebensvorteile« bieten.* Welche »Anpassungsstrategien« werden in unterschiedlichen natürlichen Lebens- und Beziehungsräumen angenommen? Es geht also nicht um die Frage, ob der Mensch seiner Natur nach egoistisch oder altruistisch, bindungsfähig oder unabhängig, monogam oder polygam sei, sondern *welches Verhalten sich in welcher Beziehungssituation als Überlebensvorteil erweist.* Dabei wird noch zu zeigen sein, daß weder Egoismus noch Altruismus in Liebesbeziehungen sich generell als vorteilhaft erweisen. Auch Ideologien und Revolutionen in der Gestaltung von Liebesbeziehungen werden sich nachhaltig nur so weit durchsetzen können, wie sie die Fitness (das Passen) einer Person erhöhen. Eine normative Liebesethik erweist sich für das Verständnis von Liebesbeziehungen als entbehrlich.

Das Prinzip Eigennutz

Bevor wir uns mit der Frage befassen, inwiefern ethologische Prinzipien auf die Psychologie der Liebe übertragen werden können, soll kurz dargestellt werden, wie sich die Ethologie heute die Bildung von Paar- und Familienbeziehungen vorstellt. Grundlegend ist die Erkenntnis Darwins, daß für die Evolution die Fitness entscheidend ist, also der mit dem Verhalten von Individuen erzielte Fortpflanzungserfolg. Seine Theorien wurden zu einer genetischen Theorie sozialen Verhaltens weiterentwickelt (Hamilton 1964). Danach ist für die Organisation sozialen Verhaltens das selfish gene (Dawkins 1989) bzw. das Prinzip Eigennutz (Wickler und Seibt 1977/1991) maßgeblich, welches besagt, daß das Sozialverhalten der Tiere sich auf die maximale Verbreitung der eigenen Gene ausrichtet, also auf das Aufziehen möglichst vieler geschlechtsreifer Nachkommen. Kooperation oder Konkurrenz, Gemeinschaftsbildung oder aggressive Abgrenzung werden von der Frage geleitet, ob damit den eigenen Genen eine verbesserte Verbreitungsmöglichkeit angeboten wird. Auch hilfreiches Verhalten oder gar »Aufopferung« für das Überleben anderer beruht nicht auf altruistischer Liebe, sondern folgt dem Prinzip Eigennutz der Gene. Da Geschwister Träger der gleichen Gene sind, kann Hilfe bei der Aufzucht von Jungen für die Verbreitung eigener Gene wirksamer sein als der Versuch, mit geringer Aussicht auf Erfolg eigene Junge aufzuziehen. Die Gemeinschaftsform der Tiere läßt sich aus dem Prinzip der eigensüchtigen Gene herleiten: Bindung zwischen Eltern und Kindern entsteht nur da, wo zur Aufzucht der Jungen Brutpflege notwendig ist, was bei Reptilien, Fischen und niederen Tieren nicht in gleichem Maße der Fall ist. Zwischen den Eltern ergibt sich jene Kooperationsform, die der Aufzucht der Jungen am besten dient. Bei brütenden Vögeln übernimmt zumeist das Männchen das Zutragen von Nistmaterial und Nahrung. Bei Löwen übernehmen die Weibchen die Jagd und damit die Beschaffung von Futter, während das Männchen sich als Harembesitzer gegenüber seinen Rivalen behaupten muß und seine Kräfte für die häufigen Kopulationen benötigt. Dauerhafte Paarbeziehungen ergeben sich da, wo durch die eingespielte Kooperation eine Verbesserung des Bruterfolges resultiert, wie das bei verschiedenen Vögeln nachgewiesen wurde.

Das Sozialverhalten der Tiere wird im Dienste der Fortpflanzung optimiert durch Zweckmäßigkeit und Sparsamkeit im Einsatz der Kräfte. Kooperation und Gemeinschaftsformen werden sich dann bilden, wenn Individuen gemeinsam mehr Erfolg haben als auf sich selbst gestellt. Nach Eibl-Eibesfeldt (1998) wird die Bildung von Gemeinschaften gefördert durch Fluchttendenzen bei äußerer Bedrohung, Aufsuchen von Geborgenheit, durch Brutpflege, Arbeitsteilung bei der Brutpflege und Zusammenschluß gegen äußere Feinde. Der Sexualtrieb scheint bei Tieren jedoch kaum zu einer gemeinschaftsbildenden Bindung beizutragen.

Beim Menschen tritt an die Stelle des Fortpflanzungserfolges die Verwirklichung des eigenen Potentials

Nun wird man einwenden, die Maximierung der Fortpflanzungserfolges und damit die Verbreitung der eigenen Gene könne nicht grundsätzlich als das wichtigste gemeinschaftsbildende Motiv zwischen Mann und Frau angesehen werden. Auf Familiengründung werde heute in vielen Fällen freiwillig verzichtet, wobei Partnerbeziehungen ohne Kinder sogar von manchen als zufriedenstellender erfahren werden, als solche mit Kindern (Willi 1997; Riehl-Emde 1998). Eine große Kinderzahl wird heute eher als ein asoziales und unkompetentes Elternverhalten geächtet und ist kein Prestigefaktor mehr. Ein Ziel der Frauenemanzipation war es, als Frau die Selbstverwirklichung nicht primär in der Mutterrolle finden zu müssen. Das Gebären von Kindern sollte kein maßgeblicher Faktor des weiblichen Selbstwertgefühls mehr sein. Heute soll eine Frau selbst bestimmen, ob, wann und wie viele Kinder sie bekommen möchte.

Wenn wir nun aber einen Kunstgriff anwenden, indem wir das Prinzip Eigennutz aus seiner engen Bindung an die Verbreitung der Gene lösen und darin eher ein allgemeines Modell für die Bildung von Partnerschaften sehen, entsteht eine faszinierende Perspektive mit hoher Erklärungskraft. *An die Stelle der Verwirklichung der persönlichen Gene setze ich die Verwirklichung des persönlichen Potentials in und durch eine Partnerbeziehung. Menschen verhalten sich so, daß sie möglichst viel von ihren persönlichen Möglichkeiten entfalten und entwickeln können. Dazu benötigen sie aber andere Menschen, denn in mancher Hinsicht können sie ihr Potential nur für und mit anderen Menschen verwirklichen.* Dabei bestehen grundsätzliche Interessenkonflikte, zu deren Bewältigung Beziehungsgleichgewichte aus Notwendigkeit gebildet werden. Viele scheinbare Harmonien überdecken und neutralisieren gegensätzliche Entwicklungstendenzen und sind im Grunde konfliktgeladene Pattsituationen.

Nun wird man einwenden, derartige Modellvorstellungen seien akzeptabel für Geschäfts- oder Arbeitsbeziehungen. Bei diesen ist offensichtlich, daß jeder auf die Optimierung seiner Vorteile bedacht und sich selbst der Nächste ist. Aber soll das Prinzip Eigennutz auch für Liebesbeziehungen Gültigkeit haben?

Was heißt Selbstverwirklichung in Beziehungen?

Die Übertragung des Prinzips Eigennutz auf den Menschen geht von der Annahme aus, daß Selbstverwirklichung nicht nur ein introvertierter Prozeß der Selbstwahrnehmung, Bewußtwerdung und Selbsterkenntnis ist, sondern daß Selbstverwirklichung nicht zuletzt eine konkrete Verwirklichung in der äußeren Welt bedeuten muß, um als real erlebt zu werden (Willi 1996). Der Mensch wird sich in seinen Wirkungen konkret sichtbar und faßbar, und ebenso

wird er in seinen Wirkungen anderen Menschen sichtbar und faßbar und von diesen Menschen in seinen Wirkungen beantwortet.
Die nach außen erzielte Wirkung beeinflußt genauso die Phantasi-
en, Träume, Intentionen und Handlungen wie umgekehrt Phantasien und Träume die äußere Verwirklichung beeinflussen. Solange
die inneren Vorstellungen nicht in äußeren Wirkungen ihren Nie-
derschlag finden, werden sie oft als nicht eigentlich real erfahren.
Real ist, was reale Folgen hat. Selbsterkenntnis und Selbstfindung
werden maßgeblich gefördert durch das Gelingen bzw. Mißlingen
der äußerlichen Verwirklichung.

Jeder Mensch gestaltet sich sein persönliches Umfeld, seine persönliche Nische (siehe ausführlicher in Willi 1996). Die persönliche
Nische bildet eine Außenstruktur der Person, welche ihr Denken
und Handeln ähnlich kanalisiert wie die innere Struktur, das Konstruktsystem nach G. Kelly, die Schemata gemäß Piaget oder die
inneren Objekte der Psychoanalyse. Doch das Gelingen der Verwirklichung hängt nicht von der Person allein ab. Sie ist dabei auf
die Unterstützung der Umwelt angewiesen. Sie muß insbesondere
ihre Mitmenschen für die Verwirklichung ihrer Pläne und Intentionen gewinnen, und dazu braucht sie mehr als bloße Selbstbehauptung und Autonomie.

In dem von uns vertretenen beziehungsökologischen Therapieansatz (Willi 1996; Willi 2000) wird untersucht, welche Einstellungen, Haltungen und Strategien ein Mensch finden kann, um sein
Potential in seiner Beziehungsumwelt zu verwirklichen. Das betrifft
alle Umweltbeziehungen, sowohl zur unbelebten wie zur belebten
und mitmenschlichen Umwelt. Es betrifft ebenso die Beziehungen
in der Arbeitswelt, Freizeitwelt, kulturellen und sozialen Umwelt
und betrifft insbesondere auch die Liebesbeziehungen.

Liebesbeziehung als Beantwortetwerden in der persönlichen Verwirklichung

Im Unterschied zu geschäftlichen und Arbeitsbeziehungen richtet
sich die Liebesbeziehung auf den persönlichsten und intimsten
Bereich menschlicher Entfaltung, auf das Ich, das am Du wird, wie

Martin Buber (1973) es formuliert. Man möchte einen Menschen haben, von dem man in seinen innersten Möglichkeiten verstanden und bejaht wird, dem man sich in seinen Ängsten und Schwächen zeigen kann, ohne beschämt zu werden, bei dem man sich sicher und geborgen fühlen kann, ohne Angst haben zu müssen, sich auszuliefern und in seinen Gefühlen mißbraucht zu werden, einen Menschen, der einen umhegt und pflegt, wenn es einem schlecht geht, zu einem steht bei Mißerfolgen und stolz auf einen ist, wenn man erfolgreich ist. Man möchte auch auf Fehler und Vermeidungstendenzen hingewiesen und kritisch herausgefordert werden. Man möchte miteinander den Weg suchen, gemeinsam die Hindernisse und Schwierigkeiten bewältigen und miteinander durch die Tiefen und Höhen des Lebens gehen. Man möchte im Liebespartner eine Person haben, der es nicht gleichgültig ist, wie man gekleidet ist, die einen darauf hinweist, daß man Schuppen auf den Kleidern hat oder übel riecht, die bemerkt, daß man traurig ist oder müde aussieht, kurz, eine Person, die auf mich als Anna oder Beat Bezug nimmt.

Ähnlich wie Jacob Needleman (2000) gehe ich von der Beobachtung aus, daß jeder Mensch ein in seinem Selbstwertgefühl verunsichertes Wesen ist, daß jeder an Defiziten und Schwächen leidet und auf der Suche ist, wie er diese Unsicherheiten überwinden kann. Die spezifische Attraktion zwischen zwei Menschen machen nicht nur positive Qualitäten wie Stärke, Schönheit oder Intelligenz aus. Die spezifischere Anziehung geht vielmehr oft von den verdeckten Unsicherheiten und Schwächen einer Person aus, von ihrer Sehnsucht, diese zu überwinden. Die Vorstellung, dem anderen im Finden seines Weges Unterstützung geben zu können, kann eine besondere Anziehung ausüben. Man möchte dem anderen dazu verhelfen, sich als das zu verwirklichen, was er im Grunde ist.

Im intimen Bereich der persönlichen Entfaltung und Entwicklung ist eine Person auf das Beantwortetwerden durch einen Partner angewiesen. Der Partner bietet einem quasi den Raum an, die Nische, in die hinein sich die Person in ihren intimen Möglichkeiten ausfaltet. Die Qualität ihrer Entfaltung korreliert dabei mit der Qualität des Beantwortetwerdens.

In einer Liebesbeziehung möchte der Mann von der Frau als Mann beantwortet werden, er möchte in seinem männlichen Potential herausgefordert werden, er möchte respektiert, bewundert und in seiner Männlichkeit gebraucht werden. Und ebenso möchte die Frau in ihrer Fraulichkeit begehrt und bestätigt werden, sie möchte spüren, daß der Mann ihr den Raum für die Entfaltung ihres persönlichen Potentials öffnet und sie in ihrer Entfaltung bejaht.

Liebespartner stehen nicht bedingungslos zueinander, sondern fordern sich wechselseitig in ihrer persönlichen Entfaltung heraus. Sie geben einander nicht nur liebevolle Unterstützung, sondern stellen Erwartungen aneinander und sind sich oft die schärfsten Kritiker. Sie durchkreuzen persönliche Tendenzen, vor Unannehmlichkeiten auszuweichen, Konfrontationen zu vermeiden und faule Kompromisse einzugehen. Sie können nicht anders, denn sie sind vom Verhalten und Wirken des Partners persönlich betroffen. Innerhalb der Liebesbeziehung ist die Differenziertheit des anderen Voraussetzung zur differenzierten Entfaltung des eigenen Potentials. Die wechselseitige Herausforderung der persönlichen Entfaltung hat evolutionsbiologisch durchaus Sinn, geht es doch darum, das persönliche Potential zur Entfaltung und Nutzung zu bringen und damit fruchtbar zu werden.

Selbstverwirklichung als Möglichkeit, sein Potential in einer Liebesbeziehung zu verwirklichen

Selbstverwirklichung wird in diesem Buch erfaßt an der Reife und Differenzierung der Verwirklichung des persönlichen Potentials in Beziehungen. Von der Verhaltensökologie entnehme ich Modellvorstellungen in modifizierter Form, welche sich eignen, psychologische Vorgänge einer Liebesbeziehung sichtbarer und damit verstehbarer zu machen.

Die metaphorische Übertragung verhaltensökologischer Modelle auf Liebesbeziehungen

Jedes Lebewesen, so auch der Mensch, ist ständig daran, seine Umwelt für das eigene Überleben und die Fortpflanzung zu nutzen. Es setzt dazu sein Potential ein, um vom Angebot der Umwelt an Nahrung, Schutz vor Feinden und vor Witterung Gebrauch zu machen. Das Potential der tierischen Arten ist als genetische Reaktionsnorm weitgehend festgelegt und spezifisch unterschieden von jenen anderer Arten. Tiere haben artspezifische, voneinander sehr verschiedene Möglichkeiten, ihr Potential zur Nutzung der Umwelt einzusetzen. Kühe, Regenwürmer und Bienen nutzen ein und dieselbe Wiese ganz unterschiedlich für die Gewinnung von Nahrung. Die Tiere können überleben, weil ihre Ausstattung, also ihr Potential, ausreichend geeignet ist, die von der Wiese angebotenen Valenzen für das Überleben zu nutzen. Das Passen des Potentials des Organismus und der Valenzen der Umwelt wird als Fitness bezeichnet. Es ist nicht nötig, daß ein Organismus und seine Umwelt völlig zueinander passen, es genügt für das Überleben ein ausreichendes Passen. Dieses theoretische Modell liegt der von uns entwickelten ökologischen Psychotherapie (Willi 1996) zugrunde und ist dort eingehender beschrieben. Zwischen dem genetisch vorprogrammierten Einsatz des Potentials eines Tieres zur Nutzung der Umwelt und der Verwirklichung des menschlichen Potentials im Gestalten von Umwelt gibt es allerdings grundsätzliche Unterschiede, welche eine direkte Übernahme verhaltensökologischer Modelle ausschließen. Die Modelle eignen sich jedoch als Metaphern, als Bilder für die Darstellung, wie Menschen sich im Gestalten ihrer Umwelt verwirklichen. Hier geht es um die Selbstverwirklichung von Liebenden im Gestalten ihrer Beziehung.

Treffen zwei Liebespartner aufeinander, so kann theoretisch jeder für den anderen als Umwelt betrachtet werden. Jeder hat sein eigenes Potential als persönliche Entfaltungsbereitschaft. Jeder tastet ab, welche seiner Entfaltungsbereitschaften vom anderen beantwortet, gebraucht und bestätigt werden. Jeder ist glücklich, wenn der Partner auf möglichst viele, ihm wichtige Wirkbereitschaften anspringt und ihm so in und durch die Beziehung die Ver-

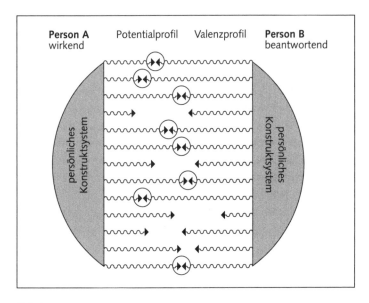

Abb. 1
Die Verwirklichung des persönlichen Potentials in der Interaktion mit dem Partner

Partner A möchte sein Potential optimal in der Beziehung zu Partner B entfalten, indem sein Wirken von B möglichst umfangreich und positiv beantwortet wird.
Potential = Wirkbereitschaft, Fähigkeit, Umweltangebote zur Entfaltung eigener Wirksamkeit zu nutzen. Den Pfeilen entsprechen einzelne motivationale Konstrukte, die zur Verwirklichung im beantworteten Wirken drängen.
Valenz = Ansprechbarkeit auf die Wirkbereitschaft des Partners, Bereitschaft und Fähigkeit, das Wirken des Partners zu beantworten.
Beantwortetes Wirken (mit Kreisen angegeben) entsteht da, wo Potential von A und Valenz von B interagieren, d. h. wo die Ansprechbarkeit des antwortenden B die Entfaltung des Wirkens von A ermöglicht.
Fitness (Passung) ist das Ausmaß, in dem das Potentialprofil von A mit dem Valenzprofil von B korrespondiert. In manchen Bereichen liegt bei ausgeprägter Wirkbereitschaft von A keine korrespondierende Valenz von B vor oder bei ausgeprägter Ansprechbarkeit von B keine korrespondierende Wirkbereitschaft von A (die Pfeile treffen sich nicht in einem Kreis). Die Fitness ist nie vollständig. Sie muß aber für die Gewährleistung eines Beziehungsprozesses ausreichend sein. In einer Liebesbeziehung besteht die Hoffnung, wichtige, bisher unerfüllte und brachliegende persönliche Potentiale in der Beantwortung durch den Partner zu verwirklichen.
In der Abb. wird der Einfachheit halber nur der Partner A als wirkend und Partner B nur als antwortend dargestellt. In der Realität besteht immer eine korrespondierende Wechselwirkung von Wirken und Antworten der Partner.

Was heißt Selbstverwirklichung in der Liebe?

wirklichung des ihm wichtigen Potentials ermöglicht. Die Person hat ihr Potentialprofil, der Partner sein Valenzprofil, also das Profil seiner Bereitschaft, auf das Wirken der Person zu antworten.

In einer realen Liebesbeziehung wird das Potentialprofil der Person nie ganz dem Valenzprofil des Partners entsprechen – sie müssen lediglich ausreichend zueinander passen. Für eine Liebesbeziehung wird es in der Regel Voraussetzung sein, daß man sich in grundlegenden Aspekten vom Partner positiv beantwortet fühlt und in seiner Entfaltung bestätigt wird, also etwa in der körperlichen Erscheinung, in der Entfaltung als Mann oder als Frau, in der sexuellen Verwirklichung, in den grundlegenden Anschauungen über das Leben. Im beruflichen Bereich möchte man in seinen Interessen vom Liebespartner beantwortet werden, nicht notwendigerweise aber in der beruflichen Kompetenz.

Der Umgang mit der begrenzten Ansprechbarkeit des Partners

Dennoch wird es sich bald einmal zeigen, daß man sich in seiner Verwirklichung in manchen einem wichtig erscheinenden Bereichen vom Partner nicht oder falsch beantwortet fühlt. Man wird feststellen, daß der Partner auf manches nicht anspricht, man nicht zueinander findet, oder man von ihm in verzerrter Weise beantwortet wird. Man bietet Gespräch an und wird mit sexuellen Avancen beantwortet. Man möchte Hilfe und wird auf eigene Schwächen hingewiesen. Man möchte ausgelassen sein und wird moralisch zurechtgewiesen. Man möchte Kinder haben und erhält die Aufforderung, zuerst für ein Haus zu sparen. Das mangelnde Passen von Potential des einen und Valenzen des anderen wird die Partner veranlassen, miteinander um Verständigung zu ringen. Sie werden versuchen, sich einander zu erklären, den Partner für das eigene Vorhaben zu gewinnen, man wird die eigene Verweigerung rechtfertigen und Kompromisse suchen. Im positiven Fall gelingt es, den anderen für seine Sichtweise zu gewinnen. Es setzt ein Prozeß der Assimilation und Akkommodation ein. Assimilation als Versuch, die Ansprechbarkeit des anderen an die eigene Entfal-

Möglichkeiten, sein Potential zu verwirklichen | 35

tungsbereitschaft anzupassen, Akkommodation als Versuch, die eigenen Motivationen und Pläne der Ansprechbarkeit des Partners anzupassen. Die Verständigungsarbeit setzt Flexibilität und Offenheit voraus, die Fähigkeit, sich vom anderen etwas aufzeigen zu lassen, aber auch die Fähigkeit, den anderen für die eigenen Anliegen zu überzeugen. In vielerlei Hinsicht wird sich jedoch keine Ansprechbarkeit des Partners herstellen lassen und persönliches Potential bleibt vom Partner unbeantwortet. Vielleicht gelingt es, Alternativen zu finden, die einigermaßen akzeptabel sind – Zärtlichkeit statt Sex, ein Hund statt ein Kind, Hilfe durch den Psychiater statt durch den Partner, Ausgelassenheit beschränkt auf die Fastnacht statt im Bett. Wie auch immer – die Ansprechbarkeit der Partner bleibt beschränkt.

Korrespondenz der Entwicklungsbereitschaften von Partnern

Nun wird sich der Partner nie nur als Beantwortender, als Valenz anbieten. Vielmehr ist jeder selbst aktiv um die Verwirklichung seines Potentials in der Liebe bemüht und hofft dabei auf die positive Beantwortung des anderen, auf ermutigende Herausforderung, kritische Strukturierung und engagierte Unterstützung.

Das Stimulierendste ist eine breite Korrespondenz der Entfaltungsbereitschaften der Partner, wo das Entfaltungsangebot des einen in die Entfaltungspläne des anderen aufgenommen und von diesem für die Verwirklichung seines Potentials gebraucht wird. Die wechselseitige Anregung der persönlichen Entwicklungen kann für beide Partner ein hohes Maß an Befriedigung vermitteln. Es handelt sich um eine symmetrische Koevolution.

Rivalität in der persönlichen Verwirklichung der Partner

Meist wird eine symmetrische Koevolution mit wechselseitiger positiver Stimulation der persönlichen Entwicklung nur ein begrenztes Ausmaß annehmen und eine begrenzte Zeit andauern. Ist sie erfolgreich, zum Beispiel im Schaffen eines gemeinsamen Wer-

kes, so kommt leicht Rivalität auf, wer von beiden sich dieses Werk
mehr zu eigen machen, wer von der Umwelt mehr Anerkennung
beanspruchen kann und wer sich in diesem Werk mehr verwirklichen konnte als der andere. Je gleichartiger die Beteiligung ist, desto
schwieriger ist es, das Rivalitätsproblem zu bewältigen. Je unterschiedlicher die Funktionsbereiche der Partner sind, desto leichter
ist es, unterschiedliche Beiträge zu identifizieren und unterschiedliche Anerkennung zu beanspruchen. Das zeigt sich in der Einrichtung der Behausung, in der Führung des Haushaltes und in der
Erziehung der Kinder, aber auch in gemeinsamer Berufstätigkeit.
Funktionsteilungen sind nicht nur sinnvoll zur Effizienzsteigerung
durch Spezialisierung, sondern auch zur klareren Abgrenzung der
Beiträge der Partner und damit zur Reduktion von Rivalität. Aber
sie setzt voraus, daß beide Partner dabei in gleicher Weise ihr Potential verwirklichen können.

Ich werde dieses Thema in Kapitel 3 über das Dilemma zwischen
Kooperation und Rivalität wieder aufnehmen (S. 43).

Konstruktive und destruktive Rivalität in der Liebe

Liebende werden nur ungern zugeben, daß zwischen ihnen eine
Rivalität um den entscheidenden Einfluß auf die Beziehung besteht.
Sie streben die Harmonie ihrer Pläne an und wollen sich wechselseitig die volle Unterstützung zusichern. Sie träumen davon, vom
Partner bedingungslos akzeptiert und unterstützt zu werden. Die
Realität ist anders. Schon bei der Partnerwahl sucht man sich intui-
tiv einen etwa gleich starken Partner (Willi 1975). Es ist wie in einem
Tennismatch: Die höchste Entfaltung des eigenen Potentials erreichen zwei etwa gleich starke Partner. Sind sie ungleich stark, wird
sich der eine unterfordert, der andere überfordert fühlen und es
wird sich – zumindest auf Dauer – kein gutes Spiel entwickeln. Der
Unterforderte wird sich gelangweilt fühlen und sich zu abschätzigen
Bemerkungen veranlaßt sehen, der Überforderte wird sich minder-
wertig fühlen und Wut und Ressentiments auf den Überlegenen
entwickeln. Das wird auch dadurch nicht besser, daß sich der Über-
legene gönnerhaft als Lehrer und Helfer anbietet.

Zwischen den Partnern muß ein Gleichgewicht von Macht und Einfluß gewahrt bleiben, von Anfang an und bis daß der Tod oder das Liebeszerwürfnis die Partner scheidet. Die Machtbalance läßt sich an der Möglichkeit feststellen, das eigene Potential in und durch die Beziehung ebenbürtig mit dem Partner zu verwirklichen, wenn meist auch in unterschiedlichen Funktionen. Das eigene Potential kann verwirklicht werden in der Berufstätigkeit, in der Haushaltstätigkeit und in der Kindererziehung, durch eine beratende, stützende oder belebende Funktion gegenüber dem Partner, entscheidend ist immer, ob die Summe der eigenen verwirklichten Funktionen jener des Partners ebenbürtig ist.

Ist sie das nicht, so gibt es destruktive Möglichkeiten, den Ausgleich herbeizuführen. Man kann die Beachtung des Partners erzwingen durch Krankheit, Alkoholismus, übertriebene Zuwendung zu den Kindern oder zu einem Tier, oder mit sexuellen Außenbeziehungen. Andererseits kann versucht werden, die Potentialentfaltung des Partners zu blockieren, indem man ihn entwertet, behindert und seinen Erfolg durchkreuzt.

Das Umschlagen von Liebe in Haß

Die geforderten Balanceakte von Macht und Einfluß, die ausgleichende Gerechtigkeit in Anerkennung der Verdienste für die Gemeinschaft, die Forderung, der Selbstentfaltung des Partners gleich viel Raum zu geben wie der eigenen, sind anspruchsvoll und anstrengend. Je länger das Zusammenleben dauert und je sicherer man sich des Partners fühlt, desto stärker werden auch die Bedürfnisse, sich in der Beziehung gehen lassen zu können und sich mal ein regressives kindisches und unkontrolliertes Verhalten leisten zu dürfen. Man möchte auch mal faul und bequem sein können. Die Gefahr besteht, daß der Partner dieses Verhalten ebenfalls in regressiver Weise beantwortet und sich ein destruktiv beantwortetes Wirken entwickelt mit eskalierenden verletzenden und entwertenden Vorwürfen, Rechthaberei, Verteidigung, Rechtfertigung und Gegenangriff.

Liebe schlägt in Haß um, wenn nachhaltig der Eindruck entsteht, der Partner blockiere einem böswillig die Entfaltung des eigenen Potentials, er verweigere einem aus persönlicher Verachtung, Nachlässigkeit oder Mißgunst eine positive Beantwortung des eigenen Wirkens oder beute die Abhängigkeit, in die er einen zu versetzen vermochte, in gemeiner Art aus. Entscheidend ist nicht die mangelnde Ansprechbarkeit, also die Unfähigkeit, einen in der Potentialentfaltung zu beantworten, sondern die Unterstellung, daß der Partner sehr wohl könnte, wenn er wollte, und daß er nicht will, weil er einen zu erniedrigen, kleinzuhalten, zu verletzen und zu zerstören beabsichtigt.

Haß besteht aus enttäuschter Liebe. Man wird einen Menschen nicht hassen, wenn nicht im Hintergrund noch verletzte Liebesglut glimmen würde. Ist die Liebe erloschen, geht Haß in Gleichgültigkeit über. Pathologische und neurotische Formen von Haß werden in Kapitel 9 behandelt.

3. Beziehungsdilemmas in der Selbstverwirklichung der Liebenden

Es werden auf der Grundlage des in Kapitel 2 dargestellten verhaltensökologischen Modells einige Dilemmas dargestellt, welchen Liebende ausgesetzt sind, wenn sie den eigennützigen Anspruch stellen, ihr persönliches Potential in der Beziehung zueinander optimal entfalten zu können. Liebende werden oft längere Irrwege durchlaufen, bis sie die für sie zweckmäßigste Form der Selbstverwirklichung in der Liebe gefunden haben. Sie werden lernen, daß es ihnen nichts einbringt, sich rücksichtslos gegen den Partner durchzusetzen, wenn sie damit dessen innere Kündigung und den Verlust einer differenzierten und engagierten Beantwortung des eigenen Wirkens riskieren. Sie werden lernen, daß Kooperation zwar erstrebenswert ist, aber der ausgleichenden Gerechtigkeit in der Anerkennung der Verdienste bedarf. Sie werden lernen, daß Bindung und Kontinuität zwar die Möglichkeit in sich schließen, miteinander etwas Dauerhaftes aufzubauen, aber zum Preis des Gebundenseins eigener Entwicklungsmöglichkeiten.

In Kapitel 2 habe ich beschrieben, wie in einer Liebesbeziehung jeder eigennützig sein Potential in der Beantwortung durch den Partner verwirklichen und damit real faßbar machen möchte. Wenn nun aber beide Partner den Anspruch erheben, ihr persönliches Potential in und durch die Beziehung zum Partner optimal zu verwirklichen, kommt es zwangsläufig zu Interessenkonflikten zwischen ihnen. Es gibt eine Reihe konflikthafter Dilemmas, die der Selbstverwirklichung in der Liebe inhärent sind. Es handelt sich um Konflikte, die in der Sache selbst liegen und die nicht im Mangel an Liebe begründet sind, aber ebensowenig in einer neurotischen Persönlichkeit der Partner oder in ihrer traumatisierenden Lebensgeschichte, obwohl durch diese die Dilemmas zu unlösbaren Konflikten verstärkt werden können.

Das Dilemma von Egoismus und Altruismus in der Liebe

Idealistische Abhandlungen fordern, daß einem in der Liebe das Glück und Wohl des anderen wichtiger sein müßte als das eigene, ja, daß das, was man für sich selbst wünscht, mit dem, was der Partner wünscht, zusammenfallen sollte. Schon eine der frühesten deutschen Deutungen der Liebe sagt, sie führe nur das zusammen, was vom Wesen her schon geeint ist (Meister Eckhart). Eine der häufigsten Forderungen im Streit von Liebenden ist denn auch: »Wenn du mich wirklich liebst, dann müßtest du doch, dann würdest du …« Diesen Forderungen nicht zu entsprechen trägt den Vorwurf der Lieblosigkeit und des Egoismus ein. Ist Liebe altruistisch oder egoistisch?

Die Darstellung des verhaltensökologischen Modells der Selbstverwirklichung in der Liebe in Kapitel 2 hat darauf vorbereitet, daß die Entweder-Oder-Frage von Egoismus und Altruismus falsch gestellt ist. Egoismus meint Behauptung des eigenen individuellen Daseins ohne Rücksicht auf die Ansprüche der mitmenschlichen Umwelt (Lersch 1962). Genau das kann mit dem Prinzip Eigennutz nicht gemeint sein, weil die Person für ihre persönliche Verwirklichung in der Liebe auf die Beantwortung des Partners angewiesen ist. Diese Beantwortung wird desto engagierter, kompetenter und fördernder sein, je mehr das Beantworten des Partners für die eigene Verwirklichung einen Gewinn bedeutet. Überspitzt gesagt: Man verhält sich aus Eigennutz altruistisch, oder, wie Hofstadter es ausdrückt, »Der wahre Egoist kooperiert«.

Die Selbstverwirklichung in der Liebe folgt dem Prinzip Eigennutz. Partner sind heute meist nicht mehr bereit, das Zusammenleben fortzusetzen, wenn »es ihnen nichts mehr bringt« oder wenn sie den Eindruck haben, sich durch eine Trennung vom Partner besser entfalten und entwickeln zu können. Die Liebe zwischen Liebespartnern ist nicht bedingungslos. Aber sie ist auch nicht einfach rücksichtslos und egoistisch.

Prinzip Eigennutz der Selbstverwirklichung in der Liebe

1. Man hofft, in der Liebesbeziehung sein intimstes persönliches Potential entfalten und verwirklichen zu können.

2. Dazu ist man auf die wohlwollende, kompetente, aber auch kritische Beantwortung des Liebespartners angewiesen.
3. Um diese Beantwortung differenziert und engagiert zu erhalten, muß man der Selbstentfaltung des Partners ebenso Sorge tragen wie der eigenen.

Wer den anderen unterdrückt, frustriert und verletzt, kann sich im besten Fall einen resignierten, depressiven und willfährigen Partner erhalten, sofern es dieser nicht vorzieht, sich zu trennen.

Das Dilemma der Liebe zwischen Selbstbehauptung und Rücksichtnahme lautet:

– Setze ich mich gegen den Partner durch, gewinne ich an Selbstbestätigung, riskiere aber die Demotivation des Partners.
– Beachte ich die Ansprüche des Partners, so gewinne ich an Differenzierung unserer Auseinandersetzungen, muß aber die Ansprüche des Partners den meinigen gleichstellen.

Nichts ist verlustreicher als ein Sieg über den Partner. Setzt sich einer einseitig gegen den anderen durch, so kann der andere sich herausgefordert fühlen, einem das zurückzuzahlen. Geht es beiden nicht mehr um die Sache, sondern um das Siegen, bzw. um das Verhindern einer Niederlage, so entwickelt sich ein Machtkampf bis zur Lähmung jeder Kooperation.

Es kann aber auch sein, daß der Partner es als aussichtslos erachtet, sich mit einem auseinanderzusetzen, und sich innerlich abmeldet. Er verliert das Interesse am mühseligen Suchen gemeinsamer Lösungen und resigniert. Gibt der Partner auf, so gelingt es zwar, sich gegen ihn durchzusetzen, aber zum Preis der Entleerung der Auseinandersetzungen. Leicht entwickelt sich ein circulus vitiosus: je einsamer der eine bestimmt, desto desinteressierter und passiver wird der andere, desto einsamer muß der erstere bestimmen. Langeweile in einer Ehe ist wesentlich darauf zurückzuführen, daß es immer mehr Bereiche gibt, über die zu diskutieren vermieden wird, weil die Partner glauben, Diskussionen würden ohnehin zu nichts führen.

Wirklich altruistisches Verhalten, bei welchem die persönliche Entfaltung aus freier Wahl dem Wohl des Partners hintangestellt wird und das Wohlbefinden des Partners einem wichtiger ist als das eige-

42 | Dilemmas in der Selbstverwirklichung

ne, findet sich da, wo eine starke Identifikation mit dem Schicksal des Partners besteht. Bei langdauernden Beziehungen ist die Beziehungsgeschichte oft zur eigenen Geschichte geworden, das Schicksal des Partners zum eigenen Schicksal. Ein Leben außerhalb des gewohnten Beziehungsraumes der Liebe wäre schwerer zu ertragen, als das Zurückstellen eigener Ansprüche zu Gunsten des Partners. So kann etwa eine über Jahre dauernde belastende Pflege des Partners zu einer intensiven und erfüllenden Wegstrecke des gemeinsamen Lebens werden. Die Krise tritt oft erst nach dem Tod des Partners durch den Verlust des gewohnten beantworteten Wirkens auf. Chronische Krankheit, insbesondere Geisteskrankheit eines Partners, aber auch körperliche Behinderung nach einem schweren Unfall können einen Partner in schwere Gewissenskonflikte stürzen, ob er sich auch jetzt noch mit dem anderen und der Beziehung identifizieren kann und bereit ist, die Verwirklichung seines persönlichen Potentials auf die durch den Partner bestimmten Möglichkeiten zu beschränken, oder ob er sich für seine weitere persönliche Entfaltung freisagen will.

Das Dilemma von Kooperation und Abgrenzung

In einer idealisierenden Liebe sollen Rivalität, Konkurrenz und Wettstreit zwischen Liebenden ausgeschlossen sein, denn Liebe rechnet nicht, mißt nicht, wägt nicht, sondern ist großmütig und ungeteilt. Daß dem im Alltag nicht so ist, wird gerne verdrängt und verleugnet.

Das Dilemma der Liebe zwischen Kooperation und Abgrenzung lautet:

- **Kann ich mein Potential besser ohne den Partner verwirklichen oder**
- **Kann ich mein Potential besser gemeinsam mit dem Partner verwirklichen?**

Meist gehen Liebespartner zunächst von der Annahme aus, daß sie mehr gewinnen, wenn sie kooperieren. Da sie oft viele gemeinsame Aufgaben zu bewältigen haben, verzichten sie auf das Aufrechnen von eigenen Verdiensten und das Abmessen von Vor- und Nachteilen ihrer Beiträge. Es ist ihnen selbstverständlich, daß sie mit Kooperation mehr erreichen als jeder für sich allein. Wie auch die Ethologie belegt (Wickler und Seibt 1991), haben die meisten Lebewesen mit Kooperation mehr Vorteile als Nachteile. Das gilt aber nur, wenn beide auf das bewußte Übervorteilen des anderen verzichten. Das Übervorteilen bringt zwar einen Anfangserfolg, sekundär aber schädigt es beide, weil die subtile Vertrauensbasis der Kooperation zusammenbricht. Was vordergründig als friedliche und harmonische Kooperation eines Paares wirkt, ist oft ein labiles Arrangement, das nur funktioniert, solange beide sich streng an die Spielregeln halten. Ist aber einmal ein Vertrauensbruch aufgetreten und hat sich einer von beiden als der Dumme und Ausgenützte gefühlt, so kann ein vergleichendes und abmessendes Aufrechnen der Verdienste anheben, bei dem es sich letztlich um ein aussichtsloses Unterfangen handelt. In vielen Beziehungssituationen läßt sich nicht unterscheiden, wer mehr profitiert hat und wer eher ausgenützt worden ist. Wenn bei sexuellen Beziehungen die Frau bemerkt, daß der Mann sexuell erregt wird, kann sie darin die Bestätigung ihrer sexuellen Attraktivität sehen. Sie kann ihm aber ebenso die Absicht unterstellen, sie als Sexualobjekt mißbrauchen zu wollen. Profitiert sie oder wird sie ausgenützt? Beutet der Hilflose den Helfer aus oder der Helfer den Hilflosen? Übervorteilt der Mann die Frau, wenn er sich ganz seiner beruflichen Karriere widmet, oder beutet die Frau den beruflich erfolgreichen Mann aus, indem sie von seinem Sozialprestige und hohen Einkommen profitiert? Nutzt der Mann die Frau aus, wenn er ihr die Kindererziehung überläßt, oder will die Frau damit die häusliche Macht in eigenen Händen halten?

Meist wird das vergleichende Aufrechnen von Verdiensten erst nach einer tiefen Enttäuschung und Verletzung zum Thema, häufig beim Eingehen einer sexuellen Außenbeziehung oder bei einem tiefen ehelichen Zerwürfnis.

Konflikte zwischen Kooperation und Abgrenzung bei der Verwirklichung des persönlichen Potentials können sich in drei Beziehungsbereichen zeigen, nämlich in der Verwirklichung des persönlichen Potentials innerhalb der Zweierbeziehung, in der Verwirklichung des persönlichen Potentials im Schaffen einer gemeinsamen Welt und in der Verwirklichung des persönlichen Potentials außerhalb der Beziehung.

a) Verwirklichung des persönlichen Potentials innerhalb der Zweierbeziehung

Die Partner bieten sich wechselseitig den Beziehungsraum an, in den sie sich entfalten können. Sie ermöglichen sich wechselseitig persönliche Entwicklung in der Beantwortung von Verhalten und Wirken und üben damit einen mächtigen Einfluß auf die Verwirklichung des persönlichen Potentials aus. Sie können diese Verwirklichung wohlwollend unterstützen, aber auch wirksam korrigieren durch konstruktive Kritik, Ermutigung und Herausforderung. Sich vom Partner gebraucht zu fühlen ist eine wichtige Möglichkeit, sein Potential in der Beziehung zu verwirklichen. Daraus kann sich allerdings eine ungleiche Verteilung von Macht und Einfluß ergeben. Durch pädagogische Übergriffe und Überidentifikation mit einem Auftrag, dem anderen zu helfen, kann es zu persönlichen Übergriffen kommen. Die Bemühungen können vom anderen zunächst als hilfreich erlebt werden. Doch die damit verbundene Störung der Balance von Macht und Einfluß in der Beziehung veranlaßt den Hilfeempfänger zu Abgrenzung und Widerstand. Da implizit jeder sein Potential in der Beziehung möglichst fruchtbar machen möchte, besteht immer eine konflikthafte Spannung zwischen den Partnern, die jeder seinen Einflußbereich ausdehnen möchten und dabei herausgefordert werden, sich immer auch gegenseitig abzugrenzen. Es ist grundsätzlich nicht möglich, sich der Obhut des Partners vertrauensselig zu übergeben. Man muß das Getrenntbleiben von den Interessen des Partners akzeptieren können und seine Autonomie und Selbstverantwortung respektieren. Diese Problematik wird in Kapitel 9 als Kollusion eingehender beschrieben.

b) Verwirklichung des persönlichen Potentials im Schaffen einer gemeinsamen Welt

Die gemeinsame Verwirklichung des persönlichen Potentials wird am sichtbarsten im Schaffen einer gemeinsamen Welt, im Einrichten einer Wohnung (Nestbau), vor allem aber in der Familiengründung. Die intensivste Kooperation wird den Partnern in der familiären Aufbauphase abgefordert. Gleichzeitig handelt es sich aber auch um die Phase des Aufbaus der beruflichen Karriere. Jeder muß in dieser Phase einen persönlichen Kompromiß finden zwischen den Kräften, die er in das Aufziehen der Kinder, und jenen, die er in den Aufbau seiner Berufskarriere investiert. Kompromißhafte Lösungen werden aber auch im Miteinander abgefordert. Wie immer diese Lösungen ausfallen, es wird erhebliche Konflikte geben. Wer sich stärker für Haushalt und Kindererziehung engagiert, wird mit Eifersucht und Neid auf die beruflichen Entfaltungsmöglichkeiten des Partners reagieren. Wer für Broterwerb und Sozialprestige der Familie die Verantwortung übernimmt, kann neidisch werden auf die Möglichkeit des anderen, mehr Zeit mit den Kindern zu verbringen. Beide sind in dieser Ambivalenz befangen. Heute ist noch immer das häufigste Muster, daß sich die Frau benachteiligt fühlt und dem Mann heftige Vorwürfe wegen seines zu geringen Engagements für Haushalt und Kinder macht und der Mann schuldbewußt und schweigend diese Vorwürfe einsteckt. Es braucht viel Ich-Stärke, Flexibilität und Fairneß, diese Konflikte konstruktiv auszudiskutieren. Häufig aber kommt es zu einer destruktiven Eskalation zwischen den Partnern, wo die Frau aggressiv reagiert auf das defensive Ausweichen und Ausschweigen des Mannes und der Mann defensiv reagiert auf die aggressiven Vorwürfe der Frau. Um derartigen Konflikten auszuweichen, kann es zu einem beidseitigen Verzicht auf berufliche Entwicklung kommen zugunsten eines egalitären Engagements für Haushalt und Kinder. Die Konfliktvermeidung kann dabei lähmend auf die persönliche Entfaltung beider Partner wirken.

c) Verwirklichung des persönlichen Potentials außerhalb der Beziehung mit Unterstützung des Partners

Die Nachkinderphase ist oft die Zeit, in welcher die Frauen die Möglichkeit wahrnehmen wollen, unbehindert von häuslichen und partnerschaftlichen Aufgaben ihr Potential in eigener Berufstätigkeit zu entfalten. Besonders in der Politik, der Wirtschaft und Kultur erreichen sie zunehmend Spitzenpositionen. Der Mann, der zuvor mehr Zeit und Energie für seine Berufskarriere einsetzen konnte, kann von Eifersuchtsgefühlen befallen werden, wenn er sieht, daß die Frau in einer Zeit, wo er bereits an den beruflichen Rückzug denkt, den Zenit ihrer Wirksamkeit anstrebt und ihn trotz anfänglichem Handicap überflügelt. Manche Frauen vermeiden die Eifersuchtsreaktionen des Mannes, indem sie auf beruflichen Erfolg verzichten. Andere stellen an den Mann die klare Forderung, daß sie, nachdem sie ihm über Jahrzehnte den Rücken freigehalten hatten, jetzt an der Reihe seien und von ihm Unterstützung erwarten.

Es ist nicht leicht, im länger dauernden Zusammenleben das Gleichgewicht von Wirksamkeit beider Partner aufrechtzuerhalten, so daß keiner von beiden sich zu sehr dem anderen gegenüber benachteiligt fühlt und jeder die Möglichkeit bekommt, sein Potential in und durch die Liebesbeziehung zu verwirklichen. Dabei ist auch das *Prinzip der ausgleichenden Gerechtigkeit* (Willi 1991, S. 241) zu beachten. Ivan Boszormenyi-Nagy hat (1973/1981 gemeinsam mit Géraldine Spark und 1986 mit Barbara Krasner) grundlegende Gedanken zu beziehungsethischen Fragen ausgearbeitet. In Familie und Partnerschaft erwirbt sich jeder, der für andere etwas tut, Verdienste, die die anderen ihm gegenüber in Schuld versetzen und ihn zu Ansprüchen berechtigen. Die Verdienste sind in irgendeiner Weise im Zusammenleben auszugleichen. Ein Mann, der von seiner Frau in der Verwirklichung seiner Berufspläne wirksam unterstützt und gefördert worden ist, steht seiner Frau gegenüber in Schuld. Diese kann er abtragen, indem er die Verdienste seiner Frau bei seiner Karriere anerkennt, indem er seiner Frau gute Rahmenbedingungen für ihre eigene berufliche Entfaltung bietet oder indem die Frau vom finanziellen und sozialen Status des Mannes eine Entschädigung bezieht. In der Realität verläuft der Prozeß allerdings nicht selten anders. Ein Mann, der sich der Frau aufgrund ihrer Förderung verpflichtet fühlt, kann in der zweiten Lebenshälfte dazu neigen, aus der Ehe auszubrechen und sich mit einer anderen Frau einzulassen, der gegenüber er nicht in Schuld steht und mit der er ein Zusammenleben mit geringeren Erwartungen und Forderungen führen kann. Eine derartige Mißachtung der Verdienste der Frau kann bei dieser zu tiefer Verbitterung führen.

Die Forderung nach ausgleichender Gerechtigkeit in der Verwirklichung des eigenen Potentials in der Liebe ist meines Erachtens nicht primär eine ethisch-moralische Pflicht, sondern ein ökologisches Wirkprinzip: Die Beziehung funktioniert einfach nicht, wenn die ausgleichende Gerechtigkeit nicht beachtet wird (s. dazu auch Kap. 2, S. 38). Der Partner, der sich benachteiligt fühlt, wird destruktiv gegen den anderen agieren, wird ihm jeden Erfolg mißgönnen und ihn verantwortlich machen für eigene Mißerfolge.

Das Dilemma von Bindung und Freiheit, von Dauer und Wechsel

Dieses Dilemma ist besonders qualvoll. weil in vielen Beziehungen der eine Partner die Ansprüche auf Bindung, der andere die Ansprüche auf Freiheit agiert und beide Partner einander deswegen heftige Vorwürfe machen. Dabei wird übersehen, daß oftmals beide Partner – bzw. wohl fast alle Menschen – eine tiefe Ambivalenz bezüglich Bindung und Freiheit in sich tragen. Typische Austragungsformen dieser Ambivalenz sind etwa die Freiheiten, die der eine Partner mit sexuellen Außenbeziehungen beansprucht, und die eifersüchtige Verfolgung und der depressive Rückzug, womit der andere die verbindliche Treue fordert. Auch das Dilemma zwischen Bindung und Freiheit ist beziehungsimplizit, weil es eine echte Frage ist, ob man sein persönliches Potential eher in einer festen Beziehung oder in Ungebundenheit verwirklichen kann.

Das Dilemma der Liebe zwischen Bindung und Freiheit:

- **entweder ich baue mit dem Partner eine gemeinsame Welt auf, die Bestand hat und weiterwächst, womit aber mein Potential im gemeinsam Geschaffenen gebunden ist**
- **oder ich halte mich frei und ungebunden, schaffe mit meinem Potential aber keine verbindliche, gemeinsame Wirklichkeit.**

Wer eine dauerhafte Lebensgemeinschaft eingeht, schafft mit dem Partner zusammen eine gemeinsame innere und äußere Welt. Diese ist jedoch auf die Korrespondenz der Entfaltungsbereitschaften der beiden Partner begrenzt. Sie ist eingeschränkt auf den Bereich wechselseitigen Verstehens, eingegrenzt durch Mißverständnis und Fehlbeantwortungen. Wer sich verbindlich in den Prozeß einer Liebe einläßt, kann nicht mehr unbeschadet aussteigen. Der Spielraum für Wandel und Veränderung wird geringer, das Potential ist gebunden, es kann das Gefühl aufkommen, gefangen und von den äußeren Verhältnissen fremdbestimmt zu sein, selbst dann, wenn man diese Verhältnisse selbst geschaffen und gestaltet hat. Wer sich in einer Liebesbeziehung frei und ungebunden hält, schafft keine verpflichtenden Bindungen, aber seine Selbstverwirklichung bleibt dementsprechend unbeantwortet, es fehlt die Qualität einer miteinander geschaffenen Welt. In der Krise der Lebensmitte, die eine Orientierungskrise ist, zeigt sich oft, daß, wer sich auf etwas eingelassen hat – z. B. mit Kindern –, sich jetzt nach Freiheit und Neubeginn sehnt, und wer sich wenig eingelassen hat – z. B. durch gewollte Kinderlosigkeit –, das Gefühl hat, am Leben nur als Zaungast teilgenommen zu haben.

Das Dilemma des Angezogenwerdens durch Stärke oder durch Schwäche

Evolutionsbiologisch müßte man in Analogie zu den Tieren von der Annahme ausgehen, daß jene Partner am anziehendsten wirken, die die beste Chance zur Fortpflanzung bieten, also die selbstbewußtesten, stärksten, erfolgreichsten und mutigsten Männer und die ausgeglichensten, schönsten, weiblichsten und mütterlichsten Frauen. Doch die Realität beim Menschen ist komplexer. Offensichtlich werden oft Frauen geheiratet, die eher unattraktiv, unweiblich und selbstunsicher wirken, oder Männer, die schüchtern, unreif und voller Minderwertigkeitsgefühle sind. Auch Menschen, die sich im Leben nicht zurechtfinden, zur Trunksucht neigen, drogenabhängig oder kriminell sind, können attraktive Partner und Partnerinnen finden, die sich intensiv für sie engagieren. Wie ist das zu verstehen?

Das Dilemma des Angezogenwerdens durch Stärke oder Schwäche in der Liebe lautet:

- entweder ich wähle mir einen Partner, der allgemein bewundert und begehrt ist, gehe dann aber das Risiko ein, ihn nicht für mich behalten zu können und ihm nicht gewachsen zu sein
- oder ich wähle mir einen Partner mit offensichtlichen Schwächen und Defiziten, dessen ich mich sicherer fühlen kann, weil ich von ihm gebraucht werde, der mir aber nur eine eingeschränkte persönliche Entfaltung ermöglicht.

Wie in Kapitel 2 auf S. 31 ausgeführt, wird der Mensch unvollständig geboren und steht ständig in einem inneren Kampf, um vollständiger zu werden. Die Wahrnehmung eines Menschen als Suchenden kann die Bereitschaft stimulieren, ihn im Suchen zu unterstützen, ihm den Weg zu zeigen und ihm Selbstvertrauen zu vermitteln. Es kann eine wichtige Grundlage zur Entwicklung von Liebesgefühlen sein, wenn man die Möglichkeit hat, einem Menschen zu helfen und sich im Helfen gebraucht und bestätigt zu fühlen. Die Bemerkung, eine derartige Helferbeziehung diene nur der Selbststabilisierung des Helfers, greift zu kurz. Wie anders sollen Menschen ihre Selbstunsicherheit überwinden als durch die Verwirklichung ihres Potentials in Beziehungen? Schädlich ist eine Helferbeziehung erst, wenn sie den Hilflosen auf seine Hilflosigkeit verpflichtet, um die eigene Helferrolle zu erhalten. Oft sind es persönliche Schwierigkeiten, die man aus eigener Erfahrung kennt, welche einen Partner besonders attraktiv machen. Es kann sein, daß man dazu neigt, sich im Sinne einer projektiven Identifikation im Übermaß mit seinem Schicksal zu identifizieren und sich die Verantwortung zuzuschreiben, für ihn den Kampf gegen die böse Welt zu führen. Was an Zuwendung in mittlerer Dosierung heilkräftig ist, kann im Übermaß Gift sein. Es gilt, sich an die angemessene Dosis zu halten, ohne generell das Gebrauchtwerdenwollen durch den Partner zu entwerten.

Für Frauen sind oft Männer attraktiv, die stark, gutaussehend, intelligent, interessant und erfolgreich sind, dabei aber unfertig und unreif wirken, jungenhaft oder voller unausgegorener Widersprüche, also Männer, die den Eindruck vermitteln, daß man noch viel für sie tun kann. Für Männer attraktiv sind oft Frauen, die schön, fröhlich und gefühlvoll wirken, daneben aber mit ängstlichem und anlehnungsbedürftigem Verhalten die Beschützerinstinkte der Männer stimulieren. Wer einen »pflegeleichten« ausgeglichenen und lebenstüchtigen Partner wählt, hat Kräfte frei für die Verwirklichung seines Potentials außerhalb der Beziehung. Wer einen Partner mit schwierigem Charakter wählt, wird seine Kräfte vor allem in die Zweierbeziehung investieren. Es ist für die Gesundheit menschlicher Gesellschaften von großer Bedeutung, daß Schwächen und psychische Unausgeglichenheit nicht zu persönlicher Isolation führen müssen, sondern auch besonders anziehend wirken können.

Die Dilemmas können durch traumatisierende Vorerfahrungen akzentuiert sein

Die aufgeführten Dilemmas ließen sich noch durch weitere ergänzen. Ich wollte damit zeigen, daß sie sich in unserem ökologischen Modell als normalpsychologische Phänomene verstehen lassen, die allerdings oft zu Liebesenttäuschungen, Verletzung und Streit Anlaß geben. Oft agiert der eine Partner die eine Seite des Dilemmas, der andere die andere, so daß jeder dem anderen Verrat an der Liebe vorhalten kann. Teilweise polarisieren sich diese Dilemmas auch geschlechtstypisch, wie in Kapitel 5 noch gezeigt wird.

Diese normalpsychologischen Dilemmas können durch frühere traumatisierende Beziehungserfahrungen verstärkt werden. Wer sich in früheren Beziehungen ausgebeutet und betrogen fühlte, wird rascher auf jedes Anzeichen einer möglichen Wiederholung anspringen. Wer von der Mutter vereinnahmt worden war, wird eher darauf bedacht sein, sich Freiheit und Ungebundenheit zu wahren, wer sich als Kind verlassen fühlte, wird eher alles Bindende und Gemeinschaftliche stärken wollen. Diese Aspekte werden in Kapitel 9 weiter ausgeführt.

4. Der Wandel von Liebesbeziehungen in der gesellschaftlichen Entwicklung nach 1968

In den westlichen Ländern kam es in den späten sechziger und in den siebziger Jahren zu einer revolutionären Schleifung repressiver Strukturen und Normen, u. a. bezüglich Sexualleben, ehelicher Treue, Monogamie und Geschlechtsrollen. Doch die ideologisch bedingten Veränderungen verkehrten sich im Laufe der neunziger Jahre teilweise wieder in ihr Gegenteil. Dennoch war der hohe emotionale Aufwand dieser revolutionären Zeit nicht umsonst. Treue ist zwar wieder eine Conditio sine qua non für den Fortbestand einer voll gelebten Liebesbeziehung, aber die Treuevorstellungen werden jetzt von den Partnern ausgehandelt und nicht mehr von Kirche und Gesellschaft verordnet. Der Wert der Monogamie wird wieder anerkannt, aber innerhalb einer großen Vielfalt akzeptierter Formen des Zusammenlebens. Nachhaltig werden sich nur jene Verhaltensformen und Beziehungsveränderungen durchsetzen, die sich für die persönliche Entfaltung und die gesellschaftliche Entwicklung als Vorteil erweisen. Heute verfügt man über eine weit größere Wahlfreiheit, man trägt aber auch mehr Eigenverantwortung im Gestalten einer Liebesbeziehung. Der gesellschaftliche Emanzipationsprozeß fordert dem einzelnen eine höhere Autonomie im Gestalten seiner Beziehungen ab.

Im Unterschied zum Tier ist beim Menschen die genetische Evolution überformt durch die kulturelle Evolution, die sich weit rascher entwickelt und das Verhalten der Menschen weit sichtbarer bestimmt als die biologische. Dabei stellt sich die Frage, ob die kulturelle Evolution sich nach ähnlichen Gesetzmäßigkeiten vollzieht wie die biologische und in einer kulturellen Selektion nur jene Verhaltensänderungen Bestand haben, welche einen Anpassungsvorteil bringen, d. h. eine verbesserte Nutzung der kulturellen Umwelt zur Selbstentfaltung ermöglichen. Hier soll dieser Frage in bezug auf den gesellschaftlichen Wandel in der Gestaltung von Liebesbeziehungen nach 1968 nachgegangen werden.

Sexualbeziehungen, Ehebeziehungen und Familienbeziehungen haben sich in den letzten 30 bis 40 Jahren stärker verändert als in den drei Jahrhunderten zuvor. Sie waren ein zentraler Inhalt der revolutionären gesellschaftlichen Veränderungen nach 1968. Diesen Veränderungen möchte ich an drei unterschiedlichen Trendlinien nachgehen, die sich zwar wechselseitig beeinflussen, aber doch voneinander unterschieden werden können: die Entwicklung der Sexualbeziehungen, die Struktur der Partnerschaft und die Geschlechtsrollen.

Trendwende im Sexualleben

Durch die »Pille« hatte sich Ende der sechziger Jahre eine neue Grundlage der Schwangerschaftsverhütung ergeben. Sie ermöglichte bisher nicht gekannte sexuelle Freiheiten und verminderte die Gefahr unerwünschter Schwangerschaften erheblich. Doch diese Befreiung schlug bald um in eine neue Form von Zwang, sich sexuell frei zu geben und jederzeit sexuell verfügbar zu sein, wenn man nicht als neurotisch dastehen wollte. Frauen gerieten unter den Terror, beim Koitus einen vaginalen Orgasmus erreichen zu müssen, Männer beobachteten die psychophysiologischen Reaktionen der Frauen, um das bloße Vorspielen eines weiblichen Orgasmus zu entlarven und bei fehlendem Orgasmus die Frau der sexuellen Verklemmtheit zu überführen. Sexuelle Hemmungen wurden mit der repressiven Erziehung durch die Eltern und die triebfeindliche kirchliche Moral begründet. Wichtige Fragen in der Exploration von Patienten waren etwa: Haben Sie Ihre Eltern je nackt gesehen? Hat der Vater Sie je zärtlich gestreichelt, mit Ihnen ein Bad genommen, Sie an sich gedrückt? Wurden diese Fragen verneint, war die Ursache sexueller Hemmungen identifiziert. Die sexuelle Aufklärung der Kinder wurde in vielen Büchern mit schonungsloser, ja brutaler Offenheit angestrebt, mit direktem Anschauungsmaterial und unter Verwendung von Begriffen wie »Vögeln«, »Schwanz« und »Futz«. Es brauchte Zeit, bis man merkte, daß diese Form von Aufklärung bei den Kindern mehr sexuelle Abneigung auslöste als Befreiung.

Im Zeichen der sexuellen Befreiung liberalisierte sich auch die Abtreibung. Die Frauen forderten, selbst über ihren Bauch zu entscheiden. Bei der Beurteilung der Indikation zum Schwangerschaftsabbruch trat die Meinung des Mannes in den Hintergrund und die Bedeutung der gesetzlichen Grundlagen verblaßte.

In den Jahren nach 1968 lockerte sich die Sexualmoral und sprengte alle Grenzen und Einschränkungen. Sexuelle Treue wurde auch in theologischen Abhandlungen (z.B. Gondonneau 1972) in Frage gestellt, da wahre Liebe Freiheit bedeute und die Freiheit zur Treue auch die Freiheit zur Untreue einschließe. Es wurde festgestellt, daß der Mensch nicht monogam veranlagt sei, daß die Einhaltung äußerer Treue innere Untreue nicht ausschließe und es somit ehrlicher sei, Sexualität authentisch zu leben. Das Einhalten äußerer Treue ohne innere Treue galt als Heuchelei. Es kam zu einem Boom sexueller Außenbeziehungen, die in den Medien propagiert wurden, auch in der Form von Partnertausch, Gruppensex oder offener Ehe. Eifersuchtsreaktionen offenbarten ein unreifes Besitzdenken. Wahre Liebe sollte kein Gefängnis sein. Gefordert war: »Ohne Lüge leben«.

Die hedonistische sexuelle Enthemmung der siebziger Jahre ist im Laufe der achtziger Jahre stillschweigend verschwunden. Unter dem Einfluß des Feminismus lernten die Frauen, nein zu sagen, ohne sich deswegen als verklemmt vorkommen zu müssen. Sexuelle Untreue wurde wieder häufiger mit der Fortsetzung einer Liebesbeziehung als unvereinbar erklärt. Insbesondere die Frauen waren nicht mehr bereit, anhaltende sexuelle Außenbeziehungen ihrer Männer hinzunehmen. Sie zogen es vor, sich von ihren Männern zu trennen. Die Rückkehr zur sexuellen Treueforderung war unideologisch, pragmatisch, »ein notwendiges Übel« (Burkhart 1997). Es kam besonders bei der Jugend zu einer erstaunlichen Umwertung. Eine Studie von Wydler (1997) zeigt, daß Jugendliche ihre Sexualität wieder vermehrt in festen Beziehungen leben, auf dem Hintergrund von Intimität, Zärtlichkeit, Halt und Konstanz. Das hedonistische Ideal der achtziger Jahre wurde durch das romantische Liebesideal der neunziger Jahre ersetzt. Die veränderte Einstellung zur Sexualität zeigte sich unter anderem darin, daß sich das Alter beim ersten Geschlechtsverkehr bei jungen Männern wieder erhöhte. Für junge Frauen wie Männer stehen Gefühle, Zärtlichkeit und emotionale Bindung beim Ausleben ihrer Sexualität an erster Stelle. Sicher spielt bei diesem Wandel auch die Angst vor Aids mit. Der Wandel ist jedoch viel zu umfassend, als daß er einseitig auf diese Ursache zurückgeführt werden könnte. Er steht vielmehr im Zusammenhang mit zwei anderen Trendentwicklungen.

Trendwende in der Struktur von Partnerschaft

In der Folge der kulturellen Umwälzungen von '68 sollten die bürgerlichen repressiven Strukturen geschleift werden. Es wurde das Ende der Ehe, insbesondere der Monogamie, und der Tod der Familie (Cooper 1972) angesagt. Es wurde mit neuen Formen partnerschaftlichen und familiären Zusammenlebens experimentiert, besonders mit Wohngemeinschaften und Kinderläden. Große Aufregung verursachte das Modell der Ehe ohne Trauschein. Die bürgerliche Ehe und Familie wurde als Ursache psychosomatischer Erkrankungen bezeichnet, da sie der gegenseitigen emotionalen Erpressung diene. Nicht mehr die Kirche oder der Staat sollten die Form des Zusammenlebens festschreiben, es sollte allein der privaten Entscheidung der Partner überlassen sein, wie sie ihre Beziehung gestalten.

Unter dem vorherrschenden Leitbild der Ehe war vor Ende der sechziger Jahre Scheidung starker Diskriminierung unterworfen. Sich scheiden zu lassen hieß, in seinem Lebensplan gescheitert zu sein. Scheidungen waren korreliert mit vielfältigen psychischen Störungen wie Suizid, Alkoholismus, Depressionen und vorzeitigem Tod.

In den Jahren nach '68 kam es zu einem starken Anstieg der Scheidungen und zu einem deutlichen Rückgang der Heiraten. Scheidung bekam eine andere Bedeutung: Sie wurde besonders für Frauen zum Zeichen von Emanzipation. Die Langzeitehe wurde entwertet. Als Gründe für das Zusammenbleiben galten Angst vor dem Alleinsein, Abhängigkeit, Bequemlichkeit, Gewohnheit, finanzielle Vorteile oder Sozialprestige. Scheidung dagegen war ein Zeichen von Mut zu Autonomie und Fähigkeit, allein zu leben.

Doch auch diese Bewegung verlor im Laufe der achtziger Jahre an Kampfkraft. Die Gesellschaft begann eine Vielfalt familiärer und partnerschaftlicher Lebensformen zu billigen. Konkubinat wurde zur häufig gewählten Form eines vorehelichen Zusammenlebens. Der Anteil Verheirateter an den 35- bis 55jährigen blieb weiterhin erstaunlich hoch (laut 5. Deutschem Familienbericht 1994 79,1 %). Seit den neunziger Jahren ist Scheidung kein Thema der Emanzipationsbewegung mehr. Ihre Häufigkeit nimmt zwar weiterhin zu, aber damit auch die Wiederverheiratungen, besonders der Männer. Eine partnerschaftliche Beziehung hat immer mehr nur als Liebesbeziehung Bestand.

Die Partner trennen sich, wenn die Liebe sie nicht mehr zusammenhält. Scheidung ist nicht mehr ein Zeichen eines gescheiterten Lebensplanes, sondern hat manchmal eine ähnliche Bedeutung wie der Wechsel einer Berufstätigkeit. Man trennt sich einvernehmlich, möchte sich oft aber auch nach einer Scheidung freundschaftlich verbunden bleiben. Es spricht einiges dafür, daß der Bestand und die Dauerhaftigkeit einer Partnerschaft in einer Welt, in der alles in Wandel und Auflösung begriffen ist, an Wert zurückgewinnen. Wenn jeder von Entlassung und Arbeitslosigkeit bedroht ist, hat ein doppelverdienendes Paar bessere Überlebenschancen als ein einzelner. Es mehren sich auch die Stimmen von Scheidungskindern, die sich als Erwachsene bitter über die rücksichtslose Selbstbezogenheit ihrer Eltern beklagen. Andererseits nutzen manche bis gegen die Lebensmitte die Möglichkeit, in der Welt herumzureisen und ein freies Leben zu genießen, ohne feste Bindungen einzugehen. Scheidung ist nach wie vor ein unerwünschtes und schmerzliches Ende einer Ehe. Da keine gesellschaftlichen, religiösen oder ökonomischen Zwänge die Beziehung zusammenhalten, bleiben Partner nicht mehr zusammen, wenn sie unglücklich sind und sich Alternativen zu diesem Unglück anbieten. Unglücklich sein gilt manchen als verlorene Zeit, die rasch zu beenden ist. Oft mit erstaunlicher Nüchternheit stellen die Partner fest, daß die Ehe es nicht mehr bringt. Man trennt sich, um für eine neue Beziehung frei zu sein. Es häuft sich das Modell der seriellen Monogamie: Man heiratet, bekennt sich zur Monogamie und trennt sich wieder, um nach einer oft kurzen Phase des Single-Daseins erneut in eine Partnerschaft einzutreten.

Trendwende in den Geschlechterrollen

Die Kleinfamilie war ein Produkt der Industriegesellschaft und hat sich in westlichen Kulturen erst im Laufe der letzten 100 Jahre durchgesetzt. Sie ermöglichte den Partnern, unabhängig von der Herkunftsfamilie Schmied ihres eigenen Glücks zu sein. Diese Selbständigkeit und Abgrenzung gegen außen wurden durch eine Arbeitsteilung zwischen Mann und Frau ermöglicht: der Mann zuständig für Erwerb und äußere Sicherheit, die Frau für Haushalt und Kinder. Mit der zunehmenden Technisierung des Haushaltes, mit Wasch- und Spülmaschinen, Staubsaugern, Kochen mit Mikrowellen, Ernährung mit Fertigprodukten usw. wurde es für Frauen schwieriger, im Haushalt eine sinnerfüllende Tätigkeit zu finden. Sie fühlten sich gegenüber dem Mann benachteiligt und begannen, für die Gleichberechtigung zu kämpfen. Es kam in den Jahren nach 1968 zu einer besseren Bildung und Ausbildung der Frauen, zu einer Zunahme der Erwerbstätigkeit, zunächst in Teilzeit und in untergeordneten beruflichen Stellungen. Damit verringerte sich die finanzielle Abhängigkeit vom Partner.

In den Jahren nach 1990 begann sich das Rollenverhalten der Geschlechter zunehmend anzugleichen. Insbesondere in der Berufstätigkeit wurden die Unterschiede des Verhaltens von Männern und Frauen stark eingeebnet. Neu war die explizite Förderung von Spitzenkarrieren von Frauen in Politik, Wirtschaft und an Universitäten. Obwohl Doppelkarrierepaare nur einen beschränkten Anteil der Partnerschaften ausmachen, kam es bei diesen zu vieldiskutierten strukturellen Veränderungen der Ehe. Bei Karrierefrauen bestimmen, genauso wie bei Karrieremännern, die beruflichen Anforderungen maßgeblich die Form des Zusammenlebens.

Da eine Berufskarriere meist mit Stellen- und Ortswechseln verbunden ist, kommt es in solchen Partnerschaften häufig zu einem »living apart together«. Diese Partnerschaften sind wahrscheinlich nicht von vornherein mit einem höheren Scheidungsrisiko verbunden. Die täglichen Telefonate der Partner können zu einem intensiveren persönlichen Austausch führen als das allabendliche gemeinsame Sitzen vor dem Fernseher. Die verbesserten Verkehrsverbindungen ermöglichen es den Partnern in der Regel, das Wochenende gemeinsam zu verbringen, so daß auch die sexuellen Beziehungen unter dem zeitweiligen Getrenntleben nicht leiden müssen. Es kann für einen Mann entlastend sein, wenn die Frau ihre Berufskarriere nicht der seinigen opfert, sondern selbst die Verantwortung für ihre Lebenszufriedenheit und ihr Glück übernimmt. Am schwierigsten zu lösen ist die Frage der Kindererziehung. Insbesondere karriereorientierte Akademikerinnen haben häufig kein oder höchstens ein Kind. Sind mehrere Kinder da, hört die Gleichberechtigung von Mann und Frau faktisch auf, obwohl sie theoretisch weiter existiert. Frauen engagieren sich nach wie vor weit mehr für die Kindererziehung als Männer. Die Gesellschaft tut sich schwer, den Eltern die an sich möglichen Erleichterungen wie Kinderkrippen, Tagesschulen und finanzielle Entschädigungen zu verschaffen. Immer noch geistert die Idee herum, Erleichterungen in der Kinderbetreuung würden den Kindern die Mütter entziehen. Tatsache ist, daß die Geburtenrate in jenen europäischen Ländern am geringsten ist, in denen die Frauenerwerbsquote am niedrigsten ist (Italien, Deutschland, Österreich). Sie ist am höchsten in jenen Ländern, in denen auch die Frauenerwerbsquote am höchsten ist und die Kinderbetreuungsmöglichkeiten die besten sind (Island, Norwegen, Dänemark). Frauen lassen sich heute nicht mehr durch schlechte Betreuungsmöglichkeiten ihrer Kinder an den Herd zurückzwingen, sondern verzichten eher auf Kinder. Das Leitbild für Frauen ist heute nicht mehr »Wenn Kinder, dann keine Berufstätigkeit«, sondern »Wenn Kinder, dann auch Berufstätigkeit«. Dennoch verbreiten auch in deutschsprachigen Talkshows Spitzenmanagerinnen die Glücksbotschaft, alles sei machbar, wenn man nur über Organisationstalent verfüge und gut strukturiert sei. Sie stellen oft eine Babysitterin ein, die sich um die Kinder küm-

58 | Wandel von Liebesbeziehungen

mert. Die Frage bleibt allerdings, ob Frauen die Mutterfunktionen ganz an andere abtreten wollen oder ob sie dabei befürchten, das Muttersein zu verpassen. Die Zeit wird zeigen, wie weit es sich bei der Karriereförderung um eine Zwangsbefreiung der Frauen handelt und wie weit sie diese wirklich wollen. Um das zu wissen, müssen aber zuerst Rahmenbedingungen geschaffen und durchgesetzt sein, die ihnen eine echte Wahlmöglichkeit anbieten.

Die drei Trendlinien Sexualleben, Struktur der Partnerschaft und Geschlechtsrollen stehen zueinander in einer Wechselbeziehung und bedingen einander.

Trendwenden in Partnerbeziehungen nach 1968

	Sexualleben	Struktur der Partner-schaft	Geschlechtsrollen
vor 1968	Angst vor uner-wünschter Schwangerschaft restriktive Sexual-moral	Monogamie, gestützt durch kirchliche Moral und Gesetz, Scheidung als persönliches Scheitern	definierte komple-mentäre Rollen für Mann und Frau
nach 1968	**Befreiung der Gefühle** die Pille liberalisierte Ab-treibung die Frau entscheidet über Kinderzahl liberalisierte Sexual-moral hedonistische Leitbilder liberalisierte sexuelle Treue	**antiautoritäre Bewegung** Konsensual-Paare Zunahme von Schei-dungen und Wieder-verheiratungen Scheidung als Eman-zipation	**Feminismus** bessere Bildung und Ausbildung der Frauen Erwerbstätigkeit der Frauen finanzielle Unabhän-gigkeit
nach 1985	Sexualleben inte-griert mit Zärtlichkeit, Intimität und Kon-stanz der Beziehung; die »neue« Treue	Liebe als Voraus-setzung des Zusam-menlebens, ein-vernehmliche Scheidungen	Bedeutungsverlust der Geschlechtsrol-len, Berufskarriere von Frauen, auswär-tige Kinderbetreu-ung, living apart together

Trendwende in den Geschlechterrollen | 59

Die veränderten Partnerbeziehungen als Herausforderung persönlicher Entwicklung

Die Veränderungsprozesse wurden nicht von der »Gesellschaft« verwirklicht, sondern von einzelnen Frauen und Männern in ihren Beziehungen zueinander. Jedes einzelne Paar bildet ein Laboratorium, in welchem die Trends auf ihre Realisierbarkeit und Lebbarkeit getestet werden. Was man als kollektiven Reifungsprozeß bezeichnen kann, fordert jedem Mann und jeder Frau den persönlichen Vollzug dieser Reifung ab. Wo zuvor gesellschaftliche Normen und Werte das Verhalten bestimmten, muß heute jedes Paar selbst die ihm gemäße partnerschaftliche Lebensform finden. Wo Frauen zuvor über ihre untergeordnete Stellung klagen konnten, müssen sie jetzt die Verantwortung für die eigene Lebensgestaltung übernehmen. Sie können nicht mehr vom Mann die Erfüllung ihres Lebensglücks erwarten. Die Möglichkeit der Frauen, Kinder auch ohne Mann aufzuziehen und Beruf und Kindererziehung zu verbinden, hat die Position der Männer geschwächt. Die Männer haben sich in ihren Einstellungen stark den weiblichen Werten angeglichen. Sie können sich nicht mehr mit den Sachzwängen des Berufes vor der Beteiligung an der Familienarbeit schützen. Um nicht als überflüssig zu gelten, müssen sie sich in der Familie als nützlich erweisen. Die Frauen fordern den Männern ein rücksichtsvolles Verhalten ab, das diese insbesondere bezüglich Sexualbeziehungen oft überfordert und das Ausweichen in Masturbation begünstigt. Postmoderne Partner können sich im Verhalten zueinander nicht mehr auf Rollenvorschriften berufen, sondern stehen in dauernder Verhandlung miteinander. Es wird ihnen eine höhere Kompetenz im Umgang mit Meinungsverschiedenheiten und Konflikten abgefordert. Machtkämpfe und Rechthaberei werden gesellschaftlich diskriminiert.

Während junge Paare mit diesen veränderten Leitbildern von Partnerbeziehungen aufgewachsen sind, ist der Wandel vor allem für jene schwer zu bewältigen, die unter ganz anderen Voraussetzungen die Partnerschaft eingegangen sind. »Ich bin nicht mehr die Frau, die Du einmal geheiratet hast« ist zum Slogan vieler emanzipierter Frauen geworden. Ein großer Teil der Paare, die ich in den letzten Jahrzehnten in Therapien kennengelernt habe, sind dekompensiert an der Anforderung, innerhalb der gleichen Partnerschaft diesen persönlichen Wandel, den Wandel des Partners bzw. der Partnerin und der Beziehung zu bewältigen.

Die kulturelle Selektion von Veränderungen

Auf der Grundlage des christlichen Abendlandes und der griechisch-römischen Kultur hat sich in den westlichen Zivilisationen seit der Aufklärung der Trend in Richtung vermehrter Selbstbestimmung des Individuums und des Abbaus fremdbestimmter Normen und Zwänge verstärkt. 1968 und in den folgenden Jahren kam es zu einem neuen Motivationsschub. Von den Idealen dieser Revolution hatte jedoch nur das Bestand, was sich als »Überlebensvorteil« erwies. Verwirklichen lassen sich gewisse Postulate erst bei einer Veränderung der realen Rahmenbedingungen. Manches läßt sich aber nicht verwirklichen, weil es den Menschen zumindest in einer radikalen Form nicht entspricht.

Was mich persönlich erstaunt und berührt, ist die Differenzierung und Subtilität der Veränderungen der Liebesbeziehungen in den letzten Jahrzehnten. Für unsere im Prinzip Eigennutz gründende Theorie ist wichtig: *Nicht in erster Linie Ideologie und ethische Werte bewirkten die Veränderungen. Nachhaltig verändert hat sich nur, was sich unter den allgemein veränderten Lebensbedingungen als individueller (Über-)Lebensvorteil erwies.* Dabei ist das, was als Vor- oder Nachteil erfahren wird, allerdings nicht unabhängig von kulturellen Wertvorstellungen. Grundlegend verändert hat sich, daß Partner weit mehr als früher über die Gestaltung ihrer Liebesbeziehung bestimmen. Daraus hat sich eine wesentlich größere Variationsbreite partnerschaftlicher Lebensformen ergeben. Die kirchlichen Moralvorstellungen haben ihre Bedeutung weitgehend verloren. Es ist nicht zum Verfall der Sitten und nicht zum Überhandnehmen von Egoismus und sexueller Haltlosigkeit gekommen. Sexuelle Treue ist erneut ein verbindlicher Wert der Partnerbeziehung, die liberalisierte Abtreibung erweist sich für die meisten Frauen als ein belastendes Ereignis, das sie möglichst vermeiden.

An die Stelle kirchlicher und staatlicher Moralvorschriften hat sich eine Beziehungsethik von unten entwickelt. Zwischen Liebespartnern bildet sich eine Verhandlungskultur, in welcher jeder in eigener Verantwortung an der Gestaltung des Liebeslebens mitwirkt. Dieses folgt dem Prinzip Eigennutz, das heißt, es setzen sich nur die Lebensregeln durch, welche der angestrebten Selbstverwirklichung im Liebes- und Familienleben dienen. Der Eigenvorteil läßt sich aber nicht rücksichtslos durchsetzen. Als Anpassungsvorteil kann sich nur erweisen, was auch einen Nutzen für den Partner bringt und im Falle einer Familiengründung dem Gedeihen gemeinsamer Kinder förderlich ist. So regulieren sich die eigennützigen Tendenzen wechselseitig. Das Zusammenleben entwickelt sich als wirkungsgeleiteter Lebenslauf nach Versuch und Irrtum. Fehlentwicklungen werden laufend korrigiert, der eingeschlagene Weg ist die optimierte Kompromißbildung unterschiedlicher Ansprüche der Partner. Was sich nicht bewährt, verschwindet wieder, meist ohne Diskussion, unabhängig von der Energie, welche zuvor in die Ideologiedebatte investiert wurde. Verschwunden ist etwa die ideologische Begeisterung für die Scheidung als Merkmal der Emanzipation, für die sexuelle »Zwangs«-Befreiung, für die offene Ehe mit Anspruch auf sexuelle Untreue, für die Abschaffung der Monogamie und der Zweielternfamilie.

Das befürchtete gesellschaftliche Chaos und der Verfall der Sitten sind nicht eingetreten: Sexualverkehr wird verantwortungsvoller vollzogen, Liebe und Zärtlichkeit haben in Beziehungen einen höheren Stellenwert als je zuvor, es werden wieder Bindungen in Beziehungen gesucht, die Liberalisierung der Abtreibung geht mit deren Abnahme einher, Trennung und Scheidung werden fairer und in gegenseitigem Respekt vollzogen, auf das erniedrigende »Waschen schmutziger Wäsche« wird verzichtet.

Durch die Möglichkeit zu individuellerem Gestalten der am besten passenden Form des Liebeslebens ist es zu einer größeren Pluralität partnerschaftlicher Lebensformen gekommen. Zur Selbstverwirklichung in der Liebe eignen sich die verschiedenen Lebensformen nicht für jede Frau und jeden Mann in gleicher Weise. Es gibt Menschen, denen eine feste Partnerbindung oder eine eheliche Lebensform nicht entspricht, andere fühlen sich durch eine Familiengründung in ihrer Freiheit zu sehr beschnitten. Die veränderten gesellschaftlichen Verhältnisse bieten jenen einen (Über-)Lebensvorteil, die den bisherigen Normen nicht nachzuleben vermochten, indem etwa keine verpflichtenden Erwartungen mehr zur Eheschließung, zur Familiengründung oder zu Verleugnung homosexueller Orientierung bestehen. Die Entfaltung des eigenen Potentials wird begünstigt, wenn die Fortführung einer Ehe nicht um jeden Preis erzwungen wird und der Wiederverheiratung nichts entgegensteht.

Dennoch besteht weiterhin ein großer Bedarf an Orientierung. Mancher möchte wissen, was richtig und was falsch ist. Kirchliche, gesetzliche oder moralische Normen tragen heute wenig dazu bei. Die Medien, die eine zentrale Rolle einnehmen, wenden vor allem zwei Methoden an: Die eine ist die Orientierung an der statistischen Norm: Man möchte wissen, was die Mehrheit tut und welchem Trend sie nachlebt. Die andere Methode ist die Identifikation am Leben und Schicksal von Stars in Showbusiness oder Sport. Allerdings werden Statistiken oft sehr tendenziös und oberflächlich verwendet und die Lebensschicksale von Stars sind oft weder vorbildhaft noch für die Übertragung auf das eigene Leben geeignet. Statt neue Lebensnormen zu suggerieren, wäre es wünschbar, daß die Medien Liebende darin unterstützen, ihre Beziehung nach eigenen Vorstellungen zu gestalten.

5. Wie Mann und Frau einander in ihrer Entwicklung herausfordern

Die Thematisierung charakterlicher Unterschiede zwischen Frauen und Männern war in den Jahren nach '68 verpönt, galten diese doch als gesellschafts- und erziehungsbedingt und damit als zeitbedingt. Heute, nachdem eine Generation lang versucht worden ist, geschlechtsgebundene Erziehung zu überwinden und Ungleichheiten von Männern und Frauen in Ausbildung und Arbeit abzubauen, unterscheiden sich Männer und Frauen nach wie vor in vielen Verhaltensweisen erheblich. Die Resultate einer eigenen Befragung zeigen deutliche geschlechtstypische Unterschiede in den Vorwürfen, welche Frauen an die Männer und Männer an die Frauen richten. Diese unterschiedlichen Vorwürfe sind nicht allein durch aktuelle gesellschaftsbedingte Ungleichheiten zu erklären. Es handelt sich vielmehr um unterschiedliches Erleben und Umgehen mit Konflikten, Streß und Emotionen in Liebesbeziehungen. Bei der Anziehung zwischen Mann und Frau spielt die Erwartung mit, vom anderen in geschlechtstypischer Weise gebraucht und bestätigt zu werden. Die geschlechtstypischen Vorwürfe gründen teilweise auf der Angst vor den unvertrauten und unbewußten Seiten des anderen Geschlechts und auf der Befürchtung, der Einfluß des gegengeschlechtlichen Prinzips könnte in der Beziehung überhandnehmen. Die Andersartigkeit des Gegengeschlechts wird zugleich als Faszination und Bedrohung erlebt. Die Unterschiedlichkeit von Mann und Frau dynamisiert und bereichert das Leben und erhöht die Kompetenz, schwierige Lebenssituationen miteinander zu bewältigen.

Wie verschieden sind Frauen und Männer – immer noch ein Tabuthema?

Im Rahmen der Emanzipationsbewegung der letzten Jahrzehnte ist die Frage nach psychologischen Unterschieden zwischen Männern und Frauen zu einem emotional hochbesetzten Thema geworden.

Bestehende Unterschiede wurden meist pauschal den Folgen der gesellschaftlichen Unterdrückung der Frau oder der Erziehung von Männern und Frauen zugeschrieben. Slogans und Buchtitel lauteten etwa »Wir werden nicht zu Frauen geboren, wir werden zu Frauen gemacht« oder »Der kleine Unterschied und seine großen Folgen« oder »Krankheit Frau«. Der Kampf der Frauen war und ist notwendig und hat wichtige Veränderungen mit sich gebracht, insbesondere, was den Ausgleich in Bildung und Ausbildung betrifft, die Entlohnung der Erwerbstätigkeit oder die grundsätzliche Chancengleichheit in Karriereberufen. Nach 30 Jahren Frauenkampf haben die Frauen Zugang zu allen Berufen gefunden, auch zu solchen, die als typisch männlich galten, wie Pilot, Zugführer, Chirurg, Offizier, und insbesondere auch zu Spitzenpositionen in der Politik. Gibt es heute überhaupt noch relevante Geschlechtsunterschiede? Die Feministin Alice Schwarzer (2000) stellt Geschlechtsunterschiede, selbst die biologischen, in Frage und plädiert dafür, diese nicht mehr zu beachten. Ihre Botschaft ist: Noch müssen Menschen Männer und Frauen sein. Es wird Zeit zu begreifen, daß die Männer nicht das starke, sondern das geschwisterliche Geschlecht sein könnten. Weshalb noch die Spaltung in Frau oder Mann, weshalb nicht einfach Mensch?

Auch die deutschsprachige Genderforschung (s. von Braun/Stephan 2000) mißt dementsprechend den Verhaltensunterschieden der Geschlechter kaum Bedeutung zu. So schreibt Alferman (1996), »der auffallendste Befund zu Geschlechtsunterschieden besteht darin, daß sie sich in den vergangenen zwei Jahrzehnten weiter verringert haben«. Sie führt dann in einer Tabelle die wenigen heute noch anerkannten Erlebnis- und Verhaltensbereiche auf. Der deutlichste Unterschied zwischen den Geschlechtern zeigt sich in Tests, die Schnelligkeit, Kraft und Ausdauer erfordern. Die Ursachen sind biologischer Art, werden aber durch Sozialisationserfahrungen noch verstärkt. Ein weiterer Unterschied besteht in aggressivem Handeln dahingehend, daß Männer häufiger physisch aggressiv werden als Frauen. Unterschiede in einzelnen Persönlichkeitsmerkmalen, insbesondere Durchsetzungsfähigkeit und Fürsorglichkeit, werden demgegenüber auf geschlechtstypische Rollenerwartungen zurückgeführt. Besonders bei den kognitiven Fähigkeiten zeigt die neuere Forschung einen deutlichen Wandel in der Weise, daß Frauen und Männer in Tests zur Erfassung des verbalen, mathematischen und räumlichen Denkens ähnliche Resultate erzielen. Die früher in diesen Bereichen beschriebenen Unterschiede müssen rückblickend als Konsequenzen aus Bildungs- und Sozialisationsunterschieden zuungunsten von Frauen interpretiert werden. Nach wie vor ist die männliche Rolle stärker mit instrumentellen und die weibliche Rolle mehr mit expressiven Erwartungen definiert.

Es ist bedauerlich, daß die deutschsprachigen Genderstudien sich immer noch darauf konzentrieren, die Unterschiede zwischen den Geschlechtern zu minimalisieren und biologische Aspekte nahezu auszuklammern (siehe dazu als umfassende Einführung die »Genderstudien«, herausgegeben von Christina von Braun und Inge Stephan, 2000). Diese Studien sind immer noch in der einseitigen Sicht der gesellschaftlichen Verursachung von Geschlechtsunterschieden befangen, während in der englischsprachigen Forschung (Ellis und Ebertz 1997 und 1998; Geary 1998) biologischen Aspekten größte Aufmerksamkeit entgegengebracht wird. Biologische Unterschiede werden nicht als naturgegeben hingenommen, sondern es werden die Interaktionen zwischen psychischen, sozialen und biologischen Faktoren herausgearbeitet. Geschlechtstypische Verhaltensunterschiede sind nicht biologisch *oder* gesellschaftlich bedingt, vielmehr sind biologische Substrate von Umweltbedingungen beeinflußt (Sexual development: Nature's substrate for nurture's influence). Genetische Dispositionen bedürfen der entsprechenden Umwelt, um sich zu entfalten, Umwelt kann die Ausprägung genetischer Dispositionen beeinflussen. Ebensowenig werden in den oben genannten Genderstudien die Ergebnisse der Hirnforschung beachtet, welche unterschiedliche geschlechtstypische Strategien bei der Lösung von Testaufgaben zeigen (siehe dazu Spitzer 2001). Immer mehr Studien belegen die Unterschiede von Mann und Frau in Wahrnehmungen, Kognitionen und Emotionen, aber auch im Gestalten sozialer Beziehungen. Mann und Frau messen sozialen Beziehungen in gleicher Weise einen hohen Wert zu, aber sie unterscheiden sich im Fokus ihrer sozialen Aktivitäten voneinander. Vier von fünf Frauen schätzen freundliche, wechselseitige Beziehungen mehr als Männer, während drei von vier Männern konfrontierende und kompetitive Beziehungen eher bevorzugen als durchschnittliche Frauen. Frauen sind treffsicherer als Männer im Erkennen des männlichen oder weiblichen Gesichtsausdruckes. Männer lieben den Wettstreit mit anderen Männern, physisch oder im Erlangen von Status oder materiellen Ressourcen, während Frauen mit anderen Frauen eher um soziale und sexuelle Beziehungen konkurrieren (Geary 1998). Können diese geschlechtstypischen Unterschiede nicht eine Bereicherung sein? Wäre es nicht möglich, daß das Zusammenspiel von Mann und Frau Anpassungsvorteile bietet und die Kompetenz im Lösen von gemeinsamen Aufgaben erhöht?

Vorwürfe, die Partner aneinander richten, sind in hohem Maße geschlechtstypisch

An sich hatte ich nicht die Absicht, mich in diesem Buch mit Geschlechtsunterschieden zu befassen. Anlaß dazu ergab sich erst durch die überraschenden Ergebnisse einer Befragung, die ich mit einer ganz anderen Absicht durchgeführt hatte, Ergebnisse, die in deutlichem Gegensatz zu den genannten Thesen der Genderforschung stehen. In einer Fragebogenuntersuchung wollte ich erfahren, inwiefern partnerschaftliche Vorwürfe von den Probanden als gerechtfertigt oder als Projektionen eigener Probleme gesehen werden. Dieses Thema wird in Kapitel 10 eingehender behandelt werden. Befragt wurden über 400 Probanden, rund 2/3 Frauen und 1/3 Männer. Die Befragten wurde aufgefordert, sich ein bestimmtes Paar, bei dem sie sowohl Mann wie Frau gut kennen, vor Augen zu halten. Sie sollten von diesem Paar die Vorwürfe aufschreiben, welche die Frau an den Mann richtet, und die Vorwürfe, die der Mann an die Frau richtet – möglichst in den Worten der betreffenden Personen. Der Zweck der Befragung lag nicht darin, herauszufinden, ob Männer und Frauen sich in ihren Vorwürfen voneinander unterscheiden. Das Ergebnis war jedoch unerwartet geschlechtstypisch. Die große Vielfalt formulierter Vorwürfe ließ sich zu Clustern ordnen:

Männer werfen ihrer Frau vor:

1. Cluster Häuslichkeit:
Du bist so kontrollierend, so kleinlich, du willst mich anbinden, festhalten, du bist zu abhängig, hast keine eigene Initiative, du machst nichts aus deinem Leben, du willst zuviel Nähe.
Gelegentlich aber auch: Du bist zu oft abwesend, zuviel im Beruf, zuwenig mütterlich, du gibst mir zuwenig Trost und Liebe, du bist zu sehr auf das Kind bezogen.

2. Cluster Erziehung des Mannes:
Du bist so belehrend, rechthaberisch, pedantisch, bestimmend, nachtragend, du willst mich gängeln, du bist krittelsüchtig, nörgelnd, quengelnd, du akzeptierst mich nicht, wie ich bin, du hast immer etwas auszusetzen, ich kann es dir ohnehin nie recht machen.

3. Cluster Emotionale Offenheit:
Du bist zu emotional, zu impulsiv, zu unkontrolliert, zu grenzüberschreitend, zu vereinnahmend, zu übergriffig, zu erdrückend, du bist unersättlich, fordernd, unstrukturiert, du redest zuviel.
Gelegentlich aber auch: Du hast zuwenig Interesse an mir, zuwenig Liebe, kein Interesse an meinem Beruf.

Frauen werfen ihrem Mann vor:

1. Cluster Unabhängigkeit:
Du strebst immer weg, du bist unnahbar, du hast keine Zeit für mich, du läßt mich zuviel allein, du engagierst dich nicht, du übernimmst keine Verantwortung, du bist zu häufig im Büro, du bist innerlich abwesend, tust nichts für Haushalt und Kinder.

2. Cluster Mangelnde Anerkennung:
Du nimmst mich nicht ernst, du hörst mir nicht zu, du bleibst unverbindlich, du bist unaufmerksam, ausweichend, unehrlich, du anerkennst meine Arbeit nicht, du zeigst mir keine Anteilnahme.

3. Cluster Emotionale Unzugänglichkeit:
Du sprichst nicht, bist wortkarg, egozentrisch, nicht spürbar, distanziert, läßt mich nicht an dich heran, du bist nicht zärtlich, kannst dich nicht einfühlen, willst immer nur Sex.

Erstaunlich war, daß die Vorwürfe der Frauen an ihren Mann wie jene der Männer an ihre Frau von den Befragten zu rund 90 % als zutreffend bezeichnet wurden und in 80 % das Realisieren des Vorgeworfenen für Frau und Mann als erfüllbar angesehen wurde. Frauen und Männer werfen sich also nicht Unerfüllbares vor wie etwa »Du bist häßlich, dumm, introvertiert, schwach, kleingewachsen, usw.«, sondern sie werfen sich störende Verhaltensweisen vor, von denen sie annehmen, daß der andere sie verändern könnte (eine Publikation der Resultate ist in Vorbereitung).

Verhalten sich Männer und Frauen in der Partnerbeziehung geschlechtstypischer als im Beruf?

Die von den Befragten angegebenen Unterschiede in den Vorwürfen passen zu den Beschreibungen des amerikanischen Paartherapeuten John Gray in seinem Buch »Männer sind anders. Frauen auch« (1992/1998). Ebenso entsprechen sie den Beobachtungen der amerikanischen Linguistikprofessorin Deborah Tannen, die sie in ihrem Buch »Du kannst mich einfach nicht verstehen. Warum Männer und Frauen aneinander vorbeireden« (1990/1998) veröffentlicht hat.

Nach Gray sind Männer heutzutage stolz, ihren Frauen zu zeigen, daß sie etwas allein tun können. Autonomie ist für sie ein Symbol von Effizienz, Macht und Kompetenz. Unter Streß suchen sie nicht die Hilfe der Frau, sondern ziehen sich in ihr Schneckenhaus zurück oder lenken sich ab durch Sport, Zeitunglesen oder mit Sportsendungen im Fernsehen. Konfrontiert mit Problemen, suchen sie pragmatische Lösungen und verschließen sich langen Diskussionen. Die Angst des Mannes ist, von seiner Frau als nicht gut und kompetent genug angesehen zu werden. Er fürchtet zu versagen und Fehler zu machen. Lieber macht er nichts als etwas Falsches.

Das weibliche Selbstbewußtsein definiert sich nach Gray durch Gefühle und die Qualität von Beziehungen. Frauen erleben Erfüllung durch Teilen und Mitteilen. Beziehungen sind ihnen wichtiger als Arbeit und Technik. Sie möchten Anteilnahme zeigen und Verständnis für andere haben. Sie versuchen, den Mitmenschen die Wünsche vom Gesicht abzulesen. Es ist für sie kein Zeichen von Schwäche, Hilfe in Anspruch zu nehmen, im Gegenteil, sie fühlen sich durch die gewährte Hilfe geliebt. Sie möchten den Mann, den sie lieben, verbessern. Das Erteilen von Ratschlägen und Kritik ist für sie ein Beweis ihrer Liebe. Unter Streß reagiert die Frau emotional und mitteilungsbedürftig. Sie will über die Alltagsprobleme sprechen. Sie sucht dabei nicht praktische Lösungen, sondern Anteilnahme. Frauen bereitet es Mühe, anderen Grenzen zu setzen. Sie haben laut Gray Angst, zurückgewiesen und allein gelassen zu werden.

Nach Deborah Tannen sind Gespräche Verhandlungen über Nähe, bei denen man Bestätigung und Unterstützung geben und erhalten möchte und Übereinstimmung erzielen will. Man will sich davor schützen, vom anderen weggestoßen zu werden. Das Leben ist ein Kampf um die Bewahrung der Intimität und die Vermeidung von Isolation.

John Gray und Deborah Tannen beschreiben die Unterschiede von Mann und Frau als Ist-Zustand, ohne sie zu begründen oder zu interpretieren. Meines Erachtens können diese Unterschiede für die Gestaltung einer Liebesbeziehung und für die Erziehung von Kindern positive Chancen anbieten.

Die Verhaltensbiologie sieht den Wert der Zweigeschlechtlichkeit in der größeren Variabilität und damit in den verbesserten Chancen, mit veränderten Umweltbedingungen fertig zu werden. Das männliche und das weibliche Geschlecht sind im Dienste effektiver Vermehrung verschieden spezialisiert. Das hat zur Folge, daß jedes Individuum gewisse Aufgaben leicht, andere jedoch schwer zu erfüllen vermag. Beide Geschlechter haben unterschiedliche Taktiken zur Verbesserung des Fortpflanzungserfolges. Doch es geht nicht nur um Fortpflanzung. Kooperation verschieden spezialisierter Lebewesen kann in verschiedensten Lebensbereichen ein Vorteil sein, der sich in Leistungsverbesserung zeigt (Wickler und Seibt 1983).

Beim Menschen werden im Berufsbereich heute psychologische Geschlechtsunterschiede möglichst nicht thematisiert. Frauen bewähren sich in jedem Beruf und jeder Funktion. Dennoch haben Männer und Frauen unterschiedliche berufliche Vorlieben, was sich etwa darin zeigt, daß an der Universität Fachrichtungen wie Ökonomie und Ingenieurwissenschaften häufiger von Männern, Fachrichtungen wie Psychologie und Literatur und neuerdings auch Medizin häufiger von Frauen gewählt werden. Möglicherweise verhalten sich Männer und Frauen in ihrem Zusammenleben geschlechtstypischer als im Beruf, eine Vermutung, die in Widerspruch zu den Annahmen von Genderstudien steht, laut denen Männer und Frauen sich besonders im häuslichen Bereich stark aneinander angeglichen haben sollten.

Weshalb lassen Männer und Frauen sich bei so vielen Verständigungsschwierigkeiten überhaupt aufeinander ein?

Wenn Männer und Frauen sich ja doch nicht wirklich verstehen können und im Grunde auf verschiedenen Planeten leben, weshalb bemüht man sich freiwillig um ein so frustrierendes und anstrengendes Beziehungsabenteuer? Wären die Frauen unter sich, so könnten sie miteinander in Harmonie schwingen, sie könnten ihre Emotionen austauschen und einander Anteilnahme und Mitgefühl zeigen. Wären die Männer für sich allein, so könnten sie sich über die Lösung konkreter Probleme unterhalten, miteinander Wettkämpfe ausfechten und kräftig auf die Pauke hauen. Aber nein, der Mensch läßt nicht locker, bis er sich sein schweres Los in einer Partnerbeziehung geschaffen hat.

Nach unserem Verständnis entsteht eine Liebesbeziehung nicht primär aus sexueller Anziehung oder aus der Suche nach wechselseitiger Bedürfnisbefriedigung, sondern als Prozeß, in welchem zwei unfertige, sich selbst nicht genügende Menschen aufeinandertreffen, die einander beim Suchen ihres Lebensweges begleiten, unterstützen und anregen können. Im Verliebtsein entsteht der

Eindruck, füreinander bestimmt zu sein, einander zu brauchen und einander helfen zu können. Mann und Frau fühlen sich da gebraucht, wo sie dem anderen etwas bieten können, was für diesen kostbar ist. Je deutlicher sie sich voneinander unterscheiden, desto leichter wird es sein, füreinander etwas Besonderes zu bedeuten oder etwas aus dem anderen heraus zu lieben und ihm dafür Bewunderung, Freude und Anerkennung zu zeigen. Natürlich kann derselbe Vorgang auch bei Gleichgeschlechtlichen vorkommen, aber je polarer zwei Partner disponiert sind, desto leichter stellt sich die erotische Anziehung durch Gegensätzlichkeit ein. Männer werden in einer Liebesbeziehung oft männlicher und Frauen weiblicher, als sie es außerhalb dieser Beziehung sind. Männer und Frauen machen sich wechselseitig zu Spezialisten, die für gewisse Lebensbereiche spezielle Kompetenzen entwickeln und unterschiedliche Funktionen im Gemeinschaftsleben übernehmen. Spezialisierung bringt mehr Differenzierung, hat aber den Nachteil der Einseitigkeit und des Aufeinander-Angewiesenseins. Deshalb wird Spezialisierung heute in vielen Paarbeziehungen, vor allem solange sie kinderlos sind, möglichst vermieden. Unsere Untersuchung weist allerdings darauf hin, daß sich der Ausgleich von Rollen und Aufgaben möglicherweise stärker auf Einkaufen, Kochen und Haushalten ausrichtet als auf das Beziehungsverhalten. Es verschafft den Partnern Befriedigung, dem anderen Entwicklungen abzufordern, die er oder sie bisher ängstlich vermieden und sich nicht zugetraut hatte. So entsteht im Verliebtsein ein Wachstumsklima für die Ermöglichung neuer Entwicklungen. In einer archaischen und wenig bewußten Weise kann jeder aus dem Partner geschlechtstypisches Verhalten und Handeln herauslieben.

Gray beschreibt die Herausforderung der Entwicklung durch Mann und Frau in einer Weise, mit der sich heute manche Frauen nicht identifizieren werden. Nach Gray brauchen Männer Frauen, um sich mit ihrer Stärke und Geschicklichkeit bewähren zu können und ihre Kompetenz unter Beweis zu stellen. Sie sind bereit, ihr Bestes bis zum Ausgebeutetsein zu geben, wenn sie damit die Bewunderung und Anerkennung einer Frau erringen können. Sie erweisen sich als tapfer, ausdauernd und ritterlich und sind bereit, eigene Bedürfnisse in den Hintergrund zu stellen. Als Erwachsener braucht der Mann die Liebe als Antriebskraft für sein Leben. Schlimm für ihn ist, sich nicht mehr gebraucht zu fühlen. Die ganze angeeignete Kompetenz ist nichts wert ohne jemanden, dem er damit dienen könnte.

Frauen möchten laut Gray darauf vertrauen, daß jemand da ist, der fest zu ihnen steht, der sie mit Energie erfüllt, der sie unterstützt, wenn sie erschöpft und verärgert sind, und der sich als belastbar auch in ihren manchmal unkontrollierten emotionalen Ausbrüchen erweist. Andererseits möchten Frauen aus dem Mann etwas machen. Sie sehen in ihm einen Jungen, der einer Nacherziehung bedarf, der zu kontrollieren und dessen Energie zu kanalisieren ist, der aus sich heraus oft ungezügelt und maßlos ist und gebremst werden muß. Frauen versuchen oftmals aus dem Hintergrund einen lenkenden Einfluß auf den Mann zu haben und ihm einen tragenden Boden anzubieten. Für heterosexuell orientierte Männer und Frauen ist eine Freundschaft zu Gleichgeschlechtlichen vertrauter, selbstverständlicher und verständnisvoller, aber sie ist nicht ein so aufregendes, herausforderndes und spannungsvolles Abenteuer wie eine heterosexuelle Beziehung, bei welcher sie sich vom anderen Geschlecht bestätigt fühlen möchten.

Die Ambivalenz zwischen Anziehung und Angst gegenüber dem anderen Geschlecht

Hat einen ursprünglich angezogen, was einen jetzt stört? Diese Frage wird von rund einem Drittel der Befragten positiv beantwortet. Aus der klinischen Erfahrung vermute ich, daß die jetzigen Vorwürfe häufig aus einer ursprünglich positiven Anziehung entstanden sind. Was besonders begehrenswert war, zeigt unerwünschte Nebenwirkungen. Was den Mann jetzt einengt und er als unerträgliche Kontrolle empfindet, kam seinem *ursprünglichen Wunsch nach häuslicher Geborgenheit* bei einer Frau entgegen, dem Wunsch, einen Ort zu haben, wo er hingehört, wo er zu Hause ist. Wenn der Mann sich jetzt gegen den erzieherischen Übereifer seiner Frau auflehnt, weiß er oft gleichzeitig, daß er einen lenkenden und begrenzenden Einfluß der Frau braucht, da er auf sich selbst gestellt zu verlottern droht, sich nicht pflegt, nicht weiß, wie sich zu kleiden und zu benehmen. Er braucht jemanden, der nach ihm schaut.

Wenn viele Männer Angst haben, von der Frau emotional überflutet zu werden, so wissen sie, daß gerade *diese emotionale Offenheit* sie ursprünglich belebte und ihnen den Zugang zu ihren eigenen Gefühlen ermöglichte.

Wenn die Frau jetzt unter dem Freiheitsdurst des Mannes leidet und den Eindruck hat, ihn nicht an sich binden zu können, so hatte sie das am Anfang häufig angezogen. Sie fühlte sich herausgefordert, *den Mann als freiheitsdurstigen Abenteurer zu zähmen*, in der Gewißheit, daß der Mann, auch wenn er wegstrebt, schließlich doch wieder zu ihr zurückkehren wird. Vom Mann als Frau bewundert, begehrt und anerkannt zu werden, war ursprünglich eine der intensivsten Motivationen und Hoffnungen für das Eingehen der Partnerschaft. Wenn die Frau jetzt wenig Komplimente und Anerkennungen vom Mann hört, so weiß sie zwar oft, daß der Mann eine positivere Meinung von ihr hat, als er ausspricht, dennoch ist sie frustriert, so wenig Positives von ihm zu hören.

Daß der Mann emotional so schwer zugänglich ist, ein Mann der Tat und nicht der Worte ist, erzeugte in ihr zunächst den Eindruck von Festigkeit und Unbestechlichkeit. Sie glaubte, einen Mann zu haben, der durch nichts zu beirren ist, auf den man sich verlassen kann, der die Lebensprobleme kompetent löst und bei dem sie sich sicher und geborgen fühlen kann. Seine Zurückhaltung, sich emotional zu äußern, seine Schüchternheit und Verletzbarkeit machten ihn besonders attraktiv, insbesondere, weil sie spürte, daß sie hier die Aufgabe übernehmen konnte, dem Mann den Zugang zu seinen Gefühlen zu erleichtern.

Es läßt sich vermuten, daß die archaischen Sehnsüchte und Erwartungen an das andere Geschlecht auch in heutigen Partnerbeziehungen wirksam sind, genauso wie die archaischen Ängste. Es ist die Sehnsucht des Mannes nach dem Umsorgt- und Genährtwerden durch die Frau und die Sehnsucht der Frau nach dem Geschütztsein durch die Kraft und Tapferkeit des Mannes. Es ist die Angst des Mannes vor dem Gefangensein, Zerstörtwerden und Verschlungenwerden durch die Frau und die Angst der Frau, im Stich gelassen zu werden, die Angst vor der Pflichtvergessenheit des Mannes und vor seiner Macht und Herrschaft. Es ist die Angst vor der verschlingenden Mutter und dem abwesenden Vater.

Das Unheimliche, Hintergründige und Bedrohliche des anderen Geschlechts wird von C. G. Jung in den Archetypen von Animus und Anima dargestellt. Nach Jung hat jeder im anderen Geschlecht sein archetypisches Gegenstück. Die Anima ist die Weiblichkeit im Unbewußten des Mannes. Sie entwickelt sich im Umgang mit der Mutter, aber auch mit den Frauen der weiblichen Ahnenreihe und mit den weiblichen Personifikationen in Träumen, Phantasien, Mythen und Märchen. Männer erleben die unbewußte Weiblichkeit in ihren Projektionen auf Frauen, aber auch in den Mythen als Elfen, Feen, Königinnen, Göttinnen, als Madonna, Heilige oder Hexe. Die in den Mythen sich darstellenden Animus-/Animafiguren sind ambivalent besetzt. Neben der liebevollen Mutter und nährenden Amme gibt es die verschlingende, fangende, festhaltende und vergiftende Hexe oder in der indischen Mythologie die menschenfressende, zerstörerische Göttin Kali. Die liebliche Jungfrau, die sanft und schön erscheint, entpuppt sich als betörender Todesengel, dem der Mann verfällt, in den Sagen erscheinen den Fischern die Nixen, welche sie in die Tiefen ziehen, dem Odysseus die Sirenen. Die femme fatale lockt den Mann, der sie erlösen will, ins Verderben.

Analoges gilt für den Animus im Unbewußten der Frau. Der Animus zeigt sich in Mythen als Held, Heiliger, Weiser, Vater, Gott. Auch er ist ambivalent besetzt, neben dem starken König und Krieger gibt es den ränkehaften Teufel, dem man die Seele verkauft, den vergewaltigenden Dämon, den geistigen Verführer und den lüsternen Faun.

Im Verliebtsein werden Animus und Anima auf Personen des anderen Geschlechts projiziert. In der Enttäuschungsphase wird wahrgenommen, daß das Bild, das projiziert wurde, nicht der Realität entspricht. Die Projektion muß korrigiert werden. Die reale Erfahrung mit der Frau ermöglicht es dem Mann, das Animabild zu differenzieren und sich mit ihm auseinanderzusetzen. In der konkreten Erfahrung mit einer Frau wird der Mann sich seiner Anima bewußt. Dasselbe gilt für den Animus der Frau.

C. G. Jung hat die Dynamik von Animus und Anima aus der Sicht des Individuums als Projektion und deren Zurücknahme beschrieben. Als Teil des Unbewußten sollen Animus und Anima bewußtgemacht und in die Person integriert werden. In unserer kollusiven Sicht (s. Kap. 9) werden Animus und Anima nicht nur projiziert, sondern auch delegiert, d. h. dem Partner übertragen bzw. der Partner mit deren Realisierung beauftragt. Es werden Erwartungen an den Partner zur tätigen Verwirklichung von Animus und Anima gestellt. Das führt dazu, daß unter der Delegation von Animus und Anima jeder der beiden Partner stimuliert wird, die ihm zugewiesene Seite vertieft zu leben, zu erfahren und in der äußeren Realität zu verwirklichen.

Die Animus-Anima-Kollusion

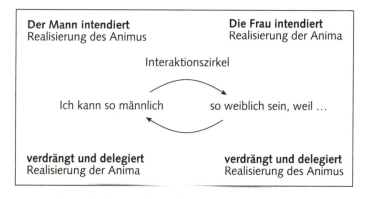

Animus-Eigenschaften: stark, tapfer, vital, hart, kämpferisch, aggressiv, bedrohlich, geistig, führend, schützend, verantwortlich
Anima-Eigenschaften: gefühlvoll, sanft, lieblich, betörend, verführerisch, verschlingend, fangend, einschließend, gebärend, nährend, mütterlich, bergend, fürsorglich

Der Mann intendiert die Realisierung des Animus und verdrängt und delegiert seine weibliche Seite, seine Anima, auf die Frau. Die Frau intendiert die Realisierung der Anima und verdrängt und delegiert ihren Animus auf den Mann. Das führt zu einer positiv erlebten Ergänzung, in der der Mann sagen kann, ich kann so männlich sein, weil du so weiblich bist, und die Frau, ich kann so weiblich sein, weil du so männlich bist. Aber das, was man delegierend im anderen fördert, macht einem auch angst, bedroht einen im anderen, macht einen von ihm abhängig. Der andere muß in der Entfaltung des ihm übertragenen Anteils unter Kontrolle gehalten werden. Es drohen Machtunterschiede zu entstehen, denen man sich unerwarteterweise ausgeliefert fühlt. Man beginnt gegen die delegierte Anima bzw. den Animus zu kämpfen. Die verdrängtdelegierte Anima bzw. der Animus wird in dem Maß weniger bedrohlich, wie sich Frau und Mann den eigenen verdrängten Animus- bzw. Animaanteilen öffnen können.

Fallbeispiel 1 zum Thema »Was einen jetzt stört, hat einen ursprünglich besonders angezogen«:

Fallbeispiel 1: Marlies und Frederic sind beide um die 40 Jahre alt. Sie wurden durch den Notfallarzt angemeldet. Dieser war anläßlich einer heftigen Auseinandersetzung konsultiert worden. Marlies macht Frederic heftige Vorwürfe, er sei emotional unerreichbar, auch wenn er zu Hause sei, sei er abwesend, sie erhalte von ihm kein Echo, er zeige keine Anteilnahme, kein Einfühlungsvermögen, ja überhaupt keine Gefühlsreaktionen. Sie fühlt sich in ihrem Engagement für die Familie ausgenutzt und alleingelassen. Sie reagiert zunehmend aggressiv auf Frederic.

Marlies und Frederic heirateten vor zehn Jahren und haben drei Söhne. Sie leben sehr isoliert und haben kaum Freunde oder Bekannte. Die Kinder füllen das Leben von Marlies aus und beanspruchen sie bis zum Rande ihrer Kräfte. Frederic ist beruflich sehr in Anspruch genommen. Über das Wochenende steht er der Familie jedoch ganz zur Verfügung.

Die Krise ist seit einem Jahr stark eskaliert. Auf die Frage, was sich im zeitlichen Vorfeld der Krise in ihrer Beziehung verändert habe, wird folgendes erwähnt: Marlies wollte ein viertes Kind in der Meinung, daß Kinder mehr Emotionalität in die Ehe hineinbringen. Frederic wollte aber kein weiteres Kind, da er den Eindruck hatte, Marlies überfordere sich mit den Kindern. Unter seinem Druck unterzog sich Marlies gegen ihre Überzeugung einer Abtreibung, was sie jetzt schwer bereut und ihm zum Vorwurf macht.

Marlies greift Frederic wegen seiner Emotionslosigkeit mit bitterer Resignation an. Er pariert ihre Angriffe mit einem durch nichts zu erschütternden Lächeln, das eine provozierende Wirkung auf Marlies hat. Dennoch ist spürbar, daß Marlies den etwas linkisch und kindlich wirkenden Mann liebt. Was spielt sich da ab? Schließlich wußte Marlies, als sie Frederic kennenlernte, daß dieser emotional wenig aus sich herauskommen kann. Weshalb hat sie ausgerechnet einen Mann geheiratet, der Eigenschaften aufweist, die sie jetzt so sehr stören? Um das zu verstehen, ist der Rückgriff auf die Beziehungsgeschichte wichtig. Bei deren Erhebung bemerkte Frederic lakonisch: Man heiratet immer sein Problem.

Sie hatten sich vor zehn Jahren kennengelernt. Marlies konnte mit Frederic sehr gut sprechen und war überrascht über seine Offenheit und Toleranz, die im Gegensatz zu seiner äußeren Erscheinung standen. »In seinem Kopf war er sehr weit, so offen, wie ich es noch nie an einem Menschen gesehen habe. Das hat mich sehr beeindruckt.« Weshalb war ihr diese Offenheit so wichtig? Sie hatte sehr unter ihrer Mutter gelitten, von der sie sich gezwungen fühlte, immer das zu denken, was diese wollte. Ihre Elternehe war ihr in schrecklicher Erinnerung und war der Grund, daß sie früh von zu Hause wegzog. Bei Frederic hatte sie den Eindruck, daß er ihr Denken nicht vergewaltigen werde. Marlies hatte bereits früher eine längere Beziehung mit einem Mann gehabt, von dem sie immer abhängiger geworden war. Sie hatte versucht, das Leben dieses Mannes zu ordnen, und zwar in jeder Hinsicht. Diese Aufgabe habe sie von ihm abhängig gemacht. Sie mußte eine Therapie aufsuchen, weil es Ihr immer schlechter ging. »Ich tat alles für ihn, ich tat vieles, was ich nie tun wollte, und ich konnte mich nicht mehr von ihm lösen. Ich wollte von ihm weg, aber ich konnte ohne ihn nicht mehr leben.« Sie lernte in der Therapie, daß sie aufhören mußte, andere verändern zu wollen und zu glauben, daß sie etwas leisten müsse, um Zuneigung zu verdienen. Nach dieser schwierigen Erfahrung wollte sie einen Mann, der sich von ihr nicht vereinnahmen lassen würde. Das war bei Frederic der Fall. Er wollte gar nicht, daß sie etwas für ihn tue. Als sie ihn zu sich einlud und für ihn etwas Feines kochte, sagte er: »Hast du nichts Gescheiteres zu tun, als für mich zu kochen?« »Frederic war der Mann, der meinem Hang, mich für einen Mann zu verausgaben, einen Widerstand ent-

78 | Wie Mann und Frau sich herausfordern

gegensetzte. Ich fühlte mich ihm gegenüber so frei, dann wurde ich erstmals schwanger und sah, wie er sich darüber freute.«

Als Frederic mit Marlies das erste Mal zusammentraf, hätten bei ihm gleich die Warnlampen geblinkt. Sein Eindruck war: »Das ist eine sehr engagierte Frau, die geht die Extrameile mit dir. Wir sind Gegensätze, ich kann ihr Stabilität geben, aber ich muß abwägen, ob ich ihre Emotionalität meistern kann.« Er hatte zuvor nie eine echte Beziehung mit einer Frau gehabt, obwohl er bereits über 30 war. Das war sein bewußter Entschluß gewesen. Er wollte zuerst Karriere machen, bevor er ans Heiraten dachte. Flirtereien oder Spielereien mit Frauen lehnte er ab. Er ging nie in eine Disco und hielt sich für reif und überlegt. Er hatte seine Elternehe in ganz schlechter Erinnerung. Sein Vater war bedeutend älter als die Mutter, die Mutter sei eine hübsche Puppe gewesen, die mit ihrem Mann unzufrieden war. Frederic wollte eine reife Frau, möglichst gleich alt wie er, eine Frau, die sich für eine Beziehung engagiert, mit der er sich wirklich austauschen konnte. Seine Mutter hatte auch zu ihren Kindern keine Beziehung und kümmerte sich kaum um sie. Mit 30 Jahren dachte Frederic, jetzt will ich mir eine Frau suchen, mit der ich auch Kinder haben kann. »Marlies brachte eine neue Dynamik in mein Leben.« Er sah sie als extravertiert, sich selbst als introvertiert, sie als sportlich und aktiv, sich selbst als unsportlich und kontemplativ. Er las gerne oder hörte Musik. »Sie ist schwierig zu bremsen, sie verausgabt sich im Übermaß, wird dann gereizt und ist überfordert.« Für die Kinder setzte sie sich total ein, klagte dann aber darüber, keine Zeit für sich zu haben.

Frederic hat keine Freunde. Er fühlt sich von der Emotionalität von Marlies angezogen, aber auch überfordert. Er muß sich vor dieser Emotionalität schützen. Dennoch liebt er Marlies und möchte sich nicht von ihr trennen.

Marlies spürte in Frederic die Sehnsucht nach mehr Mutterliebe auf. Sie fühlte sich zunehmend verantwortlich für seine emotionale Entwicklung und bedrängte ihn immer mehr. Seine Abwehr veranlaßte sie, noch mehr in ihn zu dringen. Je mehr sie ihn emotional bedrängte, desto mehr verschloß er sich ihr, je mehr er sich verschloß, desto mehr bedrängte sie ihn. Auch Frederic sehnt sich nach einem gefühlvollen Austausch. Er kann seine Gefühle am besten in Briefen ausdrücken, doch diese Kommunikationsform versetzt Marlies in Wut.

Er ist frustriert über das abweisende Verhalten der Frau, da er im Grunde genommen sehr gern mit ihr sprechen würde. In seiner Herkunftsfamilie ging es um die Wahrung eines sehr prekären Gleichgewichtes zwischen der Mutter und dem Vater. Dieses konnte nur unter strenger Kontrolle der Emotionen aufrechterhalten werden. Frederic steht immer unter der Angst, die Kontrolle über seine Gefühle zu verlieren. Deshalb bleibe er in jeder Lebenslage kontrolliert. Das habe sich beruflich positiv ausgewirkt. Aber wenn er nichts verändern wollte, hätte er die emotionale Frau nicht gewählt. Im Grunde hofft auch er, die Frau werde ihm helfen, seinen Gefühlen mehr Ausdruck zu verleihen. Jetzt aber ist er resigniert darüber, daß die erwartete positive Wirkung ausgeblieben ist. Dennoch spürt er, daß es für ihn von existentieller Bedeutung sein wird zu lernen, seinen Gefühlen adäquaten Ausdruck zu verleihen.

Das, was ursprünglich besondere Anziehung bewirkte, ist jetzt der eigentliche Störfaktor.

Die Bereicherung durch die Verschiedenheit von Mann und Frau

Die Herausforderung der persönlichen Entwicklung durch das andere Geschlecht durchläuft verschiedene Phasen:

- Im Stadium des *Verliebtseins* (vergleiche Kapitel 8) eröffnen die Partner einander einen neuen Lebenshorizont, wo innerhalb der Zweierbeziehung die Frau dem Mann ermöglicht, sich männlich zu entfalten und zu bestätigen, und die Frau in ihrer Fraulichkeit vom Mann stimuliert und in ihrer Fraulichkeit benötigt wird. Beide bewundern und anerkennen einander in ihrer Andersartigkeit.

- In einer *zweiten Phase*, häufig der Enttäuschungsphase (Kap. 8), fühlt man sich von dem, was ursprünglich attraktiv war, überfordert und bedroht. Mann und Frau befürchten das Überhandnehmen des gegengeschlechtlichen Einflusses. Der Mann will sich gegen die Einflußsphäre der Frau abgrenzen und verhält sich defensiv und wegstrebend. Die Frau versucht eher, die Bindung und Zusammengehörigkeit zu festigen, und fühlt sich durch das

Wegstreben des Mannes bedroht. Mit der Unfähigkeit, auf die geschlechtstypischen Vorwürfe des Partners hinzuhören, verpassen Mann und Frau oftmals die Chance, sich vom anderen Geschlecht korrigieren zu lassen und voneinander zu lernen.

– In einer *dritten Phase*, die oftmals erst in der zweiten Lebenshälfte auftritt, geht es um die Öffnung gegenüber den eigenen verdrängten Aspekten des anderen Geschlechtes, um die Lösung der Ambivalenz zwischen Anziehung und Angst vor dem delegierten Anteil des Gegengeschlechtes. Gemäß C.G. Jung sollte das gegengeschlechtliche, oft unbewußte persönliche Potential der Anima bzw. des Animus bewußtgemacht und im Sinne der Individuation integriert werden. Ich sehe die Lösung der Ambivalenz eher in einer konstruktiven Auseinandersetzung zwischen Mann und Frau, die miteinander vertraut geworden sind, so daß sie die Gegenseite nicht mehr zu dämonisieren brauchen, sondern angstfrei anzuerkennen und zu respektieren vermögen. Jeder kann zum eigenen Geschlecht stehen, dieses dem Partner gegenüber vertreten und in einer Weise leben, die der Partner zu respektieren vermag. Die Herausforderung und Spannung bleibt, aber die Beziehungsgeschichte, besonders auch die Erziehung der Kinder, läßt viele Situationen durchleben, in denen man froh und dankbar ist über die ergänzende Sichtweise und das andersgeartete Verhaltensrepertoire, über das der andere verfügt. So erweist sich die Unterschiedlichkeit der Geschlechter als ein Gewinn in vielen Lebenssituationen, wo man mit den eigenen Lösungsmöglichkeiten an der Wand steht.

6. Sexualität – die bindende und zerstörerische Energie der Liebe

Wie stehen Liebe und Sexualität zueinander? Bald finden sie ineinander die höchste Erfüllung, bald stören und zerstören sie einander. Sexualität hat einen Doppelaspekt. Wir können unterscheiden zwischen der Sexualität der Lust und der Sexualität der Zugehörigkeit. Die Sexualität der Lust strebt nach intensivster Steigerung der Lust durch Verführung, Eroberung, Herausforderung und Überraschung bis zu Kampf, Haß und Erniedrigung. Die Sexualität der Zugehörigkeit strebt nach Harmonie, Vertrautheit und Einswerden. Die Integration dieser zwei Beziehungsmodi in einer Liebesbeziehung ist oft schwierig. Ein Lösungsversuch wäre das Nebeneinander von Ehebeziehungen und sexuellen Außenbeziehungen. Dieser ist mit dem heutigen Leitbild der Liebesehe kaum vereinbar. Ein Kompromiß wird oft im Ausleben von Außenbeziehungen in der Phantasie gefunden. Wenngleich die Sexualität der Lust den Bestand einer dauerhaften Partnerschaft gefährdet, fordert sie diese auch heraus. Sie stärkt die Abgrenzung der Partner und versorgt die Beziehung mit neuer sexueller Spannung, indem die Partner einander unvertraut und ein Geheimnis bleiben und einander immer wieder aufs neue suchen müssen.

Wie stehen Liebe und Sexualität zueinander?

Erhöht Liebe die sexuelle Lust oder zerstört sie diese? Steigert Sexualität die Liebe oder macht sie diese kompliziert und unglücklich? Liebesleben und Sexualleben sind wie zwei Stränge des Erwachsenenlebens, die teilweise verschmelzen, einander teilweise aber auch ausschließen. Sie lassen sich nicht voneinander ableiten oder wechselseitig erklären. In ihrem Spannungsverhältnis verursachen sie größtes Glück und größtes Leid. Dennoch gibt es im allgemeinen ohne Sexualität keine Liebesbeziehungen und ohne Liebesbeziehung keine dauerhaften Sexualbeziehungen.

Die Frage, ob die Fähigkeit, Liebe und Sexualität in einer dauerhaften Beziehung zu integrieren, ein Merkmal psychischer Reife oder eine Illusion ist, ist umstritten. So postuliert etwa der Psychoanalytiker Michael Balint (1947) genitale Liebe als eine Liebe ohne die Ambivalenz von Gier und oraler Unersättlichkeit, ohne Wunsch, das Liebesobjekt zu erniedrigen und zu beherrschen, ohne Angst, als Mann oder Frau zu versagen; positiv postuliert er, daß man den Partner liebt, weil man einander befriedigen und einen gemeinsamen Orgasmus erleben kann (S. 122). Balint vermerkt jedoch, daß man das alles auch erleben kann, ohne den Partner zu lieben, und so fügt er der genitalen Befriedigung für die echte Liebesbeziehung noch Idealisierung, Zärtlichkeit und eine besondere Form von Identifizierung hinzu. Ungeklärt bleibt jedoch die Frage, ob und wie diese Komponenten einander bedingen, ergänzen, bestärken oder miteinander in Konflikt stehen.

Sigmund Freud (1918) war in der Frage der Vereinbarkeit von Liebe und Sexualität skeptischer, indem er die zeitliche und die sinnliche (sexuelle) Strömung als wenig verschmolzen darstellte. Der Mann entwickle seine volle Potenz erst, wenn in die Beziehung zum Sexualobjekt auch perverse Komponenten eingehen, die er am geachteten Weibe nicht zu befriedigen getraue. Einem erniedrigten Weibe, das ihn nicht in seinen anderen Lebensbeziehungen kennt, widme er am liebsten seine sexuelle Kraft, auch wenn seine Zärtlichkeit durchaus einer Höherstehenden gehöre.

Freud stellte auch fest, daß der psychische Wert des Liebesbedürfnisses sofort sinkt, sobald die Befriedigung bequem gemacht wird. Es bedarf eines Hindernisses, um die Libido in die Höhe zu treiben. Wo die natürlichen Widerstände gegen die Befriedigung nicht ausreichen, hätten die Menschen zu allen Zeiten konventionelle eingeschaltet, um die Liebe genießen zu können. Freud meinte, irgend etwas in der Natur des Sexualtriebes selbst stehe dem Zustandekommen der vollen Befriedigung im Wege (»Beiträge zur Psychologie des Liebeslebens«, GW VIII, S. 88–89).

Otto F. Kernberg (1995/1998) dagegen äußert sich in der Frage der Vereinbarkeit von Liebe und Sexualität zuversichtlicher. Er sieht in der sexuellen Leidenschaft ein dauerhaftes Merkmal von Liebesbeziehungen und nicht bloß ein anfängliches oder kurzlebiges Kennzeichen der »romantischen« Idealisierung im Jugend- und frühen Erwachsenenalter. Sie habe die Funktion, das ganze Leben hindurch Liebesbeziehungen zu energetisieren, zu festigen und zu erneuern. Das sexuelle Erleben bleibe ein konstanter, wesentlicher Aspekt von Liebes- und Ehebeziehungen. Unter optimalen Bedingungen gehe von intensivem sexuellen Genuß eine fortwährend erneuernde Wirkung aus. Diese verdanke sie der intuitiven Fähigkeit des Paares, die sich wandelnden persönlichen Bedürfnisse und Erfahrungen in die liebevollen und aggressiven Aspekte der Beziehung einzubinden (S. 77–78).

Ich schlage vor, zwischen einer *Sexualität der Zugehörigkeit* und einer *Sexualität der Lust* zu unterscheiden. Erstere ist eine Energie der Festigung sozialer Bindungen und die zweite eine Energie der Sprengung sozialer Beziehungen und Ordnungen. Die These der eigennützigen Liebe (vgl. Kap. 2) besagt, daß eine Person in einer Liebesbeziehung die Entfaltung und Verwirklichung ihres Potentials im Beantwortetwerden durch einen Liebespartner anstrebt. Persönliches Wirksamwerden ist in der Sexualität der Lust verschieden von jenem in der Sexualität der Zugehörigkeit.

Ich möchte in diesem Kapitel diese unterschiedlichen Formen der Sexualität zuerst nebeneinanderstellen, um dann zu klären, inwiefern diese Formen des Wirksamwerdens in der Liebe einander bedingen, aber auch stören können.

Sexualität der Lust

Die Sexualität der spontanen, archaischen und unzivilisierten Lust strebt nach zwei Zielen: Man möchte die sexuelle Lust steigern und die persönliche Wirksamkeit in der sexuellen Interaktion erhöhen. In der sexuellen Lust soll das Begehren bis zum Schmerz gesteigert werden. Die sexuelle Lust geht ganz im Moment auf, kennt kein Vorher und kein Nachher, sie ist ohne Bindung und ohne Verpflichtung, sie setzt sich über alle Regeln und Grenzen hinweg, sie hat Qualitäten des Spiels, des Tanzes und des Kampfes. Die sexuelle Lust als solche ist widersprüchlich, sie legt sich auf nichts fest und hält sich im Mehrdeutigen und Ambivalenten.

Sexuelle Ausstrahlung und Attraktivität ist nicht nur im Zustand sexueller Erregung wirksam, sondern ist ein Aspekt jeglicher menschlicher Interaktion. In keinem Gespräch und keiner zwischenmenschlichen Handlung wird man sich gleich erfahren und verhalten, je nachdem, ob einem ein Mann oder eine Frau gegenübersteht. Wahrscheinlich ist in jeder mitmenschlichen Begegnung die Frage mit im Spiele, wie eine sexuelle Beziehung mit dem Gegenüber sein könnte und wie man von ihm als möglicher Geschlechtspartner gesehen würde.

Ein »ungefiltertes« Verhalten sexueller Verführung ist heute aber unter der Konvention der sexual correctness in Mißkredit geraten. Manche fordern, die Sexualität sollte von aggressiven Anteilen gereinigt werden, sie sollte sanft und friedlich sein, mit beiden Partnern auf gleicher Ebene, ohne Überwältigung, unter Wahrung gegenseitigen Respekts und Beachtung expliziter Zustimmung. Alles, was als unzulässiger Übergriff oder als Ausnützen einer dazu konstellierten Beziehungssituation angesehen werden könnte, muß vermieden werden. Es ist deshalb mit Ablehnung zu rechnen, wenn ich behaupte, daß die Sexualität der Lust oft als ein aggressives Spiel inszeniert wird, in welchem Mann und Frau sich in ihren spontanen sexuellen Verhaltenstendenzen deutlich unterscheiden. Frauen fühlen sich animiert zu einem Spiel von Verführung mit Locken und Abstoßen, einem Spiel, in dem sie fliehen und sich fangen lassen, sich anbieten und wieder abwenden. Sie können bestrebt sein, dem Mann Rätsel aufzugeben, ihm ein Geheimnis zu bleiben oder ihn mit naiver Direktheit, dümmlicher Frechheit oder schüchterner Schamlosigkeit zu verwirren und zu schockieren. Mit verführerischer Kleidung und Bewegungen werden manche die Ausstrahlung auf das andere Geschlecht testen.

Männer andererseits versuchen mit körperlicher Kraft zu imponieren, mit der Ausstrahlung ihres Muskelspiels, mit brillanter Intelligenz, aggressivem Humor und Waghalsigkeit. Sie möchten sich bestätigen in ihrer Fähigkeit, jene Frau für sich einzunehmen, die auch auf andere Männer sexuelle Attraktivität ausübt. Man möchte sich – zumindest in der Phantasie – potent fühlen, als Kerl, der eine Frau zu nehmen weiß, sie zu unterwerfen vermag, beherrscht, erniedrigt, vielleicht sogar vergewaltigt.

Die Lust an der eigenen sexuellen Wirksamkeit kann gesteigert werden, indem man erotische Abenteuer an den unmöglichsten Orten sucht, indem man Schwierigkeiten und Widerstände überwindet, seien das die Sprödigkeit und Unansprechbarkeit eines Partners, seien es gefährliche Umstände, welche das Zusammenkommen erschweren. Sexuelle Lust und sexuelle Wirksamkeit werden oft durch Überraschung, durch Fremdheit der Partner, durch Eifersucht, durch Brechen von Tabus und Überschreiten von Grenzen gesteigert.

Die Sexualität der Lust ist ihrer Natur nach wenig auf die Personalität des Sexualobjektes ausgerichtet. Sexuelle Lust läßt sich oftmals steigern in der Anonymität, mit Personen, die man nicht kennt, die man nicht liebt und auch gar nicht lieben will, die man sogar verachtet und persönlich ablehnt. Sexuelle Lust und sexuelle Ausstrahlung will man erfahren in der Heftigkeit, Leidenschaft, ja Brutalität des Nehmens und Genommenwerdens. Die Inbesitznahme des anderen geht bis an die Grenzen des Schmerzes, bis zur Zerstörung des anderen. Im japanischen Film »Im Reich der Sinne« wird dieses Thema eindrücklich behandelt: Ein Mann und eine Frau versuchen, ihre sexuelle Berauschung immerfort zu steigern, bis sie schließlich ihre äußerste Steigerung in der Kastration und Tötung des Mannes durch die Geliebte findet. Dieser Schritt zum äußersten charakterisiert auch sadomasochistische Beziehungen: Sadismus als Phantasie, den Partner oder die Partnerin total beherrschen zu können, Masochismus als Phantasie, sich dem Partner oder der Partnerin total auszuliefern.

Der »ungefilterte« männliche Modus sexueller Verführung ist ein eindringender: die geliebte Person erobern, sie gefügig machen, sich ihrer bemächtigen und sie unterwerfen. Der weibliche ist ein kaptativer: begehrt werden, die geliebte Person anziehen, sie verführen, zur Raserei bringen, von Sinnen bringen, zu Tollkühnheiten herausfordern, ins Garn locken, fangen und festhalten. Beide Modi können bis zur Zerstörung des Liebesobjektes gesteigert werden.

Aber ist lebendige und lustvolle Sexualität so noch vorstellbar? Ist heute Verführung noch ein Spiel, ein Tanz, ein Kampf, eine

Eroberung, deren Effekte auf Überraschung beruhen und somit grundsätzlich Grenzen und Regeln verletzen? Nach Schmidt (1998) impliziert Verführung immer Übergriff: Auf den andern zugehen, etwas von ihm wollen, etwas in ihm bewirken, sie oder ihn zu etwas bringen, von dem er oder sie noch gar nichts ahnt. Das Eindringen in den Körper des andern beim Geschlechtsverkehr, aber auch beim heftigen Küssen, ist immer ein Überwinden und Überwindenlassen von Körpergrenzen (S. 363). Die Paradoxie ist: Die sexuelle Befreiung hat zu einer weithin beklagten sexuellen Lustlosigkeit geführt. Vielleicht wird erst wieder der neue sexuelle Puritanismus der political correctness und die neue Keuschheit vor der Ehe die Doppelbödigkeit erlauben, sexuelle Normen aufzustellen, um sie dann heimlich zu durchbrechen.

Die Sexualität der Lust lebt von der Spannung, der Aufregung und Überraschung. In diesem Sinne unterscheidet sie sich grundlegend von der Sexualität der Zugehörigkeit.

Sexualität der Zugehörigkeit

Die Sprache der körperlichen Liebe geht aus den Phasen der Liebe hervor, wie ich sie in Kapitel 8 beschreiben werde. Im gegenseitigen Blick tief in die Augen versinken die Partner ineinander, sie verschmelzen in der Umarmung, sie werden in der körperlichen Vereinigung eins. Sie gehen ineinander auf, sie sind als getrennte Wesen aufgehoben, sie suchen den Gleichklang ihrer Schwingungen, ein gemeinsames Vibrieren, die Erfahrung totaler Harmonie. Sexualität ist eine Qualität der ganzheitlichen Zugehörigkeit und Zusammengehörigkeit. Sie ist die Erfüllung der Sehnsucht nach bedingungslosem Aufgehobensein in der Liebe, ein bestärkendes Ritual von Vertrautheit, Vertrauen und Treue. Die Sexualität der Zugehörigkeit meint den Partner als einmalige Person. Die Partner möchten voneinander hören: »So wie mit dir habe ich es noch nie erfahren, du bist so ganz anders als alle andern, dir kann ich mich voll anvertrauen, mit dir zusammen verliere ich meine Ängste, fühle ich mich geborgen«. Die sexuelle Vereinigung bestärkt die Liebe und die Idealisierung des Partners. Die sexuelle Zugehörigkeit schließt den Partner ganz und exklusiv ein und möchte Ausdruck der ewigen Vereinigung sein.

Diese zwei Artikulationsformen sexueller Liebe sind meines Erachtens authentisch und nicht voneinander ableitbar. Sie kommen in allen Kulturen vor und sind in jedem Menschen nebeneinander und gleichzeitig wirksam. Die damit verbundene Ambivalenz in Liebesbeziehungen ist kein Zeichen von Unreife oder Neurose. Die Ambivalenz zwischen der gelebten Sexualität der Lust und der Sexualität der Zugehörigkeit kann aber neurotischen Charakter haben, etwa als neurotisches Bedürfnis nach Verführung/Verführtwerden in Don Juanismus bzw. Nymphomanie oder in paranoiden Formen absoluten Anspruchs auf Zugehörigkeit im Eifersuchtswahn. Diese werden hier aber nicht behandelt.

Die Ehe als Lustkiller?

Das Zusammenleben in einer dauerhaften Partnerschaft ist der Entfaltung der Sexualität nicht förderlich. Die Häufigkeit des Geschlechtsverkehrs sinkt mit der Beziehungsdauer, und zwar nach einer Untersuchung von Schmidt (1998) in den ersten 5 Jahren durchschnittlich auf die Hälfte des Anfangsniveaus. Die sexuelle Überraschung wird vom Alltagstrott eingeholt, dem Tagtäglichen mit seinem geregelten Ablauf, seinem Rhythmus und seiner Struktur. Das Außergewöhnliche, die Eroberung, die Spannung fällt unter den Tisch. Statt dessen nehmen die alltäglichen Sorgen und Belastungen überhand, der Streß im Beruf, die Existenzsorgen, das Erledigen des Haushalts, die Regelung und Bezahlung der Rechnungen, das Ausführen von Reparaturen, die abendliche Müdigkeit und Erschöpfung. Sexuelle Inappetenz der Frau ist im Anschluß an Geburten häufig. Deren Ursachen sind komplex. Teilweise hängen sie mit Erschöpfung zusammen, teilweise mit dem Abzug der Libido vom Mann und der Fokussierung der Aufmerksamkeit und Zärtlichkeit auf das Kind. Von Bedeutung ist ferner, ob durch die Geburt der Zugang der Frau zur beruflichen Karriere eingeschränkt wird und sie aus oft verleugneter Eifersucht dem Mann sein nun gesteigertes berufliches Engagement neidet. Die sexuelle

Aktivität ist höher bei Paaren, in denen die Frau die Arbeitsteilung als gerecht erlebt (von Sydow 1998). Als gravierendster Lustkiller erweisen sich die Kinder, die eine entspannte Zweisamkeit erschweren und eine räumliche und zeitliche Abgrenzung bei vielen Paaren nicht zulassen, oder wenn überhaupt, dann erst, wenn beide Partner für Sex zu müde sind.

Die häufigste Entwicklung ist, daß unter dem Druck des Alltags die Freude am Sex nachläßt und Sexualität sich nicht mehr in ihren vollen Möglichkeiten entfalten kann. Während zu Beginn der Beziehung Männer und Frauen etwa gleich häufig Zärtlichkeit und Sex wollen, kommt es nach einigen Jahren oft zu einer Polarisierung: Die Männer wollen vor allem Sex, die Frauen Zärtlichkeit. Unter den Belastungen des Alltagsleben reduziert der Mann das Vorspiel und wünscht, rasch zur Sache, d.h. zum Orgasmus zu kommen. Die Frau aber fordert Vorbereitung, Gespräche, Zärtlichkeit, Herstellung von Harmonie, oder sie erwartet ein Ausbrechen aus dem Alltag, Überraschung, Umworbenwerden und Verführung. Unter dem Druck ihres Alltagslebens trägt sie aber oft für die lustvolle Gestaltung des Vorspiels auch nichts Wesentliches bei, sondern erwartet deren Erfüllung einseitig vom Mann. Ohne Erfüllung ihrer Erwartungen vergeht ihr die Lust. In früheren Zeiten ließ sie den Sex als eheliche Pflicht über sich ergehen. Heute aber wird sie sexuelle Beziehungen verweigern, wenn sie keine Lust hat. Im günstigsten Fall entwickelt sich das Sexualleben nach dem Motto: »Männer reden mit Frauen, um mit ihnen zu schlafen, Frauen schlafen mit Männern, um mit ihnen zu reden.« Im ungünstigen Fall entfremden sich die Partner körperlich in der Eskalation eines Teufelskreises: Je anspruchsvoller die Vorbedingungen der Frau, desto eher reduziert der Mann den Sex auf den Geschlechtsverkehr, in der Meinung, er könne es der Frau ohnehin nicht recht machen. Je koituszentrierter der Mann, desto mehr wünscht sich die Frau körperliche Zärtlichkeit ohne Sex. Wie können Mann und Frau unter diesen Umständen noch zueinander finden?

Schmidt (1998) führt die sexuelle Lustlosigkeit in der Ehe auf sexuelle Langeweile zurück, die sich in unterschiedlichen Rollen verteilt. Solange die Frau verweigert, kann der Mann erobern, Hindernisse überwinden, verführen und sein Verlangen als mächtig erleben. »Er konsumiert die Frigidität der Frau, die eigentlich eine gemeinsame ist, wie ein Aphrodisiakum und sichert sich so zugleich seine sexuelle Überlegenheit und Potenz; sie sichert sich das Gefühl, ständig begehrt zu werden. Potent zu sein und begehrt werden – konventionelle geschlechtstypische Träume – werden so durch die Lustlosigkeit konserviert und verteilt« (S. 357).

Welchen Stellenwert hat die Sexualität in der Ehe?

Wie ist die Abnahme der Koitushäufigkeit in der Ehe zu bewerten? Handelt es sich bei der sexuellen Lustlosigkeit in der Ehe um eine Störung oder um ein natürliches Phänomen? Oder sind es die »Experten«, welche die Abnahme der sexuellen Lust in der Langzeitbeziehung pathologisieren und darin Ausdruck behandlungsbedürftiger Inkompatibilitäten der Partner oder neurotische Hemmungen vermuten? Wird die Häufigkeit von Sexualbeziehungen nicht vorschnell zum Gütesiegel einer Liebesbeziehung gemacht, bevor wir überhaupt wissen, ob die Zufriedenheit mit dem Sexualleben überhaupt mit der Zufriedenheit mit der Ehe korreliert? Diese Frage ist eigenartigerweise bis heute noch nicht geklärt (Schmidt 1998; von Sydow 1998).

Astrid Riehl-Emde (1998) hat in der in Kapitel 1 besprochenen Repräsentativbefragung von Frauen und Männern zur Frage, was ihre Beziehung zusammenhält und was den Bestand der Partnerschaft in Frage stellt, folgendes gefunden: In der Rangfolge von 19 Items, welche die Qualität der Partnerschaft betreffen, folgen nach der Liebe auf Platz 1 Zärtlichkeit erst an 10., Erotik an 12. und das gemeinsame Sexualleben gar erst an 14. Stelle.

Vielfältige Untersuchungen zeigen, daß die Zufriedenheit mit dem Sexualleben in der Ehe zurückgeht. Dennoch ist die Pflege ehelicher Sexualität ein wichtiges Ritual, welches die Partner in einem Gefühl des Vertrautseins und der Zusammengehörigkeit aneinander bindet. Heute, im Zeitalter der Wochenendehen, der beiderseitigen auswärtigen Berufstätigkeit, der intensiven Beziehungen mit anderen Personen beiderlei Geschlechts in Beruf und Freizeit, bleibt das Bedürfnis, sich etwas zu bewahren, das nur zwischen den Liebespartnern stattfindet, das exklusiv ihnen vorbehalten ist und mit niemand anderem geteilt wird. Eine nicht zufriedenstellende Sexualität in der Ehe wird meist erstaunlich gelassen hingenommen, Beunruhigung tritt jedoch in dem Moment auf, wo sexuelle Beziehungen ausbleiben oder außerhalb der Ehe gelebt werden. Dann taucht die Frage auf: Bin ich nicht mehr attraktiv für den Partner? Sexualität in der Ehe ist wichtig, um der innersten Zusammengehörigkeit körperlichen Ausdruck zu verleihen und sich ihrer zu versichern. Doch wo bleibt da Raum für die Sexualität der Lust?

Weshalb wird eheliche Treue so wichtig genommen?

Wenn das eheliche Zusammenleben seiner Natur nach sexavers ist, wäre die logische Konsequenz, Sex außerhalb der Ehe zu leben, eventuell in Beziehungen ohne persönliche Intimität, Bindung und Verpflichtung. Dieser Meinung sind und waren viele Kulturen, die vor allem den Männern die Möglichkeit zugestanden, ihre Sexualität mit Konkubinen, Kurtisanen oder Prostituierten auszuleben. Im heutigen Modell der Liebesehe wird jedoch der Anspruch erhoben, Liebe und Sexualität ausschließlich in einer Person zu vereinen bzw. die Beziehung abzubrechen, wenn dies nicht mehr gelingt. In der Studie von Astrid Riehl-Emde (1998) stehen bei der Frage nach den Gründen einer Trennung sexuelle Außenbeziehungen an erster Stelle, unabhängig von Geschlecht, Alter und Ehedauer. Sexuelle Außenbeziehungen werden vom Betrogenen als Verletzung des Paktes einer personalen Liebesgemeinschaft erfahren. Es ist ein Pakt, in dessen Realisierung die Partner ihre Lebenskraft oft über Jahrzehnte investiert haben. Sexuelle Außenbeziehungen sind ein Verrat am Vertrauen, das die Basis für diese Investitionen bildete. Die von Untreue Betroffenen beteuern, daß für sie die Welt zusammengebrochen sei. Diese Formulierung bestätigt unsere Beschreibung, wonach sich Partner in verbindlichen Beziehungen eine gemeinsame innere und äußere Welt erschaffen. Die Verletzung ist oft so tief, daß die Betroffenen bei fortgesetzter Außenbeziehung des Partners in schwerste Selbstzweifel und Depression verfallen. Oft können der Boden unter den

Füßen und die Selbstachtung erst nach einer Trennung wiedergefunden werden. Durch eine sexuelle Außenbeziehung entsteht in einer Ehe ein massives Ungleichgewicht (Jellouschek 1999, S. 104). Der Betrogene ist nur noch der Reagierende. Das Zentrum und Thema, um das sich alles dreht, ist jedoch das Befinden und Verhalten des Untreuen, dem die ganze Aufmerksamkeit und Macht zukommt. Sexuelle Untreue verletzt somit auch die Fairneß des Machtausgleichs in der Beziehung.

Wenn es sich bei der Außenbeziehung nicht um eine tiefgehende Liebesbeziehung handelt, sondern eher um ein sexuelles Abenteuer oder einen Seitensprung, so behaupten in der Regel die Untreuen – meist die Männer –, dies habe überhaupt nichts zu bedeuten. Die Außenbeziehung tangiere die Liebe zu ihrer Partnerin nicht. Männer greifen gerne auf Aussagen von Biologen zurück, wonach bei vielen Tierarten Männchen zur Verbreitung ihrer Gene promiskuös, Weibchen, die ja mehr in die Geburt und Aufzucht der Jungen investieren, dagegen exklusiv und sexuell zurückhaltend seien. Auf die Frage, ob sie dasselbe Verhalten auch ihrer Frau zubilligen würden, ist die Antwort in der Regel, daß Frauen nicht in der Lage seien, zwischen sexuellen Gelegenheitsbeziehungen und Liebesbeziehungen zu differenzieren.

Weshalb soll es denn so schlimm sein, sich gelegentliche sexuelle Außenbeziehungen zu leisten, wenn man ehrlich beteuert, daß das die Liebe zur Lebenspartnerin nicht tangiere, sondern die Lust auf die Partnerin sogar steigere?

In den siebziger Jahren wurde sexuelle Untreue als Zeichen der Ehrlichkeit gewertet, als ein Zeichen dafür, daß man offen zu seinen polygamen Phantasien und Wünschen stehe und diese lebe. Heute sind die moralischen und ideologischen Argumente in den Hintergrund getreten. Es kann nüchtern festgestellt werden, daß dauerhafte sexuelle Untreue in einer ganzheitlich gelebten Liebesbeziehung nicht über längere Zeit ertragen und hingenommen wird. An sich kann eine intensive geistige Verbindung oder persönliche Freundschaft die Exklusivität einer Zweierbeziehung weit mehr gefährden als eine sich auf die Sexualität beschränkende Außenbeziehung. Es ist nicht leicht zu erklären, weshalb sexuelle Kontakte einer Außenbeziehung eine derart zerstörerische Qualität geben und sich alles um die Frage dreht: »Habt ihr miteinander geschlafen oder nicht?«, während der Frage, ob über das Sexuelle hinaus noch eine persönliche Beziehung besteht, meist untergeordnete Bedeutung zugemessen wird.

Versuche, Unvereinbares zu vereinen

Wie sollen die Inkompatibilitäten von Sexualität der Lust und Sexualität der Zugehörigkeit bewältigt werden? Eine klare Lösung dieses Konflikts gibt es nicht. Bei jedem Paar besteht um dieses Thema eine offene oder latente Spannung. Bei jedem Paar existieren Grenzmarkierungen des Zulässigen und eine Grauzone des mehr oder weniger Geduldeten. Die Kulturen lösen diesen Konflikt in unterschiedlicher Weise. In früheren Zeiten galten auch bei uns leidenschaftliche Liebe und Ehe als unvereinbar. Heute soll die Ehe auf freier Liebe gründen und diese freie Liebe soll umfassend auch die Sexualität einschließen. Die personale Begegnung stellt den Anspruch auf Exklusivität der körperlichen Intimität sowie den Anspruch auf Gleichheit der Privilegien und Rechte von Mann und Frau. Sex wird als Ausdruck der lebendigen Liebe gefordert, als Beleg für Kreativität und erotische Kompetenz, als Kunstwerk. Aber dies produziert man nicht alle Tage. Es müssen dazu viele Bedingungen erfüllt sein. Nähe und Intimität müssen spürbar und beide Partner für den Liebesakt gestimmt sein. Für manche ist das Erreichen eines Geschlechtsverkehrs durch so viele Bedingungen verstellt, daß dieser zum Hindernislauf wird. Schmidt (1998) bemerkt dazu: »Unsere Buchhaltung für lebendige Sexualität erfolgt aber noch nach dem antiquierten Maßstab der Koitushäufigkeit, einer – gemessen am heutigen Liebesideal – atavistischen Art der Qualitätssicherung: Als seien dreimal die Woche fünf Minuten lang irgendwie vergleichbar mit aufwühlenden oder heiteren Nächten und Tagen sagen wir einmal im Quartal.«

Was kann versucht werden, um die Inkompatibilitäten der Ansprüche von Sex aus Lust und Sex aus Zugehörigkeit zu überbrücken?

a) Belebungsversuche der ehelichen Sexualität

Die eheliche Sexualität kann belebt werden durch Schaffung einer den Alltag aufbrechenden Umgebung (Jellouschek 1999), etwa durch zeitweiliges Weggeben der Kinder, durch Ferien, Reisen oder Übernachtungen im Hotel. Für den Fortbestand der Beziehung ist es wichtig, daß es gelingt, Inseln sexuellen Glücks zu schaffen, die dann auch längere Durststrecken des Alltags ertragen lassen. Es ist wichtig, die Beziehung durch Episoden zu beleben, die dem exklusiven Leben von Zweisamkeit vorbehalten und geeignet sind, der Beziehung neue Energien und Inhalte zu verleihen. Dennoch, das Problem der Vereinbarkeit der Sexualität der Lust und jener der Zugehörigkeit bleibt bestehen. Manche erhöhen die sexuelle Spannung durch Erzeugung von Eifersucht oder sie brechen einen heftigen Streit vom Zaun, der eine anschließende Versöhnung im Sexualakt ermöglicht. Andere suchen eine Stimulation im gemeinsamen Betrachten erotischer Filme oder im Lesen erotischer Geschichten. Man kann darüber hinaus die 64 Stellungen des Kamasutras durchexerzieren, man kann Kurse in tantrischer Sexualität mitmachen, man kann miteinander einen Swingerclub besuchen – der Neuigkeitswert bleibt auf Dauer beschränkt, und alle Initiative droht ins Angestrengte, Künstliche und Aufgesetzte abzugleiten. Eine vollumfänglich überzeugende Lösung des Problems bietet sich nicht an.

b) Das Ausleben als Phantasmen

Der heute häufigste Lösungsversuch dürfte das Ausleben sexueller Wünsche in der Phantasie bei gleichzeitiger Beschränkung realer sexueller Interaktionen auf den Liebespartner sein. Heute koexistieren Selbstbefriedigung und Partnersexualität friedlich nebeneinander. Besonders bei jungen Leuten hat – wie Schmidt (1998) in einem Längsschnittvergleich von Studierenden gefunden hat – die Tendenz erheblich zugenommen, Masturbation in einer festen Liebesbeziehung als sexuelle Praktik beizubehalten. Diese Tendenz läßt sich auch bei jenen beobachten, welche ihre gemeinsame

Sexualität als befriedigend erleben und häufig miteinander schlafen. Für sie ist die Masturbation offenbar weder Ersatz noch Kompensation für seltenen Geschlechtsverkehr, sondern eine Möglichkeit selbstbestimmter, unkomplizierter, autonom gestalteter Sexualität mit »Partnern«, die jederzeit so verfügbar sind, wie man es sich erträumt. Das ist Erholung von den hohen Ansprüchen partnerschaftlichen Sexualverkehrs. Heutige junge Menschen verhalten sich im Sexuellen pragmatisch und ideologiefrei. Man verzichtet auf offen gelebte sexuelle Außenbeziehungen, um energiezehrende Streitigkeiten zu vermeiden. Die sexuellen Phantasien werden dabei oft als intimer Eigenbereich vor dem Zugriff des Partners geschützt. Geheimgehaltene sexuelle Phantasien können durch Pornographie angeregt werden. So können sexuelle Phantasmen ausgelebt werden, unbehindert von der Zensur des Partners und der sexual correctness. Das ist natürlich in andern Kulturen nicht anders. In Indien, wo Sexualität durch strenge Tabus eingeschränkt wird, bietet das Kamasutra eine willkommene Möglichkeit, in die Phantasie auszubrechen und sich einer lustbezogenen Sexualität hinzugeben. Bei uns begleiten unausgesprochene und oft geheime außereheliche Sexualphantasien nicht selten den Geschlechtsverkehr mit dem Liebespartner. In der intimen Umarmung ist trotz äußerer Einhaltung sexuell exklusiver Handlungen keineswegs nur der Partner gemeint.

Diese Lösung des Konflikts zwischen der Sexualität der Lust und der Sexualität der Zugehörigkeit wirkt nicht erbauend.

Besonders in den siebziger Jahren galt ein derartiges Verhalten als heuchlerisch. Gefordert wurde uneingeschränkte Offenheit und Ehrlichkeit dem Partner gegenüber. Viele Menschen waren damit überfordert. Die offenen Geständnisse wirkten nicht klärend, sondern gaben Anlaß zu Verdächtigungen und Nachforschungen des Partners. Die »Beichte« diente oft der persönlichen Entlastung. Es lag nun am Partner, mit der daraus entstandenen Eifersucht fertigzuwerden. Man glaubte, mit der vorbehaltlosen Offenbarung der Gefühle seinen Tribut geleistet zu haben. Das Ideal der totalen Offenheit erwies sich in der Praxis nicht als lebbar. Das Konzept der offenen Ehe mußte aufgegeben werden.

Augenscheinlich gelingt es oft nicht, die sexuellen Phantasien des

Liebespartners völlig auszuleuchten und deren Bedeutung in angemessenen Proportionen einzustufen. Letztlich zeigt sich, daß zwischen Partnern, bei allen Versuchen, sich einander zu erklären, immer ein Rest von Nichtverstehen bleibt, immer ein Rest von Einsamkeit in der Liebe, von Unvertrautheit. Liebe erfordert die Fähigkeit, zu akzeptieren, daß der andere einem, besonders auch im Sexuellen, immer ein Geheimnis bleibt.

Die Sexualität der Lust bewahrt die Sexualität der Zugehörigkeit

Diese schmerzliche Erfahrung hat aber auch ihr Gutes. Das Sich-Fremdbleiben im Sich-Begegnen ist eine wichtige Voraussetzung der Lebendigkeit und Dynamik der Liebe. *So paradox es klingt: Die scheinbar mit Liebe unvereinbare sexuelle Zerstörungskraft erweist sich als Bewahrerin der Liebe.* Die Liebesdynamik tendiert zu allzu viel Vertrautheit, Nähe und Harmonie, was nicht nur die sexuelle Spannung aufhebt, sondern ganz allgemein die Dynamik der Partnerschaft.

Nicht nur im Sexuellen, sondern allgemein müssen Liebespartner lernen, das Geheimnis des Partners zu respektieren, d. h. zu akzeptieren, daß man den Partner nie ganz kennt und von ihm nie ganz erkannt wird. Jeder versteht den anderen immer nur auf der Grundlage seiner Konstruktion der Wirklichkeit, und diese ist von jener des Partners zwangsläufig verschieden. Sie müssen lernen, mit der eigenen Ambivalenz und jener des Partners zu leben: zu akzeptieren, daß man den anderen in seiner Unberechenbarkeit nie im Griff hat.

Es ist diese Unberechenbarkeit und das Sich-Fremdbleiben in Liebe und Sexualität, welche die Dynamik zwischen den Partnern aufrechterhält. Die Einsicht, daß ich mir und dem Partner nie blind vertrauen darf, sondern aufmerksam bleiben muß. Es ist die Herausforderung, einander ständig suchen und erklären zu müssen, welche die Spannung in der Partnerschaft und Sexualität am Leben hält.

Die Sexualität der Lust bedroht die Liebesbeziehung mit ihrer Spreng- und Zerstörungskraft, aber sie generiert und regeneriert die Partnerbeziehung auch immer wieder aufs neue. Diese Widersprüchlichkeit wird in der indischen Mythologie mit dem Gott Shiva veranschaulicht: Shiva verkörpert einerseits die Kräfte der Zerstörung, andererseits ist er der Schöpfer und Erneuerer aller Dinge. In den überall in Indien vorkommenden Shivatempeln ist er dargestellt mit dem Lingam, einer Steinsäule in Form eines Phallus als Symbol seiner Zeugungskraft. Der Lingam steht in der Yoni, der Vulva seiner Gemahlin Shakti, und damit vereinigt mit dem Schoß und der Quelle allen Werdens.

Es zeigen sich auch interessante Analogien in der Verhaltensbiologie. Der Vollzug von Sexualbeziehungen dient bei vielen Tieren, so etwa bei Mantelpavianen, als Mittel, das Weibchen in den Sozialverband des Harems einzugliedern und es in einer festen Bindung und sozialen Ordnung zu halten. Ähnlich ist in vielen Kulturen die Furcht vor sexueller Untreue Anlaß, die Frauen ans Haus zu binden, sie unter Kontrolle zu halten und eifersüchtig über sie zu wachen. Gäbe es keine sexuelle Gefahr, würde der soziale Verband an Stabilität verlieren. So bewirkt die gefährliche Sprengkraft der Sexualität also reaktiv eine Konsolidierung sozialer Beziehungen.

Zur therapeutischen Bearbeitung sexueller Außenbeziehungen

Bisher habe ich kein Paar angetroffen, bei dem eine längerdauernde, offen eingestandene sexuelle Außenbeziehung nicht mit einer schweren Beeinträchtigung der ehelichen Beziehung einhergegangen wäre. Der Versuch – meist der Frau –, sich zu arrangieren und die Verletzung und Kränkung zu ertragen, hat eine zerstörerische Wirkung auf die Betroffenen. Daß die oder der Betrogene als Trick oder aus Rache selbst eine Außenbeziehung eingeht, kann das Selbstwertgefühl vorübergehend aufwerten, droht aber die notwendige Auseinandersetzung innerhalb des Paares weiter zu erschweren.

Wo Außenbeziehungen geduldet werden, fehlt meist bereits über längere Zeit ein eheliches Sexualleben. Es kann sein, daß Ehepartner sich auf eine kameradschaftliche Beziehung beschränken, damit leben können oder gar froh sind, das belastende Thema Sexualität externalisieren zu können. Letztlich bleibt jedoch die tiefe Verletzung, daß es einem nicht gelingt, die Sexualität als körperliche Verbundenheit miteinander zu leben.

In der Paartherapie wird man eine sexuelle Außenbeziehung da, wo die Liebesbeziehung zwischen den Partnern nicht erloschen ist, unter funktionalem Gesichtspunkt bearbeiten. Man wird die Frage stellen, welche bisher vermiedenen Entwicklungen in der Partnerschaft Anlaß zum Eingehen einer Außenbeziehung gaben oder was sich in der Partnerbeziehung ändern müßte, um die Außenbeziehung überflüssig zu machen. Häufig handelt es sich um Paare, die große Mühe hatten, sich miteinander auseinanderzusetzen und zu streiten. Unter starken Harmoniebedürfnissen und Idealisierung ihrer Beziehung glaubten sie, die große Liebe rein von jeder Anfechtung halten zu können, bis jetzt ans Licht gekommen ist, daß der Partner eine andere Beziehung eingegangen ist. Meines Erachtens ist es wichtig anzuerkennen, daß der betrogene Partner zutiefst verletzt wird. Er sollte ermutigt werden, zu dieser Verletzung zu stehen und auch zu seiner Weigerung, sich längerfristig mit der Außenbeziehung einzurichten. Untreue sollte jedoch nicht moralisch disqualifiziert werden. Vielmehr sollte der Frage nachgegangen werden, was »den Untreuen« bewogen hat, eine andere Beziehung einzugehen, welche neuen Möglichkeiten zur Verwirklichung seines Potentials ihm diese andere Beziehung anbietet und was ihm in der ehelichen Beziehung gefehlt hat. Es ist dann zu prüfen, was vom Vermißten in der ehelichen Beziehung realisiert werden könnte. Dabei ist zu bedenken, welche notwendigen Entwicklungen in der Ehebeziehung und auch für den »Betrogenen« anstehen. Langweilig und fade wird die eheliche Beziehung nämlich weniger durch ihre Dauer als durch die Vermeidung anstehender Auseinandersetzungen zwischen den Partnern. Therapeutisch ist es oft eine Erleichterung, wenn sich ein Moratorium für die Außenbeziehung einrichten läßt, indem der »Untreue« bereit ist, für drei Monate auf Kontakt mit der anderen Liebesperson zu verzichten, und der »Treue« während dieser Zeit auf Nachforschungen und Druckausübung verzichtet. Ein derartiges Moratorium hat nur dann einen Sinn, wenn dessen Nichteinhaltung umgehend in der Therapie mitgeteilt wird. Kommt ein Moratorium nicht zustande, ist es schwieriger, die Bedeutung der Außenbeziehung für die eheliche Beziehung zu bearbeiten, weil ein vertieftes Gespräch durch die Aufregungen und Verletzungen durch neue Vorkommnisse immerfort durchkreuzt wird. Oft gewinnt der Partner durch die Außenbeziehung an Macht. Er kann sich der Kontrolle des anderen entziehen und sich klar von ihm abgrenzen. Es stellt sich die Frage, ob diese wichtigen Funktionen und Strukturen auch ohne Außenbeziehung gewährleistet sein könnten. Oft kommt es zur Belebung jahrelang eingeschlafener Sexualbeziehungen. Dies nicht nur in der Absicht, den Untreuen erneut an sich zu binden, sondern auch begünstigt durch die jetzt entstandene Abgrenzung, Fremdheit und Aggressivität zwischen den Partnern. Übersteht eine Paarbeziehung eine Außenbeziehung, so geht sie daraus meist belebt und gestärkt hervor. Die Verletzungen und der Vertrauensverlust werden aber über längere Zeit nachwirken.

Man muß als Therapeut aber auch auf die Möglichkeit achten, die Außenbeziehung nicht bloß unter funktionalen Aspekten für das Ehepaar zu bearbeiten, womit sie oft in ihrer Bedeutung entwertet wird. Es ist sehr wohl möglich, daß die neue Beziehung eine ernsthafte Alternative zur bestehenden Ehebeziehung ist. Manchmal kann in der Außenbeziehung persönliches Potential in einer Weise verwirklicht werden, wie das in der ehelichen Beziehung nicht möglich wäre. Der betroffene Partner, der die Außenbeziehung eingegangen ist, braucht Zeit, die Situation zu klären und Vor- und Nachteile einer Trennung zu erwägen. Es bleibt ihm aber in der Regel keine andere Lösung, als sich für die eine oder die andere Beziehung zu entscheiden.

So ist die Sexualität der Lust oft eine bedrohliche Kraft der Zerstörung, die aber paradoxerweise nicht selten die Sexualität der Zugehörigkeit stimuliert und bestärkt.

Fallbeispiel der Therapie einer beiderseitigen Untreue bei rivalisierender »Emanzipation«:

Fallbeispiel 2: Margrit und Herbert sind beide Mitte 40. Sie kennen sich bereits über 20 Jahre lang, sind jedoch erst seit 8 Jahren verheiratet. Sie melden sich, weil sie seit zwei Jahren eine zunehmende Entfremdung und Leere in ihrer Beziehung spüren. Beide sind emanzipierte und moderne Menschen, gutaussehend und sehr sportlich. Sie geben einander viel Freiheit in ihrer Beziehung und sind bestrebt, sich nicht übermäßig aneinander zu binden. Beide sind oft allein im Ausland, und immer haben sie dort sexuelle Affären. In beiderseitigem Einvernehmen übernimmt Herbert zu Hause Kochen und Haushalt.

Was hat sich im zeitlichen Vorfeld der Krise, also vor zwei bis drei Jahren, in ihrer Beziehung verändert? Damals wurde festgestellt, ihre Partnerschaft werde kinderlos bleiben. Sie schrieben sich wechselseitig die Schuld an der Kinderlosigkeit zu. Er stammt aus einer kinderreichen Familie und konnte sich ein Leben ohne Kinder nicht vorstellen. Er glaubte aber, die Frau lehne die Mutterrolle ab. Sie hätte erwartet, von ihm im Kinderwunsch stärker unterstützt zu werden. Sie hatte wenig Vertrauen, daß er eindeutig zu ihr und zum Kind stehen würde. Die Feststellung der Kinderlosigkeit hatte tiefgehende Folgen: Sie fühlte sich plötzlich gealtert, Phantasien kamen auf, er werde sie jetzt unattraktiv finden und sich bald nach einer jüngeren Frau umsehen, mit der er Kinder haben könnte. Wenn schon auseinandergehen, möchte sie sich lieber gleich jetzt trennen und auf ihre Initiative hin. Die Gespräche verliefen sehr mühsam. Beide hielten sich bedeckt. Keiner wollte sich vor dem andern eine Blöße geben. Ich führte deshalb die Therapie über einige Sitzungen als parallel laufende Einzelgespräche. Margrit berichtete im Einzelgespräch unter Tränen, sie fühle sich von Herbert nicht verstanden und habe sich in dem über 20 Jahre dauernden Kampf der Geschlechter, bei dem es immer darum ging, wer sich behaupten kann, verhärtet. Sie sei im Grunde bezüglich der sexuellen Untreue überhaupt nicht großzügig und tolerant, sondern zutiefst verletzt. Eigentlich möchte sie spüren, daß Herbert eindeutig zu ihr steht und treu ist. Sie möchte nicht immer nur die Nummer 1 in seinen Frauenbeziehungen sein. Sie wage aber diese Forderungen nicht zu stellen, aus Angst, abgewiesen zu werden. Ihr Lebensmotto war »Ich muß mit allem im Leben selbst fertig werden«. Sie hielt es für überlebenswichtig, Herbert laufend ihre Unabhängigkeit unter Beweis zu stellen und sich einen Fluchtweg offenzuhalten. Margrit blieb in diesen Gesprächen sehr rationalisierend. Allmählich machte sie Andeutungen, daß sie ihre Bedürfnisse, kindlich zu regre-

100 | Sexualität

dieren, als gefährlich erachte und deshalb unter Kontrolle halten müsse. Dieses Abwehrverhalten ließ sie kühl und distanziert erscheinen. Ihre wahren Bedürfnisse zu zeigen hätte jedoch bedeutet, sich schwach und bindungsbedürftig zu erweisen. Das galt es in erster Linie zu vermeiden.

Herbert berichtet, sein Lebensmotto sei »Gerate nie in Abhängigkeit einer einzelnen Frau«. Im Grunde war auch er über Margrits Untreue zutiefst verletzt, um so mehr, weil sie als erste eine sexuelle Außenbeziehung eingegangen war. Herbert litt unter Margrits fehlender emotionaler Wärme und hatte gehofft, diese von den Kindern zu bekommen. Da sie beide bezüglich »Emanzipiertheit« rivalisieren, kann keiner dem anderen seine regressiven und emotionalen Bedürfnisse zeigen. Diese Seiten könne er eher in anderen Frauenbeziehungen ausleben.

Obwohl ich in der Therapie anfänglich den Eindruck hatte, daß beide wenig Bereitschaft zeigten, sich auf den Prozeß einzulassen, kam über das Thema der beiderseitigen sexuellen Untreue Bewegung in die Therapie. Es stellte sich nämlich heraus, daß beiden diese Außenbeziehungen wenig Positives bedeuten und daß jeder durch die Untreue des anderen verletzt ist. Jeder glaubt, dem anderen seinen Erfolg mit anderen Partnern beweisen zu müssen. Ich stellte die Frage, wie sie sich zu einer Vereinbarung stellen würden, auf sexuelle Außenbeziehungen für eine definierte Zeit zu verzichten, um zu sehen, was das für Auswirkungen auf ihre Beziehung hätte. Sie willigten in diesen Vorschlag ein. Beide stellten dann fest, daß sexuelle Treue für sie Voraussetzung für eine Vertrauensbeziehung ist. Aber sexuelle Treue brachte auch erhebliche Gefahren mit sich. Keiner möchte den kürzeren ziehen und sich am Ende als der Betrogene fühlen. Jeder will dem anderen laufend seine Attraktivität beim anderen Geschlecht beweisen. Das Einhalten sexueller Treue erzeugte bei der Frau die Angst, die Beziehung könnte zu eng werden und der Mann könnte übergroße Ansprüche an sie stellen, wenn sie ihm nun alles bedeuten müßte. Der Mann verspürte die Neigung, der Frau abzuverlangen, nicht mehr auf auswärtige Arbeitstagungen zu fahren, wo sie mit anderen Männern zusammentraf. Er spürte die Neigung, die Frau im Übermaß zu kontrollieren, aber auch die Angst, von ihr kontrolliert zu werden. Die Vereinbarung, vorläufig auf sexuelle

Untreue zu verzichten oder den Partner ins Bild zu setzen, wenn die Vereinbarung nicht eingehalten werde, hatte eine entspannende Wirkung. Die Beziehung zueinander wurde wesentlich liebevoller. Der bewußte Verzicht auf sexuelle Außenbeziehungen löste längst fällige Entwicklungen in ihrer Beziehung aus.

Weitere Beispiele zur Therapie sexueller Außenbeziehungen siehe Fallbeispiel 3, S. 141, Fallbeispiel 12, S. 245 und Fallbeispiel 13, S. 260.

7. Religiöse Vertiefung der Liebe

Dieses Kapitel soll lesen, wer sich dieser Thematik öffnen kann und will. Es kann dem Verständnis von Liebe eine zusätzliche Dimension hinzufügen. Seine Lektüre ist aber nicht Voraussetzung für das Verständnis der übrigen Kapitel. Ich beziehe mich im wesentlichen auf christliche Religiosität unter dem Eindruck, daß viele westliche Menschen diese heute weniger kennen als die fernöstliche. Die monotheistischen Religionen vermögen spezielle Erfahrungen in der Ich-Du-Beziehung zu einem personalen Gott weiterzugeben. Die wesentliche Aussage dieses Kapitels ist, daß die Beziehung zu Gott in der Person von Jesus Christus und die Beziehung zum Liebespartner (unserem Nächsten) viele Ähnlichkeiten haben und deshalb die Erfahrungen in der einen oder anderen Beziehung einander ergänzen und vertiefen. Beiden Beziehungen gemeinsam ist, daß das geliebte Gegenüber uns bald nahe scheint, bald fern, daß die Beziehung zu ihm uns bald erfüllt, bald leer läßt, daß wir über dieses Gegenüber nicht verfügen können und wir an den Begrenzungen unserer Zugänglichkeit leiden. Aber wenn wir das zu akzeptieren vermögen, wird sich uns das geliebte Gegenüber in seiner Art zu lieben offenbaren. Das Kapitel schließt mit einer Schilderung des Ritus der kirchlichen Trauung, durch den die Partner ihre Zweierbeziehung in ein größeres Ganzes von geschichtlicher Zeit und geschichtlichem Raum einbetten und den Segen Gottes erbitten, damit sie in der Lage sind, ihre Liebe in Zeiten der Bedrohung, Enttäuschung und Einsamkeit mit Kraft und Zuversicht zu erfüllen.

Gelegentlich bin ich in Lehrveranstaltungen nach der spirituellen Dimension von Liebesbeziehungen gefragt worden. In der Praxis der Paartherapie dagegen sind religiöse Fragen bei mir, wie in Therapien, die ich in Supervisionen kennenlernen konnte, kaum einmal vorgebracht worden. Meine Motivation, der religiösen Vertiefung der Liebesbeziehung ein Kapitel zu widmen, liegt in dem Eindruck, daß in den mir bisher bekannten Publikationen über Psychotherapie und Religion bzw. Spiritualität viele Aspekte, die zentraler Bestandteil christlicher Religiosität sind, kaum beachtet oder in verzerrter Weise dargestellt werden. Da das Christentum die geistige Grundlage unserer Kultur ist, scheint mir eine Auseinandersetzung über die Vertiefung der Liebe in der christlichen Religiosität angebracht.

Spiritualität der sexuellen Vereinigung

Wenn über christliche Vertiefung der Liebe gesprochen wird, so erwarten wohl viele Menschen moralische Normen selbstloser Liebe bis zur Selbstaufopferung und einen Kodex sexueller Verhaltenseinschränkungen. Wer in traditionell christlicher Erziehung aufgewachsen ist und sich als Erwachsener von einer überholten Sexualmoral befreit hat, wird im positiven Fall ein unverkrampftes Verhalten zur Sexualität gefunden haben, nur selten aber wird es ihm gelingen, Sexualität und christliche Religiosität zusammenzubringen. Religion und Sexualität werden als voneinander getrennte Bereiche gelebt. Die Öffnung auf andere Religionen hat uns bewußtgemacht, daß dies nicht zwangsläufig so sein muß, ja – wie ich anhand der mittelalterlichen Frauenmystik zeigen werde –, daß dies sogar nicht einmal in der christlichen Frömmigkeit immer so war.

Erotischer Liebe kann eine spirituelle Qualität zugesprochen werden, Spiritualität kann erfahrbar werden in der Ekstase der sexuellen Vereinigung. Michael Coellen (1997) begründet ein spirituelles Verständnis von Liebe und Intimität im Tantrismus. Der Tantrismus zielt in seiner Grundhaltung auf die Sinnlichkeit, insbesondere auf die Sexualität als Inbegriff von Lebensbejahung und Lebensenergie hin. Indem der einzelne sich seiner Leidenschaft ganz hingibt und sie nutzt, streift er die Beschränktheit seines Ichs ab und erfährt sich als Teil einer ihn übergreifenden Weltordnung. Sexualität wird deshalb als Weg zur Vereinigung der Gegensätze in einer absoluten Einheit gesehen. »Die geheiligte Vereinigung von Mann und Frau ist wie ein Fenster zur endgültigen Befreiung.« Die Sexualität führt aus der Dualität heraus, aus dem intersubjektiven Ego hin zur kosmischen Vereinigung.

Wenn der männliche und weibliche Pol miteinander verschmelzen – so die französisch-amerikanische Tantrismuskennerin Margot Anand (1995, S. 41) –, erhebt sich das Bewußtsein über die körperliche Ebene in einen Bereich von Kraft und Energie, der über die persönlichen Grenzen hinausgeht. Die Betreffenden fühlen sich durch ihren Partner mit allem verbunden, was leibt und lebt. Sie sind Teil des großen Lebenstanzes. Sie können anerkennen, daß sexuelle Liebe eine heilige Dimension bekommt. Sie begreifen, daß ihr wahres Potential unendlich und unbegrenzt ist. Sie werden fähig, das Göttliche in sich selbst und im Partner zu erkennen.

Im Tantra steht der Energieaustausch im Zentrum der sexuellen Vereinigung. Energie ist die Bewegung des Lebens schlechthin. Tantra lehrt die Liebenden, wie sie ihre Energien harmonisch aufeinander abstimmen, wie sie auf eine gleiche Wellenlänge kommen und damit eine Resonanz zwischen ihren Energiefeldern erzeugen können. Man sagt – so Anand –, daß einige der frühesten östlichen Mystiker ihre erste spirituelle Erleuchtung im Augenblick des Orgasmus machten. Im Orgasmus ist der Kopf für einige Sekunden frei von Gedanken, die egozentrische Sicht des Lebens verschwindet, wir treten aus der Zeit heraus in das zeitlose »Jetzt« der Glückseligkeit. Im tantrischen Buddhismus werden in Malerei und Skulptur Paare im Liebesakt dargestellt, einander ekstatisch umarmend. Es handelt sich dabei nicht um spezifisch erotische Kunst, sondern um religiöse. Es handelt sich um die sexuelle Vereinigung Boddhisatvas, zweier Erleuchteter, oder sogar um die Vereinigung von Buddha mit Prakti als Darstellung der vollendeten Ganzheit. Hier ist die sexuelle Vereinigung identisch mit der religiösen – eine Vorstellung, die uns auf Grund unserer christlichen Erziehung immer noch schwerfällt. In der sexuellen Hingabe wird körperlich und seelisch, also ganzheitlich erfahren, wie die engen Grenzen unseres Ichs aufbrechen und die Vereinigung mit dem Du möglich wird. Ist das nicht eine »kosmische Vereinigung im kleinen« (W. Schubart)? Hans Jellouschek schreibt dazu: »Wenn diese Hingabe im sexuellen Akt manchmal gelingt, wenn zwei Liebende, von Leidenschaft erfaßt, ihre Selbstkontrolle durch Willen und Verstand fahrenlassen und sich im Rausch der Sinne vereinigen, dann erleben sie zuweilen, daß sie in dieser Ekstase über sich selbst hinausgetragen und Teil eines größeren Ganzen werden. Ganz so werden uns aber von den großen Mystikern der Religionen die Vereinigungserfahrungen mit Gott beschrieben (1998, S. 157).

Sexuelle Glückserfahrungen können einen dem Göttlichen gegenüber mit Dankbarkeit und Lebensfreude erfüllen. Solche Erfahrungen sind meines Erachtens wichtig, aber diese Inseln des Glückes haben ihre Kostbarkeit durch die Besonderheit im Leben des Alltags. Ähnlich steht es mit ekstatischen Vereinigungen mit Gott. Sie können zu tragenden religiösen Grunderfahrungen werden, aber sie müssen ergänzt werden durch religiöse Erfahrungen im gewöhnlichen Alltagsleben.

Hier gehen die fernöstlichen Religionen und die Spiritualität im Verständnis des New Age und der modernen Esoterik einen anderen Weg als das Christentum und andere monotheistische Religionen.

Christliche Religiosität findet im New Age, in der Esoterik und in der transpersonalen Psychologie insbesondere auf dem Wege einer selektiven Wahrnehmung christlicher Mystiker Beachtung, die sich in oft ekstatischen Erfahrungen auf das Einswerden mit Gott ausrichteten, auf das gänzliche Leerwerden, um Gottes voll zu sein (Meister Eckhart). Dieses Einswerden mit Gott wird jedoch von vielen christlichen Theologen nicht als das Wesentliche der christlichen Religiosität gesehen. Für den christlichen Theologen Medard Kehl (1990) bleibt Gott dem Christen in aller Nähe immer auch das sich verbergende, entziehende Geheimnis der Liebe. »Und nur in der demütigen, ehrfürchtigen Offenheit, die das personale, unverfügbare Andere Gottes anerkennt, vollendet sich der Weg christlicher Selbstfindung. Sie übersteigt dann den Raum jeder Selbst-Erfahrung und wird zu einer Beziehung der Liebe, die in aller Vereinigung zugleich die Unterschiedenheit zwischen Selbst und Gott wahrt« (S. 21).

Die Beziehung von Mensch und Gott als Begegnung

Der Glaube an einen personalen Gott bereitet heute vielen Menschen – mich eingeschlossen – Mühe. Es gibt viele Gründe, daran zu zweifeln, daß ein gütiger Gott die Menschen persönlich liebt und die Geschicke der Welt lenkt. Die Argumente sind bekannt. Es bleibt nur der Glaube, der Glaube nicht primär als ein Fürwahrhalten, sondern als Vertrauen, wie es die Doppelbedeutung des Wortes im Englischen als *faith*, im Französischen als *la foi* oder im Lateinischen als *fides* ausdrückt. Auch ein Zweifelnder kann erkennen, wie das Sich-Gott-Anvertrauen dem Leben andere Dimensionen eröffnet als das spirituelle Einswerden mit einem universellen Bewußtsein oder das Erfülltwerden mit kosmischer Energie. Es handelt sich bei der Gottesbeziehung um ein rational nicht begründbares Gefühl des Hingezogenseins zu einem personalen Gegenüber, dessen Existenz nicht zu beweisen ist, dessen postulierte Offenbarung aber als ein Geschenk dankbar angenommen werden kann.

Gott ist und bleibt der Unfaßbare, das große Geheimnis, der Namenlose, der immer nur ahnungshaft Erfahrbare. Religion verstehe ich als Weg, sich diesem Unfaßbaren anzunähern. Die Beziehung zu einem personalen Gott ist der Weg, sich personal dem Göttlichen zu nähern, sich auf das Göttliche personal zu beziehen und sich vom Göttlichen personal ansprechen zu lassen. Gott nutzt in der Beziehung zum Menschen menschlich-personale Beziehungsmöglichkeiten. Die Begegnung mit dem Mitmenschen und die Begegnung des Menschen mit Gott weisen somit ähnliche Eigenheiten auf, ja, es kann postuliert werden, daß Gott uns im Menschen begegnet und wir auf den Mitmenschen durch Gott ansprechbar sind.

Die Parallelen der Begegnung mit dem Mitmenschen und mit Gott wurden vom jüdischen Religionsphilosophen Martin Buber (1878–1965) in ihrer tiefsten Form herausgearbeitet, besonders als dialogisches Prinzip in seiner Schrift »Ich und Du« (1923). Die folgenden Zitate daraus geben seine Gedanken in so hoher Konzentration wieder, daß sie aus den übrigen Formulierungen meiner Darstellung herausfallen. Ich möchte sie jedoch den Lesern in unverdünnter Form mitteilen.

Die Lektüre dieser Schrift hatte mich 1979 tief berührt, weil ich
darin die philosophischen Grundlagen fand für das, was meinen
persönlichen und therapeutischen Wahrnehmungen entsprach,
aber im Gegensatz stand zum damaligen Trend zu Selbstverwirklichung durch mitmenschliche Abgrenzung und Unabhängigkeit.
Meine Gedanken zur Beziehungsphilosophie hatte ich 1985 in meinem Buch »Ko-Evolution – Die Kunst gemeinsamen Wachsens«
niedergeschrieben. Bubers »Ich und Du« bildet die philosophische
Grundlage der von mir und meinen Mitarbeitern entwickelten
»Ökologischen Psychotherapie«. Im Grunde ist alles enthalten in
Bubers Kurzformel »Das Ich wird am Du. Alles wirkliche Leben ist
Begegnung« (Seite 15). Nach Buber steht am Anfang die Beziehung,
vor aller Wahrnehmung des Gegenstandes. Das Beziehungsstreben
ist das erste, als wortlose Vorgestalt des Dusagens. Am Anfang steht
die Beziehung als Kategorie menschlichen Wesens, als Seelenmo-
dell des eingeborenen Du. *Der Mensch wird am Du zum Ich.* Das
Gegenüber kommt und entschwindet, und im Wechsel klärt sich
das Ich-Bewußtsein. Das Ich-Bewußtsein erscheint immer nur im
Gewebe der Beziehungen, in der Relation zum Du, nach dem es ver-
langt und es doch nicht ist, bis es dann die Bindung sprengt und ein
Ich dem Du gegenübersteht und fortan in seiner Bewußtheit in
Beziehung treten kann.

Nach Bubers Schriften schafft das Bewußtsein des Selbst noch keine
Wirklichkeit. Alle Wirklichkeit ist ein Wirken, an dem ich teilneh-
me, ohne es mir aneignen zu können. Wo Selbstzueignung ist, ist
keine Wirklichkeit. Wo keine Teilnahme ist, ist keine Wirklichkeit.
Wer in Beziehung steht, nimmt an einer Wirklichkeit teil, d. h. an
einem Sein, das nicht bloß in ihm ist (S. 65). Die Person wird sich
ihrer selbst als eines am Sein Teilnehmenden, als eines Mitseienden
bewußt. Es entsteht ein Verlangen nach immer unbedingterer
Beziehung, nach der vollkommenen Teilnahme am Sein. Durch die
Berührung des Du rührt ein Hauch des ewigen Lebens uns an.
Der Mensch ist um so personenhafter, je stärker sein Ich dem
Grundwort Ich-Du entspricht. Wenn das Ich seiner selbst bewußt
wird, verliert es seine teilnehmende Wirklichkeit nicht. Das Ich
wird gleichzeitig seiner Verbundenheit und seiner Abgelöstheit

inne. So meint Buber, daß die wahre Ehe entsteht, wenn zwei Menschen einander das Du offenbaren. Daraus baut das Du, das keinem von beiden Ich ist, die Ehe auf (S. 48). *Der Liebende meint den anderen in seiner Anderheit,* in seiner Selbständigkeit und seiner Selbstwirklichkeit, allerdings *als einen, der auf mich zu da ist und auf den zu ich da bin.* Nur wer den anderen selber meint, empfängt in ihm die Welt.

Nun erweitert Buber (S. 76 ff.) die Ich-Du-Beziehung zweier Liebender zur Ich-Du-Beziehung von Mensch und Gott. Die verlängerten Linien der Beziehungen schneiden sich im ewigen Du. Wer das Wort Gott spricht und wirklich Du im Sinn hat, spricht das wahre Du seines Lebens an. *Doch Gott ist nicht das Sein, das Selbst oder das Bewußtsein, mit dem ich verschmelze. Gott ist für Buber das ganz Andere, aber auch das ganz Gegenwärtige.* Gott ist das uns unmittelbar gegenüber Wesende, das rechtmäßig nur angesprochen, nicht ausgesagt werden kann (S. 82). Die Ich-Du-Beziehung zwischen Mensch und Gott sieht Buber in echter Gegenseitigkeit. »Daß du Gott brauchst, weißt du allzeit in deinem Herzen; aber weißt du auch, daß Gott dich braucht? Wie gäbe es den Menschen, wenn Gott ihn nicht bräuchte? Du brauchst Gott, um zu sein, und Gott braucht dich zu dem, was der Sinn deines Lebens ist, als ein Wesen des seienden Gottes. Die Welt ist nicht göttliches Spiel, sie ist göttliches Schicksal, daß es dich gibt, hat göttlichen Sinn« (S. 83).

Mit Schärfe richtet sich der späte Buber gegen das Bestreben von Mystikern, mit Gott eins zu werden. Wenn man das wesentliche Element in der religiösen Versenkung sieht, im Loslassen aller ichhaften Bedingtheit, in der Meinung, daß Gott in das ichledige Wesen eingeht oder dieses in Gott aufgeht, hört das Dusagen auf, weil keine Zweiheit mehr ist. Es wird dadurch die Beziehung aufgehoben. Gott ist nicht mehr ein Du, sondern das Alleinseiende. Nach Buber (S. 85 ff.) aber sind Gott und der Mensch die zwei unaufhebbaren Träger der Urbeziehung. Das Bestreben nach Einswerdung kritisiert Buber als Weltflucht, weil die Welt den Menschen laufend mit dem entzweigerissenen Leben konfrontiert. Auf dieser Welt gibt es keine echte Einung, wie sie in den Wonnen der Ekstase oder des Liebesaktes als Momente des Glücks erfahrbar sind, wo das

Wissen um das Ich und Du im Gefühl der Einheit untergeht. Dieses Einssein hat mit gelebter Wirklichkeit nichts gemeinsam. Die Anleitungen zur Versenkung in das wahre Sein führen nicht in die gelebte Wirklichkeit. In der gelebten Wirklichkeit gibt es keine Einheit des Seins.

Buber (S. 103 ff.) sieht eine enge Verbindung der Beziehung zu Gott mit der Beziehung zum Mitmenschen. In jedem Du reden wir das Ewige an, in jeder Sphäre nach ihrer Weise. Im mitmenschlichen Du begegnet uns Gott, offenbart sich uns Gott. Die Beziehung zum Menschen ist das eigentliche Gleichnis der Beziehung zu Gott. Im Leben mit den Menschen bildet sich Rede und Gegenrede, hier erhalte ich Antwort, hier allein gibt es das Gegenüber des zu voller Wirklichkeit erblühten Du, hier gibt es das Lieben und Geliebtwerden. *Die Beziehung zum Menschen ist das eigentliche Gleichnis der Beziehung zu Gott*, in dem wahrhafter Ansprache wahrhafte Antwort zuteil wird. Es braucht die Verbundenheit zum Mitmenschen, um für die Verbundenheit mit Gott bereit zu sein. Denn er allein bringt Gottes Wirklichkeit eine menschliche entgegen. Immer wieder will sich der Mensch statt mit der Welt mit Gott befassen.

Zur Frage, ob Gott ein personales Du sein kann: Gott ist in Bubers Verständnis nicht ein Prinzip oder eine Idee, auch nicht das Sein oder Bewußtsein. Mit Gott ist der gemeint, der in schaffenden und offenbarenden Akten zum Menschen in eine unmittelbare Beziehung tritt und dem Menschen damit ermöglicht, zu ihm in eine unmittelbare Beziehung zu treten. Dieser Grund stellt eine Gegenseitigkeit her, wie sie nur zwischen Personen bestehen kann. Mit dem Begriff Personhaftigkeit wird das Wesen Gottes nicht erklärt, aber es erlaubt zu sagen, Gott sei *auch* eine Person. Von diesem Attribut der Personhaftigkeit stammt das Personsein des Menschen (S. 134).

Das Positive an der Spiritualität des New Age sehe ich darin, daß sie die Menschen aus dem Eingeschlossensein in ihre Individualität hinausführt zu einer die Person übersteigenden, die menschliche Existenz relativierenden Perspektive. Was mir daran fehlt, ist eine personale Sichtweise von Gott und erotischer Liebe.

Die erotische Liebe zu Gott in der christlichen Liebesmystik des Mittelalters

Die sexuelle Ekstase des Tantras kann zu einer kosmischen Vereinigung führen, die Menschen können fähig sein, das Göttliche in sich selbst und im Partner zu erfahren. Wenn der männliche und weibliche Pol miteinander verschmelzen, kann diese Verbindung das Bewußtsein über die körperliche Ebene in den Bereich von Kraft und Energie erheben, der über ihre persönlichen Grenzen hinausgeht. Sie fühlen sich durch ihren Partner mit allem verbunden, was lebt und liebt, sie sind Teil des großen Lebenstanzes.

Die christliche Liebe zu Gott hat eher den Charakter einer persönlichen Liebesbeziehung, einer Ich-Du-Beziehung. Diese hatte oft deutlich erotische Züge angenommen. Über die Ekstase des Verliebtseins hinaus handelt es sich um die Beziehung von Mensch und Gott als Liebesgeschichte, als ein einmaliges historisches Ereignis, voll Freude und Leid, Erfüllung und Ernüchterung. Dieser Geschichte zugrunde gelegt ist die Sehnsucht nach der Begegnung mit Gott bzw. Jesus Christus. In der Geschichte des Christentums wurde die religiöse und erotisch-sexuelle Erfahrung oft viel näher zueinander gesehen, als heute vorstellbar. Christliches Ordensleben verstand und versteht sich als Entscheidung für den Weg der totalen Hingabe an Gott. Dazu wurde auf die Ehe verzichtet und das Gelübde der Keuschheit abgelegt. Aber dieses Gelübde wurde nicht immer als Triebunterdrückung verstanden, vielmehr wurde Jesus als Bräutigam an die Stelle eines irdischen Bräutigams gesetzt. Eheloses Leben kann kaum gelingen, wenn die Sexualität nicht zur Quelle des spirituellen Lebens verwandelt werden kann und Eros und Mystik nicht miteinander verbunden werden. Das eigentliche Ziel war die völlige Hingabe an Gott, nicht die Unterdrückung von Eros und Sexualität. Die volle Hingabe bedeutet: Es soll neben Jesus keinen anderen Liebhaber geben. Aber die Beziehung zum Liebhaber durfte durchaus sinnliche Züge tragen.

Eine besonders eindrückliche Darstellung der sinnlich-erotischen Liebessehnsucht findet sich in der christlichen Liebesmystik des Mittelalters. Sie ist beinahe ausschließlich eine Frauenmystik, eine

Mystik der Nonnen und Ordensfrauen. Die Sehnsucht richtet sich sehr konkret auf den himmlischen Bräutigam. Der strahlende Bräutigam der mittelalterlichen Brautmystik, der mit glühender Inbrunst Angebetete ist Jesus, der Gekreuzigte, der Gottessohn. Dabei nahmen die mystischen Texte unverhohlen erotische Züge an, so etwa bei der mystisch begnadeten Begine Mechthild von Magdeburg (um 1210–1294):

> O du gießender Gott in deiner Gabe!
> O du fließender Gott in deiner Liebe!
> O du brennender Gott in deiner Begier!
> O du schmelzender Gott in der Einung mit deiner Geliebten!
> O du ruhender Gott an meinen Brüsten,
>   ohne den ich nicht sein kann!

Diese Art von Liebesmystik ist nicht nur spirituell, sondern eine sinnliche Erotik, wie sie Mann und Frau im eigenen Leib erleben. Es zirkulieren im spirituellen Liebesrausch, im ekstatischen Höhepunkt dieselben Körpererregungen wie in einer konkreten fleischlichen Liebe. Aber diese intensive Erotik wird nicht in einer Beziehung zu einem Mann oder zu einer Frau gelebt, sondern ist gemäß dem Keuschheitsgelübde ausschließlich Jesus, dem Herrn, vorbehalten.

> »O Herr, minne mich gewaltig und minne mich oft und lang;
> je öfter du mich minnest, um so reiner werde ich;
> je gewaltiger du mich minnest, um so schöner werde ich,
> je länger du mich minnest, um so heiliger werde ich auf Erden«.

Worauf der göttliche Geliebte nicht minder feurig erwidert:

> »Daß ich dich oft minne, das habe ich von meiner Natur, denn
>   ich bin selbst die Liebe.
> Daß ich dich gewaltig minne, das habe ich von meiner Begier,
>   denn auch ich begehre, daß man mich gewaltig minne,
> daß ich dich lange minne, das ist von meiner Ewigkeit, denn
>   ich bin ohne Ende«

(Mechthild von Magdeburg, Zit. nach Buber: »Ekstatische Konfessionen«, S. 127–129).

Diese sexuelle Sublimation in liebesmystischer Praxis berührt uns heute zwiespältig in ihrer konkreten Sinnlichkeit. Wir haben Mühe, uns die Liebe zu Gott und von Gott so direkt und erotisch vorzustellen. Dennoch: Die mystische Hochzeit mit dem göttlichen Bräutigam wird auch heute noch in Frauenklöstern gelebt.

Zur personalen Liebesbeziehung gehört, daß sie dauernd aufs neue gesucht und wiederhergestellt werden muß. So schreibt Augustinus über die Liebe zu Gott:

»Gott ist immerdar zu suchen, ohne Ende zu suchen, weil ohne Ende zu lieben. Wer geliebt wird, wird gesucht, da er anwesend ist, solange die Liebe so auf ihn wirkt, daß er nicht abwesend ist. Daß jenes eindringende Suchen, darin die Liebe sich kennzeichnet, nie zu Ende kommt, sondern mit wachsender Liebe das suchende Eindringen wachse« (S. 190).

Die christliche Frauenmystik des Mittelalters zeigt, daß die konkrete Liebe zu Jesus nicht in der Triebunterdrückung absterben soll, sondern auch sinnliche Erfüllung bringen darf. Im heutigen Verständnis werden wir die Analogie der Liebe zu Jesus eher in der sinnlichen Liebe zum Liebespartner suchen. Auch die konkrete Liebe zu Gott ist nicht nur erfüllt vom Glück der Verliebten, sondern ist ebenso vom Schmerz der Einsamkeit einer jeden Liebesbeziehung betroffen.

Analogien von Partnerliebe und Gottesliebe

Die Erfahrung der Liebe zu Gott wird in der christlichen Mystik nicht nur im Einswerden mit Christus ersehnt, sondern gewinnt im Leiden an der Liebe zu Gott wesentlich an Spannung und Tiefe. Das Einswerden mit Gott ist die Sehnsucht, die in der Realität ergänzt wird durch ihr Gegenstück, die Einsamkeit in der Liebe. Der Schmerz der ungestillten Sehnsucht überflutet das Herz.

Dieser Weg des Leidens an der Liebe eröffnet Liebeserfahrungen in der Beziehung zu Gott, die mit den Liebeserfahrungen von Partnern Gemeinsamkeiten haben. Ich möchte mich dabei vor allem auf den spanischen Mystiker *Johannes vom Kreuz*, gestorben 1591, beziehen. Für ihn ist wie in der Bibel Liebe das Wesen Gottes. Liebe strebt immer nach Gegenseitigkeit. Sie ist die einzige Weise, wie der Mensch sich Gott annähern kann. Gott übersteigt zwar das Fassungsvermögen des Menschen, er ist aber auch im Wesenskern des Menschen – und somit auch des Mitmenschen – verborgen. Die treibende Kraft des Menschen auf dem Weg zu Gott ist die brennende Liebessehnsucht. Doch der Mensch bleibt in der Spannung zwischen der Sehnsucht nach der vollkommenen Liebeseinung und dem schmerzlichen Getrenntbleiben von Gott. Der Mensch muß auf dem Weg der Liebe Gottes einen schmerzlichen Läuterungsprozeß durchlaufen. Er muß durch die »Dunkle Nacht« (noche obscura), in der er Gott oft nicht mehr spürt. Die Liebe zu Gott vertrocknet, und er fühlt sich von Gott verlassen. Sinnentleert steht er in der Welt in fortbestehender, brennender Liebessehnsucht. Die Dunkle Nacht ist die geistige Wirklichkeit, die eintritt, wenn Gott den Menschen zu tiefer Gotteinung führt. Gott mutet ihm den Schmerz der Dunklen Nacht zu, damit er lerne, herzugeben und loszulassen, was sich in seinem Denken und Empfinden Gott und der Welt gegenüber als zu eng und unzulänglich erweist. Es muß eine Gottesliebe reifen, die bereit ist zu sagen: Gott, du darfst der sein, der du bist – der nahe Gott, wenn du nahe sein willst, und der ferne Gott, wenn du ferne sein willst, der immer Größere, der es wert ist, um seiner selbst willen und als der, der er ist, gesucht und geliebt zu sein (1999, S. 15).

Das Gebet ist die bewußte Kontaktaufnahme des Menschen zu Gott als Ausdruck einer wachsenden Liebesbeziehung zwischen beiden. Dabei tritt die Leistung des Menschen immer mehr zu Gunsten der Wirkung Gottes in ihm zurück. Nach Johannes vom Kreuz ist es Gott selbst, der den Umformungsprozeß vorantreibt. Gott bleibt dem Menschen treu als sein Vollender. Dennoch bleibt die Liebeseinung mit Gott immer nur Ziel des geistlichen Lebens, sie kann in diesem Leben nie in ihrer ganzen Fülle erreicht werden. Eine wichtige Voraussetzung für die Ansprechbarkeit auf die Liebe Gottes ist der Glaube. Glauben heißt vertrauen, daß Gott selbst führt, wo der Mensch keinen Weg mehr sieht.

Der Weg zu Gott ist Nacht für den ungeläuterten Menschen, weil Gott der ganz andere bleibt, dessen übergroßes Licht der Mensch nur bruchstückhaft, nicht aber in seiner ganzen Fülle zu erfahren vermag. Wenn der Mensch die passive, von Gott bewirkte Nacht durch Loslassen der religiösen Vorstellungen mitgestaltet, so kann sich die Gotteseinung des Menschen vollziehen.

Der Läuterungsprozeß, den der Mensch in der Liebe zu Gott durchgeht, entspricht dem Läuterungsprozeß, der sich dem Menschen in der Liebe zum Partner auftut. Auch in der Partnerliebe gilt es, die Sehnsucht nach der Liebeseinung in ihrer Unerfüllbarkeit zu akzeptieren und den anderen in seiner Andersartigkeit anzuerkennen und ihm die Freiheit zu lassen, in seiner Art zu lieben. Auch hier wird der Läuterungsprozeß durch eine Dunkle Nacht führen, wo Zweifel am Sinn der Beziehung aufkommen und man den andern nicht mehr zu spüren vermag. Auch hier wird die Einung nie vollkommen gelingen. Die Unerfülltheit der brennenden Sehnsucht ist Voraussetzung für die Erhaltung einer lebendigen Liebe.

Wer die Phasen der Liebe in ihrer Folge als Liebessehnsucht, Verliebtsein, Liebesenttäuschung und Einsamkeit in der Liebe (s. Kap. 8) positiv zu erfahren vermochte, wird in der Erfahrung der Liebe Gottes viele Parallelen erleben. Das Wichtigste ist auch in der Partnerliebe, daß man nie über die Liebe des Partners verfügt, sondern sie lediglich erhoffen kann. In jedem Fall wird der Partner darüber bestimmen, wie, wann und womit er einem seine Liebe kundtun wird. Oft ist in der Art des Partners, einen zu lieben, eine tiefere Weisheit verborgen, die man erst erfährt, wenn man sich von der eigenen Erwartung zu lösen vermag.

Die Bewährung der Liebe zu Gott in der Liebe zum Mitmenschen

Die große Gefahr des Loslassens irdischer Verstrickungen und des Einswerdens mit Gott besteht im Abheben ins Überirdische, im Aussteigen aus den konkreten alltäglichen Lebensbezügen mit ihren mitmenschlichen Frustrationen und Konflikten. Manchen stellt sich die Versuchung, in der spirituellen Beziehung einen Ersatz für die schwierigen, mühsamen und belastenden Auseinandersetzungen mit einem Partner zu suchen. Dieser Tendenz wird in der christlichen Religiosität ein Riegel vorgeschoben. Gott begegnet dem Menschen auf sehr unterschiedliche Weise, unumgänglich aber ist die Liebe zum Nächsten. Christliche Liebe ist nicht ein innerer Prozeß der Vergeistigung. Sie muß sich in Taten bewähren. An der Liebe zum Nächsten, insbesondere zum Liebespartner, wird die Liebe zu Gott konkretisiert und auf die Probe gestellt. »Niemand hat Gott gesehen. Aber wenn wir einander lieben, lebt Gott in uns. Wer den Nächsten, den er sieht, nicht liebt, der kann Gott, den er nicht sieht, nicht wirklich lieben« (1. Johannesbrief 3,18). Die Nächstenliebe wird so zum Gleichnis der Liebe zu Gott, zum Prüfstein, an dem sich die echte Liebe zu Gott bemißt.

Wie im Alten Testament fordert Jesus in ein und demselben Satz, Gott von ganzem Herzen, mit dem ganzen Verstand und mit allen Kräften zu lieben und den Nächsten wie sich selbst (Mk 12,32; Lk 10,25). Der christliche Mystiker Meister Eckhart (Mieth, S. 337) hat darauf hingewiesen, daß damit die Selbstliebe nicht nur der Nächstenliebe gleichgestellt wird, sondern daß die Gottesliebe in der Selbstliebe und der Nächstenliebe in gleicher Weise enthalten ist als deren Grund, Ursache und Maß. Gott ist im anderen kein anderer als in mir. So empfängt jeder die göttlichen Gaben in sich oder im andern. Was er nicht in sich empfängt, freut ihn, da er es im andern empfängt, den er liebt wie sich selbst.

Gott kann sich durch den Liebespartner vernehmbar machen

Die Liebe zum Partner kann durch die personale Beziehung zu Gott vertieft werden. Religiöse Erfahrungsmöglichkeiten sind ein Geschenk, nicht eine Pflicht. Christus begegnet den Glaubenden im Nächsten und allen voran im Liebespartner, den man liebt wie sich selbst. Man wird hellhörig sein auf das, was einem der Liebespartner mitteilen will. Man wird bereit sein, Gott durch die Liebe des Partners zu sich sprechen zu lassen, nicht nur im wohltuend-unterstützenden Sinn, sondern auch in seiner Kritik, Konfrontation und Herausforderung. Häufig spricht der Partner das aus, was wir nicht hören möchten, das sich dem Partner jedoch auszusprechen aufdrängt.

Gefordert ist nicht nur eine Liebe der Worte. Die wirkliche Liebe zeigt sich in Taten. Denn daran wird erkennbar, daß Gott unser Leben bestimmt. In Kapitel 10 werde ich mich noch mit der verborgenen Botschaft in den Vorwürfen, die Partner aneinander richten, auseinandersetzen. Diese Vorwürfe haben oft einen tieferen Sinn, der sich zwar auch normalpsychologisch erklären läßt und eine religiöse Deutung nicht aufdrängt. Doch wer sich einer religiösen alltäglichen Offenbarung zu öffnen bereit ist, kann die Liebe des Partners hintergründiger erleben. Das Wirken Gottes wird am ehesten im Unerwarteten erfahren. Dann, wenn man es nicht oder nicht mehr erwartet, treten Umstände, Situationen oder Veränderungen ein, in denen man eine schützende Hand, gleichsam eine Führung oder ein zärtliches Geliebtwerden verspürt.

Wenn man Lebensläufe betrachtet, fällt auf, bei wie vielen Menschen es im Leben zu einer Bruchstelle kommt, zu einer oft unerwarteten Kehrtwende. Meist ereignet sich dieser Wandel in der Begegnung mit einer anderen Person, häufig mit einem Liebespartner. Dem Wandel voran geht eine längere Zeit der Leere und der Unzufriedenheit mit der bisherigen Lebensführung. Es entsteht die tiefe Sehnsucht nach einer Veränderung, die man jedoch aus eigener Kraft nicht zu schaffen vermag. Doch dann wird dieser Wandel durch die Begegnung mit einem Mitmenschen möglich. Manchmal wird die Begegnung mit dieser Person unbewußt so konstelliert, daß sich der Wandel in der Begegnung verwirklicht. Man kann diesen Vorgang psychologisch deuten, man kann aber auch aus der begegnenden Person die Stimme Gottes heraushören, die uns den Weg weist, wenn wir auf sie ansprechbar sind.

Die Ehe als Sakrament

Das neuerwachte Interesse an religiösen Ritualen

Nachdem sich in den siebziger Jahren der Trend verbreitet hatte, die Heirat, insbesondere das Versprechen, einander bis in den Tod treu zu bleiben, in Frage zu stellen, haben in den späten 90er Jahren wieder mehr Menschen den Wert einer Heirat, auch einer kirchlichen Trauung, entdeckt. Vor wenigen Jahren wäre es nicht möglich gewesen, über die Ehe als Sakrament in einem psychologischen Buch zu schreiben. Ich tue es, weil ich den Eindruck habe, daß viele Zeitgenossen die religiösen Rituale nicht mehr kennen. Manche suchen heute für einen so wichtigen Übergang im Lebenslauf nach Ritualen. Manche möchten diese selbst kreieren, andere möchten aber auf die Möglichkeit jahrhundertealter religiöser Traditionen zurückgreifen. In der Zeit nach '68 ging es um den Kampf gegen die kirchliche Weisungsmacht in Fragen von Sexualität, Schwangerschaftsverhütung, Scheidung und Wiederverheiratung. Heute ist der Einfluß der Kirchen in europäischen Ländern stark in den Hintergrund getreten. Die Unverständlichkeit der kirchlichen Morallehre hatte einen paradoxen Effekt. Statt die Gläubigen zu binden, veranlaßte sie immer mehr von ihnen, sich von der Amtskirche zu distanzieren, dabei aber offen zu bleiben für authentische religiöse Erfahrungen. Es ist die Sehnsucht, das eigene Leben in eine Dimension zu stellen, welche das eigene Ego übergreift, es ist die Sehnsucht, sich einer transzendenten Macht zur Verfügung zu halten. Der Wunsch besteht, ein so risikobehaftetes Unternehmen wie die Ehe dem besonderen Schutz Gottes anheimzustellen und sie über die reine Zweierbeziehung hinaus einem größeren Zusammenhang einzugliedern; das Bedürfnis, der Ehe einen Sinn zu geben, der tiefer geht als das Bestreben, ein zerbrechliches Liebesglück zu bewahren. Auch die Selbstverwirklichung in der Liebe möchte man auf eine umfassendere Perspektive ausrichten. Das bestärkt einen in der Fähigkeit, für die Liebe Leiden und Entbehrungen zu ertragen. Das Sakrament kann sogar eine Entlastung von der Überforderung durch Idealvorstellungen sein. Viele Ehen scheitern, weil die Partner voneinander etwas Absolutes erwarten, ein absolutes Verständnis, eine absolute Liebe, eine absolute Treue. Wer etwas Absolutes vom andern erwartet, wird enttäuscht werden. Wenn die eheliche Liebe offen ist für die Liebe Gottes, wird sie durch die Unvollkommenheit der Partnerliebe nicht gefährdet, sondern erfüllt. Die Liebe zu Gott verleiht der Unvollkommenheit der Liebe zueinander eine andere Dimension.

Zur Theologie der Ehe

Sacrare (lat.) heißt weihen, der Gottheit widmen, unverbrüchlich und unverletzlich machen, bekräftigen, besiegeln, heilig machen. Mit dem Sakrament stellt die Kirche die Ehe unter den Segen Gottes. Das kirchliche Eheverständnis nimmt Bezug auf Eph. 5,21–33, wo die Ehe mit der Liebe zwischen Christus und seiner Kirche verglichen wird. Mann und Frau sollen einander so lieben, wie Christus die Kirche liebt. Nicht erwähnt wird dabei allerdings die Unvollkommenheit der Liebe der Kirche zu Christus, deren Beachtung mir ebenso wichtig scheint. Christus liebt die Kirche, seine Braut, trotz allem. Die Kirche wird bei all ihren Verfehlungen durch die Liebe zu Christus zusammengehalten, in oft schwer zu verstehender Weise geleitet und immer wieder belebt. Die eheliche Liebe bildet die Liebe Christi zu seiner Kirche ab.

Gott ist seinem eigentlichen Wesen nach Beziehung. Gott ruht nicht in sich, sondern besteht aus dem liebenden Spannungsverhältnis der drei Personen in Gott von Vater, Sohn und Heiligem Geist. Gott ist nicht zeitlos, sondern artikuliert sich in der Geschichte seines Erlösungswerkes in Jesus und seiner Kirche. »Gott, der in sich Beziehung ist, wird am klarsten in dieser Welt widergespiegelt durch die Beziehung zwischen Mann und Frau« (Anselm Grün 2000, S. 16).

Das Ritual der Trauung

In allen Kulturen und Religionen gibt es besondere Rituale für den Übergang zur Ehe. Übergangsriten sollen den Menschen die Angst vor dem Neuen nehmen und ihnen die Kraft verleihen, die sie brauchen, um den neuen Lebensabschnitt zu bewältigen.

Der katholische Trauungsritus wird in die Messe eingebaut. Er kann in weiten Teilen von den Brautleuten mitgestaltet werden. Er beginnt mit der Befragung der Brautleute, ob sie aus freiem Wissen und Willen hergekommen sind, um die Ehe zu schließen. Die Brautleute können vor versammelter Gemeinde etwas über ihren gemeinsamen Weg berichten, was ihnen an ihrer Ehe wichtig ist, weshalb sie sich kirchlich trauen lassen und was sie mit der Hochzeit zum Ausdruck bringen möchten. Es können die Trauzeugen vorgestellt werden und es sollte begründet werden, weshalb die Brautleute gerade sie gewählt haben und was sie von ihnen erwarten.

Nach der Befragung segnet der Priester die Ringe. Der Ring ist ein altes Symbol der Ganzheit, Einheit und Vollkommenheit. Der Ring ist auch ein Schutzzeichen gegen böse Mächte und ein Symbol der Zugehörigkeit, Gemeinschaft und Treue. Mit der Segnung soll Gottes Liebe und Treue in die Ringe einfließen. Die Ringe sollen zum Zeichen werden, daß die Brautleute für immer zusammengehören. Der Priester spricht: »Herr und Gott, segne diese Ringe und segne die Brautleute, die sie als Zeichen ihrer Liebe und Treue tragen werden. Laß in ihrer Gemeinschaft deine verborgene Gegenwart unter uns sichtbar werden. Darum bitten wir durch Christus unseren Herrn.«

Danach stecken die Brautleute einander die Ringe an. Zuerst nimmt der Bräutigam den Ring der Braut in die Hand und spricht das Vermählungswort: »Anna, vor Gottes Angesicht nehme ich dich zu meiner Frau. Ich verspreche dir die Treue in guten und bösen Tagen, in Gesundheit und Krankheit, bis daß der Tod uns scheidet. Ich will dich lieben, achten und ehren, alle Tage meines Lebens.« Dann steckt er der Braut den Ring an mit den Worten: »Trag diesen Ring als Zeichen unserer Liebe und Treue, im Namen des Vaters, des Sohnes und des heiligen Geistes«. Die Braut nimmt den Ring des Bräutigams und steckt ihn ihm in gleicher Weise mit den Vermählungsworten an.

Daraufhin fordert der Priester Braut und Bräutigam auf, einander die rechte Hand zu geben, und fährt fort: »Gott der Herr hat euch als Mann und Frau verbunden. Er wird zu euch stehen und das Gute, das er begonnen hat, vollenden«. Dann legt er die Stola, einen zum Meßgewand gehörenden Stoffstreifen zum Vollzug von Amtshandlungen, um die ineinander gelegten Hände und spricht: »Im Namen Gottes und seiner Kirche bestätige ich den Ehebund, den ihr geschlossen habt«. Der Priester hüllt mit der Stola die Liebe der Brautleute in die unzerstörbare Liebe Gottes ein. Indem er seine Hand segnend auf ihre Hände legt, tut er kund, daß sie in Gottes Hand geborgen sind.

Es folgt der Trauungssegen, indem der Priester die Arme über die Brautleute ausbreitet. Durch diesen Gestus soll erfahren werden, wie Gottes Liebe in die Liebe der Brautleute einströmt. Der Priester spricht: »So bitten wir dich, Gott, schau gütig auf Anna und Andreas, die vor dir stehen und deinen Segen erhoffen. Dein Heiliger Geist schenke ihnen Einheit und heilige den Bund ihres Lebens. Er bewahre ihre Liebe in aller Bedrohung; er lasse sie wachsen und reifen und einander fördern in allem Guten. Hilf ihnen, eine christliche Ehe zu führen und Verantwortung in der Welt zu übernehmen. Gewähre ihnen Lebensfreude bis ins hohe Alter. Schenke ihnen Kraft und Zuversicht in Not und Krankheit und führe sie am Ende ihres Lebens in die Gemeinschaft der Heiligen, zum Fest, das du denen bereitest, die dich lieben.«

Die Trauung wird abgeschlossen mit den Fürbitten, die die versammelte Gemeinde betet, etwa daß die Brautleute in Liebe und Treue zueinander stehen, daß sie in Stunden der Einsamkeit und Enttäuschung in der gegenseitigen Liebe fest bleiben und nach Verletzungen wieder aufeinander zuzugehen vermögen, daß sie sich gegenseitig helfen, daß jeder seine Fähigkeiten entfalten kann und so das gemeinsame Leben bereichert.

Daraufhin findet die Eucharistiefeier ihren Fortgang.

Wenn ich den Gehalt dieser Gebete und heiligen Handlungen auf mich wirken lasse, so erfüllt mich – obwohl nicht frei von Glaubenszweifeln – Freude und Dankbarkeit, daß es dieses heilige Ritual heute noch gibt, und habe Mühe, mir vorzustellen, was einen veranlassen soll, freiwillig darauf zu verzichten. Aber im Religiösen hat jeder seine eigene Geschichte. Nicht allen Menschen entspricht ein derart feierliches Treueversprechen. Manche sind der Meinung, man könne niemandem ewige Treue versprechen. Für andere hat die Verbindlichkeit der Trauung eine magische Unheimlichkeit. Andere werden in der Hochzeitsfeier eine folkloristische Show sehen, deren Wert an den Kosten bemessen wird, die sie verursacht. Wer aber den Zugang zu christlichen Ritualen findet, dem kann das Sakrament der Ehe zur Verwirklichung einer spirituell begründeten Liebe hilfreich sein. Er wird sich der Wegweisung Gottes in den kritischen und herausfordernden Situationen des Zusammenlebens leichter öffnen, er wird die eigene Unvollkommenheit der Liebe und jene des Partners standhafter ertragen und eher ansprechbar sein, wenn Gott sich ihm durch den Liebespartner oder die Kinder vernehmbar machen will.

B. Die Liebesbeziehung als Prozeß

In Kapitel 2 und 3 wurde dargestellt, wie Selbstverwirklichung sich als Verwirklichung des persönlichen Potentials in einer Liebesbeziehung entwickelt. Im zweiten Teil wird nun die Liebesbeziehung als Prozeß von aufeinanderfolgenden Phasen beschrieben. Jede dieser Phasen stellt spezifische Herausforderungen für die Gestaltung der Beziehung und damit auch für die persönliche Entwicklung. Die Bewältigung dieser Aufgaben ist eine Herausforderung, die auch Ängste erzeugt, vor allem dann, wenn durch frühere Traumatisierungen eine übermächtige Liebessehnsucht und eine übergroße Angst vor deren Erfüllung fortbesteht. Betroffene können sich miteinander auf Kollusionen einspielen, die gleichzeitig Erfüllung wie Schutz vor Überforderung in Aussicht stellen. Sind partnerschaftliche Vorwürfe bloße Projektionen eigener Komplexe oder spricht aus dem Partner die Stimme des eigenen Unbewußten? Können Partner einander den Weg weisen, wenn sie aufeinander hinhören? Weshalb fällt es ihnen aber so schwer, aufeinander einzugehen? Wie kommt es zur Krise und wie zum Wandel in einer Beziehung?

8. Selbstverwirklichung im Prozeß einer Liebesbeziehung

Der Prozeß einer Liebesbeziehung durchläuft verschiedene Stadien, idealtypisch von der Liebessehnsucht über die Partnerwahl, das Verliebtsein, die Liebesenttäuschung, die Kompensationsmöglichkeiten fehlender Erfüllung zum Aufbau einer gemeinsamen Welt und Familiengründung bis zur Altersehe. Er ist als solcher jederzeit auflösbar durch Trennung und Scheidung. Der Akzent dieser Darstellung liegt auf der Frage, wie jede dieser Phasen durch gewisse Entwicklungsaufgaben die Selbstentfaltung und Reifung der Person herausfordert, welche Ängste diese Herausforderung verursacht und mit welchen Abwehrmaßnahmen diese Ängste gebannt oder vermieden werden können.

Die Entwicklung des Zusammenlebens habe ich 1991 in meinem Buch »Was hält Paare zusammen?« eingehend beschrieben. Ich möchte hier mit einer veränderten Fragestellung auf die Phasen der Liebe Bezug nehmen. Der Prozeß einer Liebesbeziehung durchläuft verschiedene Phasen, von denen jede für die Selbstverwirklichung in und durch Liebe Herausforderungen stellt, die nicht selten zur Überforderung werden und zu Angst und Abwehrverhalten Anlaß geben. Für die einzelne Person heißt das, daß sie mit den Herausforderungen dieser Phasen unausweichlich konfrontiert wird. Zwar lassen sich nicht alle Menschen auf Liebesbeziehungen ein. Dennoch werden die Betroffenen sich und anderen erklären wollen, weshalb sie sich nicht auf Liebesbeziehungen einlassen, keine Bindungen eingehen oder keine Kinder haben wollen. Umgekehrt ist es nur selten der Fall, daß jemand sich veranlaßt fühlt zu erklären, weshalb er Liebesbeziehungen sucht, Bindungen eingeht oder eine Familie gegründet hat. Zu den wichtigen gesellschaftlichen Fortschritten der letzten Jahrzehnte gehört die Freiheit, jene Form von Liebesbeziehung zu leben, die einem entspricht. Unsere Gesellschaft setzt sich aus Menschen von sehr unterschiedlichem Temperament zusammen. Die Führung einer lebenslangen Ehe entspricht nicht den Vorstellungen aller Individuen. Manchen geht es in weni-

Selbstverwirklichung | 125

ger verbindlichen und weniger dauerhaften Liebesbeziehungen besser. Man sollte den Mut, ja, die Demut der Menschen stärken, dazu zu stehen, daß ihnen eine Ehe oder Familiengründung nicht zusagt. Es wäre ein Verlust an Lebendigkeit der Gesellschaft, wenn es nur eine standardisierte Lebensform der Liebe gäbe. Es ist aber auch eine Verleugnung der menschlichen Realitäten, wenn behauptet wird, die Wahl der Liebesform sei beliebig und stehe jenseits jeglicher gesellschaftlicher und persönlicher Wertung. Tatsache ist, daß es trotz aller Liberalisierung den Menschen bedeutsam ist, ob ihnen eine dauerhafte Partnerschaft gelingt und ob sie in einer Familie leben. Die Herausforderungen der Phasen der Liebe treten an jeden Menschen heran, und die Sehnsucht, sie bestehen zu können, ist in jedem Menschen lebendig. Diese Herausforderungen machen angst, aber sie können auch in besonderer Weise der Entfaltung des persönlichen Potentials dienen.

Die Beziehungsgeschichte nimmt in unserem therapeutischen Fallverständnis einen zentralen Platz ein, insbesondere der Zusammenhang zwischen Partnerwahl und aktuellem Paarkonflikt. Die Kenntnis des »normalen« Beziehungsprozesses ist eine wichtige Voraussetzung für das Verständnis von Liebesbeziehungen. Wir betrachten die Beziehungsgeschichte unter dem Aspekt der Koevolution, d. h. der wechselseitigen Beeinflussung der Selbstverwirklichung in der Partnerschaft.

Viele Titel von Büchern über die Liebe zeigen: Liebe macht Angst. Besonders in der Emanzipationswelle der siebziger Jahre wurde eine Liebesbeziehung vor allem unter dem Aspekt der Gefährdung der Autonomie gesehen, als Einengung und Repression, als Gefahr, sich selbst aufzugeben und sich in der Liebe zu verlieren. In vielen Büchern wurde deshalb vor Liebe gewarnt. Das emanzipatorische Ideal war, unabhängig zu sein, sich selbst zu genügen, niemanden zu brauchen, in sich zentriert zu sein und loslassen zu können. Heute wird allgemein wieder anerkannt, daß eine Liebesbeziehung zu den höchsten Werten und Inhalten eines erfüllten Lebens gehört. Aber die Angst, in einer Partnerschaft zu scheitern, ist groß. Häufig wird zu wenig gesehen, *in welchem Ausmaß jede Liebesbeziehung die persönliche Entwicklung und Reifung eines Men-*

schen herausfordern kann. *Im Erwachsenenalter wird wohl nichts die persönliche Entwicklung so stimulieren wie eine konstruktive Liebesbeziehung, aber auch nichts sie so einschränken und verunsichern wie eine destruktive Liebesbeziehung.* Selbstverwirklichung im Prozeß einer Liebesbeziehung wird hier als persönliche Entwicklungsaufgabe dargestellt. Es geht darum, anzuerkennen, daß man andere Menschen und insbesondere einen Liebespartner zur Entfaltung des persönlichen Potentials braucht, daß einem ein Liebespartner neue, bisher nicht gelebte persönliche Entwicklungen ermöglicht, daß man, wenn man sich in den Prozeß einer Liebesbeziehung einläßt, nicht mehr frei und unabhängig ist, sondern die eigene Entfaltung in koevolutiver Wechselwirkung zur Entfaltung des Partners stellt, daß man miteinander eine gemeinsame Welt gestaltet, in die man eingebunden ist und aus der man sich nicht ohne Verletzungen und Schmerz herauslösen kann, und daß man insbesondere mit einer Familiengründung das eigene Potential im engsten Sinne verwirklicht und fruchtbar macht. Die Investition des eigenen Potentials in die Kinder erreicht oft eine Intensität, die zur Behinderung der Potentialentfaltung in anderen Bereichen wird, deren Verwirklichung hintangestellt werden muß und erst später nachgeholt werden kann.

Liebessehnsucht

Wahrscheinlich geht jeder tiefen Liebesbeziehung eine längere Phase von Liebessehnen voraus. Es ist das Sehnen nach dem Erkanntwerden, das Sehnen nach dem Beantwortetwerden, nach dem Umfaßtwerden von der Liebe, in die hinein man sich als Person entfalten kann, in der man gesehen wird als der, der man schon immer war, und der man in Wahrheit werden möchte. Es ist die Hoffnung, in der Liebe zum Partner die Erfüllung des Lebens zu finden. Das Potential wird im langen Sehnen angereichert und bereitgestellt für den Tag, an dem es sich verwirklichen kann. Durch das Sehnen wird das Leben in die Zukunft gerichtet, die Rollen als Partner oder Vater und Mutter vorbereitet und deren Realisierung in der Phantasie erprobt. Es ist die Sehnsucht nach dem bedingungslosen Geliebtsein, dem Aufgehobensein in der Liebe, dem nicht begrenzten Verstandenwerden. Es ist auch die Hoffnung auf eine Beziehung, die all die erfahrenen Verletzungen heilt und aus den Verstrickungen in den Beziehungen zur Herkunftsfamilie oder früheren Partnerschaften herausführt. Daß man sich sehnt, deutet einen Mangelzustand an. Wer sich sehnt, genügt sich selbst nicht, ruht nicht in sich, braucht einen anderen, fühlt sich nicht erfüllt mit sich allein.

Die Liebessehnsucht stellt die *Entwicklungsaufgabe*, sich einzugestehen, daß man liebesbedürftig ist und zur Sinnerfüllung einen Partner braucht. Man wird sich bewußt, daß sich das eigene Potential ohne Partner in wichtigen Bereichen nicht voll entfalten kann, und hat das Gefühl, das Leben nicht voll zu leben. Es wird einem abgefordert, Sehnsucht und Erwartungen auf ein realisierbares Maß zu beschränken, um die Chance zu ihrer Erfüllung zu erhöhen. Aber genauso wichtig ist es, die Sehnsucht in ihrer ganzen Fülle ernst zu nehmen, um sie nicht durch eine illusionslose Partnerwahl zu entwerten und zu verdrängen.

Angst vor Liebessehnsucht und Abwehrformen

Liebesbedürftigkeit kann einen persönlich gefährden, besonders wenn man in früheren Liebesbeziehungen verletzt und frustriert worden ist. Wenn man bereits in der Kindheit in seinen Liebesbedürfnissen zurückgewiesen wurde und diese Erfahrungen im späteren Leben nicht korrigiert werden konnten, wenn man Traumatisierungen des Ausgebeutet- und Mißbrauchtwerdens hinter sich hat, wird man sich vor den eigenen Liebesbedürfnissen schützen wollen. Man wird sich um eine illusionslose Haltung bemühen und diese Haltung durch dauernden Verweis auf negative Liebeserfahrungen anderer zu bestärken suchen. Eventuell wird man sich auch konkret in Liebesscharmützel einlassen, um sich die erwarteten Enttäuschungen zu bestätigen. Diese Entwertung der Liebe, die Skepsis und der Zynismus führen nicht zu einer Unterdrückung der Liebesbedürfnisse, aber sie verhindern, daß man sich ihrer Dynamik bewußt aussetzt. Es kann aber auch sein, daß man sich die

128 | Selbstverwirklichung

Erfüllung der Liebessehnsucht selbst verbaut, indem man die Ansprüche zu hoch stellt, so daß sie gar nicht erfüllbar sind. Man kann dann sagen, man habe den passenden Partner nie finden können. Partner, die zur Verfügung standen, seien einem zu blöde gewesen, da bleibe man lieber allein. Auch kann es sein, daß man nach allzu vielen Enttäuschungen gar nichts anderes als weitere Enttäuschungen erwarten kann und sich deshalb um einen illusionslosen Realismus bemüht. Dazu gehört der oft geäußerte Standpunkt, das Verliebtsein dauere ohnehin nur Monate bis wenige Jahre an, sei von biochemischen Parametern bestimmt und nichts weiter als eine utopische Projektion eigener Wünsche. So rechtfertigt man das Alleinbleiben, ja, man wird das Leben als Single eventuell idealisieren. Das Alleinleben kann eine gewählte Lebensform sein mit dem Vorteil der Freiheit und Unabhängigkeit. Manche können sich nach ihrer Berufstätigkeit besser regenerieren, wenn sie am Abend die Türe hinter sich schließen können, um allein zu sein. Für die meisten ist das Alleinleben aber nicht die eigentlich gewünschte Lebensform, sondern die zweite Wahl.

Die Liebessehnsucht kann in einer weniger anspruchsvollen Form gelebt werden, etwa im Partizipieren an Liebesgeschichten beim Lesen von Romanen oder Ansehen von Liebesfilmen, wo man sich mit den Protagonisten aus gesicherter Distanz identifizieren kann, ohne daraus entstehende Konsequenzen fürchten zu müssen. Eine bereits konkretere Form ist das Schwärmen für bestimmte Personen, die man nicht persönlich kennt, also etwa für Filmstars oder in den Medien vorgestellte Traumpaare. Noch konkreter wird das heimliche Schwärmen für Personen, die man kennt. Der Übergang zur konkreteren Offenbarung der Liebesgefühle beinhaltet das Risiko, sich der Lächerlichkeit preiszugeben, abgelehnt zu werden oder in eine Beziehung hineingezogen zu werden, von der man sich überfordert fühlt.

Partnerwahl

Mit der Partnerwahl wird der Grundstein eines konkreten Liebesprozesses gelegt. Sie bildet in unserem Verständnis auch die Grundlage späterer Paarkonflikte. Wenn wir davon ausgehen, daß der Mensch sich in Beziehungen entwickelt und die Liebesbeziehung der Entfaltung der allerpersönlichsten Möglichkeiten Raum gibt, wird die Person des Partners zumindest in einer dauerhaften Partnerschaft für die Selbstverwirklichung von grundlegender Bedeutung sein. Es erweist sich als entscheidend, welche Entwicklungen die Partner einander ermöglichen, auf welche Entwicklungsangebote sie ansprechbar sind, aber auch, welchen Entwicklungsangeboten sie sich verschließen oder für welche sie sich als unansprechbar erweisen. Die Partnerwahl kann eine Weichenstellung für einen Prozeß sein, der als solcher nicht mehr rückgängig zu machen ist und der sehr viel persönliches Potential an sich bindet.

Partnerwahl im kulturellen Wandel

Eine freie Partnerwahl aus persönlicher Zuneigung ist kulturell ein relativ neues Phänomen. Noch vor wenigen Jahrzehnten wurden Partnerbeziehungen in der Regel durch die Eltern vermittelt oder zumindest mitbestimmt. Kaiser (2000) verweist auf eine eigene Studie über die Einflüsse der Herkunftsfamilie auf die Partnerwahl. Dabei ist es im Vergleich zu den Generationen des 1. und 2. Weltkrieges zu einer tiefgehenden Veränderung gekommen. Die Generationen vor 1968 wählten häufig Partner, welche die Fortsetzung enger Bindungen an die Herkunftsfamilie gewährleisteten, was aber auf Kosten der Liebesbeziehung der Partner ging. Die Partner wurden oft nach Kriterien der Verfügbarkeit gewählt, also nach sozialer und räumlicher Erreichbarkeit, was meist auch ähnliche Einstellungen und Haltungen implizierte. Die Partner kannten sich häufig schon von der Schule oder Nachbarschaft her und waren miteinander vertraut. Der Nachteil dabei war, daß es sich häufiger als heute um Partner zweiter Wahl handelte oder daß früher oft wegen einer eingetretenen Schwangerschaft geheiratet wurde (Muß-Ehen). Die Eheleute schützten den Bestand der Ehe durch größere persönliche Distanz. Bezüglich Existenzsicherung und sozialer Repräsentation funktionierten viele Ehen ordentlich. Die innerfamiliären Beziehungen waren aber meist in der Vertikalen, d.h. zwischen Eltern und Kindern, intensiver als zwischen den Ehepartnern. Heute ist das Spektrum der in Frage kommenden Partner wesentlich erweitert durch die globalisierten Kontaktmöglichkeiten, durch Internationalisierung der Berufstätigkeit und der Freizeitaktivitäten. Interkulturelle Verbindungen sind heute sehr häufig. Die kulturelle Verschiedenheit kann eine besondere Attraktion bilden, stellen doch andere Kulturen einem die Erfüllung vieler ungestillter Sehnsüchte in Aussicht. Je größer die kulturelle Differenz ist, um so größere Anpassungsleistungen werden den Partnern abgefordert. Diese können eine große Bereicherung sein und zu einer Erweiterung des Horizontes und der Erfahrungen führen. Je größer die kulturelle Differenz jedoch ist, desto eher kann die Anpassungsbereitschaft auch überfordert werden.

Die Ausgangslage

Die Beziehungssehnsüchte, die bei der Partnerwahl wirksam sind, haben einen engen Bezug zur Ausgangslage. Man hofft, durch die Partnerwahl eine unbefriedigende Beziehungssituation hinter sich zu lassen und ein neues Leben zu beginnen. In jüngeren Jahren handelt es sich dabei häufig um die Ablösung von der Herkunftsfamilie, in späteren Lebensphasen eher um die Auflösung von Verstrickungen vorangegangener Liebesbeziehungen und deren Folgen.

Partnerwahl im jüngeren Erwachsenenalter und Herkunftsfamilie

Die Partnerwahl steht in Zusammenhang mit den Erfahrungen, die der Betroffene in der Beziehung zu Mutter und Vater gemacht hat. Auf diesen Aspekt wies S. Freud bereits 1914 hin, indem er zwei Haupttypen der Partnerwahl (Objektwahl) des Erwachsenen unterschied: Die eine ist die Objektwahl nach dem Anlehnungstyp, d. h. nach dem Vorbild der primären Liebesobjekte, also der Eltern. Eine Person, welche mit Ernährung, Pflege, Schutz zu tun hat, wird zum Vorbild für die erwachsene Objektfindung, die eigentlich eine Wiederfindung des Elternobjekts ist. Die andere von Freud beschriebene Form der Partnerwahl ist die narzißtische Objektwahl. Der Betreffende liebt dann im anderen, was er selbst ist, war und sein möchte. Man wählt dann einen Partner, weil man sich von ihm geliebt und geschätzt fühlt. Der Berliner Psychoanalytiker Karl Abraham (1913) beschrieb als Partnerwahl die neurotische Endogamie oder neurotische Exogamie. Bei der Endogamie handelt es sich um eine Partnerwahl in Anlehnung an Mutter oder Vater, bei der Exogamie um die Wahl eines Partners, welcher sich von Mutter, bzw. Vater möglichst stark unterscheidet. Die Beziehungserfahrungen mit Mutter und Vater, aber auch die Erfahrungen der Elternehe haben einen prägenden Einfluß auf die Partnerwahl, wenn auch nicht den allein bestimmenden.

Wichtiger scheint mir *als Einflußfaktor auf die Partnerwahl die aktuelle Beziehung zur Herkunftsfamilie.* Unter der Annahme, daß eine Liebesbeziehung der Verwirklichung des persönlichen Potentials dient, wird sich bei der Partnerwahl die Frage stellen, ob sich dieses am besten verwirklichen läßt in der Fortführung der elterlichen und familiären Tradition oder in Abgrenzung gegen diese und im Versuch, neue Formen für deren Verwirklichung zu schaffen. Die Beziehung zu den Eltern wie zu den Geschwistern beeinflußt die Partnerwahl oft in hohem Maße. Es kann sein, daß die Partnerwahl so getroffen wird, daß eine Trennung und Abgrenzung von den Eltern möglichst vermieden wird. Auch heute noch werden Ehen nicht selten durch die Eltern gestiftet oder zumindest begunstigt. So kann etwa ein Flüchtling in die Familie aufgenommen werden, welcher der Familie zu Dankbarkeit verpflichtet ist und keinen familiären Anhang mit sich gebracht hat. Ein derartiger Partner kann von den Eltern aufgenommen werden wie ein eigener Sohn oder eine eigene Tochter. Häufiger ist jedoch das Gegenteil, daß mit der Partnerwahl die Abgrenzung von den Eltern angestrebt wird. Die Eltern verlieren dann ihren Sohn, seltener ihre Tochter an den Partner. Manche Eltern erfüllt das mit Trauer, andere mit Wut und dem Bestreben, den Verlust zu verhindern. Häufig wird ein Partner gewählt, um eine familiäre Fehlentwicklung korrigieren zu können (Willi 1985, 1996). Wenn man sich nicht fähig fühlt, unbefriedigende familiäre Lebenshaltungen innerhalb der Herkunftsfamilie zu korrigieren, so ist die Partnerbeziehung die entscheidende Gelegenheit im Erwachsenenleben, Distanz zur Familie zu schaffen und neue Wege zu gehen. Nicht selten führt das zu heftigen Auseinandersetzungen mit den Eltern. Für die Eltern ist es schwierig zu akzeptieren, daß das Kind ihnen einen neuen Weg aufzeigen will. Die Gefahr besteht, den Partner als Waffe gegen die Eltern zu mißbrauchen. Nicht selten wird der Partner beauftragt, den Kampf gegen die Eltern zu führen. Gelegentlich wird ein Partner gewählt, mit dem zusammen man etwas gutmachen will, was man den Eltern gegenüber versäumt hat. Diese Formen der Partnerwahl finden sich nicht selten in Alkoholikerehen, aber auch in Ehen von Kindern, bei denen nach einer Scheidung einem Elternteil schweres Unrecht angetan worden war. Solche Wiedergutmachungen werden vor allem dann angestrebt, wenn der betreffende Elternteil verstorben ist. Bert Hellinger hat mit dem Familienstellen eine Methode entwickelt, mit welcher die Blockierung und Lähmung der Verwirklichung des persönlichen Potentials durch familiäre Verstrickungen sichtbar und bearbeitbar gemacht werden kann.

Die Partnerwahl kann sich jedoch auch aus der Geschwisterkonstellation heraus ergeben. Wer einen festen Partner hat, bekommt in der Familie mehr Gewicht als die Alleinstehenden. Durch die Partnerwahl kann ein erwachsenes Kind, das im Schatten seiner Geschwister gestanden war, seine soziale Anerkennung erhöhen und zum Kern der neuen Generation werden. Die Wahl eines Partners kann eine liebevolle Beziehung zwischen Geschwistern beeinträchtigen. Durch die Partnerwahl kann Abgrenzung und Distanz zu den Geschwistern geschaffen werden.

Diese komplexe Dynamik zwischen neuem Partner und Familie zeigt sich vor allem in den emotionalen Reaktionen. Wie wurde der neue Partner in der Familie aufgenommen? Wer von der Familie mag ihn, wer nicht? Was hat sich in den Beziehungen zu den einzelnen Familienmitgliedern durch die Partnerschaft verändert? Welche neue Wege lassen sich in der Gemeinschaft mit dem Partner beschreiten?

Partnerwahl in einer späteren Lebensphase

Heute ist eine Partnerwahl in einem späteren Lebensabschnitt häufig, wo die Ablösung von den Eltern von geringerer Bedeutung ist als die innere Ablösung von früheren Partnern. Es stellt sich dann die Frage, welche Verletzungen und Kränkungen von früheren Beziehungen zurückgeblieben sind und welche Motive zur Partnerwahl aus den daraus entstehenden Ängsten vor Wiederholung gebildet wurden. Was glaubt man aus den Fehlern früherer Partnerschaften für eine neue gelernt zu haben? Was soll um jeden Preis vermieden werden? Welche Erwartungen sind aus dem Scheitern früherer Beziehungen entstanden? Sind Kinder aus früheren Partnerschaften vorhanden, wird die Partnerwahl häufig stark von diesen mitbestimmt. Wird der neue Partner von den Kindern akzeptiert? Verlieren Kinder durch einen neuen Partner die enge Beziehung zu ihrer Pflegeperson, in der Regel zur Mutter? Haben Kinder den Eindruck, durch die neue Partnerschaft den getrenntlebenden Vater völlig zu verlieren? Um dieses Thema bilden sich häufig heftige Konflikte. Kinder können mit aller Kraft dagegen kämpfen, daß ihre Mutter eine neue Beziehung eingeht. Kinder können jeglichen Kontakt mit dem Vater verweigern, weil er jetzt mit seiner Geliebten zusammenlebt.

Der Verlauf der Partnerwahl

Bei vorhandener Bereitschaft zu einer Partnerwahl werden beim ersten Zusammentreffen in kürzester Zeit die relevanten Informationen in Erfahrung gebracht. Die Partner erschließen durch direkte Fragen, aber auch aus Äußerungen zwischen den Zeilen, welches der soziale Status des anderen ist, seine Herkunft, seine Bindungen und Relikte aus früheren Partnerschaften, die Beziehung zur Herkunftsfamilie, ob bereits Kinder vorhanden sind, die Zukunftspläne und Berufsaussichten. Besonders wichtig ist die intuitive Einschätzung des Selbstwertgefühls des anderen. Fühle ich mich ihm gewachsen, oder bin ich von ihm überfordert oder unterfordert? Steht das, was ich anzubieten habe, in etwa gleicher Wertigkeit zu dem, was er mir anzubieten hat, wobei die Angebote sich auf verschiedene Aspekte des Zusammenlebens beziehen können, auf sozialen Status, Vermögen, beruflichen Erfolg, sichere Stellung. Wichtiger aber sind die charakterlichen Eigenheiten, das Aussehen und die Ausstrahlung einer Person, das Verhalten beim ersten Zusammentreffen und im Gespräch, die dabei zum Ausdruck kommenden Lebenseinstellungen, Werthaltungen und Lebensziele. Dabei interessieren einen nicht nur die Stärken und Attraktivitäten des anderen, sondern auch dessen Schwächen und verborgene Unsicherheiten. Häufig stiften diese eine intensivere Beziehung, lassen Visionen aufkeimen, dem anderen helfen zu können, seine Schwächen und Ängste zu bewältigen. Hohe Attraktivität, Selbstsicherheit und Überlegenheit des Partners können Anlaß sein zu flirten, gute Gespräche zu führen oder auch sexuell erregt zu werden; eine verbindliche Beziehung aber entsteht meist erst durch eine korrespondierende Dynamik, welche einem das Gefühl gibt, vom anderen gebraucht zu werden und in seinem Leben einen wichtigen Platz einnehmen zu können.

Die Herausforderung der persönlichen Entwicklung durch die Partnerwahl

Die Partnerwahl kann – muß aber nicht – eine Wende im Lebenslauf sein. Sie kann einen Neuanfang anbieten, doch dieser kann sich später auch als Falle oder Illusion erweisen. Eine Partnerbeziehung, die man benötigt, um eine persönliche Entwicklung zu vollziehen, ist nicht von vornherein zum Scheitern bestimmt. Partner fordern einander wichtige Entwicklungen ab, die tatsächlich vollzogen werden. Es ist jedoch von großer praktischer Bedeutung, ob die Erwartung besteht, mit der Unterstützung des Partners eine anstehende persönliche Entwicklung zu vollziehen, oder ob erwartet wird, daß der Partner für einen diese Entwicklung übernimmt, persönliche Defizite kompensiert und einem das bisher vermißte Glück beschert. Manche hoffen, den Partner mit der Lösung eigener Schwierigkeiten betrauen zu können, um ihn nachträglich zu bestrafen, wenn ihm dies nicht gelingt.

In der Paartherapie ist für uns die *Exploration der Partnerwahl* von zentraler Bedeutung für das Verständnis des aktuellen Paarkonfliktes. Fragen, die wir zu stellen pflegen, sind:

a) Welche persönlichen Entwicklungen ermöglichte ihnen der Partner und die Partnerschaft?

b) Welche persönlichen Entwicklungen ermöglichten sie dem Partner?

c) Welche persönlichen Entwicklungen ließen sich mit diesem Partner und der Partnerschaft vermeiden oder hintanstellen?

d) Welche persönlichen Fehlentwicklungen ließen sich mit diesem Partner verhindern?

e) Welche persönlichen Defizite konnten durch den Partner kompensiert werden?

f) Wie wirkte sich die Partnerwahl auf die bisherigen Beziehungen aus, insbesondere zur Herkunftsfamilie?

Ängste und Abwehrmaßnahmen in der Partnerwahl

Bei der Partnerwahl kann die Angst groß sein, den falschen Partner gewählt zu haben und damit den richtigen zu verpassen.

Bei Liebesenttäuschungen mit nachwirkenden Verletzungen und Verunsicherungen ist die Angst vor Wiederholung des Scheiterns besonders groß. Statt eine Zeit der Besinnung zuzulassen, in welcher sich neue Liebessehnsucht bilden kann, wird eventuell vorschnell eine neue Beziehung eingegangen, nur um das Alleinsein zu vermeiden. Die Leere, die der Partner, von dem man sich eben getrennt hat, hinterläßt, wird gleich mit einer neuen Beziehung ausgefüllt. Das ist oft nur möglich durch Herabschrauben der Ansprüche an einen neuen Partner mit anschließender Unzufriedenheit über diese Wahl. In der Paartherapie ist deshalb eine wichtige Frage: Welche Verletzungen hinterließ die frühere Beziehung? Welche Fehlentwicklung soll mit der neuen Partnerwahl vermieden werden?

Die persönliche Entfaltung wird am wirksamsten herausgefordert durch zwei etwa gleich starke Partner. Es ist wie beim Schachspiel: Wenn einer dem anderen eindeutig überlegen ist, fühlt er sich unterfordert, wenn einer immer nur verliert, vergeht ihm die Freude am Spiel und er gibt auf.

In der Paartherapie zeigt sich, daß jeder faule Kompromiß der Partnerwahl sich früher oder später rächen wird. Man kann einen Partner wählen, mit dem sich persönliche Schwächen gut verbergen lassen und mit dem man vor deren Offenbarung verschont bleibt. Männer fühlen sich potenzsicherer einer Frau gegenüber, die sich ängstlich und zurückhaltend anbietet. Frauen können Ängste vor Verlassenwerden kompensieren mit einem Partner, der auf ihre Fürsorge angewiesen ist. Solche oft unbewußten Arrangements zur Kompensation von Beziehungsängsten werden unter der kollusiven Partnerwahl (s. Kap. 9) eingehender behandelt.

Verliebtsein

Das Zusammenpassen soziodemographischer Variablen wie Alter, soziale Schicht, Sprache, kultureller und religiöser Hintergrund oder charakterliche Eigenheiten wie die Ergänzung der Temperamente, von Introversion und Extraversion mögen begünstigende Rahmenbedingungen für eine dauerhafte Beziehung schaffen. Verliebtsein tritt damit jedoch nicht auf. Dazu braucht es dynamische Voraussetzungen, es braucht den Kick der Erfüllung tiefster Sehnsüchte nach Liebe, es braucht das Evidenzgefühl des einmaligen und nicht wiederholbaren Dramas der Liebe. Es ist nicht das statische Passen von Schlüssel und Schloß, nicht die Ergänzung von Eigenschaften, sondern ein höchst dynamisches Passen: Zwei Suchende haben die Vision, miteinander ihren Weg finden zu können, zwei sich selbst nicht Genügende, in ihrer persönlichen Entfaltung Unfertige eröffnen einander längst ersehnte Lebensperspektiven. Verliebtsein kann sich schlagartig einstellen mit dem Evidenzgefühl »Das ist er! Das ist die Person, auf die ich immer gewartet habe! Das ist die Person, die es mir möglich macht, all das, was ich in den langen Zeiten der Sehnsucht bereitgestellt habe, ins Leben hereinzuholen, diese Person macht es möglich, weil sie an mich glaubt, mich unterstützt, mir den Mut gibt, ja, weil diese Person mich in dieser Entfaltung braucht!« Es kann die äußere Entfaltung betreffen, daß eine Person einem den Aufstieg in eine gehobeneres soziales Milieu ermöglicht, daß sie einem ein Leben in Reichtum anbietet, daß man mit ihr eine Familie gründen könnte. Meist geht es jedoch um viel persönlichere Entwicklungen, die sich bisher nicht realisieren lassen konnten und einem nun mit dem Partner oder durch den Partner ermöglicht werden. Es kann sein, daß man sich mit der Unterstützung des Partners manches zutraut und sich zu manchem motiviert fühlt, was bisher nicht in Betracht gezogen wurde, so etwa eine berufliche Karriere, ein stärkeres politisches oder weltanschauliches Engagement, oder daß man lernt, seine Gefühle zu offenbaren. Oft geht es jedoch eher um die Entfaltung intimer persönlicher Möglichkeiten, um den Mut, Schwächen zu zeigen, beschämende Empfindungen zu offenbaren oder sich in sexuellen Unsicherheiten zu exponieren.

Das Gegenstück dieses dynamisierenden Evidenzgefühls ist jedoch ebenso attraktiv: »Ich bin die Person, die es dem anderen möglich macht, ich weiß, wie man ihn unterstützen muß, wie man ihn führt und leitet, ich weiß, wie man aus ihm etwas machen kann, ich verstehe es, ihm Mut zu verleihen und die Kraft, an sich zu glauben, ich weiß, wie man ihn nehmen muß.« Es ist der Glaube, den Schlüssel zu seinem Herzen zu haben, die einzige Person zu sein, die den Zugang zu seinen Geheimnissen gefunden hat.

Die Partner entwickeln miteinander und füreinander Visionen von oft utopischem Charakter. Aber es handelt sich dabei keineswegs nur um Projektionen eigener Wünsche und Bilder. In Kapitel 1 habe ich bereits auf unsere Untersuchung über das Verliebtsein (Willi 1997; Riehl-Emde und Willi 1997) hingewiesen, die zeigt, daß in dauerhaften Partnerschaften das Sich-Verlieben auf den ersten Blick oder am ersten Tag genauso häufig ist wie das Sich-Verlieben erst nach mehr als zweimonatiger Bekanntschaft. Noch erstaunlicher ist, daß die Partnerschaften, die aus einem Verliebtsein am ersten Tag entstanden sind, bezüglich Glück und Zufriedenheit nicht negativer beurteilt werden als jene, die aus allmählichem Verliebtsein entstanden sind. Offensichtlich macht der *coup de foudre* die Betroffenen nicht blind, sondern auch in besonderer Weise sehend. Sicher muß im längeren Zusammenleben der erste Eindruck überprüft werden. Dieser Eindruck erweist sich jedoch oft als erstaunlich treffsicher und erfaßt offensichtlich die ganze Gestalt und nicht nur Vordergründiges.

Das Verliebtsein kann wichtige persönliche Entwicklungen und Entfaltungen auslösen. Verliebte neigen nicht nur dazu, einander zu idealisieren, sie verändern sich tatsächlich unter dem Einfluß der Beziehung zueinander. Die Feststellung konkreter persönlicher Veränderungen des Partners stimuliert die Beziehung und bestätigt sie. Ich bin in der Paartherapie immer wieder beeindruckt, wie die Partner trotz schwerster Krise zumeist anerkennen, daß die Beziehung ihnen zumindest in der Anfangsphase wichtige persönliche Entwicklungen ermöglicht hatte.

Unsere Untersuchung über das Verliebtsein zeigte, daß die Intensität des Verliebtseins positiv korreliert mit der späteren Zufriedenheit in der Partnerschaft. Auch das ist nicht selbstverständlich. Es könnte ja ein Vorteil sein, eine Partnerschaft realistisch und pragmatisch aufzubauen, ohne große Illusionen, und damit auch ohne große Enttäuschungen. Das Gegenteil scheint zuzutreffen. Sosehr im Verliebtsein das Risiko besteht, die Verhältnisse zu idealisieren und zu verklären, sosehr scheinen einer Beziehung das Salz, die Kraft und die emotionale Tiefe zu fehlen, wenn man nicht vom Verliebtsein in den Partner ergriffen worden war. Es fehlt die gemeinsame Erfahrung in der Beziehung als Person, als Anna oder Andreas gemeint gewesen zu sein, die Erfahrung, dem Partner unverwechselbar und einmalig zugehörig zu sein.

Zu den Vorurteilen gegenüber dem Verliebtsein gehört auch die negative Bewertung der Symbiose und Fusionstendenz der Verliebten durch Fachleute. Die Verliebten möchten jede Minute beisammen sein, sie möchten alles miteinander teilen, nichts Trennendes sollte zwischen ihnen aufkommen, sie möchten alles in gleicher Weise sehen, über alles gleicher Meinung sein, in gleicher Weise die Welt erfahren. Sie streben nach einem Gleichklang ihrer Herzen, nach einer völligen Korrespondenz. Manche Psychotherapeuten sehen darin für ihre Klienten die Gefahr, sich zu verlieren und einer Regression auf die frühe Mutter-Kind-Dyade zu verfallen, wo alles Trennende verleugnet wird. Aus individualistischer Sicht läßt sich der Symbiose der Verliebten nichts Positives abgewinnen. Sie kann nur defizitär gesehen werden als Verlust der Eigenständigkeit. Aus der Sicht des Prozesses einer Liebesbeziehung dagegen ist die Fusion oder Symbiose ein höchst sinnvoller Vorgang, da sie der Beziehung eine feste gemeinsame Basis gibt, auf welcher eine gemeinsame Welt gebaut werden kann (s. ausführlicher in Willi 1991, S. 46).

Paßt Verliebtsein überhaupt noch in die heutige Landschaft einer Gesellschaft, in der einem illusionslosen Positivismus nachgelebt wird, man zu Zusammenleben und Sexualität eine pragmatische Einstellung hat und die Hingabe an Sehnsüchte und Träume als verlorene Zeit sieht? Wie unsere Untersuchung (Willi 1997) ergeben hatte, kennen alle Befragten Verliebtsein aus eigener Erfahrung. Verliebtsein tritt auf bei Ledigen, Verheirateten und Geschiedenen aller Altersklassen. Selbst im Alters- und Pflegeheim begegnen manche der großen Liebe ihres Lebens. Verliebtsein kann einen befallen wie eine Krankheit, anspringen wie ein Panther, auftreten in den unangebrachtesten Momenten und zu den unangemessensten Personen (Gruenebaum 1997). Die Betroffenen sind oft ratlos, die Beziehungsumwelt entsetzt.

Persönliche Entwicklung im Verliebtsein

Auch wenn Verliebtsein den Betroffenen unverständlich ist und die Beziehungsumwelt ablehnend reagiert, läßt sich meist dessen Auftreten aus einer Entwicklungsperspektive einsichtig machen. Es werden nur scheinbar unangemessene Partner gewählt. *Effektiv eröffnen diese Personen den Betroffenen die Realisierung einer längst ersehnten, häufig aber verdrängten Lebensperspektive.* Die Irrationalität des Verliebtseins ergibt sich erst aus der Spannung des Unterdrückens anstehender persönlicher Entwicklungen. Das Verdrängte bricht unerwartet mit der Gewalt eines Sturzbaches hervor und erzwingt sich seinen Weg.

Verliebtsein ist eine der intensivsten Stimulationen persönlicher Entwicklungen im Erwachsenenleben. Oft reißt es die Betroffenen aus einem längerdauernden Zustand des Verzagtseins und der Resignation heraus und beflügelt sie, gemeinsam mit dem Partner zu neuen Horizonten aufzubrechen. Wie sehr die Betroffenen mit

140 | Selbstverwirklichung

neuen Energien aufgeladen werden, zeigt sich in ihrer äußeren Erscheinung: Sie wirken aufgeblüht, vitaler, strahlender und glücklicher. In unserer Befragung über das Verliebtsein wurden wir vor allem auf die physiologischen Auswirkungen hingewiesen: Verliebte fühlen sich aktiver, sie haben weniger Appetit, nehmen an Gewicht ab, brauchen weniger Schlaf, haben wärmere Hände und Füße.

Durch das Verliebtsein werden häufig anstehende Entwicklungen vollzogen. Junge Verliebte wagen es, sich mit der Unterstützung des Partners von den Eltern abzugrenzen und selbständig zu werden. Verliebte genügen sich selbst und mißachten oftmals die Spielregeln des bisherigen sozialen Zusammenhalts. Die Rücksichtslosigkeit der Verliebten wird von der Umwelt oft als Aggressivität erlebt, von den Verliebten selbst jedoch als besonderer Mut. Verheiratete können im Verliebtsein einer Außenbeziehung ein Mittel finden, sich vom Partner abzugrenzen und sich seinen Forderungen zu verschließen.

Die Fusion des Verliebtseins führt häufig zu einer Metamorphose, zu einer Veränderung des persönlichen Konstruktsystems, also des Systems, das sich innerlich als Erfahrungsschatz gebildet hat und die Leitplanken für weiteres Wahrnehmen, Planen und Handeln bildet. Die Verschmelzung der Konstruktsysteme der Partner kann zu einer Lockerung rigider Persönlichkeitsstrukturen führen. Neue Wert- und Zielvorstellungen können gebildet werden, neue Lebenspläne entstehen (s. Willi 1991, S. 44).

Menschen können sich in jedem Lebensalter verlieben, wie folgendes Beispiel zeigt:

Fallbeispiel 3: Albert, ein über 50 Jahre alter Mann, meldet sich für ein Gespräch, weil er sich und das, was mit ihm geschieht, nicht mehr verstehen kann. Er hat sich über alle Maßen in eine andere Frau verliebt. Er ist in der Leitung eines internationalen Großkonzerns tätig, wo er eine sehr verantwortungsvolle Funktion innehat. Er hatte sich seit Jahren arbeitsmäßig total verausgabt, spürte aber in letzter Zeit zunehmend ein Burnoutsyndrom. Er hatte über 50 kg an Gewicht zugenommen und wies einen Bluthochdruck auf. So entschloß er sich zu einer Abmagerungs- und Fitneßkur in einem darauf spezialisierten

Hotel. Er nahm dort 25 kg an Gewicht ab. Wichtiger für ihn aber war, daß er dort Ruth kennenlernte und sich in sie verliebte.

Albert ist verheiratet und hat zwei Kinder, die in der Pubertät stehen. Ruth ist ebenfalls verheiratet, jedoch kinderlos. Ruth ist 8 Jahre älter als Albert. Sie hat mit ihrem Ehemann zusammen mit großem Erfolg ein Geschäft aufgebaut. Sie verdienten schon in frühen Ehejahren viel Geld und konnten sich jeden Luxus leisten. Daneben betrieben sie außergewöhnliche Hobbys. Seit einem Jahr spürt Ruth bei sich wie auch bei ihrem Mann eine diffuse Unerfülltheit und Unzufriedenheit. Streitigkeiten und Auseinandersetzungen wurden jedoch von beiden vermieden. Die zunehmende Gefühlslabilität von Ruth wurde dem Klimakterium zugeschrieben. Sie hatte sich alljährlich mit einer Freundin in das Kurhotel begeben, wo sie Albert traf, in den sie sich ebenfalls intensiv verliebte.

In Albert und Ruth trafen zwei Menschen zusammen, die sich beide auf einer krisenhaften Suche zur Neuorientierung ihres Lebens befanden. Die körperliche und psychische Verfassung bedeutete Albert unmißverständlich: So kann und will ich nicht mehr weiterleben. Er brauchte einen Neuanfang und war bereit, dafür Beruf und Familie aufzugeben, wenn es sich für die Verwirklichung eines neuen Lebens als notwendig erweisen würde. In dieser sensiblen Phase traf er auf Ruth, deren bisheriges Leben ebenfalls nach einem Neuanfang rief. So erfolgreich sie mit ihrem Ehemann zusammen war, so leer empfand sie ihr ganz auf den materiellen Erfolg ausgerichtetes Leben. Sie suchte nach einer Erfüllung in einem sozialen Engagement. »Ruth hat ein Herz für andere Menschen«, sagte mir Albert. Sie hatte den Eindruck, mit ihrem Mann in festgelegten Bahnen zu laufen, die kaum Veränderungen zuließen. Auch sie war bereit, ihren Mann und das Geschäft hinter sich zu lassen, wenn sich eine erfüllendere Perspektive anbieten würde – und das war mit Albert der Fall. Albert und Ruth hatten beide den Eindruck: »Dies ist die Person, mit der ich all das, wonach ich mich seit Jahren gesehnt habe, verwirklichen kann«. Bezeichnenderweise verliebten sie sich nicht in Personen, die bereits in einer sozialen Tätigkeit etabliert waren, sondern sie fühlten sich voneinander angezogen als Menschen, die auf der Suche sind und die einander in dieser Suche in besonderer Weise verstehen und brauchen. Beide waren über die Heftigkeit ihres Verliebtseins beunruhigt und versuchten im Anschluß an den Kuraufenthalt Distanz voneinander zu gewinnen. Mehrmals brachen sie die Beziehung ab. Doch die gegenseitige Anziehung war übermächtig. Beide fühlten sich mit neuer Energie erfüllt, beide glaubten ohne einander nicht mehr leben zu können und füreinander bestimmt zu sein. Sie hielten die Beziehung zunächst vor ihren Partnern geheim. Als Ruths Mann davon erfuhr, meldete auch er sich für ein Gespräch bei mir. Für ihn war die Auflösung einer 30 Jahre dauernden Beziehung ein schwerer Schlag. Er trug diesen ohne sichtbare Emotionen, sichtlich bemüht, eine ritterliche Haltung Ruth gegenüber zu bewahren. Er war entschlossen, die Beziehung so rasch wie möglich ohne Streit und Vorwürfe aufzulösen, um Ruth freizugeben, aber auch selbst für eine neue Beziehung frei zu sein. Eine therapeutische Hilfe hielt er nicht für notwendig. Er zeigte keine Gefühle, keine Verletztheit, keine Trauer. Er blieb rational und kontrolliert. Im Moment war er noch nicht in der Lage einzusehen, daß diese so tapfere und emotionslose Haltung den Kern des Beziehungsproblems mit Ruth bildete. Und doch schien der Mann irgendwie zu spüren, daß die Trennung auch ihm einen Entwicklungsschritt abforderte. Jedenfalls gab er an, sich Bücher über die Psychologie der Emotionen angeschafft zu haben. Das einmalige Gespräch hatte Albert geholfen, besser zu verstehen, was mit ihm im Verliebtsein geschieht. Er hatte keinen Bedarf für weitere Gespräche.

Angst vor dem Verliebtsein und Abwehrmaßnahmen

Die Kraft des Verliebtseins kann auch heute überwältigend wirken. Es kann dabei die Angst entstehen, dem Partner zu verfallen, sich selbst für ihn und die Beziehung aufzugeben. Es kann auch sein, daß tiefere regressive Wünsche nach Abhängigkeit, Selbstaufgabe, Verschmelzung und Unterordnung stimuliert werden und die Integrität einer Person bedrohen. Es kann die Angst aufkommen, das ganze bisherige Lebensgebäude werde zum Einsturz gebracht und das Beziehungsnetz definitiv zerrissen. Man kann vom Verliebtsein im Übermaß erfaßt werden und den Boden unter den Füßen verlieren. Beunruhigend ist oft, daß man dabei gar nicht versteht, was mit einem passiert.

Es kann sein, daß man Verliebtsein abwehrt, die Person, auf welche sich Verliebtsein richten könnte, abweist, entwertet, meidet oder gar haßt, besonders wenn man sich durch das Verlieben öffentlich kompromittieren würde.

Nicht selten werden Abwehrmanöver inszeniert, welche das *Verliebtsein in Grenzen halten* sollen. Dazu gehört insbesondere das Sich-Verlieben in eine Person, welche die Liebe nicht erwidert. Dazu gehören schwärmerische Verehrungen von Stars oder beruflichen Autoritäten. Im Unterschied zu einer Sympathiebeziehung braucht Verliebtsein keineswegs auf Gegenseitigkeit zu beruhen. Man kann sich sogar in jemanden verlieben, von dem man abgelehnt wird. Ein häufiges Phänomen von Verliebtsein mit begrenzten Konsequenzen ist die Beziehung eines Verheirateten zu einer Geliebten. Die Liebschaft ermöglicht intensives Verliebtsein ohne Anspruch auf Bindung. Die Geliebte fühlt sich zwar begehrt, muß aber auch die Demütigungen auf sich nehmen, in entscheidenden Situationen vom Verheirateten verleugnet zu werden. Dennoch kann das Verheiratetbleiben des Liebhabers auch ein Schutz sein vor dem Entstehen verpflichtender Bindungen. Weniger gefährlich ist auch das Verliebtsein in Menschen, mit denen man nur für eine begrenzte Zeitperiode zusammensein kann, also etwa bei Ferienbekanntschaften oder Flirts bei gesellschaftlichen Anlässen. Die Unmöglichkeit, die Beziehung weiterzuführen, läßt dabei viele Hemmungen und Zurückhaltungen fallen. Innerhalb kurzer Zeit entsteht intensive Nähe, aber ohne bedrohliche Konsequenzen.

Andererseits ist eine häufige Angst der Verliebten, das Verliebtsein könnte ein Ende nehmen. Nicht selten wird versucht, das Verliebtsein durch starke Idealisierung der Beziehung zu erhalten. Alles, was die Partner trennen und zu Konflikten führen könnte, wird verleugnet und vermieden. Man will sich und der Umwelt bestätigen, man habe den Traumpartner gefunden, man will als Traumpaar gelten und eine Traumhochzeit feiern. Man will sich und der Umwelt beweisen, daß dies die ideale Beziehung ist, die durch nichts in Frage gestellt werden kann. Damit wird häufig der richtige Moment verpaßt, um anstehende und unumgängliche Auseinandersetzungen aufkommen zu lassen.

144 | Selbstverwirklichung

Liebesenttäuschung und Einsamkeit in der Liebe

Glück und Harmonie des Verliebtseins sind auf Dauer anstrengend. Das intensive Bezogensein aufeinander führt zu einer Übersättigung. Die Idealisierung durch den Partner verpflichtet einen auf Verhaltensweisen, die man nur unter großer Anstrengung aufrechtzuerhalten vermag. Man möchte sich etwas gehen lassen, man möchte in Ruhe Zeitung lesen und sich anderen Kontakten widmen können. Der Partner, oft die Frau, gerät darüber in Panik. Fängt jetzt bereits der Alltagstrott an, ist das Liebesglück schon verflogen? Sie will vom Mann hören, daß er sie liebt. Er fühlt sich bedrängt und reagiert abweisend. Sie ist dadurch verletzt. Früher oder später kommt es zur Phase der Enttäuschung. Obwohl man sich dabei vom Partner getäuscht fühlen kann, handelt es sich nicht um eine bewußte Täuschung des Partners. Enttäuscht wird man vor allem in den Hoffnungen und Erwartungen, die man an die Entwicklungen des Partners in der Liebe gestellt hatte. Am heftigsten ist die Enttäuschung bei jenen, die glaubten, dem Partner zu einem neuen Leben zu verhelfen und aus ihm einen neuen Menschen zu machen. Der Partner zeigte wohl Ansätze, sich durch die Liebe zu einer Entwicklung verhelfen zu lassen, doch dann fühlte er sich überfordert und begann, in seinen Bemühungen nachzulassen und sich den Erwartungen zu verweigern. Meist sind die Vorwürfe der Frauen an die Männer heftiger als umgekehrt. Meist sind auch heute Frauen stärker motiviert, ihre Männer in ihren Entwicklungen zu fördern als umgekehrt. Viele Frauen suchen in der Förderung des Partners ihren Lebenssinn. Die Erfolglosigkeit ihrer Bemühungen um den Mann kann zum Verlust ihrer Lebensperspektive werden.

Die Bewährung in der Enttäuschungsphase wird zum Prüfstein der Liebe. So schmerzlich die Enttäuschung ist, so wichtig ist sie für die persönliche Entwicklung in der Liebe. Die Enttäuschung ist nicht der Beleg des illusionären Charakters von Verliebtsein, sie ist deren sinnvolle Fortführung und Ergänzung. Das Verliebtsein führt zur Symbiose und Idealisierung der Beziehung. Glück und Harmonie können auf Dauer die Entwicklung einer Liebesbeziehung behindern. Alles Trennende und jede Aus-einander-Setzung droht damit ausgeklammert zu werden. Die Partner stehen unter Paradieserwartungen, welche aggressive Tendenzen, vor allem offenen Streit blockieren. Die Idealisierung der Beziehung kann Jahrzehnte dauern und wird häufig durch die Umwelt, die in einem das ideale Paar sehen will, bestärkt. Die Enttäuschung zerstört die Idealisierung und Symbiose und trennt die Partner.

Es ist ebenso schwierig, dem anderen eine Enttäuschung zuzumuten, wie selbst vom anderen enttäuscht zu werden. Daß man nicht so sein will, wie man doch könnte, wenn man einen liebte, läßt einen lange Zeit nicht los. Die Verweigerung des Partners läßt einen in der Liebe einsamer werden, als man es zuvor ohne Partner war. Meist entwickelt sich ein Teufelskreis: Je heftiger die Vorwürfe an den Partner werden, desto mehr verschließt er sich. Oft ist es ein langer Weg, bis man den Partner so akzeptieren kann, wie er ist. Besonders Frauen glauben nicht selten, besser zu wissen, was für den Mann gut ist, als er selbst. Sie glauben ihn unbewußt besser zu erfassen, als er sich selbst. Das erschwert es ihnen, den Mann in seinen Ausweichtendenzen zu akzeptieren.

Freilich kann es sein, daß die Berührungspunkte der Partner sich als zu gering erweisen, um eine gemeinsame Lebensperspektive aufrechtzuerhalten, und sich die Partner trennen. Häufig aber reift das Verliebtsein durch die Enttäuschungsphase zur Liebe. Es geht dann darum, die Liebe des anderen in seiner Weise anzuerkennen und seine Entwicklung in seiner Weise zu unterstützen. Das ist immer nur in Grenzen erreichbar. Häufig ist diese Liebe stärker entwickelt, als vordergründig von der Umwelt wahrgenommen wird auf Grund der Klagen über die Beziehung und über die Frustrationen, die man in ihr erleidet.

Die Herausforderung persönlicher Entwicklung durch die Enttäuschung

Oft wird nur das Negative und Schmerzliche an der Enttäuschungsphase gesehen und nicht die Herausforderung der Entwicklung einer reifen Liebesbeziehung. Vieles, was einen im Verliebtsein beflügelt hatte, erweist sich jetzt als Illusion und Utopie. Das führt zur Erfahrung des Getrenntbleibens in der Liebe, des Ein-

146 | Selbstverwirklichung

ander-Fremdbleibens. Man wird den anderen nie ganz verstehen und von ihm nie ganz verstanden werden. Der positive Aspekt davon ist, daß nach der Phase der Fusion nun eine Phase der Autonomie folgt. Jeder fühlt sich wieder stärker auf die eigenen Füße gestellt und kann Glück und Entwicklung nicht allein vom Partner erwarten. Die untergründig weiterhin bestehende Symbiose erzeugt mit der nachfolgenden Erfahrung des Getrenntbleibens ein Spannungsverhältnis, das die Partner veranlaßt, sich einander laufend zu erklären und damit sich über sich selbst klarer zu werden, aber auch ihr Verständnis des Lebens durch den Partner laufend zu hinterfragen und zu erweitern. Es geht um die Erweiterung des eigenen Konstruktsystems durch die Sichtweise des Partners, um das Akzeptieren der Verschiedenheit, das Leben wahrzunehmen und zu erfahren. Der Partner ist nicht so, wie man es erhofft hatte. Der Bereich der Verständigung ist beschränkt.

Dieser Reifungsprozeß führt im positiven Fall zur Fähigkeit, den anderen so zu nehmen, wie er ist, mit seinen Schwächen und Stärken, mit seinen Eigenheiten und Fehlern, mit seiner Art zu lieben und seiner Liebe Ausdruck zu verleihen. Es geht darum, die Hoffnung für den Partner nie völlig aufzugeben, ihn aber auch lieben zu können, wenn er die Erwartungen nicht erfüllt. Es geht darum, ihm gegenüber einen kritischen Abstand zu bewahren und ihm mit Humor und gelassener Weisheit begegnen zu können. Es geht darum, seine eigene Entwicklung nicht im Übermaß von jener des Partners abhängig zu machen, sondern die Verantwortung für sein Leben in eigenen Händen zu halten. Es geht – insbesondere für die Männer – darum, dem anderen die Enttäuschung zuzumuten, seine Erwartungen nicht erfüllen zu können und nicht das zu werden, was er für einen als richtig befindet. Die Haltung, den andern so zu akzeptieren, wie er nun mal ist, steht scheinbar in Widerspruch zu den Aussagen des Kapitels 10 über die Psychologie der Vorwürfe. Dort wird die These vertreten, daß den Partner kritisieren und herausfordern wichtig und unumgänglich ist, weil jeder von der Entfaltung des anderen direkt betroffen ist. Die Psychologie der Liebe wird wesentlich dadurch kompliziert, daß wenn das eine wahr ist, das andere nicht falsch sein muß. Es gilt zu beachten, inwiefern das eine wie das andere zutrifft.

Im Hinblick auf die persönliche Reifung der Beziehung durch die Phase der Enttäuschung heißt es für die Partner, in einen Prozeß ständiger Auseinandersetzung einzutreten, bei dem Wohlwollen und Unterstützung zwar weiterhin wichtig sind, aber ebenso Konfrontation und wechselseitige Kritik. Im besten Fall lernen die Partner lustvoll miteinander zu streiten.

Ängste und Abwehrformen der Enttäuschungsphase

Liebesenttäuschung ist mit Schmerz, Wut, Trauer und Leiden verbunden. Verständlicherweise möchte man sie deshalb vermeiden. Heute kann man bei vielen Paaren einen Mangel an Befähigung und Willen zur Auseinandersetzung feststellen. Wenn die Harmonie nicht mehr gewährleistet ist, tendiert man dazu, ohne Streit auseinanderzugehen. Man möchte an der Liebe nicht leiden. Unglücklichsein gilt als verlorene Zeit. Oder die Partner leben nach der Devise »Leben und leben lassen«, was jedoch dazu führen kann, allen Schwierigkeiten aus dem Wege zu gehen. Die Folge ist eine Verarmung und Verödung der Beziehung, da immer mehr Lebensbereiche ausgeklammert werden müssen, um Streit zu vermeiden. Die Liebe verhungert im goldenen Käfig.

Die Liebesenttäuschung kann mit heftigen wechselseitigen Vorwürfen einhergehen. Manche sind der Meinung, daß der Partner die in ihn gesetzten Erwartungen erfüllen könnte, wenn er nur wollte. Daß der Partner nicht will, wird ihm als Unrecht angekreidet. Insbesondere Männer haben Mühe, dazu zu stehen, daß sie im Grunde nicht so wollen, wie die Frauen es von ihnen erwarten. Sie tendieren dazu, Auseinandersetzungen auszuweichen und sich vor den Angriffen der Frau zu schützen. In der Therapie kann es für sie befreiend wirken, wenn der Therapeut sie ermutigt, ein Recht auf abweichende Meinung für sich zu beanspruchen. Den Frauen fällt es meist leichter, sich mit einer definierten abweichenden Meinung auseinanderzusetzen, als mit der schuldbewußten Ausweichendenz des Mannes.

Die Liebesenttäuschung kann auch vorweggenommen werden, um sich nicht dem Risiko auszusetzen, vom Partner verlassen zu

148 | Selbstverwirklichung

werden. Es besteht dann die Tendenz, das Verliebtsein zu entwerten und sich in dieses gar nicht einzulassen, um damit den Schmerz der Enttäuschung klein zu halten. »Wenn aus der Beziehung schon nicht das werden kann, was ich erhofft habe, breche ich sie lieber im voraus ab.« In der Enttäuschungsphase treten auch Zweifel auf, ob man den richtigen Partner gewählt hat und man nicht Gefahr läuft, sich in ein sich chronifizierendes Unglück zu verstricken. Man sieht die Grenzen der Entwicklung, die man miteinander eingehen kann, und stellt sich die Frage, ob daraus eine tragfähige Lebensperspektive entstehen wird.

Begrenzungen in der Liebesbeziehung können durch andere Beziehungen kompensiert werden

Die Begrenzungen einer jeden Liebesbeziehung verweisen die Partner auf die Notwendigkeit, ihr Beziehungskonto nicht ausschließlich beim Partner anzulegen, sondern es zu diversifizieren. Die Beziehung zum Partner sollte die zentrale Liebesbeziehung sein, aber vieles von den persönlichen Entfaltungsmöglichkeiten in Beziehungen wird durch den Partner nicht ausreichend abgedeckt und bedarf einer Kompensation durch andere wichtige Beziehungen der persönlichen Nische. Zu diesen Diversifikationen der persönlichen Beziehungsnische (Willi 1996) gehören Beziehungen zu den Eltern, zu den Kindern, zu Freunden, zu Arbeitskollegen oder zu Haustieren. Oft haben Frauen den Eindruck, unter dem rationalen Beziehungsverhalten ihrer Männer zu verdorren. Sie ertragen aber die Gefühlsarmut der Männer, die ihnen dafür den Gewinn einer rationalen Lebensbewältigung und Sicherheit anbietet, in dem Maße, wie sie ihre Emotionalität in anderen Beziehungen entfalten können.

Die Liebesenttäuschung konfrontiert einen mit den Grenzen des Partners, aber sie fordert einem nicht ab, sich mit einem kargen Leben abzufinden, sondern verweist einen auf die Möglichkeit, Kompensationen zu suchen und sein persönliches Potential in ergänzenden Beziehungen zu verwirklichen. Emotionale Bedürfnisse können mit Tieren, etwa mit Katzen oder Hunden, gestillt werden. Wichtige Funktionen können auch von Freunden oder

Geschwistern übernommen werden. Derartige Kompensationen werden meist intuitiv geschaffen. Sie führen die Liebenden aus der splendid isolation der Verliebten hinaus und öffnen sie auf eine vielfältigere persönliche Beziehungsnische. Die Liebesbeziehung wird damit relativiert und in das Beziehungsnetz integriert. Dadurch vernetzen sich die Verliebten wieder mehr und anerkennen den Wert der Beziehung zu anderen Personen.

Zu den Kompensationen gehören auch Freiräume, die man sich neben der Liebesbeziehung schafft und die andere Möglichkeiten persönlicher Entfaltung anbieten. Es handelt sich um Freiräume durch getrennte Wohnbereiche, durch getrennte Arbeitsbereiche oder durch Beziehungen, die einem andere Entfaltungsmöglichkeiten anbieten und die man eventuell der Kontrolle des Partners entziehen will. Solche kompensatorischen Freiräume werden oft auch in sexuellen Außenbeziehungen gesucht.

Die Bedeutung derartiger Liebeskompensationen wird erst deutlich, wenn sie entfallen. In einer ganzen Reihe von Fallbeispielen dieses Buches gab es im zeitlichen Vorfeld des Auftretens der Krise eine Veränderung von Liebeskompensationen, etwa durch Veränderung der Wohnverhältnisse, durch Wegzug von Kindern, durch Tod der Eltern oder durch Abbruch von Freundschaften. Dabei wird auch deutlich, wie diese Kompensationen zum Teil persönliche Entwicklungen vermeiden ließen, weil diese einem nicht abgefordert worden waren. Der Wegfall solcher Kompensationen fordert den Liebenden oft ab, sich klarer in der Wechselbeziehung zum Partner zu definieren und abzugrenzen, klarer Stellung zu beziehen zu Nähe und Distanz, zu Gemeinsamkeit und autonomen Bereichen der persönlichen Entfaltung.

Auch nach dem Tod des Partners ist für die Bewältigung des Verlustes der zentralen Liebesbeziehung das Fortbestehen, ja die Intensivierung kompensatorischer Beziehungen von großer Bedeutung.

Herausforderung persönlicher Entwicklungen

Kompensatorische Beziehungen, welche das Inventar der persönlichen Nische bilden, sind nicht statische Gegebenheiten, sondern wandeln sich unter den Lebensumständen einer Person und fordern durch ihren Wandel neue Entwicklungen heraus. Das Einrichten einer differenzierten Beziehungsnische, in welcher die Liebesbeziehung einen prioritären Platz einnimmt, jedoch nicht das gesamte Beziehungspotential einer Person abdeckt, ist eine gesunde Herausforderung der Person. Sie fordert ihr die Fähigkeit ab, ihre Beziehungen in der Wertigkeit zu differenzieren, Strukturen zu errichten und aufrechtzuerhalten, durch welche diese Beziehungen unterschieden werden können. Letztlich wird vieles davon abhängen, ob eine Person entschlossen ist, das Zusammenleben mit dem Liebespartner trotz Enttäuschungen und Begrenzungen fortzuführen und dazu mit Kompromissen zu leben. Oft ist es nicht nur für die Person schwierig, sich einzugestehen, daß manche Beziehungsmöglichkeiten außerhalb der Liebesbeziehung gelebt werden müssen. Oft ist es auch die Umwelt, die darin ein Defizit einer Liebesbeziehung oder Ehe sieht. Das Einrichten einer kompensatorischen Beziehungsnische fordert der Person Klugheit und Elastizität ab. Es geht darum, die Liebesbeziehung klar als Kern des Liebeslebens nach außen zu vertreten, daneben aber eine reichhaltige Beziehungsnische aufzubauen.

Ängste und Abwehrmaßnahmen

Kompensatorische Beziehungen erlauben es, die Ansprüche an den Liebespartner zu reduzieren. Es geht dabei um die Frage des Maßes und der Struktur. Es kann die Gefahr drohen, daß die Ehe entleert wird, indem zur Entlastung des Liebespartners zentrale Beziehungsbereiche wie Sexualität, persönliche Intimität oder die Besprechung von Alltagsereignissen nach außen verlagert werden. Es kann ebenso sein, daß man den Partner nicht aus der Pflicht entlassen will, alle Beziehungsbereiche abzudecken, ansonsten man mit Trennung droht. Umgekehrt kann ein Partner den Anspruch erheben, einem alles erfüllen zu können, und in kompensatorischen Beziehungen eine Entwertung und Entleerung der Liebesbeziehung sehen. Aus Eifersucht kann er das Eingehen anderer Beziehungen behindern bzw. versuchen, sie unter seiner Kontrolle zu halten.

Als Beispiel für Kompensationen in den Begrenzungen einer Liebesbeziehung sei folgendes Paar aufgeführt:

Fallbeispiel 4: Die 35jährige Silvia meldet sich wegen Panikattacken. Anfallartig wird sie von äußerst unangenehmen Symptomen befallen, wie Schwarzwerden vor den Augen, fliegender Puls, Schweißausbruch, Angst, in Ohnmacht zu fallen, einen Herzstillstand zu erleiden oder psychotisch durchzudrehen. In der Familie häufen sich Fälle von Depression und Suizid. Silvia hat große Angst, vom gleichen Schicksal ereilt zu werden. Diese Zustände traten erstmals vor zwei Jahren auf und führten zu mehreren notfallmäßigen Hospitalisierungen. Es konnten keine pathologischen Organbefunde erhoben werden. Während ursprünglich die Anfälle nur alle paar Monate auftraten, kam es im letzten halben Jahr zu einer Zunahme, oft mit mehreren Anfällen pro Woche. Vor einem Jahr wurde das zweite Kind geboren.

Ich begann die Therapie als Einzeltherapie mit kognitivem Schwerpunkt: Tagebuch führen, Körperfühlübungen, Entspannungsübungen. Schon in der dritten Sitzung konnte die Patientin ein fast völliges Verschwinden der Anfälle feststellen. Es blieb aber eine alarmierte Stimmung, eine Befürchtung der Wiederkehr der Anfälle. Mit dem Rückgang der Anfälle begann die Patientin sich vermehrt mit den Hintergründen der Panikanfälle zu befassen. Sie stellte selbst ein Überengagement für die zwei Kinder fest. Sie hatte überhöhte Erziehungsideale einer Mutter, die sich voll den Kindern hingibt, die für die Kinder jederzeit körperlich und seelisch gesund ist und ihnen zeitlich ganz zur Verfügung steht. Sie fühlte sich als Versagerin, weil sie nervös, gestreßt und unausgeglichen war und wegen ihrer Teilzeitarbeit in ihrem qualifizierten Beruf nicht die ganze Zeit den Kindern widmete. Sie dachte daran, ihre Berufstätigkeit einzustellen, um den Kindern ganz zur Verfügung zu stehen.

Theoretisch sah Silvia rasch ein, daß sie sich mehr von den Kindern abgrenzen und mehr Zeit und Energie für sich selbst aufwenden sollte. Auch sollte sie sich weniger von ihrer Mutter bestimmen lassen. Aber im Grunde wollte sie gar nicht einen vermehrten Abstand zu ihren Kindern, weil der totale Einsatz für die Kinder ihr auch viel emotionale Befriedigung verschaffte. Sie lief damit Gefahr, in das gleiche Fahrwasser wie ihre Mutter zu geraten, die sich für die Kinder aufgeopfert hatte und heute bitter über den Undank ihrer Kinder klagt. Silvia merkte, daß sie bei den Kindern jene emotionale Befriedigung sucht, die sie bei ihrem Mann vermißt. Früher hatte sie ihren Mann sehr verwöhnt. Er erwies sich aber als nicht darauf ansprechbar. Das Fehlende wurde ihr durch die Kinder kompensiert. Obwohl die Beziehung zur Mutter problematisch war, bezog sie auch von dieser viel Emotionalität und konnte so den trockenen Ehemann besser ertragen. Sie hatte sich mit ihm bisher gar nicht auseinandergesetzt. Im Laufe der Therapie begann sie spürbarer unter der Ehebeziehung zu leiden und wollte mit dem Mann die bisher vermiedene Auseinandersetzung nachholen.

Von der achten Sitzung an nahm der Mann an den Sitzungen teil. Silvia warf ihm vor, sich mit ihm zu langweilen und neben ihm zu vertrocknen. Der Mann war in einem wissenschaftlichen Beruf erfolgreich tätig. Er fühlte sich jedoch von Silvia frustriert, da er von ihr keine Zuwendung erhielt und sie ganz auf die Kinder fixiert war. Ursprünglich war Silvia intensiv in ihn verliebt. Sie fühlte sich von seiner ruhigen Festigkeit angezogen, die ihr Vertrauen einflößte und ihr den Mut gab, sich von ihren Eltern zu lösen. Aber dann dominierten die Kinder alles, und sie nahm sich für die Pflege ihrer Liebesbeziehung keine Zeit mehr. Silvia und ihr Mann gerieten in einen Teufelskreis: Je mehr Silvia ihre Emotionalität den Kinder zuwandte, desto mehr verkümmerte die Ehe, und je mehr die Ehe verkümmerte, desto mehr wandte sie sich emotional den Kindern zu. Der Mann konnte offen dazu stehen, daß er gefühlsmäßig ein zurückhaltender Mensch sei. Diese Zurückhaltung sei seine Natur, er fühle sich darin wohl. Aber er sei belastet durch den Eindruck, seiner Frau nicht zu genügen. Das Bedrängtwerden durch die Frau verstärkte bei ihm seine Verschlossenheit.

Ich sah die Frau ein halbes Jahr nach Therapieende zu einem Nachgespräch. Sie konnte jetzt die Kinder vermehrt der Obhut eines Kindermädchens übergeben und ihren Tag besser strukturieren. Der Junge, der jede Nacht zu ihnen ins Ehebett gekommen war, akzeptierte jetzt, alleine zu schlafen. In der Zwischenzeit waren zweimal Panikattacken im Zusammenhang mit Vorträgen, die Silvia hielt, aufgetreten. Sie konnte die Angstzustände jedoch unter Kontrolle halten und äußerlich gesehen normal funktionieren. Die eheliche Spannung hatte sich in dem Moment gelöst, als sie die Vorstellung aufgeben konnte, ihr Mann könnte, wenn er nur wollte. Sie hatte gehofft, ihn ändern zu können. Sie war berührt davon, vom Mann zu hören, wie sehr er unter seinem Ungenügen ihr gegenüber leidet und wie sehr er auf ihre Zuwendung angewiesen ist. Der Liebesbeziehung kam wieder der ihr gebührende erste Platz zu. Dadurch, daß Silvia den Kindern klarere Grenzen setzen konnte, entwickelten sich diese viel ruhiger und zufriedener. Silvia merkte aber auch, daß sie die notwendige Abgrenzung von den Eltern, besonders von der Mutter, nicht vollzogen hatte, um sich die emotionale Bindung zu erhalten, was dazu führte, daß sich diese im Übermaß in die familiären Angelegenheiten einmischte. Auch den Eltern gegenüber konnte Silvia die Beziehung klarer definieren und Vorwürfe, sich zuwenig um sie zu kümmern, adäquater einstufen und mit diesen besser umgehen.

Das Beispiel zeigt, wie die emotionalen Kompensationen mit den Kindern und Eltern die Gefahr in sich bergen, notwendige Auseinandersetzungen mit dem Partner und anstehende Entwicklungen zu vermeiden.

Das Gestalten einer gemeinsamen Welt

Bis dahin entwickelt sich die Liebesbeziehung in der Dynamik einer Zweierbeziehung, als private Angelegenheit der beiden Liebenden. Doch früher oder später meldet sich die Frage: Wozu das Ganze? Was soll der Sinn und die Zukunft der Beziehung sein? Man möchte die Beziehung nach außen sichtbar machen, man möchte, daß sie von den Bezugspersonen – den Eltern, Geschwistern, Freunden und Kollegen – wahrgenommen wird, daß der Partner öffentlich zu einem steht und festgestellt wird: »Die zwei gehören zusammen«. Die Liebesbeziehung drängt dazu, sich eine eigene innere und äußere Welt zu schaffen, einen Mikrokosmos im Makrokosmos. Dabei kann unterschieden werden zwischen der inneren und der äußeren gemeinsamen Welt (s. ausführlicher Willi 1991, S. 66).

Die innere gemeinsame Welt

In der Phase des Verliebtseins kommt es zu einer Einschmelzung der persönlichen Konstruktsysteme und zu einer Metamorphose der subjektiven Konstruktion der Wirklichkeit. Bisherige persönliche Ansichten, Überzeugungen und Werthaltungen werden in der Auseinandersetzung mit dem Partner modifiziert und als dyadisches Konstruktsystem neu ausformuliert. Alle Gebiete des Lebens werden für die dyadische Konstruktion der Wirklichkeit einbezogen, seien es Weltanschauung, Politik, Religion oder seien es die praktischen Aspekte der Lebensführung. Zwar bleiben neben dem dyadischen Konstruktsystem die persönlichen Konstruktsysteme der beiden Partner erhalten. Die persönlichen Konstruktsysteme stehen zum dyadischen oft in einem gewissen Spannungsverhältnis. Das dyadische Konstruktsystem muß zumindest die Spielregeln des Zusammenlebens beinhalten, also die praktischen Fragen der Regelung des Zusammenlebens im gleichen Haushalt, in der Aufteilung von Beruf und häuslichem Leben, in der Gestaltung der gemeinsamen sozialen Beziehungen und dem Umgang mit dem Geld. Die persönlichen Konstruktsysteme müssen ausreichend zum dyadischen passen, eine völlige Übereinstimmung ist nicht erforderlich. Das dyadische Konstruktsystem, insbesondere die für die Partnerbeziehung wichtigen Werthaltungen, Überzeugungen und Spielregeln werden implizit mit dem Austausch über die Tagesereignisse und täglichen Ärgerlichkeiten im Gespräch auf ihre Gültigkeit überprüft. Im Berichten von Storys und »Fallbeispielen«, die andere Leute betreffen, wird die Reaktionsweise des Partners getestet und werden versuchsweise anstehende Änderungen angedeutet und erprobt. Es sind die Erfolge und das Scheitern der andern, die die Richtigkeit des eigenen Weges bestätigen oder in Frage stellen. Die Gespräche der Partner nach einer Einladung von Gästen sind diesbezüglich besonders aufschlußreich.

Das Schaffen einer gemeinsamen inneren Welt führt dazu, daß die Partner ein Erlebnis erst dann als real erfahren, wenn es dem Partner mitgeteilt und von diesem mit seinem Kommentar belegt ist, so daß es in die Kartei des gemeinsamen Erinnerungsschatzes abgelegt werden kann.

Mit zunehmender Dauer der Beziehung bekommt das *dyadische Gedächtnis* eine immer größere Bedeutung. Die Partner entwickeln miteinander ein stereoskopisches Gedächtnis, d. h. ein und dasselbe Ereignis wird von den beiden Partnern aus einem unterschiedlichen Blickwinkel erinnert, wodurch die Erinnerung mehr Tiefenwirkung bekommt. Besonders mit zunehmendem Alter tragen die Partner unterschiedliche Erinnerungsbruchstücke bei, die sich ergänzen und so der Erinnerung weit mehr Konturen geben, als es die Erinnerung des einzelnen zu umfassen vermöchte.

Die äußere miteinander geschaffene Welt

Sie ist die *dyadische Nische* (Willi 1996) und umfaßt als solche alle belebten und unbelebten Objekte, die dem Paar zugehörig sind und die Spuren seines Wirkens tragen. Es ist dies die ökologische Dimension der Liebesbeziehung, der wir in der Therapie besondere Beachtung schenken. Als erstes wird der neue Partner in die bestehende persönliche Nische eingeführt, in den Kreis der Freunde und Bekannten. So wie es zu einer Metamorphose des inneren Konstruktsystems unter dem Einfluß des Partners kommt, so kommt es auch zu einem Umbau der äußeren persönlichen Nische zur dyadischen Nische. Manche Freunde und Bekannte haben in dieser dyadischen Nische keine Funktion mehr, neue dagegen kommen dazu. Oft wird der Kontakt zu anderen Paaren gesucht, die etwa in der gleichen Entwicklungsstufe ihrer Beziehung stehen. Der Austausch und das Vergleichen mit ihnen sind als Orientierungshilfe wichtig.

Der Inbegriff der dyadischen Nische als selbstgestaltete Welt ist *der Wohnraum*, die Einrichtung der Behausung, die angeschafften Möbel, aufgehängten Bilder, Fotos und aufgestellten Gegenstände. So entsteht eine eigene Welt, an der sich das Paar selbst sichtbar wird und sich auch anderen Menschen sichtbar macht. So wie das dyadische Konstruktsystem eine innere Struktur, bildet die Behausung eine äußere Struktur des Paares. Obwohl der Stellenwert des Freundeskreises und der eigenen Wohnung nicht für alle Paare gleich ist, läßt sich oft sagen: Zeigt mir euren Freundeskreis oder zeigt mir eure Wohnung und ich sage euch, wer ihr seid.

Heute, wo Partner oft ohne feste Absicht auf eine dauerhafte Lebensgemeinschaft zusammenziehen, werden diese Verhältnisse wenig reflektiert. Es geht um die Frage: Wer zieht zu wem? Der Zuzügler fühlt sich nicht selten als Gast, wenn nicht gar als Eindringling. Er bekommt nicht den Eindruck, es handle sich um seine eigene Wohnung. Meist ist es besser, miteinander eine neue Behausung zu nehmen, mit der beide im gleichen Maße identifiziert sind und von der beide im gleichen Maße Besitz nehmen. Handelt es sich um eine erstmalige Paarbeziehung, wird in der Regel neues Mobiliar angeschafft und die Wohnung ohne Vorbelastung »zum eigenen Nest ausgestaltet«. Handelt es sich jedoch um eine zweite oder dritte Ehe, so lassen sich die Spuren des Vorlebens meist nicht völlig löschen. Es werden in die Wohnung Gegenstände früherer Beziehungen aufgenommen. Die äußere Einrichtung spiegelt oft die innere Situation wider, nämlich, daß das Paar sein gemeinsames Leben nicht am Nullpunkt beginnen kann, sondern die Spuren früherer Gemeinschaften in materialisierter Form präsent bleiben. Das kann Anlaß zu Konflikten geben.

Mit der Einrichtung der Wohnung oder gar dem Bau eines eigenen Hauses materialisiert sich die Liebesbeziehung. Sie setzt *Tatsachen* in die Welt, die der Beziehung mehr Stabilität geben. Es wird etwas geschaffen, das unabhängig davon, wie gut die aktuelle Liebesbeziehung gerade ist, Bestand hat. Der Beziehung wird ein Rahmen gegeben, der eine neue und qualitativ andere Wirklichkeit schafft. Diese läßt sich nicht mehr so leicht aus der Welt schaffen.

Die Familiengründung

Die miteinander geschaffene äußere Welt erhält mit der Familiengründung eine zusätzliche Dimension. Mit Kindern werden Wesen in die Welt gesetzt, die sich eigendynamisch fortentwickeln und Aus- und Nachwirkungen haben, welche die Eltern nicht mehr im Griff haben können. Kinder verleihen einer Liebesbeziehung einen tieferen Sinn. Sie sind die Frucht der Liebe, die Krönung des Bestrebens, miteinander etwas Lebendiges zu schaffen, das die eigene Lebensspanne überdauert. Gleichzeitig setzen Kinder die Liebesbeziehung unter die größte Bewährungsprobe. Kinder stören, manchmal zerstören sie die Zweisamkeit der Liebenden. Oft ist die Arbeitsbelastung so groß, daß sich die Partner keine Zeit für die Pflege ihrer Beziehung und ihrer Sexualität mehr nehmen oder dafür nur noch Randstunden übrig haben, in denen beide müde und erschöpft sind. Mit Kindern kommen Rollenungleichheiten in der Paarbeziehung auf, durch die besonders die Mütter sich benachteiligt fühlen. Oft ist die Gefühlslage zwiespältig. Frauen übernehmen nach wie vor den Hauptanteil an den Elternfunktionen, teilweise der Not gehorchend, aber auch aus eigener Motivation. Gleichzeitig fühlen sie sich dadurch in beruflicher Hinsicht benachteiligt und reagieren neidisch auf die Möglichkeiten, die der Mann für den Aufbau seiner Karriere wahrnehmen kann. Wenn das so ist, können Männer in ihrer Karriere nicht froh werden, weil sie sich für die Frustration der Frau verantwortlich fühlen. Das Aufziehen kleiner Kinder setzt die Partner unter einen hohen Streß. Das Zusammenleben mit den Kindern bereitet aber in vieler Hinsicht auch Freude und verleiht zärtliche und belebende Gratifikationen.

Unterschiedliche Stufen der Verbindlichkeit beim Schaffen einer gemeinsamen Welt

Heute reagieren viele Menschen empfindlich auf den Verlust ihrer Freiheit und auf das Eingehen verpflichtender und verbindlicher Beziehungen. Da die Gesellschaft eine größere Vielfalt von dyadischen und familiären Beziehungsformen akzeptiert, hat jeder die Möglichkeit, die ihm entsprechende Form des Zusammenlebens im Rahmen des Möglichen zu wählen.

Die leichteste Form einer gemeinsamen Behausung liegt vor, wenn man zeitweilig zum anderen zieht, gleichzeitig aber seine eigene Wohnung behält. Es kann sich dabei um Übernachtungen handeln, um gemeinsames Verbringen von Wochenenden, aber auch um längere Aufenthalte.

Ein etwas größeres Risiko geht ein, wer ganz zum anderen zieht und seine eigene Wohnung aufgibt. Es entsteht dadurch zwar noch keine verpflichtende Verbindlichkeit. Man kann sich auch damit schützen, daß man keinen gemeinsamen Besitz anschafft. Der Nachteil kann sein, daß man sich nicht wirklich zu Hause fühlt, sondern eher zu Gast.

Eine wesentlich höhere Verbindlichkeit entsteht, wenn man sich entschließt, eine gemeinsame Wohnung zu nehmen und diese gemeinsam mit neuen Möbeln auszustatten. Man kann sich dann schützen, indem man streng auf getrennte Kasse achtet und bei jedem Gegenstand klarstellt, wem er gehört.

Entscheidend erhöht wird die Verbindlichkeit durch Heirat. Dabei spielen viele irrationale Momente mit. An sich wird die Scheidung ja immer mehr erleichtert und der Entscheidung der beiden Partner überlassen. Dennoch geraten viele Partner vor der Heirat in eine Panik. Es ist schwer zu verstehen, wie man jahrelang zusammenleben kann in einer Beziehung, die sich äußerlich von einer Ehe nicht unterscheidet, und dann durch Heirat in eine schwere Krise in der Beziehung zueinander gerät, die sogar zur Trennung führen kann. Die Betroffenen schildern, daß mit dem Eheversprechen die Beziehung eine andere Tiefe erhalte. Zuvor habe man auf gut Glück zusammengelebt, im Bewußtsein, die Beziehung jederzeit wieder auflösen zu können, ohne sich Gedanken über die Zukunft zu machen. Mit dem Eheversprechen werde nun aber eine Entscheidung abgefordert, sich einander anzuvertrauen und einander ein Leben lang treu zu sein in guten und schlechten Zeiten. Die Beziehung erhalte damit existentielle Dimensionen. Manche fühlen sich von diesem Versprechen überfordert. Durch die Heirat kann auch die Angst vor der Neuerstehung patriarchaler und traditioneller Beziehungsstrukturen aufkommen, mit der Gefahr, daß das Unglück, das man befürchtet, durch das aufkommende Mißtrauen erst eigentlich erzeugt wird. Dennoch: Heirat erfordert von beiden Partnern eine Entscheidung füreinander, nicht zu heiraten entbindet einen von der Verbindlichkeit einer Entscheidung. Das kann kränkend und verunsichernd wirken. Wer heiratet, kann sich scheiden lassen, wer nicht heiratet, wird oft mehr oder weniger zusammenleben und sich eventuell wieder mehr oder weniger voneinander trennen. Es kann hilfreich sein, eine klare Entscheidung für die Beendigung einer

Beziehung treffen zu können, so daß man diese hinter sich lassen kann, obwohl man sich zeitweise danach zurücksehnt.

Die Ehe kann ganz unterschiedlich gelebt werden. Heute gibt es wegen der Berufstätigkeit beider Partner immer mehr Paare, die die Woche hindurch an getrennten Orten leben (living apart together) und dafür das Wochenende ganz füreinander reservieren. Für manche kann das Anlaß zum Auseinanderleben geben, für andere dagegen entsteht dadurch mehr persönlicher Freiraum. Die Verbindlichkeit der Ehe kann wesentlich erhöht werden durch gemeinsamen Besitz, z.B. durch das Bauen oder den Kauf eines gemeinsamen Hauses, eines Ferienhauses oder den Erwerb anderer Gegenstände, die einen verbinden. Eine besondere eheliche Verbindlichkeit entsteht, wenn zwei Partner miteinander ein Geschäft führen, etwa im Gastgewerbe, und dadurch eine Schicksalsgemeinschaft bilden, die fortbesteht, selbst wenn die Liebesbeziehung erkaltet ist.

Eine völlig andere Dimension der Verbindlichkeit entsteht mit dem gemeinsamen Erziehen von Kindern. Man übernimmt damit Verantwortung für Drittpersonen, die von einem abhängig sind und vom Scheitern der Beziehung persönlich tief betroffen werden. Viele Untersuchungen zeigen heute, daß Kinder unter den Langzeitfolgen von Scheidungen leiden. Das Aufziehen von Kindern erfordert die Fähigkeit, sich über 10 bis 20 Jahre persönlich in hohem Maße zu engagieren, seine Kräfte in die Gründung und den Zusammenhalt der Familie zu investieren und sich damit einem Prozeß auszuliefern, den man nicht mehr beliebig steuern kann. Viele Paare vermeiden heute das Risiko einer Familiengründung. Manche ziehen die unverbindlichere Form eines Haustieres, insbesondere einer Katze oder eines Hundes vor, mit denen viel emotionale Zärtlichkeit und Freude erfahren werden kann.

Herausforderung der persönlichen Entwicklung durch das Gestalten einer gemeinsamen Welt

Die Schaffung einer gemeinsamen Welt fordert den Partnern ab, sich im Leben verbindlich zu engagieren, sich für eine Person zu entscheiden und damit andere mögliche Personen oder Lebenswege auszuschließen. Die Kräfte werden eingebunden, die geschaffene Welt ist ein gemeinsames Werk und ein gemeinsames Fruchtbarwerden. Damit ordnet man sich in den Kreislauf der Natur ein. Das Fruchtbarwerden ist eine erste spürbare Phase des Sterbens und Weiterlebens nach dem Tode. Insbesondere das Vater- oder Mutterwerden ist für die persönliche Entwicklung eine besondere Bereicherung, nicht nur durch die vielfältigen Erfahrungen, die man mit den Kindern macht, sondern auch dadurch, daß vieles, was man in der eigenen Kindheit erlebt hat, nun in Erinnerung tritt und vieles beim Ausüben der Elternfunktionen anders als zuvor bewertet wird.

Die Ehe ist aber nicht für alle Menschen eine passende Lebensform. Ich sehe eine besondere Reife in der Fähigkeit anzuerkennen, daß man nicht für die Ehe geschaffen ist und es somit – nach eventuell mehrmaligen Scheitern – besser wäre, eine weniger verbindliche, einem besser entsprechende Liebesform zu finden. Das bewußt anzuerkennen fällt schwer. Insbesondere Männer, die verbindliche Nähe nicht ertragen, suchen und finden immer wieder Frauen, die versuchen, die Angst der Männer vor intimer Liebe zu kurieren. Sie verführen Frauen zu dieser Aufgabe, um dann, wenn sich erste Erfolge abzeichnen, sie schroff zurückzuweisen.

Ängste und Abwehrformen beim Gestalten einer gemeinsamen Welt

Sich auf verbindliche Nähe einzulassen und diese aufrechtzuerhalten, erzeugt bei vielen Menschen große Ängste. Sie fürchten, ihre Selbständigkeit zu verlieren, in die Abhängigkeit des anderen zu geraten, sich in destruktive Verbindungen zu verstricken, aus denen sie keinen Ausweg mehr finden. Manche haben wenig Fähigkeiten und Bereitschaften, sich mit einem Partner auseinanderzusetzen und zu streiten; sie weichen einer verbindlichen Nähe lieber aus. Im positiven Fall beschränkt sich eine Person auf jene Schwierigkeitsstufe der Verbindlichkeit, die ihr entspricht, und läßt sich auf Herausforderungen ein, die sie bewältigen kann. Eine besondere

Gefahr ist die Flucht nach vorn. Immer wieder kommt es vor, daß Menschen, eventuell in schon vorgerücktem Alter, alle Sicherungen und Brücken hinter sich abbrechen, ihren ganzen Besitz veräußern und ihr Geld voll in eine neue Partnerbeziehung investieren, in der Hoffnung, sich damit selbst den Rückzug aus der Beziehung abzuschneiden. In wenig reflektiertem Optimismus wollen sie sich und anderen das ewige Glück mit dem Traumpartner beweisen.

Kinderkriegen kann auch der Abwehr von Ängsten dienen. Auch heute werden Kinder oft ungeplant zur Welt gebracht. Manche Paare hoffen mit der Geburt eines Kindes auf Verbesserung oder auf Festigung ihrer Ehe. Aber auch das Umgekehrte ist heute nicht selten, nämlich, daß die Kinderfrage so lange hinausgezögert wird, bis es zu spät ist. Da die Rückbildung der Fertilität der Frau altersmäßig mit dem Erreichen der Karriereziele und der Etablierung in Beruf und Partnerschaft zusammenfällt, entsteht nicht selten im mittleren Alter eine Leere und Orientierungskrise. Partner können sich dann wechselseitig für die Kinderlosigkeit verantwortlich machen, mit dem Hinweis, sie selbst hätten wohl Kinder gewollt, wenn sie vom anderen eindeutiger darin unterstützt worden wären (s. das Fallbeispiel 2 auf S. 99).

Gelockerte Koordination der Lebensläufe in der zweiten Lebenshälfte

Das Nachholen bisher aufgeschobener persönlicher Entwicklungen

Zu Beginn der zweiten Hälfte des aktiven Lebens neigt sich die Kinderphase ihrem Ende zu. Besonders Frauen verfügen über mehr freie Zeit und Gestaltungsraum; die Männer haben zwar häufig noch nicht den Zenit ihrer Karriere erreicht, aber die Bandbreite ihrer beruflichen Entfaltungsmöglichkeiten zeichnet sich ab. Die enge Koordination der Lebensgestaltung der Partner ist nicht mehr so zwingend. Andererseits wird man sich erstmals bewußt, daß die Zeit aktiven Berufslebens, aber auch überhaupt der aktiven Lebensgestaltung begrenzt ist und nicht mehr beliebig viel Zeit zur Verfü-

162 | Selbstverwirklichung

gung steht. Die Frau wird durch die Wechseljahre mit dem körperlichen Alterungsprozeß konfrontiert. Oft entsteht eine Orientierungskrise, ein Innehalten und eine Bilanzierung des bisherigen Lebens. Was habe ich bisher getan und was habe ich erreicht? Wo gibt es wichtige Bereiche, in welchen ich mein Potential bisher nicht verwirklichen konnte? Was möchte ich in der mir verbleibenden Lebenszeit noch erreichen oder nachholen, was möchte ich in meiner bisherigen Verwirklichung ergänzen? Vielleicht stellt man sich die Frage nach den ursprünglichen Lebenszielen, nach den Visionen, die man in jungen Jahren gehabt hatte.

Frauen, die bisher durch Arbeit für die Kinder in ihrer Gestaltungsmöglichkeit stark eingeschränkt waren, erfahren oft einen Energieschub und Freiheitsrausch. Manche beginnen eine neue Ausbildung, andere können sich beruflich oder politisch entfalten, wiederum andere betätigen sich künstlerisch. Unter der Lockerung der Koordination der Lebensläufe geht jeder Partner vermehrt seine eigenen Wege. Diese individualisierte Entwicklung steht aber auf der Basis der miteinander geschaffenen Welt. Die Umwelt sieht oft in erster Linie, daß die Partner aneinander vorbeileben und einander scheinbar nichts mehr zu sagen haben. Sie unterschätzt aber die fortbestehende Verbundenheit durch die miteinander gestaltete Welt und die Verwurzelung in der miteinander erfahrenen Lebensgeschichte.

Unter der Lockerung der Koordination der Lebensläufe gerät oftmals die eheliche Balance in Gefahr. Frauen überrunden die Männer im beruflichen Prestige, in Macht und Anerkennung, sie treten in neue soziale Beziehungen ein und orientieren sich stärker nach außen. Männer haben auf der einen Seite schon einige berufliche Rückschläge und Verletzungen hinter sich, die sie oft vorsichtiger werden ließen, andererseits erkennen sie die Flüchtigkeit und Relativität beruflichen Erfolges. Für manche besteht ein Nachholbedarf eher in Richtung Befreiung von den Zwängen des beruflichen Engagements. Sie entwickeln Phantasien oder auch konkrete Pläne für einen beruflichen Ausstieg, für ein Alternativleben oder für das Eingehen neuer Liebesbeziehungen.

Ängste und Abwehrmaßnahmen durch die gelockerte Koordination der Lebensläufe

Für viele Paare in der zweiten Lebenshälfte besteht die Kunst darin, einen mittleren Weg zu finden zwischen der Individualisierung der Lebensläufe und der Pflege der Gemeinsamkeit. Die Lockerung der Zweisamkeit kann Ängste vor einem Auseinanderbrechen der Beziehung hervorrufen, aber auch Kränkungen und Verletzungen – daß der Partner einen nicht mehr so braucht und begehrt. Für diese Lebensphase gilt, daß es nicht nur eheliches Zusammenleben oder Scheidung gibt, sondern viele Zwischenlösungen von Getrenntsein und Unabhängigkeit. Manche schlafen in getrennten Schlafzimmern, andere wohnen in getrennten Wohnungen, zeitweilig oder dauernd, manche arrangieren sich, wenn auch mit Schmerzen und tiefen Verletzungen des Selbstwertgefühls, mit einer Außenbeziehung des Partners, unter der Bedingung, daß dabei gewisse Spielregeln eingehalten und Grenzen berücksichtigt werden. Oft gehen die Partner getrennten beruflichen Tätigkeiten und Interessen nach. Im positiven Falle werden sie dabei allerdings die Pflege der Gemeinsamkeit immer im Auge behalten und die eigenen Erfahrungen immer wieder in den gemeinsamen Erfahrungsschatz einbringen. Zu Scheidungen nach mehr als 20 Jahren Ehe kommt es vor allem im Zusammenhang mit ernsthaften und dauerhaften Außenbeziehungen. Besonders Männer suchen sich nicht selten eine jüngere Frau. Sie müssen sich das allerdings auch finanziell leisten können. Bei manchen führt eine neue Beziehung zu einer persönlichen Vitalisierung, andere sind durch die Vitalität der jüngeren Frau längerfristig überfordert. Die verlassene Ehefrau macht in der Regel eine längerdauernde schwere Krise durch, oft begleitet von Depressionen. Manchen Frauen gelingt es jedoch, diese Herausforderung produktiv zu verarbeiten. Häufig intensiviert sich die Beziehung zu den Kindern, nicht selten strebt die Frau eine neue Ausbildung an und erschließt sich neue berufliche Tätigkeitsfelder. Für manche ist es eine Phase der Emanzipation gegen den Partner, eine Befreiung von seinen Erwartungen und Ansprüchen, ein Zulassen von Rivalität, die man in der Zeit der kindbedingten Anpassung verleugnet hatte. Die Angst vor Auseinanderdriften und vor Kippen der ehelichen Balance kann Anlaß geben, den anderen in seiner Entfaltungsfreiheit zurückzubinden, z. B. durch Inszenierung von Aufgaben und Aufregungen wie außerehelichen Liebschaften, Krankheiten, Begünstigung von Verhaltensstörungen und Krankheiten bei den Kindern.

Umstrukturierung der Beziehung mit der Pensionierung und Großelternschaft

Wer es selbst noch nicht erfahren hat, neigt zu der Ansicht, daß das Altwerden eine traurige Endphase des Lebens sei. Das trifft keinesfalls allgemein zu. Nie sind die Unterschiede der Lebensgestaltung unterschiedlicher als im Alter. Menschen mit hoher Bildung, gesicherter finanzieller Situation und ordentlicher Gesundheit können im Alter die glücklichste Phase ihres Lebens erleben. Nie zuvor verfügten sie über so viel Entscheidungsfreiheit im Gestalten ihres Daseins. Der Rückzug aus dem aktiven Berufsleben ist keineswegs nur ein Verlust, sondern ebenso eine Befreiung und Entlastung. Je breiter die persönlichen Interessen sind, um so eher eröffnen sich neue Tätigkeitsfelder, in denen viel Potential verwirklicht werden kann, das bisher brachlag. Manche möchten sich aber nicht mehr verbindlich für eine Tätigkeit engagieren. Die neue Zweisamkeit ist für viele Paare eine glückliche Erfahrung. Für viele ist es die friedlichste Phase des Zusammenlebens. Man blickt auf ein langes gemeinsames Leben zurück. Eventuell kann man sich an Enkeln freuen. Die Gesellschaft hat zur beruflichen Betätigung der Alten eine zwiespältige Einstellung. Auf der einen Seite hat sie eine abschätzige Haltung gegenüber dem »Schmarotzertum« der Alten, auf der anderen Seite will sie ihnen aber keine ernstzunehmenden Aufgaben übertragen. Ältere wollen meist gar nicht mehr in der vorderen Linie stehen. Der Wert beruflichen Erfolges und beruflichen Prestiges zeigt sich in seiner Relativität und Kurzlebigkeit. So kann man mit Humor und einer gewissen Lebensweisheit von vielem Abschied nehmen und den Jüngeren das Feld überlassen.

Das Alter kann aber auch eine konfliktreiche und belastende Lebensphase sein. Die Gefahr besteht, daß man, der äußeren Not gehorchend, fast die ganze Zeit zu zweit verbringt, was aber paradoxerweise oftmals nicht zu Nähe, sondern zu vermehrter Abgrenzung und wechselseitigen Abstoßungsreaktionen führt. Manche führen einen Kleinkrieg in Gehässigkeit und gegenseitigen Entwertungen. Es ist die Zeit der Ernte, wo man sich an den Früchten seiner Tätigkeit erfreuen kann, wo einem aber auch in mancher Hinsicht Undank zuteil wird und das mit dem Leben Aufgebaute wenig Bestand hat. Es ist aber auch die Bilanz, was das Leben gebracht hat und wo ungelebte Seiten zurückgeblieben sind. Es kann einen mit Wut und Bitterkeit erfüllen, manches verpaßt zu haben. Die Tendenz kann nahe liegen, den Partner oder die Partnerin dafür verantwortlich zu machen und die Mißerfolge des Lebens dem andern anzukreiden. Der Wegfall von äußerem Druck kann zum Verlust einer Tagesstruktur führen und zum Bestreben, aufkommende Langeweile zu verhindern, indem einfache tägliche Verrichtungen kompliziert und allzu bedächtig durchgeführt werden. Nichts ist schwieriger, als einfach das Leben zu genießen und ein Dauerferienleben zu führen. Gemäß unserer beziehungsökologischen Sicht brauchen Menschen bis an ihr Lebensende herausfordernde und sinnstiftende Aufgaben, durch die sie sich persönlich gebraucht fühlen, da sonst ihre geistigen Funktionen rasch abnehmen und sie unzufrieden werden. Viele Menschen neigen dazu, sich im Alter in ein Ghetto zurückzuziehen, auf eine Insel der Zweisamkeit, wo sie sich in Ressentiments gegen die Umwelt abgrenzen und sich vorwiegend unter Gleichaltrigen aufhalten. Wenn die Energie der Liebespartner, auch ihre aggressive Energie, nicht ausreichend in ein Wirken gegen außen investiert werden kann, droht sie sich gegen den andern zu wenden, bis man sich gegenseitig zerfleischt.

Die Kunst dieser Phase besteht im Finden sinnvollen Wirkens, welches die Partner zeitlich und räumlich ausreichend voneinander trennt. Ich rate den Paaren jeweils, täglich 4–6 Stunden voneinander getrennten Tätigkeiten nachzugehen.

In den traditionellen Eheformen kommt es mit der Pensionierung des Mannes zu tiefgehenden Veränderungen des häuslichen Zusammenlebens. Bis dahin war der Haushalt die Domäne der Frau. Jetzt mischt sich der Mann in ihr Reich ein und will es mitgestalten. Die Dauerpräsenz des Mannes wird von manchen Frauen nur unwillig geduldet.

Eine neue Erfahrung ist die Großelternschaft. Die meisten sind erstaunt, wie verschieden die Beziehung zu Enkeln ist von der Beziehung, die man als Eltern zu seinen Kindern hatte. Jetzt, wo man in der Regel keine Verpflichtungen für diese Kinder hat, kann man sich ganz der Liebe zu ihnen hingeben und sich an ihrem Gedeihen erfreuen. Es erfüllt einen mit Stolz, daß aus der eigenen Liebesbeziehung weitere Generationen hervorgehen, die das Leben weitertragen, so daß etwas von einem selbst über den nahenden Tod hinweg Bestand bewahrt. Dennoch ist diese Phase nicht frei von Konflikten, insbesondere zu den Eltern der Enkel, d. h. zu den eigenen Söhnen bzw. Töchtern sowie Schwiegertöchtern und Schwiegersöhnen. Die einen fühlen sich von diesen durch verpflichtende Aufgaben für die Enkel ausgebeutet, andere fühlen sich im Gegenteil vom Kontakt zu den Enkeln abgehalten. Insbesondere die Einmischung in die Erziehung ist nicht erwünscht. Es braucht viel Klugheit, um einen gangbaren Weg zu finden.

Ängste und Abwehrformen in der Pensionierungsphase

Oft geraten Paare in der Zeit um die Pensionierung in Krisen. Die Angst und Schwierigkeit der Zweisamkeit sind besonders da groß, wo das Paar bisher noch gar nie zu zweit zusammengelebt hatte, weil das Zusammenleben gleich mit der Kinderphase begann. In traditionellen Ehen ist es die Angst des Mannes, unter die Fuchtel der Frau zu geraten und die Angst der Frau vor der Dauerpräsenz des Mannes und seinen Versuchen, auf ihr häusliches Reich Einfluß zu nehmen.

Altersehe

Eine völlig neue Situation entsteht durch das Auftreten von ernsthaften Krankheiten und Gebrechlichkeit. In der Regel betrifft Krankheit einseitig einen der Partner. Der andere übernimmt die

Pflege. Krankheit und Sterben kann zu einer besonders intensiven Phase des Zusammenlebens werden, in welcher die Partner einander so nahe sind, wie nie zuvor. Eine monate- oder jahrelange Pflege des Kranken kann zu einer hochgradigen Isolation gegenüber der Umwelt führen und nach dem Tode des Partners das Zurückfinden in eine Welt ohne den Partner erschweren. Einseitiges Betroffensein durch Krankheit kann die Beziehung in besonderer Weise belasten, weil das Gleichgewicht des Selbstwertgefühls aus den Angeln gehoben wird. Es können beim Kranken Neid und Eifersucht entstehen und das Gefühl, dem anderen nur noch zur Last zu fallen, beim Pflegenden kann es zu verleugneten oder offenen Ärgerreaktionen kommen durch das Eingeengt- und Verpflichtetwerden durch den Kranken. Wechselseitig erzeugte Schuldgefühle sind im Gespräch schwierig in konstruktiver Weise zu bewältigen. Da die Altersehe nicht das zentrale Thema dieses Buches ist und sie in »Was hält Paare zusammen?« (Willi 1991) behandelt wurde, möchte ich hier nicht ausführlicher darauf eingehen.

Persönliche Entwicklung in der Altersehe

Im höheren Alter gilt es, abschiedlich zu leben. Viele Freunde und Bekannte sind gestorben, der Aktionsradius ist durch Gehbehinderungen eingeschränkt, die psychischen Energien werden in die Bewältigung der Gebrechlichkeit und der Alltagsaufgaben investiert, die Partner sind auf ihre gegenseitige Hilfe angewiesen. Oft ist der Kampf miteinander ausgekämpft, die Partner brauchen einander als gegenseitige Hilfe. Andere kämpfen noch bis zuletzt und fühlen sich dadurch sogar psychisch stimuliert.

Ängste und Abwehrbildungen in der Altersehe

Der Umgang mit all den persönlichen Unzulänglichkeiten, der Verlust an Selbstwertgefühl und persönlicher Bestätigung, verstärkt durch das Nachlassen der Kräfte, bewirkt, daß psychische Belastungen nicht selten zu irrationalen Reaktionen führen, zu absurden Verdächtigungen sexueller Eskapaden des Partners, zu unbegründeter Eifersucht, zu Geiz, Bestehlungsängsten oder Angst vor Einbrechern. Die große Angst ist der Tod des Partners und nicht der eigene Tod. Die meisten hoffen vor dem Partner sterben zu dürfen und von ihm im Falle einer terminalen Krankheit begleitet und gepflegt zu werden.

Witwenschaft

Witwenschaft kann bereits früh im Leben eintreten. In jeder Dauerbeziehung ist einer von beiden davon betroffen. Je länger das Zusammenleben dauerte, desto mehr ist die gemeinsame Geschichte zur eigenen Geschichte geworden. Man hat sein Leben auf das Beantwortetwerden durch den Partner eingerichtet und ist es gewohnt, alles, was einen bewegt, miteinander zu beraten. Der Wegfall des Gegenübers entzieht den psychischen Kräften ihre gewohnte Artikulationsform. Man spricht jetzt ins Leere. Oft wird dem Leben der Sinn entzogen, ohne daß man richtig zu erklären vermag, weshalb die Anwesenheit des Partners für die Motivation zu leben und zum Wirksamwerden so wichtig war. Traditionell strukturierte Paare sind auch eine Arbeitsteilung gewohnt. Jetzt wird einem die Übernahme der Funktionen des Verstorbenen abgefordert. Es fällt einem schwer, für sich allein zu kochen, es ist nicht mehr dasselbe, eine kulturelle Veranstaltung allein zu besuchen. Besonders für Frauen besteht ein starker Sog, vom Ghetto der Trauerfrauen vereinnahmt zu werden.

Aus der Perspektive der persönlichen Entwicklung gilt es, die nach außen gelebte Zweisamkeit zu internalisieren. Man hatte sich an eine Polarisierung gewöhnt, in der man sich im Spannungsfeld der Gegensätze vorwärts bewegte. Nun muß man den gegensätzlichen Pol des anderen in sich aufnehmen und integrieren. Es kann sein, daß man äußerlich alles beim alten lassen will aus Scheu, etwas zu verändern, so, als ob man damit einen Verrat am Verstorbenen begehen würde. Die dyadisch geschaffene Nische bleibt zunächst bestehen und bildet die äußere Struktur, in welcher das Leben mit dem Verstorbenen weitergeht und das Zwiegespräch mit ihm fort-geführt wird. Als Entwicklung steht an, sich früher oder später aus diesen Strukturen zu lösen. Beim Aufräumen der Hinterlassen-schaft des Verstorbenen nimmt man von vielem Abschied, manches wird entsorgt, anderes umgeordnet und bekommt einen anderen Platz. So wird die dyadische Nische zur persönlichen Nische um-gestaltet. Parallel dazu wird die auf den Partner bezogene Per-sönlichkeit umstrukturiert auf eine stärker in sich zentrierte Per-sönlichkeit. Allmählich beginnt man sich aus den Strukturen des Zusammenlebens zu lösen. Neues nimmt den freigewordenen Platz ein. Der Phase der Internalisierung der Beziehung zum Partner folgt eine Phase der Integration des Reichtums der vergangenen Liebe in die eigene Person. Aus diesem Reichtum heraus kann man sich neuen Herausforderungen des Lebens öffnen. In einem langen Zusammenleben spielen sich die Partner auf ein Rollenverhalten ein, das ihnen in seinem Umfang oft gar nicht bewußt ist. Nach dem Tod des Partners wird persönliches Potential zu neuen Formen der Verwirklichung freigesetzt. Manches, was vom Partner übernom-men und durch ihn abgedeckt war, kann jetzt selbst ausgefüllt und in eigener Form realisiert werden.

Ängste und Abwehrmaßnahmen in der Witwenschaft

Zentral ist der Verlust an Lebenssinn und die Leere, die durch den Wegfall des Partners entsteht, eventuell verstärkt durch Schuldge-fühle bezüglich seines Todes. Abwehrmaßnahmen zielen auch hier in die Extreme: Auf der einen Seite das starre Festhalten an der vor-bestehenden gemeinsamen Nische und die Weigerung oder Scheu, die geringsten Veränderungen zuzulassen. Man lebt so weiter, wie wenn der Verstorbene noch da wäre, deckt für ihn den Tisch, berei-tet ihm das Bett, läßt die Kleider unangetastet im Schrank hängen. Das Gegenstück ist die Verdrängung der Trauerarbeit, wo mög-lichst rasch eine neue Partnerschaft eingegangen wird, um alles ver-gessen und hinter sich lassen zu können und das Alleinbleiben nicht aushalten zu müssen.

Trennung und Scheidung

Trennung durch Scheidung unterscheidet sich von Trennung durch Tod: Scheidung erfolgt am häufigsten in den ersten Ehejahren. Bei der Trennung durch Scheidung wird selbst die Entscheidung gefällt, sich zu trennen. Die Trennung ist selbst verursacht und muß selbst verantwortet werden, auch dann, wenn die Initiative zur Trennung vom Partner ausgeht. Bei Trennung durch Scheidung lebt der Partner oder die Partnerin weiter. Meist wird deren Schicksal, insbesondere bezüglich Eingehen neuer Beziehungen, aufmerksam verfolgt. Sind Kinder da, wird der Ex-Partner oder die Ex-Partnerin weiterhin über die Kinder spürbar in das eigene Leben eingreifen. Eventuell werden Zweifel an der Richtigkeit der Trennung fortbestehen, Sehnsüchte nach den guten Seiten der vorangegangenen Beziehung weiter wirken und zeitweise Hoffnungen auf Wiedervereinigung aufkommen.

Die Auflösung einer Partnerbeziehung ist ein schmerzlicher Prozeß. Heute kann leichter und schneller geschieden werden, wenn beide übereinkommen, daß das gemeinsame Leben keine Zukunft mehr hat. Immer häufiger geht der Scheidung nicht mehr ein jahrelanger destruktiver Kampf voller Haß voraus. Man bleibt sich kameradschaftlich verbunden. Dennoch ist die Trennung das Ende der beflügelnden Perspektive des Verliebtseins. Das Zusammenleben hatte nicht jene persönliche Entfaltung und Entwicklung ermöglicht, die erhofft worden war, im Gegenteil, man fühlte sich behindert und vom Partner mißverstanden und fehlbeantwortet. Trennung und Scheidung setzen die psychischen Valenzen aus ihrer Einbindung frei. Der Mann verliert meist seine familiäre Nische: die Wohnung, das Zusammenleben mit den Kindern, eventuell den Freundeskreis und die Nachbarschaft. Die Frau behält die angestammte Nische, bleibt aber in ihr gefangen und hat es damit schwieriger, einen Schlußstrich unter die vorangegangene Beziehung zu ziehen und frei für eine neue Beziehung zu werden. Bei längerdauernden Partnerschaften wird oft eine Trennung einer Scheidung vorgezogen, unter anderem weil dadurch die miteinander geschaffene Welt nicht aufgelöst werden muß.

Herausforderung für die persönliche Entwicklung durch Trennung und Scheidung

Die Trennung kann eine sehr wirksame, wenn auch schmerzliche Herausforderung der persönlichen Entwicklung sein. Viele Frauen, aber auch erstaunlich viele Männer begeben sich in eine Einzelpsychotherapie, ein Hinweis, daß sie sich mit der Trennung vertieft auseinandersetzen wollen. Es braucht oftmals die Erschütterung einer Trennung, bis Männer bereit sind, die Bagatellisierung der Krise aufzugeben, die Klagen der Frau ernst zu nehmen und sich mit ihren Gefühlen, Sehnsüchten und Ängsten auseinanderzusetzen.

Ängste und Abwehrmaßnahmen in der Trennungsphase

Nach wie vor braucht es Mut, sich der Ungewißheit der Scheidung und ihrer Folgen auszusetzen. Manche Frauen vereinsamen und stehen, wenn sie Kinder haben, vor finanziellen Risiken. Oft treten sie in eine Subkultur geschiedener Frauen ein. Diese findet ihren Zusammenhalt oft in den Klagen, ja, in der Feindseligkeit gegen Männer, ein Zusammenschluß, der Halt geben kann, aber selten glücklich macht. Andere wehren die Einsamkeit ab, indem sie sich stärker an die Kinder binden oder Haustiere anschaffen. Männer versuchen oft, den Verlust der Frau möglichst rasch durch eine andere wettzumachen und unter deren Trost das Vorangegangene so schnell wie möglich zu vergessen, abzuspalten und hinter sich zu lassen. Beim Eingehen neuer Beziehungen besteht oft Angst vor Wiederholung des früheren Scheiterns. Um dieses Risiko zu mindern, werden eventuell Partner gesucht, die eine Garantie gegen Wiederholung zu bieten scheinen. Eine Frau, die sich in der ersten Ehe zunächst an ihren patriarchalischen Mann angelehnt hatte und dann unter der Emanzipationswelle lernte, sich gegen ihn zu behaupten und durchzusetzen, mit der Folge einer Scheidung, kann sich etwa einen neuen Partner wählen, den sie zu kontrollieren vermag, der vielleicht wesentlich jünger ist, eventuell nur über ein geringes Einkommen verfügt. Doch möglicherweise entpuppt sich dieser als Schmarotzer, nützt die Frau aus, läßt sich gehen, wirft ihr ein zu geringes Einkommen vor, und schon fühlt sie sich wieder in ähnlicher Weise ausgebeutet und abhängig. Oder ein Mann, der »die Schnauze voll hat« von emanzipierten Frauen, findet per Inserat eine Philippinin, die als sanft, gefügig, familienbezogen und häuslich angekündigt wird. So glaubt er, mit ihr seine patriarchalische Rolle wieder einnehmen zu können. Doch dann gerät diese Frau in der Schweiz unter den Einfluß anderer Frauen. Anfänglich nur sanft und unbemerkbar, beginnt sie sich seinem Befehl immer mehr zu entziehen durch Nachlässigkeit, Vergeßlichkeit und Unachtsamkeit, bis er sich ihr gegenüber genauso hilflos fühlt wie früher gegenüber seiner emanzipierten Frau. Jede Form der Absicherung bei der Partnerwahl rächt sich im späteren Zusammenleben. Was man um jeden Preis in einer Beziehung zu vermeiden sucht, holt einen später wieder ein.

Zweitehen

Heute wird häufig bereits in der Absicht geschieden, frei für eine neue Beziehung zu werden. Ich möchte hier nur kurz auf einige Besonderheiten von Zweitehen hinweisen. Auch diese durchlaufen die idealtypischen Phasen einer Liebesbeziehung. Ist der Zweitehe eine vieljährige Erstehe eines oder beider Partner vorangegangen, und gibt es aus der Erstehe Kinder, so ergibt sich eine besonders komplizierte Beziehungssituation. Es wurde mit der Erstehe eine eigene Welt, besonders auch eine äußere Nische geschaffen, die mit der Scheidung nicht ausgelöscht werden kann. Die Zweitehe bekommt nicht den gleichen Stellenwert wie die Erstehe, sie hat nicht dasselbe Gewicht. Die Partner der Erstehe mußten miteinander ihren Weg suchen, ihre Existenz aufbauen, große äußere Schwierigkeiten überwinden, sich gemeinsam in der Welt orientieren, um dann miteinander eine eigene Welt zu schaffen. Wichtig ist vor allem die tiefe emotionale Verankerung in den Kindern, welche die Ex-Partner weiterhin als Eltern zusammenhalten. Durch die Kinder kann die Erinnerung an die frühere Ehe nie gelöscht werden, und auch die Kontakte zum Ex-Partner gehen oft mehr oder weniger intensiv weiter. Es erfordert von den Zweitpartnern ein hohes Maß an Flexibilität und Toleranz, mit dieser Situation zurechtzukommen und auf den Anspruch zu verzichten, den Partner ganz für sich zu haben und mit ihm noch einmal ganz von vorne anfangen zu können. Der Wunsch, mit dem Zweitpartner Kinder zu haben, kann ein Versuch sein, der Zweitehe gegenüber der Erstehe mehr Eigengewicht zu verschaffen. Es kann allerdings auch als positiv erlebt werden, von den möglichen Freiheiten und der Unabhängigkeit einer Zweitehe zu profitieren, die nicht mehr durch das Schaffen einer gemeinsamen Welt, durch Besitz und Kinder eingeengt ist.

Liebesgeschichten als Lebensgeschichten

Der Prozeß einer Liebesbeziehung stellt der Person in seinen Phasen persönliche Entwicklungsaufgaben, die sich in einem großen Bogen auf das Fruchtbarwerden des eigenen Potentials in der Liebe zentrieren. Es geht darum, das, was man aus der Familiengeschichte und der persönlichen Geschichte an Hypotheken mit sich trägt, in einer Liebesbeziehung zu korrigieren und auf neue Entwicklungsperspektiven auszurichten. Es geht darum, sich wechselseitig in der Verwirklichung des Potentials zu unterstützen, ohne die Verantwortung für die Verwirklichung dem andern abzunehmen. Gelingt es einem, in und mit der Beziehung fruchtbar zu werden, ohne sich im Übermaß zu verausgaben? Ist es möglich, Entfaltungsmöglichkeiten, die zunächst vermieden oder hintangestellt wurden, später nachzuholen? Im Alter stellt sich die Entwicklungsaufgabe, Abschied zu nehmen und sich mit nicht erfüllten und nicht genutzten Entfaltungsmöglichkeiten zu versöhnen. Schließlich geht es um die Verarbeitung des Verlustes des Partners durch Scheidung oder Tod und um die Verwirklichung freigesetzten Potentials in neuen Beziehungsformen.

Die Herausforderungen all dieser Entwicklungsaufgaben erzeugen auch Ängste, Leiden und Schmerz. Sie werden deshalb oft vermieden oder die Beziehung wird zu deren Vermeidung auf halbem Wege aufgelöst.

Die Tabelle auf S. 176/177 vermittelt einen Überblick über die

Phasen der Liebe, die sie begleitenden Herausforderungen persönlicher Entwicklungen und die dabei auftretenden Ängste und Abwehrmaßnahmen.

Liebesgeschichten als Lebensgeschichten laufen nicht genau nach diesem Schema ab. Im konkreten Fall treten unvorhersehbare Ereignisse auf, die zu Bruchstellen im Ablauf dieses Prozesses führen, die Weichen stellen, die der gemeinsamen Fahrt eine neue Richtung geben können, als Einbahnstraßen aber keine Umkehrmöglichkeiten anbieten.

Das folgende Fallbeispiel zeigt, wie im Verlauf einer längeren Beziehungsgeschichte Verletzungen auftreten können, die die Selbstverwirklichung der Partner in der Beziehung blockieren und die Partner einander entfremden.

Fallbeispiel 5: Der Mann meldete das Paar an wegen Kommunikationsblockade, die ein unerträgliches Ausmaß angenommen habe. Das Paar hat sich in jungen Jahren kennengelernt und ist seit 25 Jahren verheiratet. Sie haben sechs Kinder, von denen der älteste noch im Gymnasium ist. Der Mann, Christian, ist wissenschaftlich tätig, die Frau Vera hat vor einem Jahr ihre soziale Berufstätigkeit wieder aufgenommen, »was mir wieder wesentlich mehr Selbstvertrauen verliehen hat«. Christian und Vera leben unter extremem Zeitdruck. Sie hatten sich seit Jahren keine Zeit für die Pflege ihrer Zweierbeziehung genommen. Sie sind ein kindzentriertes Paar. Die Familie galt überall als Bilderbuchfamilie. Als Problem wurde von beiden die Blockade ihrer Kommunikation genannt. Seit zwei Jahren schlafen sie in getrennten Schlafzimmern und haben keine sexuellen Beziehungen mehr. Die schwelende Krise wurde manifest, als sich vor acht Monaten eine Freundin der Frau ohne nähere Begründung zurückzog. Die Freundschaft mit dieser Frau hatte für Vera eine kompensatorische Funktion für die Stabilisierung der Ehe. Sie konnte mit dieser alles, was sie bewegte, besprechen. Der Mann war auf diese Freundschaft eifersüchtig und fühlte sich ausgeschlossen. Er seinerseits hatte nach Veras Vermutung eine Liebesbeziehung mit einer Mitarbeiterin, was von ihm bestritten wurde. Beide suchten das Gespräch außerhalb ihrer Paarbeziehung. Christian warf Vera vor, alle anderen Beziehungen

Selbstverwirklichung im Prozeß einer Liebesbeziehung

Phasen der Liebe	Herausforderung persönlicher Entwicklungen	Ängste und Abwehrmaßnahmen
1. Liebessehnsucht	Eigene Liebesbedürftigkeit anerkennen	Angst, sich der Liebesdynamik auszusetzen; Abwehr durch Verleugnung von Liebessehnsucht oder durch deren Übersteigerung ins Unerfüllbare
2. Partnerwahl	Hoffnung auf Korrektur bisheriger Beziehungserfahrungen und persönlicher und familiärer Fehlentwicklungen	Angst vor Wiederholung früheren Scheiterns; Abwehr durch Wahl eines (scheinbar) kontrollierbaren Partners
3. Sich verlieben	Sich der Verwirklichung neuer Lebensperspektiven öffnen	Angst, die Kontrolle zu verlieren, zu regredieren, zu verschmelzen; Abwehr durch abweisendes Verhalten oder kontrolliertes Verlieben in unerreichbare Partner
4. Liebesenttäuschung und Einsamkeit in der Liebe	Begrenzungen der Liebesbeziehung zur Entfaltung von Autonomie akzeptieren	Angst, sich unglücklich zu binden oder verlassen zu werden; Abwehr durch Idealisierung von Glück und Harmonie in der Liebe. Flucht aus der Beziehung bei aufkommender Enttäuschung
5. Kompensationen der Begrenzungen der Liebe	Pragmatisches Gestalten kompensatorischer Beziehungen unter Wahrung des Primates der Liebesbeziehung	Angst, den Partner aus den an ihn gestellten Erwartungen zu entlassen; Eifersucht auf kompensatorische Beziehungen; Kompromißlosigkeit in den Ansprüchen an den Partner
6. Das Gestalten einer gemeinsamen Welt	Sein Potential verbindlich investieren	Angst vor Verlust der Freiheit und Eigenständigkeit; Abwehr durch Offenhalten von Fluchtwegen, durch Heiratsphobie oder kontraphobische Flucht nach vorn mit Abbrechen aller hinter einem liegender Brücken

7. Familiengründung	Sich brauchen lassen, fruchtbar werden. Verantwortung für andere übernehmen. Flexible Abstimmung der Ansprüche für sich selbst, das Paar und die Kinder	Angst vor zu hoher Inanspruchnahme durch Kinder; Alternativen zu eigenen Kindern suchen oder kontraphobische totale Hingabe an das Kind
8. Gelockerte Koordination der Lebensläufe in der zweiten Lebenshälfte	Nachholen bisher hintangestellter Entwicklungen, vermehrte Eigenständigkeit	Angst vor Auseinanderentwicklung; Angst vor der Freiheit des Partners; Abwehr durch Behinderung der Freiheit des Partners; Angst vor Endgültigkeit verpaßter Chancen
9. Pensionierung und Großelternschaft	Umstrukturierung zu mehr Zweisamkeit unter Wahrung ausreichender Autonomie; Klugheit im Erfüllen der Großelternrolle	Angst vor exklusiver Zweisamkeit; Abwehr durch Gehässigkeit und Machtkämpfe
10. Altersehe	Sich versöhnen, füreinander da sein bei gleichzeitiger Bereitschaft, loszulassen und Abschied zu nehmen	Angst vor Gebrechlichkeit, oder diese nicht wahrnehmen wollen; Angst vor Tod des Partners, sich an ihn klammern
11. Witwenschaft	Elemente der gemeinsamen Welt in persönliche Welt integrieren, freigesetzte persönliche Entwicklungsmöglichkeiten wahrnehmen	Verlust des Lebenssinnes, Verharren in der Konservierung der früheren gemeinsamen Welt; Vermeidung des Schmerzes durch vorschnellen Partnerersatz
Trennung und Scheidung	Verarbeitung der Verletzungen; Analyse begangener Fehler; Konsequenzen für neue Partnerschaft	Feindseligkeit und Rache am anderen Geschlecht, Angst vor Wiederholung, Flucht nach vorn in neue Partnerbeziehung, Idealisierung der neuen Beziehung und Konfliktvermeidung

seien ihr wichtiger. Vera warf ihm vor, er sei zu rational und habe kein Verständnis für ihre Gefühlslage. Christian ergriff die Initiative für die Anmeldung zur Paartherapie. Beide waren der Meinung, die jahrelange Sprachlosigkeit in der Beziehung nicht weiterhin ertragen zu können. Sie rechneten mit dem Therapieergebnis einer Trennung oder Scheidung.

Die therapeutischen Gespräche waren anfänglich sehr mühsam. Beide wirkten lauernd, mißtrauisch und verschlossen. Sie erwarteten vom Therapeuten, gefragt und auf Themen hingewiesen zu werden. Ihre Äußerungen waren dabei diffus und ausweichend. Die eingehende Erhebung der Beziehungsgeschichte erwies sich therapeutisch als entscheidend.

Sie hatten sich bereits im Gymnasium kennengelernt. Für beide war es die erste feste Beziehung. Vera war Serviererin im Gastbetrieb ihrer Eltern. Christian besuchte sie dort und verliebte sich in sie. Sie schien ihm aber unerreichbar zu sein, weil er glaubte, sie habe bereits eine andere feste Beziehung. Er imponierte ihr, weil er den Mut hatte, den Rektor des Gymnasiums öffentlich zu konfrontieren.

Veras Eltern waren ganz gegen diese Beziehung. Als Christian und Vera kurz nach dem zwanzigsten Altersjahr als Studenten heirateten, sabotierten ihre Eltern die Hochzeit, so daß auch Christians Eltern fernblieben. Sie setzten sich gegen den Druck der Eltern durch, ohne Kontakt und Unterstützung. Auch später gaben sie die Kinder nie Veras Eltern. Vera hatte aber eine gute Beziehung zu einem Onkel, der mit seinen sechs Kindern ihr Vorbild war.

Nach der frühen Heirat lebten sie die ersten Jahre kinderlos in einer Wohngemeinschaft. Dort hatten sie die beste Zeit ihrer Beziehung. Nach dreijähriger Ehe zogen sie in eine eigene Wohnung. Das enge Zusammenleben zu zweit wurde von beiden nicht gut ertragen. Es traten nun hintereinander Ereignisse ein, die nicht verarbeitet worden waren: Als erstes kam es zu einer ungewollten Schwangerschaft, die aus finanziellen Gründen mit einer Abtreibung beendet wurde. Für Vera war die Abtreibung eine schwere emotionale Belastung. Christian aber ging rational darüber hinweg. In den 25 Jahren, die seither verstrichen sind, haben sie nie über dieses Ereignis gesprochen. Unter Tränen berichtete Vera in der Therapie, was sie damals erlitten hatte und wie sehr sie sich von der Reaktionsweise des Mannes frustriert und alleingelassen gefühlt hatte. Vera ließ sich bald darauf mit einem anderen Mann ein, was Christian sehr verletzte. Auch darüber wurde kaum gesprochen. Christian ging vorübergehend eine andere Beziehung ein.

Zu einer tiefen Umstellung kam es, als nach siebenjähriger Ehe das erste Kind geboren wurde. Von da an bildeten die Kinder das Zentrum der Beziehung. Erst in der Therapie wurde sich Christian bewußt, daß Veras starke Zentrierung auf das Kind ihn damals gekränkt hatte. Uneingestandenermaßen reagierte er mit Eifersucht, weil der Sohn ihm die Frau weggenommen habe. Einige Jahre später folgte die Geburt einer Tochter. Erst jetzt in der Therapie kam zur Sprache, wie es zu dieser Geburt gekommen war. Das Kind war nämlich von einem gemeinsamen Freund gezeugt worden. Sie waren mit diesem Freund und dessen Familie eng liiert. Als Vera dem Freund ihre Schwangerschaft mitteilte, forderte er die Abtreibung. Sie wollte das Kind behalten, weil sie diesen Freund liebte. Er brach die Beziehung zu Vera brüsk ab. Während 18 Wochen hielt Vera die Schwangerschaft geheim. Als Christian davon erfuhr, forderte auch er die Abtreibung. Diese kam wegen des späten Zeitpunktes nicht mehr in Frage. Christian war darüber zutiefst verletzt. Vera hatte seither jeden Kontakt zum Freund vermieden. Die 13jährige Tochter weiß bis heute nichts über ihre außereheliche Herkunft. Der Freund hatte nie Kontakt mit der Tochter aufgenommen. Über diese Angelegenheit hatten Christian und Vera nie miteinander eingehend gesprochen. Seither blieben sie zueinander sprachlos. »Jedes ist ein einsamer Steppenwolf, jedes leidet und ist frustriert, weil es vom anderen nichts mehr bekommt«. Vera konnte ihrem Mann nie erklären, daß ihre wiederholten Liebesbeziehungen in engem Zusammenhang mit ihrer Einsamkeit in der Ehe standen. Mit seiner rationellen Kontrolle unterdrückte Christian sowohl seine eigenen Gefühle des Verletztseins wie die Gefühle von Vera. Die Besprechung dieses Ereignisses in der Therapie war für Christian und Vera ein erlösendes Ereignis. Die eheliche Atmosphäre entspannte sich sehr, was auch von den Kindern positiv registriert wurde. Die Kinder waren von den Spannungen zwischen den Eltern sehr beunruhigt gewesen und unterstützten die Paargespräche.

In der Therapie befaßten wir uns mit zwei weiteren Themen:
– Die abgebrochene Beziehung zu Veras Freundin. Christian hatte unter dieser Freundschaft sehr gelitten, da er eifersüchtig war auf

die Intimität, die Vera mit dieser Frau hatte. »Ich hatte doch kein Recht, ihr diese Beziehung zu verbieten«, sagte er, weshalb er ihr nie sein Verletztsein und seine Eifersucht gestanden hatte. Vera hatte dabei das Gefühl, er stehe nicht recht zu ihr. Jeder fühlte sich sehr einsam neben dem anderen.

– Die 13jährige Tochter wußte nichts über ihren biologischen Vater. Wie sollte ihr das mitgeteilt werden? Da sie ohnehin in einer pubertären Spannung zu Christian stand, mußte sorgfältig überlegt werden, ob sie die Tochter gemeinsam informieren sollten, ob auch die Geschwister zu informieren seien und ob der biologische Vater über die Information orientiert werden sollte, da damit gerechnet werden mußte, daß die Tochter den Kontakt zu ihm aufnehmen würde. Mit der Besprechung der Beziehungsgeschichte waren wesentliche Tabuthemen zur Sprache gekommen. Bei beiden brach der Panzer, den sie gegeneinander aufgerichtet hatten, auf. Anlaß zu den therapeutischen Gesprächen war der Rückzug von Veras Freundin. Durch den Verlust der kompensatorischen Funktion dieser Beziehung wurde die Sprachlosigkeit zwischen Vera und Christian unerträglich und machte den Vollzug einer überfälligen Entwicklung notwendig. Die Partner fanden wieder zueinander, auch in sexueller Hinsicht.

Für unsere ökologische Fallkonzeption bildet die Erhebung der Beziehungsgeschichte eine wichtige Grundlage (s. Kap. 12). In der Bearbeitung des Paarkonfliktes geht es um die Verwirklichung anstehender Entwicklungen in der Beziehung, die im Prozeß des Zusammenlebens unterdrückt worden waren. Die Arrangements, welche Partner eingehen können, um angsterregende Entwicklungsherausforderungen zu umgehen, bildet das Thema des nächsten Kapitels über neurotische Liebeskonflikte.

180 | Selbstverwirklichung

9. Unbewußte und neurotische Liebeskonflikte

In der Einschätzung von Ängsten und Konflikten in Liebesbeziehungen gehen wir vom Vordergründigen zum Hintergründigen, von den bisher beschriebenen, rational begründbaren Interessenkonflikten von Partnern zu tieferliegenden, unbewußten, sogenannten neurotischen Liebeskonflikten. Die Bedeutung neurotischer Konflikte, besonders der Einfluß traumatisierender Erfahrungen in der Beziehung zu Mutter und Vater, wird vielleicht von manchen psychoanalytisch orientierten Therapeuten überschätzt. Es kommt keineswegs zwangsläufig zu endlosen Wiederholungen negativer Erfahrungen in Liebesbeziehungen. Liebesbeziehungen bieten vielmehr die Möglichkeit an, traumatisierende Erfahrungen der Kindheit oder der späteren Jahre zu korrigieren. Manche Menschen sind aber auf Grund derartiger Erfahrungen befangen in übergroßer Sehnsucht nach Erfüllung von in der Kindheit vermißter Liebe und gleichzeitig übergroßer Angst vor deren Erfüllung. Sie können sich in einer sogenannten Kollusion (Willi 1975) scheinbar eine ideale Lösung arrangieren. In einer Kollusion finden zwei Partner mit ähnlich gelagerten Liebesdefiziten zueinander. Der eine von ihnen möchte diese kindlichen Sehnsüchte erfüllt haben, der andere aber sucht die Erfüllung der eigenen Sehnsüchte im Erfüllen der Sehnsüchte des andern. Jeder fühlt sich in seiner Funktion vom andern gebraucht. Die Partner glauben, in einmaliger Weise füreinander bestimmt zu sein. Probleme entstehen dadurch, daß dieses Arrangement nicht entwicklungsfähig ist. Einer oder beide Partner versuchen, den andern in dieser Funktion festzuhalten und persönlichen Wandel und eine freiere Entwicklung in der Partnerschaft zu verhindern. Kollusionen sind jedoch kein unausweichliches Schicksal. Nicht selten sind sie ein Durchgangsstadium. Manche trauen sich zunächst eine Liebesbeziehung nur zu, wenn sie sich darin als Helfer oder Führer bewähren können oder wenn sie merken, daß sie mittels hilflosem Verhalten einen Helfer an sich zu binden vermögen.

»Normale« und »neurotisch« bedingte Partnerkonflikte

In Kapitel 8 wurde dargestellt, wie die einzelnen Phasen der Liebe den Partnern spezifische persönliche Entwicklungen abfordern, deren Vollzug angstbesetzt sein kann und den Einsatz von Abwehrmaßnahmen veranlaßt, wodurch die Liebesbeziehung ohne Gesichtsverlust wieder aufgelöst werden kann oder sich der Vollzug der geforderten Entwicklung ganz oder teilweise vermeiden läßt.

Die bisherige Darstellung geht davon aus, daß die Liebesbeziehung der Verwirklichung des persönlichen Potentials der Partner dient und Selbstverwirklichung in der Liebe zwar eigennützig ist, aber nur gelingen kann in der engagierten Beantwortung durch den Partner, wozu dessen Selbstentfaltung in der Beziehung einen ebenbürtigen Raum haben muß. In einem derart komplexen und anspruchsvollen Vorgang lassen sich Interessenkonflikte der Partner nicht vermeiden. Bei allem Bemühen um Interessenausgleich und Ausbalancieren der Entwicklungsmöglichkeiten sind Schuld- und Verdienstkonten nur schwer festzulegen. Dazu kommt, daß die rasch wechselnden gesellschaftlichen Leitbilder der Selbstverwirklichung die Partner verunsichern und Konflikte zwischen ihnen begünstigen. Der hohe Wert der Liebe und die gleichzeitige Schwäche anderer Stabilisatoren machen eine Partnerschaft zu einem sehr unsicheren Abenteuer, bei dem immer auch mit dem Wieder-Auseinandergehen zu rechnen ist, was ein gefestigtes Vertrauen zum Partner und ein vorbehaltloses Sich-Einlassen in die Partnerschaft erschwert. Man muß auf der Hut sein, um sich am Ende nicht als betrogen vorzukommen, man muß sich vorsehen, um auch wieder ohne den Partner leben zu können. All diese Konflikte kommen normalerweise in einer Liebesbeziehung vor, weshalb ich sie als *»normale« Partnerkonflikte* bezeichne. Deren Bearbeitung steht in unserem Verständnis von Paartherapie im Vordergrund. Normale Interessenkonflikte von Partnern sind weitgehend einfühlbar und verstehbar.

Nun gibt es darüber hinaus auch »neurotische« Partnerkonflikte bzw. »neurotische« Hintergründe normaler Partnerkonflikte. Diese lassen sich nicht unmittelbar aus der Beziehung der Partner zueinander verstehen, sondern wirken oft irrational. Sie sind in tieferen persönlichen Dispositionen begründet, oft in der Unfähigkeit, mit Ambivalenzen umzugehen. Eine derartige neurotische Ambivalenz liegt etwa vor, wenn ein Mann intensiv Intimität zu einer Frau sucht, um diese von sich zu weisen, sobald der Wunsch nach Intimität sich erfüllt. Es ist anzunehmen, daß diese Ambivalenz nicht in erster Linie vom Verhalten der Frau bestimmt wird, sondern persönliche Motivationskonflikte des Mannes mit ihm Spiele sind, am ehesten eine ambivalente Bindung an seine Mutter, deren Nähe er einerseits sucht, andererseits fürchtet. Die ambivalente Bindung an die Mutter wird auf die Beziehung zur Frau übertragen, was nahe liegt, da beide Beziehungen im Erleben des Mannes viele Parallelen haben. Man wird jedoch nicht einfach die Mutterbeziehung mit der Frau reinszenieren wollen, sondern hofft, mit der Frau diese Ambivalenz überwinden zu können.

Was ist nun der Unterschied zwischen einem normalen und einem neurotischen Partnerkonflikt? Der normale Partnerkonflikt läßt sich als Interessenkonflikt beider Partner erklären. Die Motive können zwar zunächst unbewußt oder zumindest unausgesprochen sein, es können Ängste und Vermeidungstendenzen die offene Auseinandersetzung behindern oder die Partner können sich in destruktivem Verhalten hochschaukeln, aber der Konflikt als solcher ist aus der Beziehungssituation der Partner heraus verstehbar.

Bei neurotischen Konflikten spielen zusätzlich tieferliegende persönliche Motive mit, die in frühen Traumatisierungen oder in verletzenden Erfahrungen in vorangegangenen Partnerbeziehungen begründet sind. Der aktuelle Liebespartner muß also Rechnungen seiner Vorgänger begleichen oder für manches herhalten, wofür er nicht der richtige Adressat wäre. Neurotisch ist ein Partnerkonflikt in dem Ausmaß, wie er sich nicht als normaler Interessenkonflikt zweier Partner verstehen läßt, sondern auf Altlasten früherer Liebesbeziehungen beruht.

Nun zeigen besonders psychoanalytisch orientierte Therapeuten und Klienten oftmals die Neigung, bei jedem Partnerkonflikt gleich auf die Beziehung zur Mutter oder dem Vater zurückgreifen zu wollen, was praktisch wenig bringt. Ich bin deshalb froh, daß die psychoanalytischen Paar- und Familientherapeuten Reich und Cierpka (1996, S. 290) davor warnen, die Ebene der unbewußten

»Normale« und »neurotisch« bedingte Liebeskonflikte | 183

Transaktionen theoretisch und praktisch zu überschätzen. Sie kritisieren, daß Therapeuten in Diagnostik und Behandlung ihr Augenmerk vor allem auf die Ebene der unbewußten Transaktionen konzentrieren und diese als allein relevant ansehen. Dabei werden wesentliche Ressourcen von Paarbeziehungen übersehen oder in ihrer Bedeutung heruntergespielt.

Ich glaube, daß es sich in der Therapie bewährt, vom Vordergründigen zum Hintergründigen, vom Normalpsychologischen zum Pathologischen vorzugehen und Pathologie erst zu vermuten, wo die Bearbeitung des Konfliktes als Normalkonflikt nicht mehr weiterführt. Besonders in der Paarpsychologie, wo wechselseitige Anklagen und Entwertungen auch den Therapeuten nahe liegen, ist die Gefahr groß, einander mit Begriffen wie irrational, hysterisch, psychopathisch, abnorm, usw. demütigen zu wollen. Auch das von mir 1975 beschriebene Kollusionskonzept wurde dazu oft mißbraucht. Es soll in diesem Kapitel in dem ihm heute zukommenden Stellenwert behandelt werden.

Für die Paartherapie ist es nützlich, pragmatisch mit dem von der Psychoanalyse abgeleiteten Verständnis des neurotischen Konflikts zu arbeiten, als einem Konflikt zwischen einem infantilen, oft unbewußten Wunsch und dessen Abwehr (siehe Luborsky 1988). Statt auf eine Abwehr eines »infantilen Wunsches« lege ich mehr Gewicht auf die Abwehr eines anstehenden Entwicklungsschrittes. »Infantile Wünsche« betonen stärker die Pathologie, die Akzentuierung auf dem anstehenden Entwicklungsschritt stärker die Aufforderung zu einer gesunden Entwicklung (Willi 1996).

Individuelle neurotische Beziehungsbereitschaften

Der Neurosebegriff ist vor allem eine psychodynamische Kategorie und weniger eine formale psychiatrische Diagnose. Er gibt für die Psychotherapie ein Erklärungsmodell für das Verständnis inadäquaten und irrationalen Beziehungsverhaltens ab. Neurotische Beziehungsbereitschaften finden sich bei vielen sonst lebenstüchtigen, beruflich erfolgreichen Menschen. Sie verursachen im Intimbereich viel Leiden und Destruktivität. Viele Menschen betonen, sie kämen in jeder Hinsicht gut mit dem Leben zurecht, nur in den Partnerbeziehungen verwickelten sie sich immer wieder in destruktive Prozesse und scheiterten regelmäßig. Wie ist das zu verstehen?

Offensichtlich werden in Liebesbeziehungen tiefe persönliche Dispositionen angesprochen, die in anderen Beziehungen nicht zum Tragen kommen. Das Angebot einer Liebesbeziehung mobilisiert Erinnerungen an frühere Liebeserfahrungen, insbesondere mit der Mutter, glückliche und erfüllende Erinnerungen, aber auch schmerzliche. Es kommen Ängste auf, die früheren Liebeserfahrungen könnten sich wiederholen. Man möchte sich vor erneuten Schmerzen schützen und bewahren. Aber es werden auch Sehnsüchte mobilisiert nach der großen erfüllenden Liebe, die erhaben ist über Schmerzen, ja, die geeignet ist, alle früheren Traumatisierungen zu heilen und zu entschädigen. Es entstehen Hoffnungen, bisherige Beziehungsdefizite, Hemmungen und Einschränkungen zu überwinden, und gleichzeitig entstehen Ängste, es werde sich alles als Illusion erweisen. Die Aussicht, sich in einer Liebesbeziehung aufgehoben zu fühlen und sich dem Partner ganz anvertrauen zu können, mobilisiert regressive Wünsche, sich fallen und tragen zu lassen, und gleichzeitig Ängste, sich dem anderen damit auszuliefern und die Kontrolle über das eigene Leben aus den Händen zu geben.

Neurotische Beziehungsbereitschaften äußern sich häufig in einer quälenden Ambivalenz. Wie erwähnt geht es bei Männern etwa um die Ambivalenz zwischen Nähe und Distanz. Sie ersehnen sich Nähe und ertragen sie dann doch nicht. Oft dürfte diese Ambivalenz einen Zusammenhang mit der Mutterbeziehung haben. Es geht um die Angst vor der verschlingenden Liebe der Mutter, vor ihrer Unabgegrenztheit, vor ihrer zerstörerischen Macht. Aber es kann ebenso um die fehlende Mutter, die frustrierende und unzuverlässige Mutter gehen, die eine große Sehnsucht hinterläßt, aber auch die Angst, immer wieder von ihr verlassen zu werden.

Die neurotische Ambivalenz von Frauen kann sich in der Angst vor Verlassenwerden zeigen, die überkompensiert wird durch Anklammerung und totale Hingabe an den Partner, durch Abhängigkeit, Hörigkeit oder durch Verschmelzung, die soweit getrieben wird, bis der Mann sie zurückweist und verläßt, womit sie sich ihren Liebesunwert bestätigt hat.

Das Destruktive neurotischer Störungen ist die provozierte Wiederholung des Scheiterns. Das Gelingen einer Beziehung wird durch die Angst verhindert, die zu erwartende Enttäuschung könnte nicht mehr ertragen werden, wenn man sich an die Erfüllung der Liebe gewöhnt hätte. Ambivalenz in einer Beziehung ist ein normales Phänomen. Jeder Mensch sehnt sich nach Bindung und gleichzeitig nach Freiheit, nach Nähe und gleichzeitig nach Distanz, nach Selbstbestimmung und gleichzeitig nach Gemeinschaft, nach Vertrautem und gleichzeitig nach Neuem. Die Ambivalenz von neurotischen Menschen unterscheidet sich von jener Gesunder lediglich durch das Ausmaß der Unfähigkeit, die miteinander in Konflikt stehenden Tendenzen kompromißhaft zu vereinigen oder sie als nicht lösbaren Konflikt stehenzulassen (vgl. Kapitel 3, Dilemmas in der Selbstverwirklichung der Liebenden, S. 40 ff.).

Neurotische Beziehungsangebote

Neurotisches Beziehungsverhalten kann durch eine Symptombildung manifest werden. Es meldet sich ein Symptom, das dem Betroffenen und dem Partner unverständlich ist. Weshalb versage ich sexuell gerade mit der Frau, die ich am meisten liebe? Weshalb sind Panikattacken gerade jetzt aufgetreten, wo wir es in der Beziehung so friedlich haben? Derartige Symptome verweisen unseres Erachtens auf eine anstehende nicht vollzogene Entwicklung (s. Willi 1996; Willi, Frei, Günther 2000) und veranlassen die Betroffenen auch gegen erhebliche Widerstände, sich in eine Psychotherapie zu begeben. Aber es gibt darüber hinaus viele weniger eindeutige Verhaltensstörungen, die den Betroffenen unerklärlich sind. Weshalb habe ich eine unerklärliche Angst vor dem Standesamt? Weshalb bin ich ausgerechnet so aggressiv zu dem Mann, der so lieb zu mir ist?

Menschen mit neurotischen Charaktereigenschaften präsentieren sich häufig als sensible, verletzbare, selbstunsichere Menschen, die entweder direkt oder verborgen hinter einer überkompensierenden Fassade regressive und kindliche Wünsche spüren lassen, also Wünsche nach Verschmelzung, Harmonie, Idealisierung, Wünsche nach bedingungsloser Zugehörigkeit, Abhängigkeit und Zärtlichkeit. In ihrer Unfertigkeit wirken sie hilfsbedürftig und zeigen auch die Bereitschaft, etwaige Helfer oder Helferinnen zu idealisieren und ihnen Dankbarkeit zu bezeugen. Sie lassen in diesen die Vision entstehen, den Betroffenen die Erfüllung ihrer Sehnsüchte anzubieten und sie aus ihrem unerlösten Zustand zu befreien. Die verhaltenen neurotischen Sehnsüchte bieten eine Beziehung von besonderer Intimität, Sinnerfüllung und Exklusivität an. Doch die Erfüllung dieser Sehnsüchte ist durch eine tiefgehende Ambivalenz belastet. Sobald sich die Erfüllung der übergroßen Wünsche abzeichnet, macht sich die andere Seite der Ambivalenz bemerkbar, mit Abwehrreaktionen und schroffer und verletzender Zurückweisung. Zieht sich die Bezugsperson dann zurück oder bricht die Beziehung ab, so kommt in der neurotischen Person erneut die tiefe Sehnsucht nach Gelingen der großen Liebe auf. Wie soll eine Person mit ihren neurotischen Beziehungsambivalenzen umgehen? Muß sie Beziehungen generell vermeiden aus der Erkenntnis, daß sie dazu nicht befähigt ist? Muß sie sich auf ihre neurotische Disposition als ein Defizit einstellen, ähnlich wie auf eine körperliche Behinderung, mit der man einfach leben muß? Die Betroffenen werden sich mit einer derart resignativen Auffassung nicht abfinden. Sie suchen Möglichkeiten, sich in Liebesarrangements einzulassen, welche ihnen einen ausreichenden Schutz vor Überforderung und Verlust der Kontrolle in Aussicht stellen. Das sind die im folgenden beschriebenen Kollusionen.

Kollusionen als unbewußte Arrangements zur gesicherten Erfüllung angstbesetzter Beziehungssehnsüchte

Das Kollusionsmodell (Willi 1975) zeigt, wie die individuelle Ambivalenz von Sehnsüchten und Abwehrhaltungen scheinbar mit einem partnerschaftlichen Beziehungsarrangement aufgehoben werden kann, in welchem die regressiven Liebessehnsüchte der

Partner und ihre gleichzeitige Abwehr miteinander korrespondieren.

Definition der Kollusion: (colludere [lat.], zusammenspielen; collude [engl.], in heimlichem Einverständnis sein)

Unbewußte und uneingestandene Komplizenschaft im Zusammenspiel von Partnern. Sie dient der Verwirklichung unreifer Liebessehnsüchte und sichert gleichzeitig die Abwehr der damit verbundenen Ängste. Die Kollusion vermittelt ein Gefühl von spezieller Nähe und Unentbehrlichkeit füreinander. Sie mobilisiert hohe Entwicklungsmotivationen und verhilft manchen Personen, sich überhaupt eine Liebesbeziehung zuzutrauen. Eine Kollusion wird dadurch pathologisch, daß sie zu einer Verpflichtung auf eine Beziehungsform wird, aus der es kein Entrinnen gibt und die keine weiterführende Entwicklung und Veränderung zuläßt. Die Delegation von Persönlichkeitsanteilen auf den Partner erweist sich als Übergriff auf dessen persönliche Integrität und Autonomie.

Die Glücksverheißungen der Liebe stimulieren in besonderer Weise die Hoffnung auf Verwirklichung von unreifen und wenig realistischen Sehnsüchten. Man möchte sich fallen lassen und aus der Kontrolle geben dürfen, man möchte verwöhnt und umsorgt werden, geschützt und geborgen sein, man möchte aufgehen können in der Verschmelzung mit dem Partner oder man möchte auf den Partner stolz sein und mit ihm die Bewunderung der sozialen Umwelt auf sich ziehen. Doch gleichzeitig fürchtet man sich vor der Erfüllung derartiger Wünsche. Man schämt sich ihrer, man befürchtet, sich damit der Lächerlichkeit preiszugeben, man befürchtet, sich durch die Verwirklichung derartiger Ansprüche vom Partner abhängig zu machen und ihm unterlegen zu sein. So mag man denken, die Verwirklichung dieser Wünsche könne man sich nur leisten, wenn man mit dieser nicht in eine unterlegene Position gerate, wenn man spüre, daß man damit den Partner genauso im Griff hat, wie umgekehrt. Wie kann das gelingen? Die Lösung liegt im Aufspüren eines Partners mit ähnlichen Sehnsüchten, aber unterschiedlichem Umgang mit diesen. Es handelt sich um einen Partner, der nicht die Erfüllung seiner regressiven Sehnsüchte anstrebt, sondern deren Überwindung. Er erkennt die Unreife dieser Ansprüche, von denen loszukommen ihm aber bisher nicht gelungen ist. Er ist motiviert, sich aus diesen Wünschen hinauszuarbeiten. Das könnte ihm am ehesten gelingen, indem er diese Wünsche statt sich selbst einer anderen Person erfüllt. Das würde ihm eine »erwachsene« Selbstverwirklichung ermöglichen. Statt sich fallen und gehen zu lassen, würde er dem Partner Grenzen und Halt verleihen. Statt sich aus der Kontrolle zu geben, würde er über ihn Kontrolle ausüben. Statt sich umsorgen zu lassen, würde er den anderen umsorgen, statt Schutz zu suchen, Schutz und Geborgenheit anbieten, statt durch den andern soziales Prestige zu gewinnen, sich von ihm bewundert fühlen. All diese Entwicklungen wären dadurch möglich, daß der Partner sie einem abverlangt, daß er einen braucht, daß er sich ohne einen nicht lebensfähig fühlt. Es würde einem leichter fallen, auf die Erfüllung eigener regressiver Wünsche zu verzichten, wenn man einem anderen diese Wünsche erfüllen kann, so wie man in gleicher Weise Zärtlichkeit erfährt, wenn man eine Katze streichelt, wie wenn man selbst gestreichelt würde. Oder man sich ebenso beschenkt fühlt, wenn man einen anderen mit einem Geschenk erfreuen kann, oder wie einem ebenso geholfen wird, wenn man einem anderen helfen kann. Die Möglichkeit, etwas für einen Liebespartner zu tun, verleiht der eigenen Liebe Sinn, Aufgabe und Funktion; sie wertet einen persönlich auf und stimuliert und bestätigt einen in der eigenen Selbstverwirklichung. Vom anderen gebraucht zu werden vermittelt einem Menschen Energie, Stärke und ein Ziel.

Wer einen großen Nachholbedarf in der Erfüllung kindlicher Wünsche aufweist – eventuell zurückzuführen auf frühe Erfahrungen mit den Eltern – oder wer in besonderer Weise Selbstbestätigung sucht, wird in einer Liebesbeziehung auf die Möglichkeit ansprechbar sein, die vermißte Verwirklichung zu erlangen.

Betrachten wir das Gesagte nun in der Wechselwirkung zweier Partner, so ergibt sich die besondere Chance, daß sich zwei Partner zusammenfinden, bei denen der eine das Bedürfnis nach Verwirklichung seiner Sehnsüchte in die Beziehung einbringt und der andere die Motivation, diese Sehnsüchte dem anderen zu erfüllen.

Die Position des ersteren bezeichnen wir als die *regressive Verwirklichung*, jene der zweiten als die *progressive Verwirklichung*. Diese Positionen stehen auf der Basis gleichgearteter Sehnsüchte, mit einander entgegengesetzten Modalitäten, diese zu verwirklichen. Ein derartiges Zusammenspiel bezeichnen wir als *Kollusion*.

Kollusionsschema

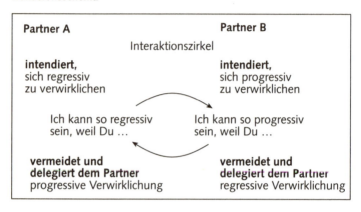

Regressive Verwirklichung: hilflos sein dürfen, will verwöhnt werden, führungsbedürftig, sich für den anderen aufgeben dürfen, von ihm abhängig sein.
Progressive Verwirklichung: helfen, verwöhnen, Geborgenheit spenden, führen, kontrollieren, Halt geben, Verantwortung für den andern übernehmen, Zentrum der Beziehung sein.

In einem Schema zusammengefaßt (s. Abb. oben) ergibt sich dieses Zusammenspiel wie folgt: Der Partner in regressiver Verwirklichung stellt den Anspruch, regressive Erfahrungen nachholen zu dürfen. Er vermeidet, Ansprüche des Partners zu erfüllen oder ein erwachsenes, reifes Beziehungsverhalten anzunehmen. Er delegiert vielmehr die progressive, »erwachsene« Verwirklichung an den Partner B. Partner B übernimmt die progressiven Funktionen nicht nur, weil sie ihm vom Partner A delegiert werden, sondern aus eigener Intention, da er sich mit der progressiven Bewältigung seiner regressiven Sehnsüchte in der Beziehung bestätigen möchte. Er vermeidet seinerseits für sich die Verwirklichung regressiver Versuchungen, weil er die damit verbundene Abhängigkeit und Unreife des Verhaltens fürchtet. Er sichert seine progressive Verwirklichung damit ab, daß er die regressiven Funktionen an Partner A delegiert. Jeder delegiert also dem anderen Partner jene Verwirklichung, die er für sich persönlich ablehnt. Bei der Partnerwahl kann sich somit Partner A sagen, ich kann mich in dieser Beziehung so regressiv verhalten, weil du so progressiv bist, und Partner B, ich kann mich in dieser Beziehung so progressiv verhalten, weil du so regressiv bist. Scheinbar ergänzen sich die Partner also in idealer Weise.

Das Umschlagen in eine destruktive Kollusion

Nun zeigt sich aber im längeren Zusammenleben, daß die Kollusion nicht als befriedigendes Arrangement erhalten werden kann. Der Anspruch auf Verwirklichung regressiver Ansprüche ist auf Dauer mit einem positiven Selbstwertgefühl nicht vereinbar. Der regressive Partner fühlt sich herausgefordert, reifere Verhaltensweisen und Entwicklungen anzustreben. Er fühlt sich auch vom progressiven Partner klein und abhängig gemacht und beginnt sich dagegen zu wehren. Im Grunde bleibt er ambivalent befangen im Anspruch auf Erfüllung seiner regressiven Wünsche durch den Partner und dem Anspruch, die Verantwortung für sich selbst zu übernehmen. Das Gefangensein in dieser Ambivalenz erfüllt ihn mit Wut auf den Partner, den er dafür verantwortlich macht. Der progressive Partner wird beteuern, er lasse dem regressiven alle Freiheit, die Verantwortung für sich zu übernehmen, aber er begünstigt – aus eigenem Interesse – das Verharren in der regressiven Position, indem er zumindest den regressiven Tendenzen des Partners keinen entschiedenen Widerstand entgegensetzt. Oft erhält er sich seine progressive Funktion, indem er der regressiven Wut des Partners gegenüber ein übermäßig verständnisvolles, »therapeutisches« und beschwichtigendes Verhalten annimmt und beteuert, ihm ja nur helfen zu wollen.

Eine Kollusion gibt einer Liebesbeziehung einen speziellen Zusammenhalt. Die Partner haben den Eindruck, das Zusammenpassen (Fitness) ihrer intendierten Verwirklichungen sei einmalig und nicht wiederholbar. Ihr Zusammenleben gestaltet sich in exklusiver Zweisamkeit. Sie sind stark mit sich selbst beschäftigt und grenzen sich von der Umwelt ab. Sie meinen, die Umwelt könnte ohnehin die Besonderheit ihrer Beziehung nicht erkennen.

Das Problem der Kollusion ist jedoch, daß sie als solche kaum einen weiterführenden Entwicklungsspielraum offen läßt. Die Partner brauchen sich wechselseitig in ihren Verwirklichungen für die eigene Stabilisierung in der Liebesbeziehung. Auch wenn sie sich wechselseitig das progressive bzw. regressive Verhalten vorwerfen, konstellieren sie dessen Perpetuierung laufend und sind nicht wirklich willens oder fähig, sich aus diesem Arrangement hinauszuentwickeln. Die Partner halten sich in einer Falle gefangen. Sie können die Kollusion nicht mehr so wie zu Beginn leben, weil sie ihnen keine weiterführende Entwicklung ermöglicht, aber sie haben auch Angst, die Kollusion zu verlassen, weil sie meinen, es werde damit kein ausreichender Zusammenhalt mehr vorliegen. Die Wut über die Aussichtslosigkeit, der Kollusion zu entrinnen, erzeugt Haß und Verachtung dem Partner gegenüber und begünstigt eine destruktive, aber nicht auflösbare Beziehung.

Fallbeispiel 6: Helmut und Lisbeth sind etwa 50 Jahre alt. Sie meldeten sich aus Verzweiflung über ihre Streitigkeiten. Sie leben seit drei Jahren zusammen, er ist ledig, sie ist kinderlos geschieden.

Als Beispiel ihrer Streitigkeiten bringen sie folgende Begebenheit vor: Eine Freundin von Lisbeth hat ihre Krebsdiagnose erfahren, Lisbeth will sie vor dem Spitaleintritt besuchen. Helmut aber möchte seinen Wagen in den Service bringen und bittet Lisbeth, ihn mit dem zweiten Auto zu begleiten, um gemeinsam zurückfahren zu können. Lisbeth erklärt sich nur widerwillig dazu bereit, stimmt dann aber zu in der Meinung, er könnte sie auf der Rückfahrt bei der Freundin absetzen. Liebenswürdigerweise erklärt sich Helmut jedoch bereit, im Auto auf sie zu warten. Das war Lisbeth an sich gar nicht recht, sie wäre lieber mit der Straßenbahn zurückgekehrt. Helmut jedoch bestand darauf zu warten. Nachdem Lisbeth eine halbe Stunde bei der Freundin war, kam ein wütender Telefonanruf von Helmut, der darüber erbost war, daß sie ihn so lange warten ließ. Lisbeth war über diese Reaktion erschrocken und fühlte sich vor der Freundin beschämt. Helmut fuhr wütend nach Hause, wo nach der Rückkehr von Lisbeth der Streit seine Fortsetzung fand.

Als Motivationshintergrund dieser und ähnlicher Streitigkeiten ergab sich, daß Helmut den Eindruck hat, Lisbeth habe für alles andere Zeit, nur nicht für ihn. Immer seien die Arbeit oder andere Personen wichtiger als er. Er fühle sich von ihr auf die Seite geschoben, frustriert und zu kurz gekommen.

Lisbeth ist auf Harmonie angewiesen und bekommt in einer Beziehung rasch Angst, nicht geliebt und verlassen zu werden. Sie möchte deshalb bei Streitigkeiten die Wogen so schnell wie möglich glätten und Frieden und Harmonie wiederherstellen, eine Verhaltensweise, die Helmut erst recht in Wut versetzt. Er ist der Meinung, er habe ein Anrecht darauf, in einer Liebesbeziehung umsorgt und verwöhnt zu werden, um so mehr, als er an Asthma leide. Er wisse zwar, daß seine riesigen Ansprüche nicht erfüllbar seien. Mit dem Kopf sehe er das ein, vom Gefühl her wehre er sich aber trotzig, sich mit den Begrenzungen der Realität abzufinden. Am allerwenigsten ertrage er es, wenn sie ihn dauernd mit Erziehungsmaßnahmen gängle und belehren wolle.

Zur Beziehungsgeschichte ist zu erwähnen, daß er, bevor sie sich kennenlernten, vier Jahre lang eine Beziehung zu einer Frau mit zwei Kindern hatte. Auch damals hatte er sich vernachlässigt gefühlt. Seine Freundin hatte es abgelehnt, ihn als weiteres Kind anzunehmen. Bei Lisbeth hat er den Eindruck, die Traumfrau gefunden zu haben. Sie ist eine liebenswürdige, mütterliche und verständnisvolle Frau. Im Laufe der Therapie kommt Helmut zu der Feststellung, daß er das, was er sich zutiefst ersehnt, gar nicht ertragen würde, nämlich sich von Lisbeth bemuttern zu lassen. Wenn sie ein gutes Gespräch miteinander haben, muß er sie wieder von sich stoßen. Allmählich sieht er, daß er sich von seinen regressiven Sehnsüchten, eine Frau zu finden, die seine Defizite an Mutterliebe kompensiert, verabschieden muß. Er hat den Eindruck, an einem Scheideweg zu stehen: Wenn er bei Lisbeth bleibt, fürchtet er die Erfüllung seiner Sehnsüchte in seinem Leben zu verpassen. Wenn er sich aber von ihr trennt, droht er vom Regen in die Traufe zu geraten.

Lisbeth lebte in ihrer ersten Ehe eine sehr symbiotische Harmonie. Sie idealisierte den Partner, bis es plötzlich zum Knall kam. Auch in der jetzigen Beziehung spürt sie die Schwierigkeit, sich von Helmut abzugrenzen. Sie hatte sich in ihn verliebt, weil sie glaubte zu wissen, wie er zu nehmen sei. Sie fühlt sich bis heute von dieser emotionalen und schwierigen Beziehung gefordert, aber auch persönlich bereichert. Sie wehrt sich aber gegen die Ansprüche von Helmut, die Rolle einer Therapeutin oder Mutter zu übernehmen, da sie spürt, daß er das gleichzeitig auch gar nicht ertragen würde.

Dennoch hat sie sich mit der Aufgabe identifiziert, Helmut zu helfen. Sie erträgt aggressive Spannungen in der Beziehung schlecht und möchte sich immer sogleich mit Helmut versöhnt wissen und ihn mit dauerndem Umsorgen besänftigen, was ihn erst recht in Wut versetzt, so daß er sie anschreit und beschimpft. Sie droht die gleichen Fehler zu begehen, welche ihre frühere Ehe zum Scheitern brachten. Sie beginnt ihr Verhalten zu korrigieren, indem sie sich in Streitsituationen zurücknimmt und Helmut alleine läßt. Sie erfährt dabei, daß sie damit an innerem Freiraum gewinnt und sich nicht mehr überverantwortlich für sein Befinden fühlt.

Helmut äußert, er habe sich damit abgefunden, daß er die Vision der vollkommenen Liebesbeziehung als Wiedergutmachung seiner schweren Kindheit aufgeben muß. Er wirkt dabei resignativ. Beide sprechen auf meine Intervention positiv an, daß sowohl Lisbeth wie Helmut die absoluten Ansprüche an die Liebe nicht aufgeben möchten und sie sich nicht mit Halbheiten abfinden wollten. Diese Kompromißlosigkeit der Liebe habe etwas Großes an sich, bringe aber unausweichlich das Leiden mit sich, daß sie nicht erfüllbar sei. Um Leiden und Enttäuschung zu mindern, müßte man diesen absoluten Anspruch reduzieren, womit auch etwas verlorenginge. Helmut bemerkte, das habe er alles schon lange gespürt, aber es sei wie ein innerer Trotz, eine Weigerung, das zu akzeptieren. Ich bestärkte das Positive ihrer Liebesbeziehung, daß sie das allgemein menschliche Drama mit großer Konsequenz leben, nämlich, daß die Liebessehnsüchte nie ganz erfüllt würden und daß das einen mit Wut und Trauer erfüllt.

Die heftigen Ausbrüche und Streitszenen gingen in Häufigkeit und Intensität stark zurück. Auch bei der Nachbesprechung nach fünf Monaten gaben sie an, beide hätten gelernt, mit ihren unerfüllten Sehnsüchten besser zurechtzukommen. Wenn sie – wie nur einmal in dieser Zeit – in einen Clinch geraten, gelinge es ihnen jetzt besser, einen Ausweg zu finden.

Auf das Kollusionsschema übertragen: Helmut in regressiver Position erhebt Anspruch, von Lisbeth verwöhnt zu werden, gleichzeitig fühlt er sich dadurch kleingemacht und wehrt sich gegen ihre Bemutterung. Lisbeth setzt den regressiven Tendenzen Helmuts keinen Widerstand entgegen, sondern neigt zu einem überverständnisvollen, beschwichtigenden Verhalten, mit dem sie ihn in unselbständiger Position hält. Das erfüllt Helmut mit Wut.

Es gibt Kollusionen, die so tief in den Partnern verankert sind, daß diese auch in einer Therapie keinen Ausweg finden. Manche können nur mit einer Trennung aus dem pathologischen und destruktiven Interaktionszirkel aussteigen. Wenn sie sich trennen, stehen sie wieder auf eigenen Füßen, gewinnen ihre Autonomie zurück und respektieren die Autonomie des anderen. Es ist, wie wenn die Liebe für sie eine Regressionsversuchung enthält, der sie verfallen, während sie außerhalb einer Liebesbeziehung eine eigenständige und erwachsene Haltung aufrechterhalten können. Sobald die Partner zusammen sind, verbeißen sie sich in einander, verletzen den anderen, von dem sie sich bedroht fühlen, versuchen, den anderen zu entwerten und schlechtzumachen, um nicht von ihm gedemütigt zu werden. Sie erkennen das Irrationale ihres Verhaltens und erkennen ihren Eigenanteil an, aber sie können nicht anders. Die Partner erleben die dauernden destruktiven Kämpfe als erniedrigend und spüren, daß sie durch dieses unwürdige Zusammenspiel ihr Selbstwertgefühl untergraben und sich wechselseitig in anstehenden Entwicklungsschritten zur Entfaltung ihres Potentials behindern.

Bei anderen ist die Kollusion das tragende Element der Beziehung. Entfällt die Kollusion, fehlt der Beziehung das Salz. Es fehlt die emotionale Faszination, das, was der Beziehung das Außergewöhnliche und Exklusive verliehen hatte. Ohne Kollusion wirkt alles banal und gewöhnlich.

Kollusionsmuster

In meinem Buch »Die Zweierbeziehung« von 1975 habe ich vier Kollusionsmuster ausführlich beschrieben, die ich hier kurz darstellen möchte. Es handelt sich dabei nicht um scharf definierbare diagnostische Kategorien, sondern um Muster, wie sich das neurotische Zusammenspiel von Partnern entfalten kann.

Es geht dabei um Grundmuster der Liebe, in welchen der eine Partner die regressive Sehnsucht agiert, der andere die überkompensierende Abwehr und Bewältigung. In den beschriebenen Mustern geht es:

- bei der oralen Kollusion um die Sehnsucht nach Verwöhnung und Umsorgtwerden in der Liebe und andererseits um die Gewährung von Hilfe ohne Anspruch auf Entschädigung;
- bei der anal-sadistischen Kollusion geht es um die Sehnsucht nach gesicherter Abhängigkeit in der Liebe und andererseits um die Übernahme von Führung und Kontrolle;
- in der narzißtischen Kollusion geht es um die Sehnsucht nach Verschmelzung und Selbstaufgabe und andererseits um den Anspruch, das Zentrum der gebildeten Einheit zu sein;
- in der Nähe-Distanz-Kollusion geht es um die Sehnsucht nach Nähe und andererseits um die Sicherung der Distanz.

Die sich widersprechenden Tendenzen der Ambivalenz werden auf die beiden Partner verteilt, jeder übernimmt einen Teil und delegiert den anderen an den Partner. Doch die Partner wollen miteinander dieses Thema nicht einfach inszenieren. Sie hoffen, die Ambivalenz miteinander zu überwinden, die regressiven Sehnsüchte zu erfüllen und die reiferen Entwicklungen zu verwirklichen. Die Tragik liegt jedoch darin, daß die beiden Partner quasi im gleichen Spital krank sind, daß sie gleichartige Ambivalenzen aufweisen und sich deshalb in der Weiterentwicklung lähmen und behindern. Durch die allzu große Bereitschaft, auf das Kollusionsangebot des andern einzugehen, fordern sie ihm keine wirkliche Weiterentwicklung ab.

Helferkollusion als orale Kollusion

Die Liebe wird definiert als zärtliches Umsorgen und Helfen. Es finden einander eine hilflose Person mit regressiven Ansprüchen und ein Helfer, der sich progressiv verwirklichen möchte. Die hilflose Person sehnt sich danach, in der Liebe verwöhnt, umsorgt, beschenkt und gepflegt zu werden. Sie erwartet vom Partner Unterstützung und aktive Hilfe. Im überstarken Bedürfnis nach Hilfe lehnt sie eigene Hilfeleistungen dem Partner gegenüber ab und erwartet von ihm, daß er sich mit der Helferposition identifiziert. Der Helfer ist motiviert, sich progressiv zu verwirklichen, dem Partner ein Maximum an Verwöhnung angedeihen zu lassen, ihn daran glauben zu lassen, daß es noch »die gute Mutter« gibt, daß er Vertrauen in eine geborgenheitspendende Liebe fassen darf. Er will pflegen, helfen, unterstützen. Er wird für seinen Einsatz entschädigt durch die Dankbarkeit des Hilflosen, aber auch durch die Bestätigung, daß er für jemand anderen so wichtig ist. Für sich selbst ist er völlig anspruchslos, er erwartet keine Gegenleistung, ja würde eine solche sogar ablehnen, wenn sie ihn in seiner Verwirklichung als Helfer relativieren könnte. Die Helferkollusion findet sich sehr häufig in allen »Helferberufen«, also in der beruflichen Beziehung von Pflegepersonal, Ärzten und Psychotherapeuten zu ihren Patienten. Eine besondere Anziehungskraft üben emotional labile Patienten, insbesondere Süchtige aus, die bisher nie eine stabile Form und Zuwendung erfahren hatten und einen übergroßen Nachholbedarf anmelden. Als Helfer bieten sich häufig Personen an, die sich aus ihrem schlechten Selbstwertgefühl hinausarbeiten wollen, sich selbst für wenig liebenswert erachten und durch die tätige Hilfe mit der Dankbarkeit des Hilflosen entschädigt werden. Liebesbeziehungen und Ehen, die aus einer beruflichen Helfer-Hilflosen-Beziehung entstanden sind, bewahren nicht selten den Charakter einer oralen Kollusion. Insbesondere da, wo der Helfer eine »therapeutische« Funktion innehat, wird er durch die Verselbständigung des Hilflosen in dieser Funktion überflüssig. Helfer neigen dazu, den Hilflosen immer wieder klein zu machen, um sich dessen Hilflosigkeit zu erhalten.

Patriarchalische Kollusion als anal-sadistische Kollusion

Dieser Kollusionstyp war vor dem emanzipatorischen Umbruch häufiger. Er findet sich heute noch oft in Kulturen, welche eine patriarchalische Gesellschaftsstruktur bewahrt haben. In der Regel ist es der Mann, der für die Verwirklichung seiner progressiven Position eine Partnerin braucht, der gegenüber er Kontrolle und Führungsfunktionen übernehmen kann, die er schützt, leitet und äußerlich dominiert, während sich die Partnerin in regressiver Position an ihn anlehnen darf, Schutz suchen, passiv folgen und sich führen lassen soll. In früheren Zeiten übertrieben die regressiven Partnerinnen ihr Verhalten nicht selten durch Nachlässigkeit, Desinteresse, Gleichgültigkeit und Passivität, was eine Form uneingestandener Auflehnung gegen den »Patriarchen« war. In der Emanzipationswelle der siebziger Jahre versuchten Frauen in regressiver Position dann aus einer patriarchalen Kollusion auszubrechen, indem sie sich heftig gegen die Kontrolle und Führung durch den Mann wehrten und bei ihm damit nicht selten eine kompensatorische Übertreibung seines Führungsanspruches erreichten, bis zu tyrannischem Unterdrückungsverhalten oder Gewalttätigkeit. Dadurch entlarvten sie den Mann als herrschsüchtig und fühlten sich zur Trennung von ihm legitimiert. Häufig wurden diese Bewegungen durch Frauengruppen oder durch Therapien unterstützt. Derartige Entwicklungen lassen sich heute nicht selten bei Gastarbeitern und Migranten im Assimilationsprozeß an unsere Kultur beobachten.

Prominentenkollusion als phallische Kollusion

Dieser Kollusionstyp spielt vor allem in den Medien eine große Rolle. Hier steht Liebe als soziales Prestige im Vordergrund. Es wird als Partner ein Star gesucht, eine Prominenz in Medien, Sport oder Wirtschaft, eine Person in beruflicher und finanzieller Spitzenposition und mit hoher gesellschaftlicher Attraktivität oder eine Schönheit, mit der man sich zeigen und bewundern lassen kann. Die progressive Person – es kann sich dabei um einen Mann oder eine Frau handeln – sucht sich jemanden, mit dem zusammen sie sich besonders »potent« fühlt. Der regressive Partner seinerseits ist stolz, die Gunst einer so bewunderten Person erlangt zu haben, und gibt seine Unterstützung durch fortlaufende Bewunderung und Überhöhung der »Potenz« des anderen kund. Auch hier kommt die Kollusion nicht selten durch Übertreibung des zunächst positiven Verhaltens zu Fall. Aus der Bewunderung des regressiven Partners werden immer mehr Erwartungen und Forderungen, daß der Bewunderte alles erfüllen muß, was man sich von ihm erträumen könnte. Der Bewunderte fühlt sich plötzlich überfordert (wird impotent), worauf der bisherige Bewunderer negative Reaktionen bis hin zu Haß und Verachtung zeigt. So dominiert in allen Kollusionen nicht selten der regressive Partner, scheinbar in der schwächeren Position, den progressiven. Es kann aber auch sein, daß der Partner in regressiver Position es satt hat, nur als begleitender Gatte bzw. Gattin in der Öffentlichkeit aufzutreten. Es melden sich bei ihm Ansprüche, mehr für eine eigenständige Selbstverwirklichung zu tun. Oft kommt es zu Rivalitäten mit dem Star und zu Abgrenzungsbestrebungen. Manche Stars sehen sich dann rasch wieder nach einem neuen Bewunderer um.

Verschmelzung der Partner in der narzißtischen Kollusion

In dieser Kollusion wird Liebe als Verschmelzung und Harmonie, als *Unio mystica* definiert. Die Beziehung wird in besonderer Weise als völlig einmalig idealisiert. Streit und Auseinandersetzungen werden vermieden. Die Verschmelzung gelingt in der Regel jedoch nur in einseitiger Weise. Der progressive Partner bildet das Zentrum der Vereinigung. Ihm wird die ganze Idealisierung des regressiven Partners entgegengebracht, der als »Komplementärnarzißt« wie ein Satellit um den progressiven Partner kreist. Der regressive Partner stellt für sich keine Ansprüche, weil er sich oft gar nicht wert fühlt, ein eigenes Selbst zu entfalten. Er lebt ganz in der Identifikation mit dem progressiven Partner und richtet sein ganzes Wirken auf diesen aus. Die Auflösung von Ich-Du-Grenzen führt zum Verlust an Spannung in der Beziehung und erfordert die Verdrängung alles Trennenden und damit auch jeglicher Auseinandersetzung zwischen den Partnern. Das kollusive Arrangement wird meist dadurch gestört, daß der progressive Partner die Unabgegrenztheit des Komplementärnarzißten nicht mehr erträgt und ihn von sich stößt. Aber es kann auch sein, daß der Komplementärnarzißt die Egozentrizität des Progressiven nicht mehr aushält oder durch diesen verletzt wird, insbesondere durch dessen Eingehen von Außenbeziehungen. Außenbeziehungen sind ein häufiges Mittel, um eine Abgrenzung zwischen den Partnern zu schaffen. Komplementärnarzißten reagieren sehr verletzt durch konkurrierende Liebesbeziehungen. Meist trennen sie sich jedoch nicht, sondern fühlen sich veranlaßt, ihre bedingungslose Liebe für den Partner und ihre Selbstaufgabe durch ihre Leidensbereitschaft unter Beweis zu stellen.

Diese vier Kollusionsmuster sind im Buch »Die Zweierbeziehung« (Willi 1975) ausführlich dargestellt und mit Fallbeispielen belegt. An sich sind auch andere Kollusionsformen möglich. Ich möchte noch ein Kollusionsmuster anfügen, das in der Praxis häufig anzutreffen ist:

Nähe-Distanz-Kollusion

Bei dieser Kollusion läßt sich nicht so eindeutig zwischen progressiv und regressiv unterscheiden, vielmehr handelt es sich um eine Kollusion eines Vertreters der Nähe mit einem Vertreter der Distanz. Die Distanz wird meist von den Männern vertreten, die Nähe von den Frauen.

Bei den Männern handelt es sich häufig um sogenannte schizoide Charaktere. Sie sind introvertiert, schüchtern, haben Mühe, aus sich herauszugehen, insbesondere Mühe, ihre Gefühle zu verbalisieren. Sie sind stille Zuhörer, zeigen ein sanftes, oft verlegenes Lächeln, wirken sensibel und differenziert. Männer mit diesen Merkmalen üben eine besondere Attraktion auf Frauen mit starkem emotionalen Temperament aus. Die Frauen fühlen sich von solchen Männern in besonderer Weise respektiert, verstanden und toleriert. Sie sehen aber auch eine Aufgabe darin, diese Männer, die wie schüchterne Rehe wirken, an sich zu binden und mit ihren

Gefühlen zu erfüllen. Da diese Männer sich nie für etwas klar entscheiden können, sondern dauernd ambivalent hin und her schwanken, fühlen sich die Frauen veranlaßt, für ihren Mann zu entscheiden. Sie glauben besser zu wissen, was für den Mann gut ist, was dieser braucht und was er im Grunde möchte. Es kommt zu psychischen Übergriffen. Die Frau dringt in den Mann ein und respektiert dessen Autonomie, die schwer faßbar ist, nicht. Leicht entwickelt sich ein Teufelskreis: je eindringender und übergriffiger die Frau, desto unfaßbarer und entscheidungsunfähiger der Mann, und je unfaßbarer der Mann, desto übergriffiger die Frau. In der Therapie zeigt sich eine tiefe Ambivalenz auf beiden Seiten: Der Mann sehnt sich im Grunde nach der Belebung durch die Frau, er sehnt sich danach, von ihren eindeutigen Gefühlen ausgefüllt zu werden und sich besser zu spüren. In seinem distanzierten äußeren Auftreten wirkt er auf Frauen besonders verführerisch. Sie glauben, ihm das Leben schenken zu müssen, ihn zu einem neuen Menschen gebären zu müssen. Gleichzeitig erträgt er jedoch die Nähe der Frau nicht. Er fühlt sich fremdbestimmt, manipuliert und eingeengt. Manche sind entscheidungsunfähig, wissen nicht, ob sie die Beziehung zu dieser Frau überhaupt möchten, stoßen sie brüsk zurück, verletzen sie und kränken sie mit Außenbeziehungen. Die Frauen geben aber ihre Bemühungen, den Mann mit Leben zu erfüllen, nicht auf, respektieren die Zurückweisung durch den Mann nicht, sondern versuchen weiterhin in ihn zu dringen. Gibt aber die Frau in ihrem Drängen nach, so sehen wir nicht selten, daß der Mann plötzlich die Nähe der Frau wieder sucht, sie wieder anlockt, um sie erneut zurückzustoßen, sobald sie sich wieder um ihn bemüht. Häufig schaffen sich die Männer Distanz durch das Eingehen einer Nebenbeziehung, welche einen trennenden Riegel gegen die Bedrängungen der Frau bildet. Kommt es zur Trennung, so beginnt er dasselbe Interaktionsmuster meist rasch mit einer anderen Frau.

Aber auch die Einstellung der Frau zur Nähe ist weit weniger eindeutig, als man meinen könnte. Sie agiert zwar vorbehaltlos die Nähe. Dennoch stellt sich die Frage, weshalb sie sich einen Mann gewählt hat, der Nähe gar nicht erträgt. In den Fällen, in denen der Mann nämlich Nähe zuläßt, wird die Frau verunsichert und geht nicht selten selbst auf Distanz.

Die Schwierigkeit, Nähe und Distanz zu regulieren, zeigte sich in einem Fallbeispiel in folgender Weise:

Fallbeispiel 7: Erwin fühlte sich mit Claudia am wohlsten, solange die Beziehung im unverbindlichen blieb. Das stellte sich in den Wohnverhältnissen dar: Er wohnte zunächst provisorisch bei ihr, hatte kein eigenes Zimmer, sondern studierte und schrieb an einem Buch auf dem Fensterbrett in ihrer Küche, ein Zustand, wo er die Zelte jederzeit wieder hätte abbrechen können. Die Krise trat auf, als er in eine Heirat einwilligte, welche unter anderem Claudia als Ausländerin den Verbleib in der Schweiz ermöglichte. Dazu kaufte Erwin ein eigenes Haus, das sie miteinander bewohnten. Die verpflichtende Nähe wurde ihm unerträglich und versetzte ihn in Wut, in welcher er Claudia davonjagen wollte und die Scheidung forderte. Es kam zu einem Abgrenzungs- und Distanzierungsversuch durch Einrichten zweier getrennter Wohnbereiche im Haus. Doch eine völlige Trennung ließ sich nicht erreichen. Er ertrug es nicht, wenn sie bei ihm anklopfte, sondern forderte, daß sie wartet, bis er zu ihr hochkommt und bei ihr anklopft. Sie konnten gemeinsam kaum etwas unternehmen, weil er sich durch Abmachungen zu stark festgelegt fühlte und nur spontan aus dem Moment heraus mit ihr ausgehen konnte. Erwin ersehnte sich ein wortloses Verstandenwerden. Wenn er spricht und sie ihn mit Fragen unterbricht, kann ihn das in Wut versetzen. Claudia fühlt sich in der Beziehung in einem Double bind gefangen, d. h. in einer Beziehungsfalle, in der sie, wie immer sie sich verhält, bestraft wird. Verhält sie sich einfühlsam, so kommt sie ihm zu nahe und er muß sie von sich stoßen. Gibt sie sich spontan, so fühlt er sich von ihrer Anwesenheit gestört. Claudia fühlt sich in eine Therapeutenrolle gedrängt, was sie ablehnt. Sie hat gleichzeitig aber den Eindruck, daß er allein die Regeln der Beziehung bestimmt.

Was hält Claudia in dieser schwierigen Beziehung? Es sind die Inseln des Glücks. Selten und immer nur für kurze Zeit kommt es zu Gesprächen, in denen sie einander sehr nahe sind und sich in einer besonderen Art verstehen, wie Claudia es noch nie erfahren hatte. Doch dann folgt sogleich wieder die schmerzliche Trennung mit all den Zurückweisungen und Verletzungen. Dennoch hat sie den Eindruck, Erwin gebe ihr viele Anregungen, fordere sie heraus und belebe sie. Ohne ihn würde ihr Leben an Reichhaltigkeit verlieren. Mein Eindruck ist, daß auch er – bei aller Auflehnung – sie als Gegenüber braucht, um auf dem Boden zu bleiben. Erwin hatte als Kind sehr schwierige Familienverhältnisse erfahren. Claudia möchte ihm ein Stück Heimat bieten und hatte gehofft, ihm zu neuen Geborgenheits-erfahrungen zu verhelfen. Sie fühlte sich von Erwins Not im Zwiespalt zwischen tiefer Liebessehnsucht und Angst vor verpflichtender Nähe angesprochen. Sie sah seine tiefen Zweifel an seiner Daseinsberechti-gung und hatte das Gefühl, ihn darin erreichen und stützen zu kön-nen. Immer wieder verfiel Erwin in schwerste Verzweiflungszustände, in denen er sich einsam fühlte. Sie wollte ihm eine bedingungslose Liebe anbieten.

Gerade das ist Erwin wiederum unerträglich. Er forderte den Aus-zug von Claudia aus dem Haus und die Trennung. Claudia nahm sich eine eigene Wohnung. Für ihn bedeutete das den Vollzug der defini-tiven Trennung, für sie aber lediglich das Wohnen in zwei Wohnun-gen. Auch jetzt bildete sich die Krise in den Wohnverhältnissen ab. Erwin geriet in Wut, wenn er feststellte, daß Claudia nach einer gemeinsam verbrachten Nacht ihr Nachthemd bei ihm hatte liegen lassen, im Badezimmer ein Parfumfläschchen zurückgelassen wurde oder sich in seinem Büchergestell noch Bücher von Claudia vorfanden. Je mehr er sie von sich wegstieß, desto mehr versuchte Claudia ihren Platz bei ihm und in ihm zu bewahren. Sie wollte sich nicht endgültig von ihm trennen.

Zeitweilig waren sie sich im Gespräch wieder sehr nahe, doch regel-mäßig mußte Erwin Claudia darauf wieder frustrieren, insbesondere mit außerehelichen Sexualbeziehungen.

Es stellte sich die Frage, weshalb Claudia, wenn sie sich ja so sehr nach Nähe sehnt, ausgerechnet einen Mann gesucht hatte, der Nähe so schlecht erträgt. Es ergab sich, daß auch sie Mühe mit kontinuier-licher Nähe hat. Sie war fasziniert von der Aufgabe, Erwin zu helfen, seine Angst vor Nähe zu überwinden. Sie wollte damit jedoch etwas erreichen, was ihm gar nicht entsprach. Sie glaubte, ihm mit ihrer Hilfe unentbehrlich zu werden.

Erwin hatte schon mehrjährige intensive Einzeltherapien hinter sich, welche seine Schwierigkeiten, in einer Beziehung mit Nähe/ Distanz umzugehen, wenig beeinflußt hatten. Ich versuchte, Erwin und Claudia für die Einstellung zu gewinnen, das Problem Erwins als eine nicht veränderbare Gegebenheit zu akzeptieren. Claudia konnte bisher nicht davon ablassen, ihm vorzuhalten, daß er sehr wohl anders könnte, wenn er nur wollte. Er konnte Nähe immer nur partiell und für begrenzte Zeit zulassen, als zeitweilige mütterliche Betreuung oder als vorübergehende sexuelle Beziehung, aber nicht beides miteinander. Als Ziel der Therapie schlug ich vor, diese Schwierigkeit als gegeben anzunehmen und sich darauf zu beschränken, besser mit ihr umgehen zu können. Dafür war zunächst weder Erwin noch Claudia zu gewinnen. Sie wollten sich ihre unerfüllbaren Hoffnungen erhalten. So einigten wir uns auf das Therapieziel zu lernen, mit unerfüllbaren Hoffnungen zu leben. Dieses Ziel enthielt eine Paradoxie, denn hoffen kann man nur, solange man die Erfüllung der Hoffnung erwartet. Claudia lernte, daß sie mehr bekommt, wenn sie von Erwin weniger erwartet. In dem Ausmaß, wie sie davon abließ, Erwin helfen zu wollen, erkannte sie den eigenen Anteil an der Nähe-Distanz-Ambivalenz. Erwin lernte, vorzeitig zu signalisieren, wenn ihn die Nähe Claudias zuviel wurde. Es spielte sich ein erfreuliches Kompromißverhalten von subtilen Nähe-Distanz-Regulationen ein. Nähe konnte ertragen werden, wenn von vornherein die Distanz gesichert blieb.

Auf das Kollusionsschema übertragen, agiert Erwin die Distanzierung und Claudia die Nähe. Doch die andere Seite der Ambivalenz, die tiefe, ängstlich abgewehrte Seite der Sehnsucht nach Nähe und Einswerden, ist bei Erwin deutlich spürbar. Bei Claudia ist die Ambivalenz komplizierter, da sie scheinbar eindeutig Nähe anstrebt. Nur strebt sie diese in einer so unabgegrenzten Weise an, daß sie bei Erwin das Gegenteil bewirkt, nämlich die distanzierende Zurückweisung und Abgrenzung. Erst allmählich wird sie sich bewußt, daß auch sie bezüglich Nähe und Distanz in einer tiefen Ambivalenz befangen ist.

Das Unbewußte und das Unausgesprochene

Für das Verständnis der Dynamik einer Paarbeziehung und einer Paartherapie ist die Unterscheidung zwischen »unbewußt« und »unausgesprochen« von Bedeutung. Dieser Unterschied wurde in der Fachliteratur noch wenig beachtet.

Das Unbewußte wird im psychoanalytischen Sinn als das Verdrängte, dem Bewußtsein nicht Zugängliche verstanden, das aber in verborgener, nicht bewußt wahrgenommener und oft symbolisierter Form dennoch wirksam ist. Freud untersuchte die indirekten Auswirkungen verdrängter Triebwünsche im Traum, in neurotischen Symptomen und in Fehlleistungen. Die Zensur entstellt die unannehmbaren, unbewußten Wünsche, die kontinuierlich an die Oberfläche drängen, so daß diese etwa in Traumbildern ihren Ausdruck finden, obwohl die betreffende Peson ihnen weiterhin die Anerkennung verweigert. Das Unbewußte besteht aus emotionalen Informationen, die – einst bewußt – abgewehrt und vergessen werden mußten, weil sie das Individuum in einen unerträglichen Konflikt brachten und immer noch bringen würden.

Kollusionen sind vor allem in ihren abgewehrt-delegierten Anteilen unbewußt. Der »Progressive« ist sich nicht bewußt, daß er den Partner als Träger des regressiven Anteils wählt und konstelliert. Er würde das als Unterstellung von sich weisen. Und ebenso verhält es sich mit dem »Regressiven«, der sich der Bewußtwerdung der Delegation seines progressiven Anteils verschließt. Das schwer Durchschaubare der Kollusion ist die verborgene Korrespondenz unreifer Entwicklungsbereitschaften, die es beiden ermöglicht, ausschließlich den Partner als Täter auszumachen und sich lediglich als Opfer bzw. Betroffener wahrzunehmen und hinzustellen. In diesem Sinn ist die Kollusion einem neurotischen Symptom gleichzustellen, dessen Funktion es ist, einem abgewehrten Anteil zu einer unreifen Verwirklichung zu verhelfen. Die Partner interagieren auf unbewußter Ebene miteinander und schützen damit den Fortbestand der Kollusion.

Das Unausgesprochene betrifft, was den Partnern an sich bewußt ist, aber was nicht ausgesprochen wird, aus Angst, damit in einen unerträglichen Konflikt miteinander zu geraten.

In einer Liebesbeziehung wird verbal immer nur selektiv kommuniziert, denn alles, was ausgesprochen wird, schafft ein Faktum, eine Tatsache, die nicht mehr ungeschehen gemacht werden kann. Was ausgesprochen ist, kann weiter wirken und eine Eigendynamik entwickeln, auch wenn nachträglich beteuert wird, man habe es nicht so gemeint. Mit dem Wort ist etwas in die Welt gesetzt, das nur mit einem anhaltenden Tatbeweis korrigiert werden kann. Mit dem Gesagten geht man ein Risiko ein, ist man doch nie sicher, wie das Ausgesprochene verstanden wird und was es beim andern auslöst. Man liefert sich mit Worten dem andern aus, man kann darauf festgelegt und verpflichtet werden, es kann noch nach Jahren auf etwas Ausgesprochenes Bezug genommen werden. Die averbale Kommunikation ist demgegenüber weit weniger festgelegt. Ob man vor dem Traualtar das Jawort ausspricht oder ob man in einer unkonventionellen Lebensgemeinschaft lebt, ist ein wichtiger Unterschied. Ob man offen zu einer sexuellen Außenbeziehung steht oder diese vom Partner nur vermutet werden kann, ist für dessen Konsequenzen von entscheidender Bedeutung. Real ist, was reale Folgen hat. Ein ausgesprochenes Wort wird zum Bestandteil der persönlichen und dyadischen Lebensumstände (Nische) und damit Bestandteil des wirkungsgeleiteten Lebenslaufes.

In der Kommunikationstheorie (Watzlawick et al. 1967) wird unterschieden zwischen analoger und digitaler Kommunikation. Die digitale Kommunikation bedient sich eindeutiger Zeichen, die einer binären Unterscheidung von ja oder nein entsprechen. Sie betrifft mehr den Inhaltsaspekt. Die analoge Kommunikation dagegen ist eher averbal und metaphorisch, sie ist oft mehrdeutig und betrifft mehr den Beziehungsaspekt. Der Beziehungsaspekt einer Liebesbeziehung wird vor allem analog-averbal kommuniziert mittels Mimik, Augenkontakt, Tonfall und Körpersprache. Auf die Frage: »Liebst Du mich eigentlich noch« ist die Antwort oft: »Ja merkst Du das denn nicht? Das brauche ich doch nicht dauernd zu sagen«. Man kann es sehr wohl merken, aber man möchte es mit der Eindeutigkeit eines Wortes hören. Selbst wenn ein Wort nicht so eindeutig gemeint ist, hat es als Wort einen verpflichtenden Charakter mit verpflichtenden Folgen. Oft will man sich deshalb im Bereich der analogen Kommunikation halten, weil man sich selber seiner Gefühle nicht voll bewußt ist und sich nicht festlegen lassen will.

Die Uneindeutigkeit der analogen, unausgesprochenen Kommunikation ist Anlaß für viele Mißverständnisse und Unsicherheiten in einer Liebesbeziehung. Sie wird in einer kollusiven Beziehung zum besonderen Problem. Auf unser Kollusionsschema übertragen: Es gibt die Ebene der Intentionen, die bewußt ist und meist ausgesprochen wird, also etwa, man wolle dem andern helfen, ihm Unterstützung und Halt vermitteln oder ihn am persönlichen Erfolg teilnehmen lassen. Doch diese scheinbar eindeutige Mitteilung ist vieldeutig, denn daneben gibt es die unausgesprochene, oft auch unbewußte Ebene des Abgewehrten und Delegierten, welche jenen Anteil an der Beziehung betrifft, den man dem andern nicht offen zeigen, ja, den man sich selbst nicht eingestehen will. Oft wird man dabei vom Partner in eine Doppelbindung (Double bind) hineingelockt, in der man, wie immer man sich verhält, bestraft wird. Entweder man fügt sich dem Anspruch des Partners, daß er bestimmt, worüber geredet werden darf, obwohl man spürt, daß etwas in der Beziehung nicht mehr stimmt, oder man wehrt sich gegen die Ausklammerung wichtiger Beziehungsaspekte aus dem Gespräch, dann wird man vom andern bestraft, weil dieser die ihm »unterschobenen Absichten« bestreiten und von sich weisen wird oder sie einem als eigenes Problem anhängen will.

Die Diskrepanz zwischen ausgesprochenen und unausgesprochenen Intentionen ermöglicht destruktive Spiele, die einen Großteil der Energie der Partner oft jahrelang an sich binden können.

Fallbeispiel 8: Kathrin und Stefan meldeten sich zu Paargesprächen wegen einer ernsthaften Außenbeziehung Kathrins, die ihrem Mann seit zwei Monaten bekannt war. Schon im ersten Gespräch stellte Kathrin klar, ihre Liebe zu Stefan sei erloschen. Sie möchte sich von ihm trennen. Dennoch wünschten beide eine Paartherapie. Stefan erhoffte sich davon einen Sinneswandel Kathrins, sie erwartete eine Klärung ihrer Beziehung. Zur Entfremdung zwischen ihnen sei es ganz allmählich gekommen, weil Stefan sich beruflich im Übermaß engagierte und für Kathrin keine Zeit mehr hatte.

Als sie sich vor vielen Jahren kennenlernten, war Kathrin frisch geschieden und hatte zwei schulpflichtige Kinder. Stefan gefiel ihr vom ersten Augenblick an. Er hatte etwas Väterliches, er bot ihr Hilfe und persönliche Unterstützung an, bei ihm konnte sie Halt und Geborgenheit finden. Er wurde auch gleich von ihren Kindern akzeptiert. In seinem sozialen Beruf ist Stefan wegen seines hilfsbereiten

Wesens allgemein beliebt. Es sei ihm eigen, Verantwortung für andere zu übernehmen. Kathrin hatte zunächst wenig für seinen Beruf übrig. Sie sagte: »Ich habe das Talent, in meinem Leben immer an die Falschen zu geraten.« Nach der Heirat zog sie in sein Haus ein. Doch dann begann sich alles zu wandeln. Sie fühlte sich in diesem Haus nie heimisch. Alles kam ihr jetzt so steif und formell vor. Zunächst idealisierte sie Stefan im Übermaß und wollte sich ganz für ihn aufgeben. Sie sei ganz in ihn hineingekrochen. Sie bot sich an, in seinem Beruf mitzuhelfen und Funktionen zu übernehmen. Aber aus ihr damals nicht ersichtlichen Gründen wollte er ihre Mitarbeit nicht. Heute sagt er, er habe seine Arbeit als seinen eigenen Bereich behalten und sie vor Überforderung bewahren wollen. Das verletzte sie sehr. Auch er war früher schon einmal verheiratet, mit einer politisch aktiven Akademikerin. Sie seien miteinander in unerträgliche Rivalitäten geraten. Allmählich dämmerte es Kathrin, daß Stefan auch mit ihr rivalisierte, aber nicht aus einer gleichgestellten Situation heraus, sondern indem er sie mit seiner Hilfsbereitschaft klein zu halten versuchte. Er seinerseits hatte den Eindruck, sie brauche seine Hilfe, um eine erwachsene Frau zu werden. In den ersten Ehejahren entwickelte Kathrin ein Paniksyndrom, dessentwegen sie sich in eine psychotherapeutische Behandlung begab.

Vor fünf Jahren kam es zu einem Wendepunkt. Stefan zeigte sich an sexuellen Beziehungen mit Kathrin kaum mehr interessiert. Es war auch die Zeit des Wegzugs von Kathrins erwachsen gewordenen Kindern und die Zeit der Wiederaufnahme ihrer Berufstätigkeit. Langsam und unaufhaltsam kam es damals bei Kathrin zu einer inneren Kündigung ihrer Liebe. Stefan engagierte sich beruflich übermäßig und hatte für die Pflege der Beziehung zu Kathrin kaum Zeit. So nahm er die zunehmende Entfremdung zwischen ihnen in ihrem Ausmaß nicht wahr. Kathrin suchte immer wieder das Gespräch mit Stefan, doch er wich aus und wehrte ab. Unter Tränen äußerte Kathrin, daß sie sich von Stefan nie wirklich gebraucht gefühlt hatte. Sie hatte den Eindruck, er umgebe sich lieber mit anderen Frauen. Erst im Laufe unserer Gespräche kam heraus, daß Stefan zur Zeit seines sexuellen Rückzugs vor fünf Jahren eine über Jahre dauernde Außenbeziehung eingegangen war, die streng geheimgehalten worden war.

Kathrin organisierte sich nun eine eigene Wohnung, um sich definitiv von Stefan zu trennen. Stefan war darüber enttäuscht und verletzt. Die Auflösung der Ehe ist ihm peinlich, auch wegen seines beruflichen Ansehens. Keinesfalls möchte er, daß Streitigkeiten zwischen ihnen in der Öffentlichkeit ausgetragen werden. Er befürchtet, viele Menschen, die in ihm ein Ideal sehen, zu enttäuschen.

Kathrin sah in der Trennung eine Art höhere Fügung. Sie müsse sich jetzt von Stefan trennen und ihren eigenen Weg gehen, ansonsten sie immer wieder in die alten Muster zurückfalle und sich von ihm abhängig mache. Sie habe in ihrem Leben noch nie allein gelebt und noch nie für sich sorgen müssen. Es sei für sie jetzt der richtige Zeitpunkt, diese Entwicklung nachzuholen.

Die insgesamt sechs Paargespräche waren für beide hilfreich, um sich mit dem, was sie in einer fast 20 Jahre dauernden Ehe nie auszusprechen gewagt hatten, zu konfrontieren.

Es handelt sich um eine Helferkollusion, in welcher der Mann seine Frau in regressiver Position halten wollte, um nicht mit ihr offen rivalisieren zu müssen. Das Muster hatte sich zwischen ihnen so stark verfestigt, daß die Frau sich trennen will, um die Gefahr zu bannen, immer wieder in die alten Bahnen zurückzufallen. Die Paargespräche hatten nicht das Ziel, die Liebesbeziehung zu verbessern, da die Trennung für die Frau bereits beschlossene Sache war, sondern dienten dazu, vieles auszusprechen, was seit langer Zeit angestanden war. Vieles wurde in diesen Gesprächen bewußter, aber insbesondere wurde vieles erstmals ausgesprochen und damit zum Gegenstand, mit dem man sich auseinandersetzen konnte. Für die Frau waren diese Gespräche wichtig, um die Beendigung der Beziehung mit dem Mann zu klären und damit für ihre weitere Entwicklung zu nutzen; für ihn waren die Gespräche hilfreich, um sich bewußt mit den Zwängen und der Doppelbödigkeit seiner beruflichen Stellung auseinanderzusetzen und damit zu einer offeneren Haltung zu finden.

Ein wesentliches Anliegen der Paartherapie ist, die analoge, vage angedeutete und uneindeutige Kommunikation in eine digitale überzuführen. Im geschützten Rahmen der Therapie soll das Unausgesprochene Gestalt annehmen und damit die unausweichlich gewordene Konfrontation mit dem Vermiedenen gewagt werden. Diese Konfrontation ist zwar belastend, aber auch klärend. Der Mut, den die Partner dafür aufbringen, gibt ihnen die oft verlorene Selbstachtung und den Respekt vor dem anderen zurück.

Diesem Buch liegt die These zugrunde, daß im Erwachsenenleben nichts die persönliche Entwicklung so wirksam herausfordert wie eine Liebesbeziehung. Doch diese Herausforderung kann als Überforderung erlebt werden und dem Bedürfnis nach einem unreiferen Ausleben von Entwicklungsbereitschaften in der Beziehung Raum verschaffen. Die Schattenseite dieser These ist, daß im Erwachsenenleben nichts die persönliche Entwicklung so lähmt wie eine destruktiv gewordene Liebesbeziehung. Um Wachstum in der Liebe zu ermöglichen, braucht es die Bereitschaft, Kritik vom Partner entgegenzunehmen und auf seine Vorwürfe hinzuhören. Kritik erweist sich so als Liebesdienst. Darauf werde ich in Kapitel 10 näher eingehen.

Die Entwicklung einer Kollusion

Wie in Kapitel 8 ausgeführt, gehen Verliebte die Beziehung in der Hoffnung ein, mit Hilfe des anderen neue Lebensmöglichkeiten verwirklichen zu können bzw. beim anderen eine bestimmte Entwicklungsmöglichkeit ins Leben zu rufen. Persönliche Entwicklungen sollen mit und durch den anderen realisiert werden. Die Partner brauchen sich gegenseitig, was ihrer Beziehung das ganz Besondere gibt, das Spezifische und nicht Wiederholbare. Es ist das Gefühl, sich vom anderen als unentbehrlicher Helfer brauchen zu lassen oder zu glauben, im Partner den entscheidenden Helfer gefunden zu haben.

Solche Vorstellungen schwingen mit, wenn man hofft, mit dem Partner lebensgeschichtlich begründete Defizite und Traumatisierungen der Kindheit oder des Erwachsenenlebens überwinden zu können. So etwa, wenn jemand, der Mutterliebe vermissen mußte, im Partner eine Person gefunden hat, die ihn verwöhnt, umsorgt oder ihm Geborgenheit und Vertrauen in die Liebe eines nahen Mitmenschen vermittelt. Jemand, der in einer vorangegangenen

Beziehung dauernd entwertet wurde und zu hören bekam, er sei nichts und werde nichts, wird einen hohen persönlichen Auftrieb erfahren, wenn er sieht, wie der Partner unter seiner Umsorgung und Verwöhnung aufblüht, Lebensfreude entwickelt und Vertrauen in die Liebe zu bilden beginnt. Solche Partner brauchen einander also für grundlegende neue Lebenserfahrungen, zu denen sie sich gegenseitig verhelfen können.

Die Gegenseitigkeit des Sich-Brauchens ergibt sich am leichtesten, wenn die Partner sich komplementär zueinander verhalten: Der Hilflose braucht den Helfer, der zum Helfen Motivierte den Hilflosen. Der Passive braucht den Aktiven, der zu Aktivität Motivierte den Passiven. Der Anlehnungsbedürftige braucht den Führenden, der zum Führen Motivierte den Anlehnungsbedürftigen. Wer bereit ist zu bewundern und zu bestätigen, sucht den Bewunderungsbedürftigen, wer auf Bestätigung angewiesen ist, braucht den Bewundernden.

Soweit kann das Zusammentreffen aufeinander ansprechbarer Partner im gesunden Sinne entwicklungsfördernd sein. Es ist eine normale und keineswegs pathologische Hoffnung der Verliebten, vom Partner gebraucht zu werden oder den Partner brauchen zu dürfen, um mit seiner Hilfe neue Formen des Lebens und der persönlichen Entwicklung möglich zu machen. Zur Störung werden derartige Erwartungen erst, wenn deren Realisierung nicht mehr frei gewählt werden kann, sondern zum Zwang und zur Verpflichtung wird, wenn die aneinander gerichteten Erwartungen eine weiterführende persönliche Entwicklung nicht mehr fördern, sondern im Gegenteil behindern, wenn die gegenseitige Unterstützung nicht erfolgreich sein darf, weil sie sich dann selbst überflüssig machen würde.

So kann etwa die besondere Verwöhnung und Umsorgung, die man vom Partner erfährt, wichtig sein, um Vertrauen in die Liebe zu bekommen und sich erstmals in einer Beziehung geborgen zu fühlen. Diese neue Erfahrung kann jedoch auch Angst hervorrufen, man könnte sich zu sehr an die Geborgenheit gewöhnen, so daß man sich ohne die Zuwendung des Partners nicht mehr lebensfähig fühlen würde. Voller Besorgnis lauert man direkt auf Augenblicke, in welchen man dem Partner ein Nachlassen seiner

Hilfsbereitschaft nachweisen kann. Anstatt das Risiko des Enttäuschtwerdens zu tragen, sucht man Sicherheit. Das heißt, man versucht, mit seiner Hilflosigkeit den Partner fest in den Griff zu kriegen und ihm sein Verhalten zu diktieren. Nur scheinbar ist der Hilflose schwach; man kann den Partner auch mit Hilflosigkeit tyrannisieren.

Es kann auch sein, daß der fürsorgliche Partner nicht auf seine Helferfunktion verzichten will, weil er darin eine ihm unentbehrlich erscheinende persönliche Bestätigung gefunden hat, oder weil er sich die Liebe des Partners gar nicht zutraut, wenn er sich nicht als Helfer unentbehrlich machen kann. Die Bestrebungen der Partner sind also in tieferen Ängsten begründet und verstärken sich gegenseitig. Beide Partner suchen sich dieses Zusammenspiel zu erhalten, um nicht mehr in die früheren Verletzungen und Frustrationen zurückzufallen. Das Schlimmste, das eintreten könnte, wäre, daß der Hilflose nicht mehr hilflos wäre und damit die Fürsorglichkeit der Partners überflüssig würde, oder daß der Fürsorgliche sein Interesse am Befürsorgen verlieren könnte und damit der Hilflose allein dastehen würde.

In einer gesunden Koevolution wird dem Kollusionsangebot des Partners ein Widerstand entgegengesetzt

Hinderlich für die persönliche Entwicklung wird eine Kollusion dann, wenn jeder den anderen mit seiner Verhaltensweise dauerhaft zur Selbststabilisierung braucht, wenn die Partner einander keine freie Selbstentfaltung zubilligen, sondern diese für den andern festlegen. Die Partner verstehen es nicht, einander Grenzen zu setzen, Widerstand zu leisten und einander zu eigenständigerem Verhalten herauszufordern, vielmehr neigt z.B. der Hilflose dazu, bei Nachlassen der Helfermotivation des Partners seine Hilflosigkeit zu verstärken, um damit die Hilfe zu erzwingen. Und umgekehrt: Der Helfer neigt zu Überfürsorge, anstatt dem Hilflosen Eigenverantwortung abzufordern. Auf jeden Ausbruchsversuch aus dem gewohnten Verhalten wird gleich wieder so reagiert, daß er in das kollusive Muster zurückführt.

Koevolution als gesunde Form des Zusammenlebens erfordert die gegenseitige Respektierung der Selbstbestimmung und Eigenverantwortlichkeit. In einer Kollusion determinieren sich die Partner in ihrem persönlichen Verhalten, das heißt, sie bestimmen einander und treten einander gewisse zentrale Funktionen ab bzw. übernehmen sie füreinander. Zu diesen Funktionen gehören eigenständiges Wahrnehmen, Verarbeiten, Bewerten, Entscheiden, Handeln, Verantworten, also alles Funktionen, die für die Selbstregulation einer autonomen Persönlichkeit wichtig sind und nicht jemand anderem übertragen werden können, ohne daß destruktive Formen von Abhängigkeit entstehen und es zum Verwischen der persönlichen Grenzen kommt. Diffuse interpersonelle Grenzen sind von der Paar- und Familientherapie bei allen Formen von Störungen immer wieder festgestellt worden (als »enmeshment« von Salvador Minuchin (1978); als undifferenzierte Ich-Masse von Murray Bowen (1972) oder als Abgrenzungsprinzip in meinem Buch »Die Zweierbeziehung« (1975, S. 16)). Übergriffe und Grenzüberschreitungen in der Liebe liegen nahe, weil sie scheinbar ein höheres Maß an Nähe und Bezogenheit erzeugen. Doch je abhängiger zwei Partner voneinander sind, desto eher entsteht hintergründig ein Machtkampf, denn niemand will sich einem anderen ausliefern, wenn er ihn nicht gleichzeitig durch Manipulationen fest im Griff halten kann. Vorübergehend kann es als hilfreich erlebt werden, wenn der Partner für einen entscheidet, die Verantwortung übernimmt oder handelt; längerfristig wird damit jedoch die Gleichwertigkeitsbalance gestört, mit all den destruktiven Nebenfolgen. Auch die gutgemeinte Absicht, dem anderen nur helfen zu wollen, kann keine Legitimation sein, ihn bestimmen oder formen zu wollen oder gar besser zu wissen, was für ihn gut ist, wie er im Grunde genommen beschaffen ist oder wie er denken und fühlen sollte. Wer sich vom anderen strukturieren läßt, verliert das Vertrauen in seine Regulationsfähigkeit und gibt damit dem anderen Anlaß zu unablässiger Kritik und Entwertung, paradox verbunden mit der Aufforderung, endlich selbständiger zu werden.

Die Beanspruchung der Eigenverantwortlichkeit grenzt die Partner stärker voneinander ab. Sie verzichtet auf übergroße Nähe und auf die zirkuläre Determination von Denken, Fühlen, Wollen und

Handeln. Nur wenn jedes sich und den anderen als sich selbst regulierendes Wesen respektiert, können wirksame entwicklungsfördernde Auseinandersetzungen stattfinden.

Die chilenischen Biologen Humberto Maturana und Francisco Varela (1987) haben beschrieben, wie die Fähigkeit zur Selbstregulation für das Überleben jedes Lebewesens Voraussetzung ist. Sie bezeichnen diese Fähigkeit als Autopoiese (Selbstorganisation, »Selbsterschaffung«). Zwei Lebewesen, die miteinander in Interaktion stehen, können sich gegenseitig anregen (perturbieren), wobei aber jedes Lebewesen seine Organisation bewahren muß. Die Organismen stehen zueinander in Koontogenese (Maturana und Varela 1987, S. 196). Verliert der eine Organismus in der Interaktion mit dem anderen seine Selbstorganisation, so wird er aufgelöst und zerstört. Es entspricht also offenbar einem allgemeinen Lebensgesetz, daß Koevolution zwischen Lebewesen – sowohl im psychologischen wie im biologischen Bereich – nur möglich ist unter Respektierung der Selbstorganisation und Selbstregulation.

Kollusiver Wiederholungszwang oder Gesundung am Widerstand des Partners?

Aus psychoanalytischer Sicht wird immer wieder der Wiederholungszwang in der Gestaltung bzw. im Scheitern von Partnerbeziehungen postuliert. Je neurotisch fixierter eine Beziehungsstörung ist, desto eher werden Beziehungen immer wieder an denselben Schwierigkeiten scheitern. Doch solche Fälle dürften weniger häufig sein als von manchen Therapeuten angenommen. Eine Kollusion kann auch ein Durchgangsstadium in einem Beziehungsprozeß sein. Häufig bieten Kollusionen den Partnern zu Beginn einer Beziehung einen Schutz vor Beziehungsängsten an, etwa bei der Angst, nicht liebenswert zu sein ohne Übernahme einer helfenden Funktion, oder bei der Angst, den Partner nicht an sich binden zu können. Manche trauen sich überhaupt erst eine Beziehung unter diesem Schutz zu.

Generell teilen wir bezüglich Wiederholungszwang nicht die pessimistische Sicht vieler Psychoanalytiker. Menschen können durch das Scheitern von Beziehungen neue Erfahrungen machen, die ihre Beziehungsschemata korrigieren, ihre neurotischen Dispositionen können sich auswachsen, sie können an neuen Partnerbeziehungen gesunden. Meines Erachtens können die Forschungen von Weiss und Sampson (1986) über den psychoanalytischen Prozeß gewinnbringend auf die Partnerbeziehung übertragen werden. Die Autoren beobachteten, daß Patienten den Therapeuten unbewußten »Prüfungen« unterziehen, um herauszufinden, ob ihre pathogenen Erwartungen durch den Therapeuten bestätigt werden oder ob dieser versteht, diese in einer heilsamen Weise zu beantworten. Besteht der Therapeut die Prüfung, so kann der Patient das Vertrauen entwickeln, daß seine unbewußten pathogenen Schemata vom Therapeuten nicht bestätigt werden. Auch Partner wollen ihre pathogenen Beziehungsmuster in einer neuen Beziehung nicht wiederholen, sondern überwinden. Oftmals konnten wir beobachten, daß Menschen mit Beziehungsstörungen sich intuitiv Partner wählten, die ihren kollusiven Beziehungsangeboten einen Widerstand entgegensetzten oder sich darauf als unansprechbar erwiesen (Beispiel s. Willi 1991, S. 176). Eine derartige Beziehung fordert einem zwar den Verzicht auf die Erfüllung unreifer Sehnsüchte ab, ermöglicht einem aber gleichzeitig, sich in reiferer Form in der Beziehung zu verwirklichen. Es erweist sich als entscheidend, ob Partner sich zu Kollusionen verführen lassen oder ob sie den Widerstand gegen ein ihnen angetragenes Angebot aufrechtzuerhalten vermögen.

10. Die Vorwürfe des Partners als Stimme des Unbewußten

Einander Vorwürfe zu machen heißt, den anderen nicht so zu akzeptieren, wie er ist, eine Verhaltensweise, die nach Meinung mancher Autoren mit echter Liebe nicht vereinbar ist. Vorwürfe gelten auch oft als Projektionen eigener abgewehrter und verdrängter Anteile auf den Partner. Aus den Erfahrungen der Paartherapie bin ich jedoch immer wieder über die Treffsicherheit von Vorwürfen erstaunt. Diese Treffsicherheit bedarf allerdings der Relativierung durch die Treffsicherheit der Gegenvorwürfe. Die »Wahrheit« muß im dialektischen Diskurs von den Partnern erarbeitet werden. Die Partner sind sich wechselseitig die Stimme des Unbewußten, d. h. die Stimme des verdrängten Anteils. Sie konstellieren die Beziehung oft so, daß der andere ihnen jene Entwicklung abfordert, der sie auszuweichen neigen.

Persönlicher und dyadischer Wandel ergibt sich oft weniger aus innerer Einsicht, als durch die äußeren Beziehungsumstände, welche Entwicklungen herausfordern und notwendig machen.

In Kapitel 5 habe ich mich bereits mit den allgemeinen Vorwürfen befaßt, die Frauen an Männer und Männer an Frauen richten. In diesem Kapitel möchte ich mich mit den Vorwürfen, die Partner in einer konkreten Paarbeziehung aneinander richten, befassen.

Sind Vorwürfe und Liebe vereinbar?

Max Frisch (1985) schreibt in seinem Tagebuch 1946–1949 unter dem Titel »Du sollst Dir kein Bildnis machen« folgenden Passus: »Es ist bemerkenswert, daß wir gerade von dem Menschen, den wir lieben, am mindesten aussagen können, wie er sei. Wir lieben ihn einfach. Eben darin besteht ja die Liebe, das Wunderbare an der Liebe, daß sie uns in der Schwebe des Lebendigen hält, in der Bereitschaft, einem Menschen zu folgen in allen seinen möglichen Entfaltungen. Wir wissen, daß jeder Mensch, wenn man ihn liebt, sich wie verwandelt fühlt, wie entfaltet, und daß auch dem Liebenden sich alles entfaltet, das Nächste, das lange Bekannte. Vieles sieht er wie zum ersten Male. Die Liebe befreit es aus jeglichem Bildnis ... Unsere Meinung, daß wir das andere kennen, ist das Ende der Liebe ... Wir künden ihm die Bereitschaft, auf weitere Verwandlungen einzugehen. Wir verweigern ihm den Anspruch alles Lebendigen, das unfaßbar bleibt, und zugleich sind wir verwundert und enttäuscht, daß unser Verhältnis nicht mehr lebendig ist. ›Du bist nicht‹, sagt der Enttäuschte oder die Enttäuschte, ›wofür ich dich gehalten habe‹ ... Man macht sich ein Bildnis, das ist das Lieblose, der Verrat.«

An den anderen Erwartungen zu stellen und ihm Vorwürfe zu machen heißt, sich ein Bild von ihm zu machen und ihn auf dieses Bild zu verpflichten. Einander wechselseitig Vorwürfe zu machen steht im Widerspruch zu der von Carl Rogers geforderten bedingungslosen wechselseitigen Anerkennung. Rogers (1961/1973) fordert, in einer mitmenschlichen Beziehung den anderen bedingungslos in seinen Gefühlen anzunehmen, gleichgültig, wie positiv oder negativ sie einem momentan erscheinen mögen. Man sollte dem andern die Freiheit geben, sich zu erfahren, um der zu werden, der er in Wahrheit ist. Der andere werde nicht durch Erwartungen, Forderungen und Vorwürfe in seiner Entwicklung gefördert, sondern durch das ihm gewährte Vertrauen in seine Selbstverwirklichung. Ich stimme Rogers darin bei, daß letztlich jeder selbst die Verantwortung und Entscheidung für seine Entwicklung übernehmen muß und man diese weder für einen anderen leisten kann, noch sie einem anderen übertragen. Aber Max Frisch und Rogers stellen Erwartungen an die Liebenden, die in der Realität einer gelebten Beziehung kaum erfüllt werden, auch von ihnen selbst nicht in ihren eigenen Beziehungen. Zumindest zeitweilig richten in allen Beziehungen die Partner massive, emotional geladene Vorwürfe aneinander. Weshalb ist es so schwierig, darauf zu verzichten? Wenn gemäß unserem Verständnis von Liebe das Wesentliche im Beantwortetwerden durch den anderen liegt, so wird die Art, wie er einen versteht und beantwortet, für die eigene Entfaltung in der Liebesbeziehung von hoher Bedeutung sein. Die Partner müssen sich miteinander auseinandersetzen und gemeinsame Lösungen

Sind Vorwürfe und Liebe vereinbar? | 217

erstreiten, mit der sich beide identifizieren können. Den Partner in seinen Gefühlen zu akzeptieren mag möglich sein, sein Verhalten aber und sein Handeln wird man nicht bedingungslos akzeptieren können, weil man selbst davon betroffen ist. Die meisten Menschen werden sich überfordern, wenn sie auf Erwartungen, Kritik und Vorwürfe verzichten wollen.

Jede Wahrnehmung des Partners ist eine Projektion des Bildes, das wir von ihm haben

Das Aussprechen von Vorwürfen wird nicht nur als ungerechtfertigter Übergriff auf die Autonomie des anderen zurückgewiesen, sondern es wird von manchen Psychotherapeuten dem Vorwerfenden darüber hinaus vorgehalten, er projiziere seine eigenen ungelösten Probleme auf den Partner und bekämpfe in ihm, was er für sich selbst ins reine bringen sollte.

Um den Begriff Projektion phänomenologisch zu verstehen, ist ein Rückgriff auf die *Erkenntnistheorie* notwendig. Gemäß dem radikalen Konstruktivismus (Ernst von Glasersfeld 1984; Heinz von Foerster 1984; Maturana und Varela 1987) sind all unsere Wahrnehmungen der Welt Konstruktionen und nicht personenunabhängige Wahrheiten oder Wirklichkeiten. Wir können nie wissen, wie etwas wirklich ist, wir können lediglich laufend überprüfen, wie die Wahrnehmung unserer Umwelt zu weiteren Erfahrungen unserer Umwelt paßt. Wenn diese Erfahrungen nicht mehr passen, müssen wir unsere Konstruktionen korrigieren und verändern, bis sie wieder passen (Paradigmenwechsel nach Thomas Kuhn 1962). Von daher gesehen ist jede Wahrnehmung eine Projektion, ein Hinausverlegen unseres Bildes, ein Überstülpen unserer Konstruktion über einen Gegenstand. So verhält es sich auch zwischen zwei Partnern. Sie können nie wissen, wie der andere wirklich ist. Sie können lediglich überprüfen, ob der Eindruck oder das Bild, das sie vom anderen haben, durch den Umgang mit ihm bestätigt wird. Paßt das Bild nicht, muß es korrigiert werden. Man wird den anderen durch die Brille der eigenen Vorerfahrung sehen und in der Begriffssprache des eigenen Beziehungsvokabulars verstehen. Das Bild, das man sich vom anderen macht, ist primär stark von inneren Objekten, Schemata oder persönlichen Konstrukten bestimmt, d. h. also von den Niederschlägen, welche frühere Erfahrungen mit wichtigen Bezugspersonen in einem hinterlassen haben. Entscheidend ist, ob der Wahrnehmende lernbereit ist, ob er bereit ist, das Bild, das er sich vom Partner macht, zu überprüfen und in Frage zu stellen, ob er sich bewußt ist, daß seine Wahrnehmung vorläufigen Charakter hat und laufend korrigiert, erweitert und angereichert werden muß.

Man kann den andern gar nicht anders wahrnehmen, als nach der subjektiven Konstruktion des Bildes, das man auf ihn projiziert. Entscheidend ist jedoch, ob man bereit ist, das Bild, das man sich vom anderen macht, laufend zu überprüfen und zu korrigieren. Eine Partnerbeziehung ist ein ununterbrochener Prozeß des Einander-Suchens und Sich-einander-Erklärens.

Kompliziert wird das Phänomen der projektiven Wahrnehmung dadurch, daß der andere dazu neigen kann, sich dem Bild anzugleichen, das man auf ihn projiziert. Dazu Max Frisch: »In gewissem Grad sind wir wirklich das Wesen, das die andern in uns hineinsehen, Freunde wie Feinde. Und umgekehrt! Auch wir sind die Verfasser der andern; wir sind auf eine heimliche und unentrinnbare Weise verantwortlich für das Gesicht, das sie uns zeigen, verantwortlich nicht für ihre Anlage, aber für die Ausschöpfung dieser Anlage. Wir sind es, die dem Freunde, dessen Erstarrtsein uns bemüht, im Wege stehen, und zwar dadurch, daß unsere Meinung, er sei erstarrt, ein weiteres Glied in jener Kette ist, die ihn fesselt und langsam erwürgt. Wir wünschen ihm, daß er sich wandle, o ja, wir wünschen es ganzen Völkern! Aber darum sind wir noch lange nicht bereit, unsere Vorstellung von ihnen aufzugeben. Wir selber sind die letzten, die sich verwandeln. Wir halten uns für den Spiegel und ahnen nur selten, wie sehr der andere seinerseits eben der Spiegel unseres erstarrten Menschenbildes ist, unser Erzeugnis, unser Opfer.«

In Liebesbeziehungen möchte der andere einem ja gefallen, er möchte einen nicht enttäuschen, er möchte den Erwartungen, die man in ihn setzt, entsprechen, so daß das auf ihn projizierte Bild zu seinem eigenen Wunschbild werden kann. Robin Norwood (1986) hat eindrücklich beschrieben, wie Frauen, die zu sehr lieben, bestrebt sind, alles zu opfern, um dem geliebten Mann die Erfüllung seiner tiefsten Sehnsüchte zu ermöglichen, und daß sie bereit sind, sich dafür erniedrigen und demütigen zu lassen.

Wie weit die Wahrnehmung einer anderen Person von inneren Bildern des Wahrnehmenden bestimmt ist, hängt entscheidend von der wahrgenommenen Person ab. Der Partner ist mitverantwortlich dafür, daß wir nicht in einem verzerrten Bild seiner Person befangen bleiben. Er ist mitverantwortlich, dieses Bild zu korrigieren und sich mit uns so lange auseinander zu setzen, bis seine Erklärungen unsere Wahrnehmungen wirksam erweitert und ergänzt haben, bis sein Selbstbild mit unserem Fremdbild kompatibel ist.

Liebesbeziehungen fordern also den einen Partner heraus, sich klarer zu definieren, und den andern, seine inneren Bilder über den Partner zu modifizieren.

Projizieren als interaktioneller Selbstheilungsversuch

Als Fachterminus meint Projektion nicht das generelle Wahrnehmen äußerer Objekte gemäß internalisierter Schemata oder Konstrukte. Projektion im psychoanalytischen Sinn ist ein Abwehrmechanismus. Das Typische einer pathologischen Projektion ist, daß die hinausverlegten intrapsychischen Inhalte nicht als die eigenen erkannt und erlebt werden (s. Mentzos 2000, S. 182). Es sind Regungen wie etwa aggressive Impulse, unerträgliche Gefühle wie Angst, Neid, Eifersucht, Scham, verleugnete Wünsche und Begierden, die man nicht als die eigenen anerkennen will, sondern sie am anderen wahrnimmt, sich an diesen stört, ärgert und sie in ihm bekämpft. Als Abwehrmechanismus dient die Projektion der Verleugnung eines nicht akzeptablen Selbstanteils. Pathologisch werden Projektionen in dem Ausmaß, in welchem sie wahnhaften Charakter im Sinne eines unkorrigierbaren Irrtums annehmen. In der Wahngewißheit wird keine Anstrengung mehr unternommen, Wahrnehmungen, die im Widerspruch zu den Wahrnehmungen der sozialen Umwelt stehen, kritisch zu überprüfen und zu hinterfragen. Liebeswahn und Eifersuchtswahn sind ins Pathologische übersteigerte projektive Vorgänge. Die Betroffenen glauben zu wissen, wie der andere ist, und lassen sich von dieser Überzeugung nicht abbringen.

Projektionen werden in der Psychoanalyse vor allem anhand der therapeutischen Übertragungsbeziehung studiert. Der Patient nimmt dann den Analytiker in einer seinen inneren Bildern entsprechenden Weise wahr, die sich ihrerseits in den frühen Erfahrungen mit wichtigen Bezugspersonen, meistens der Mutter oder dem Vater, gebildet haben. Die verzerrte Wahrnehmung wird durch die abstinente Haltung des Analytikers begünstigt. Ziel der Übertragungsanalyse ist, daß der Patient die Projektionen im Laufe der Analyse erkennt und damit eine korrigierende emotionale Erfahrung in der Beziehung zum Analytiker machen kann. Dabei kann es vorkommen, daß der Therapeut die Beziehung zum Patienten nur aufrechterhalten kann, wenn er sich wenigstens teilweise den Projektionen entsprechend verhält. Ähnlich verhält es sich für die Projektionen, die ein Liebespartner auf sich ziehen kann. Er wird sich dadurch falsch wahrgenommen, eingeengt und auf ein Bild festgelegt fühlen.

Eine Liebesbeziehung stimuliert die inneren Bilder früherer Beziehungserfahrungen in besonderer Weise, insbesondere auch die Erinnerung an früher erlittene Verletzungen und die Hoffnung auf die Heilung durch Liebe. Nicht psychotisch fixierte Projektionen sind nicht nur eine Abwehr unerträglicher affektbesetzter psychischer Inhalte oder eine Hinausverlegung dieser Inhalte auf eine andere Person. Die Chance, daß verzerrte Vorstellungen und Wahrnehmungen des Partners bearbeitet und korrigiert werden können, ist durch deren zwischenmenschliche Projektion besonders groß. Der Partner, der sich falsch wahrgenommen fühlt, wird das auf ihn projizierte Bild zurückweisen. Er offeriert damit dem Projizierenden eine korrigierende emotionale Beziehungserfahrung. So wird er sich beispielsweise dagegen wehren, als der böse Vater oder die

Projizieren als interaktioneller Selbstheilungsversuch | 221 böse Mutter gesehen zu werden, und wird für eine adäquatere Wahrnehmung kämpfen.

Wenn nun aber der Projektionsempfänger dazu neigt, sich mit den Projektionen zu identifizieren, oder wenn er sich von der Erhaltung der Beziehung um jeden Preis abhängig fühlt, wird er den Projektionen nicht den notwendigen Widerstand entgegensetzen, eine Haltung, die kollusive Entwicklungen in der Beziehung begünstigt (s. Kap. 9).

In folgendem Fallbeispiel wird dargestellt, wie der Mann auf die Frau die strenge bestrafende Gewissensinstanz (Über-Ich) projizierte und sie sich von ihm zu entsprechendem Verhalten konstellieren ließ. In der therapeutischen Dreiecksbeziehung zwischen Mann, Frau und Therapeut machten Mann und Frau eine korrigierende Erfahrung.

Fallbeispiel 9: Konrad und Susanne sind seit bald 30 Jahren verheiratet. Von den drei Kindern ist nur noch das jüngste zu Hause. Das Beziehungsproblem bilden Alkoholabstürze des Mannes, die sich alle zwei Monate wiederholen und oft mit sexuellen Eskapaden verbunden sind. Diese Vorkommnisse führen jeweils zu heftigen Auseinandersetzungen in der Ehe.

Konrad ist zur Zeit der Therapieaufnahme arbeitslos und wirkt persönlich stark verunsichert. Er hatte mit Erfolg ein großes Geschäft aufgebaut. Seine Tätigkeit erforderte häufige und oft länger dauernde Familienabwesenheit und Aufenthalte im Ausland. Vor zwei Jahren erkrankte er unerwartet an einer schweren Lungenentzündung. Er schwebte in Lebensgefahr und mußte auf einer Intensivstation behandelt werden. Er genas, verfiel jedoch in eine schwere Depression, deretwegen er nicht mehr arbeitsfähig war. In der Folge fühlte er sich beruflich überfordert. Er bekam den Eindruck, jüngere Mitarbeiter seien ihm überlegen. Schließlich trat er aus der Firma aus, die er aufgebaut hatte, die »mein Kind« war. Er erlitt dabei eine schwere persönliche Kränkung. Seither beschäftigt er sich mit kleineren Aufträgen, ist dabei aber nicht zufrieden und oft reizbar.

Susanne hatte den Eindruck, in diesen schwierigen Zeiten seien sie sich näher gekommen. Die Beziehung sei inniger geworden. Konrad brauche sie in seiner Not mehr, er sei offener und zugewandter. Doch

222 | Die Vorwürfe des Partners ...

in letzter Zeit begannen sich Phasen mit Alkoholexzessen und sexuellen Ausschweifungen zu häufen. Immer wieder nahm Konrad über Wochen praktisch keinen Alkohol zu sich, war angepaßt und freundlich, doch dann verschwand er plötzlich für zwei bis drei Tage und war bei seiner Rückkehr verschlossen, gab keine Erklärung ab. Susanne ihrerseits versuchte ihn zur Rede zu stellen, erregte sich und brüllte ihn an.

Konrad verhielt sich mir gegenüber in der Therapie anfänglich mißtrauisch und zwiespältig. Er befürchtete, durch eine Therapie auf die bürgerlichen Normen festgelegt zu werden. Er sei sein Leben lang ein Rebell gewesen, schon im Gymnasium und während seines Studiums. Später habe er es an keiner Stelle länger ausgehalten. Immer habe er gegen die bürgerliche Rechtsordnung und Hierarchie protestiert.

Dadurch wurden auch die periodisch auftretenden Ausnahmezustände verständlicher. Konrad war seiner Frau einerseits für ihre Unterstützung dankbar, gleichzeitig fühlte er sich dadurch aber von ihr vereinnahmt und kleingemacht. Früher hatte er während der langen Auslandaufenthalte seine Freiheiten. Jetzt fühlte er sich unter der Kontrolle seiner Frau. Seine Ausbrüche waren gezielte Provokationen gegen Susanne als Hüterin der bürgerlichen Moral. Die Frau ihrerseits verhielt sich so, daß sie seinem projektiven Bild entsprach. Für Susanne hatten die sexuellen Eskapaden eine andere Bedeutung. Sie glaubte, wegen ihres Alters nicht mehr attraktiv zu sein. Sie befürchtete, wenn sie sich zur Wehr setze, werde er erst recht in die Arme anderer Frauen getrieben. Andererseits fühlte sie sich nicht in der Lage, diese Exzesse zu ertragen. So verlegte sie sich auf ein dauernd klagendes und anklagendes Verhalten.

Die Therapiesitzungen brachten Konrad unter Spannung. Er schlief schlecht, hatte Mühe, sich bei der Arbeit zu konzentrieren, fühlte sich wieder depressiver und spürte ein Kribbeln am ganzen Körper. Das Ausleuchten seiner Eskapaden erschwerte ihm deren Wiederholung. In der vierten Therapiesitzung kam es dann zum Knalleffekt. Konrad traf im Gegensatz zu Susanne nicht zur abgemachten Zeit ein. Als er dann eine Viertelstunde später erschien, war er enttäuscht, daß ich die Sitzung mit Susanne noch nicht begonnen hatte. Dies hatte ich bewußt vermieden. Konrad äußerte in gereiztem Ton, er frage sich,

Projizieren als interaktioneller Selbstheilungsversuch | 223 weshalb Susanne einen Professor und Buchautor aufsuchen müsse, ihm wäre es bei einem gewöhnlichen Therapeuten weit wohler. Den ganzen Kult mit akademischen Titeln und der Hierarchie finde er völlig überflüssig. Dann kam er zur Sache. Er habe gestern wieder einen Alkoholabsturz gehabt und sei erst um fünf Uhr morgens betrunken nach Hause zurückgekehrt. Susanne konnte nicht einschlafen und erwartete ihn im Wohnraum. Das ärgerte ihn. Er forderte sie auf, sich zu ihm ins Bett zu legen, was sie verweigerte. Offensichtlich war die ganze Inszenierung darauf ausgelegt, mich zu provozieren. Er hatte gehofft, ich würde mich mit der Frau verbünden und ihm die Leviten lesen. Er trumpfte damit auf, er lasse sich von mir nichts mehr sagen, er lasse sich von niemandem in seiner Freiheit einschränken.

Ich konfrontierte ihn mit den spontanen Gefühlen, die er in mir auslöste, nämlich dem Bedürfnis, ihn zurechtzuweisen. Ich fühlte mich damit in eine Falle gelockt. Würde ich ihm unreflektiert Vorhaltungen machen, so hätte ich mich zu jener Moralinstanz machen lassen, die er in mir sehen wollte. Dieser Verführung mochte ich nicht erliegen, sondern klarstellen, daß es seine freie Entscheidung sei, ob er zur Bestätigung seiner persönlichen Freiheit derartige Abstürze inszenieren wolle oder nicht. Dadurch, daß ich ihm die Verantwortung für seinen Absturz so klar übergeben hatte und mich nicht mit seiner Projektion einer strafenden Autorität identifizieren ließ, gab ich auch der Frau ein Modell, wie sie sich in derartigen Situationen verhalten könnte.

Von dieser Sitzung an setzte sich Konrad mit seiner Gewohnheit auseinander, seine Frau zur moralisierenden Gewissensinstanz aufzubauen, gegen die er sich zur Wehr setzen müsse. Es ging im Sinne der projektiven Identifikation darum, die Frau zum bösen Objekt zu machen, um dieses dann zu verfolgen und zu bekämpfen. Im Grunde aber ging es um die Auseinandersetzung mit seiner persönlichen Gewissensinstanz. Susanne allerdings trug zu dieser Kollusion ihren eigenen Anteil bei, indem sie die ihr zugeschobene Rolle übernahm, anstatt von ihm mehr Verantwortung für sich selbst abzufordern. Konrad äußerte, es wäre für ihn leichter, wenn sie klar sagen würde, was sie fühlt und wo ihre Grenzen sind, als ihm in betulicher Weise sein Verschulden vorzurechnen. Die Therapie wurde nach sechs Sitzungen abgeschlossen. Susanne schrieb mir ein halbes Jahr später einen Brief auch im Namen ihres Mannes, in dem stand: »Ich bin froh, daß wir als Paar diese Gespräche bei Ihnen geführt haben. Sie haben mir sehr viel Klärung oder Versöhnung mit Konrad gebracht. Es hat sich in mir etwas aufgelöst, das wie ein Bann über unserer Beziehung lag … Die paar kurzen Fragen, die Sie gestellt haben, z. B. ›was meinen Sie, würde eine selbstbewußte Frau in dieser Situation tun?‹, oder zu meinem Mann – ›Es ist ihre eigene Unfreiheit, die sie spüren‹ – sind mir noch im Sinn. Jedenfalls hat sich die Art und Weise, wie diese alten Probleme bei mir lagerten, gewandelt. Ich habe Konrad gegenüber dieses Schuldkonto aufgelöst, sehe das meinige besser und lasse ihm nachgiebiger das seinige. Wir haben besprochen, daß wir die Gespräche bei Ihnen im Moment nicht mehr brauchen.«

Das Fallbeispiel zeigt, wie der Mann das verzerrte Bild einer strafenden Gewissensinstanz auf die Frau projizierte, die ihrerseits die ihr zugewiesene Rolle übernahm. Die Partner ließen sich auf eine Kollusion ein (s. Kap. 9), wo der Mann sagen konnte: »Ich breche nur aus, weil du mich einengst«. Und die Frau: »Ich enge dich nur ein, weil du sonst jeden Halt verlierst«. Anstatt sich vom Mann zur gleichen Kollusion provozieren zu lassen, widersteht der Therapeut dem Kollusionsangebot der Mannes und verweist ihn auf seine Eigenverantwortung. Damit wird der Frau gezeigt, wie sie mit den Provokationen des Mannes umgehen könnte. Die Projektion der Gewissensinstanz auf den Therapeuten erweist sich als interaktioneller Selbstheilungsversuch.

Ich möchte das Bisherige zusammenfassen: Dadurch, daß das Bild, das man sich vom Partner macht, in der realen Auseinandersetzung mit ihm laufend korrigiert wird, werden das eigene Konstruktsystem bzw. die Schemata oder verfestigten, verinnerlichten Beziehungserfahrungen erweitert und differenziert. Negativ ist nicht, sich vom Partner ein Bild zu machen, negativ ist nur, ihn auf dieses Bild festzulegen.

Wie steht es nun um die Vorwürfe, die man dem Partner macht? Zeichnen sich diese Vorwürfe nicht gerade dadurch aus, daß sie unkorrigierbar sind, daß sie als generalisierende, pauschale Verurteilungen in immer wieder gleicher Weise an den Partner herangetragen werden, meist mit großen Emotionen, Wut und Haßgefühlen, ohne allerdings eine entsprechende Wirkung einzutragen. Die Destruktivität der Vorwürfe löst oft auch beim Psychotherapeuten Abwehr und Ablehnung aus. In der Praxis der Psychotherapie werden Vorwürfe oft als enttäuschtes Bild verstanden, das man sich vom Partner macht. Wenig berücksichtigt wird dabei die Frage, ob das, was man dem Partner vorwirft, zutreffend sein könnte und den eigenen therapeutischen Wahrnehmungen entspricht. Beim jahrelangen Zuhören in der Paartherapie entdeckte ich, daß ich im Grunde dem Inhalt der Vorwürfe, welche die Frau an den Mann richtet, selbst zustimmen würde, aber ebenso den Vorwürfen, die der Mann an die Frau richtet. Es ist die aggressive und erpresserische Form, welche es dem Therapeuten schwermacht, auf die Vorwürfe hinzuhören.

»Einer hat immer unrecht: aber mit zweien beginnt die Wahrheit«

In Kapitel 5 (S. 67) habe ich bereits auf unsere Fragebogenstudie über die Psychologie partnerschaftlicher Vorwürfe berichtet, welche in überraschender Deutlichkeit die Geschlechtsspezifität der Vorwürfe aufzeigte. Zweck der Befragung war jedoch die Frage, inwiefern die Probanden der Meinung sind, daß die Vorwürfe, welche Partner aneinander richten, zutreffen. Die über 400 Befragten sollten sich ein konkretes Paar vorstellen, das sie sehr gut kennen – ihre eigene Partnerschaft, jene von Bekannten oder von Patienten. Als erstes sollten sie den Vorwurf aufschreiben, den üblicherweise die Frau an den Mann und der Mann an die Frau richtet – möglichst in den Worten der betreffenden Personen. Dann sollten sie zu diesem Paar zusätzliche Fragen beantworten. Fast 90 % der Befragten waren der Meinung, daß der Vorwurf der Frau an den Mann zutreffe, und ebenso viele hielten den Vorwurf des Mannes an die Frau für angemessen. Partner richten also offenbar aneinander nicht unsinnige, projektiv verzerrte und übertriebene Vorwürfe, sondern sie scheinen in dem, was sie einander vorwerfen, ein hohes Maß an Kompetenz aufzuweisen. Die Frage, ob das Vorgeworfene erfüllbar wäre, wird in fast 80 % bejaht. Sowohl der Mann als Vorwurfsempfänger wie die Frau wären also durchaus in der Lage, ihr Verhalten den Vorwürfen entsprechend zu verändern. Die Partner werfen sich nichts Unerfüllbares vor, wie etwa »Du bist zu dumm, zu introvertiert, zu kleingewachsen, zu häßlich«. Scheinbar im Widerspruch dazu bejaht etwa die Hälfte der Befragten, daß beim Vorwurf ein eigenes Problem zum Problem des Partners gemacht werde. Die Befragten sehen in der Bejahung also offenbar keinen Widerspruch zu der Frage, ob die Vorwürfe an den Partner zutreffend sind. Bei den Vorwürfen schwingt sehr wohl ein Eigenanteil des Sich-gestört-Fühlens durch den Partner mit, dennoch wird mit dem Vorwurf auch versucht, dem Partner etwas Wichtiges aufzuzeigen. Wie verhalten sich nun die Vorwürfe der Partner zueinander?

Die Vorwürfe des einen treffen zu im Lichte der Gegenvorwürfe des anderen

Wie ist es möglich, daß Vorwürfe, die einander entgegengesetzt scheinen, beiderseits zutreffen? Müßte nicht die eine Seite recht, die andere unrecht haben?

Dazu gibt es eine schöne Geschichte: Zu einem Rabbi kommt ein Mann, um sich über seine Frau zu beklagen. Der Rabbi sagt: Du hast recht! Zufrieden kehrt der Mann zur Frau zurück und hält ihr vor: Der Rabbi sagt, ich habe recht. Daraufhin begibt sich die Frau zum Rabbi und klagt ihm über ihren Mann. Der Rabbi sagt: Du hast recht! Nachdem die Frau ihren Mann triumphierend diese Aussage des Rabbis vorgehalten hat, begibt sich dieser erbost zum Rabbi und hält ihm vor: Zuerst sagst du, ich habe recht, und dann sagst du, sie hat recht? Der Rabbi antwortet: Du hast recht!

Wenn die Vorwürfe nicht als Einzelaussagen von Mann und Frau genommen werden (vergleiche Kapitel 5), sondern in ihrer wechselseitigen Bedingtheit, so ist leicht zu entdecken, daß der Vorwurf des einen zwar zutrifft, aber nur im Lichte des Vorwurfes des anderen. Es ist, wie wenn die »Wahrheit« sich erst in der Dialektik finden ließe. Michael L. Moeller leitet sein Buch »Die Wahrheit beginnt zu zweit« (1988) mit einem Satz von Friedrich Nietzsche (Die fröhliche Wissenschaft, 3. Buch, Nr. 200) ein: »Einer hat immer Unrecht: aber mit zweien beginnt die Wahrheit«. Ähnlich formulierte der französische Dichter Colardeau (1732–1776): »Du choc des opinions jaillit la verité« (Aus dem Zusammenprall der Meinungen entspringt die Wahrheit). Es geht um die Wahrheitsfindung als dialektischen Prozeß von These, Antithese und Synthese, wie sie sich unter anderem auch als Wahrheitsfindung in der Strafprozeßordnung im Spannungsfeld zwischen Ankläger, Verteidiger und Richter darstellt.

In der Therapie wird es für den Therapeuten nicht um »Wahrheit« gehen, sondern um die Frage, ob die aneinander gerichteten Vorwürfe für den Therapeuten einfühlbar und nachvollziehbar sind. Anhand einiger Beispiele soll die Dialektik der Vorwürfe diskutiert werden:

Wahrheitsfindung in der Dialektik partnerschaftlicher Vorwürfe:

Beispiel 1:
Frau: Du kannst keine Fehler zugeben
Mann: Du willst mich umerziehen
Kommentar: Die Frau wirft dem Mann wohl zu Recht vor, er könne keine Fehler zugeben, doch der Mann hat wohl ebenso recht, wenn er der Meinung ist, daß die Frau das Zugeben seiner Fehler benützen würde, um ihn auf ihre Erziehungserwartungen festzunageln, wie etwa »Wenn du doch jetzt schon einsiehst, daß das falsch ist, weshalb tust du es dann nicht so, wie ich es dir rate?«

Beispiel 2:
Frau: Du bringst dich zu wenig in die Beziehung ein
Mann: Du willst mich ständig kontrollieren
Kommentar: Die Frau hat wohl recht, wenn sie sagt, daß sich der Mann zu wenig in die Beziehung eingibt, er aber wittert darin eine Falle, weil sie ja bestimmen will, wie er sich in der Beziehung zu verhalten habe.

Beispiel 3:
Frau: Du entziehst dich der Verantwortung für die Kinder
Mann: Du willst die Verantwortung nicht mit mir teilen
Kommentar: Hier beklagt sich die Frau, daß sie die Verantwortung

228 | Die Vorwürfe des Partners …

für die Kinder allein zu tragen hätte, während der Mann ihr vorhält, die Verantwortung gar nicht mit ihm teilen, sondern alles selbst bestimmen zu wollen.

In allen drei Beispielen wollen die Partner einander etwas Zutreffendes und Wichtiges zeigen. Häufig trifft es zu, daß der Mann keine Fehler zugeben will, daß er sich nicht in die Beziehung einläßt und sich für die Erziehung der Kinder nicht genügend engagiert. Aber ebenso trifft häufig zu, daß die Frau den Mann umerziehen will, daß sie ihn bestimmen und kontrollieren will, oder daß sie die Verantwortung für die Kinder mit ihm nur soweit teilen will, wie er ihre Anordnungen befolgt.

Der Partner als Stimme des Unbewußten

Zu Recht können Partner sagen: Ich sehe an dir, was du nicht sehen kannst. Diese Blindheit für sich selbst rührt nicht nur davon her, daß man sich selber weniger sieht als den Partner, sondern auch, weil einem der Partner für jene Aspekte den Spiegel vorhält, die man nicht sehen will oder kann, die also verdrängt und verleugnet werden. Der Partner jedoch kann über diese Aspekte nicht hinwegsehen und diese Verleugnung nicht dem Frieden zuliebe mitmachen, sondern muß den Finger unerbittlich auf die verleugnete Stelle legen, weil er sonst in seiner eigenen Entfaltung in der Beziehung betroffen ist.

Wenn wir mit Sigmund Freud das Unbewußte als das Verdrängte auffassen, kann der Partner als Stimme des Unbewußten, als Stimme des Verdrängten bezeichnet werden. Damit geben wir seinen Vorwürfen eine ganz andere Bedeutung, als wenn wir sie bloß als Projektionen interpretieren.

Dennoch haben die Voten von Carl Rogers für eine bedingungslose Akzeptierung des andern und die Forderung von C. G. Jung, den Schatten nicht auf den anderen zu projizieren, sondern als eigenen Anteil wahrzunehmen, ihre Berechtigung. Sie passen zu unserer These, daß die Vorwürfe immer nur die halbe Wahrheit beinhalten und erst im Lichte der Gegenvorwürfe Gültigkeit beanspruchen. Wer Vorwürfe an den Partner richtet, ist auf dem einen Auge blind, auf dem anderen aber in besonderer Weise sehend. Der projektive Eigenanteil seiner Vorwürfe deckt sich meist mit den Gegenvorwürfen des Partners.

Was jetzt stört, hat einen ursprünglich besonders angezogen

In Kapitel 5 über die wechselseitige Ambivalenz von Anziehung und Konflikt zwischen den Geschlechtern habe ich bereits darauf hingewiesen, daß was Männer jetzt an der Frau stört oder was Frauen jetzt an ihrem Mann stört, oft unerwünschte Nebenwirkungen dessen sind, was ursprünglich besonders begehrenswert erschien. Ein Mann, der zu introvertiert ist, zu rational, zuwenig Zugang zu seinen Gefühlen hat, wählt nicht selten eine Frau, die zu chaotisch ist, zu unkontrolliert, zu emotional. Es stellt sich die Frage: Weshalb hat er denn ausgerechnet eine derartige Partnerin gewählt? Diese jetzt störenden Eigenschaften waren ja bereits bei der Partnerwahl feststellbar. Es wäre damals schon voraussehbar gewesen, daß es zur Entwicklung der heutigen Konfliktlage kommen würde. War er damals blind? Die Antwort ist nein! Meist hatte man die jetzt störenden Eigenheiten sehr genau erkannt, aber sie hatten damals eine andere Bedeutung.

Es ergeben sich folgende Möglichkeiten, weshalb das einen ursprünglich Anziehende sekundär zum Störfaktor geworden ist:

a) Man hoffte sich unter diesen Eigenheiten des Partners persönlich besser entfalten zu können, sekundär aber erlebt man sie als bedrohlich oder störend.

Der Mann, der mit seiner Sanftheit, Introversion und Schüchternheit eine Frau zunächst anzog, weil er ihr nicht gefährlich werden konnte und sie in ihm einen Zuhörer sah, dem man sich ganz anvertrauen kann, wirkt jetzt langweilig, fade und lähmend. Ein Mann, der mit seinem dominanten Auftreten einer Frau imponierte, so daß sie sich in seiner Stärke geschützt fühlte, wirkt jetzt auf sie patriarchalisch und dominant. Eine Frau, die einen Mann durch ihre emotionale Offenheit belebte, überfordert den Mann jetzt in ihrer Erwartung, er solle sich emotional mehr aufschließen. Eine Frau, deren Fürsorglichkeit als Ausweis besonderer Liebe erlebt wurde, dominiert einen Mann jetzt mit erdrückender Mütterlichkeit. Was zunächst als anschmiegsam erschien, wirkt jetzt als abhängig und anklammernd. Was besonders männlich war, ist jetzt ein Machoverhalten, was besondere Ernsthaftigkeit auszeichnete, erweist sich jetzt als grüblerischer Pessimismus, was zunächst als stilles Wasser imponierte, zeigt sich jetzt als desinteressiert und feige, was als Zuverlässigkeit geschätzt wurde, ist jetzt Kontrollverhalten. Die zunächst positiv wahrgenommenen Eigenheiten ermöglichten einem zu Beginn der Partnerschaft eine bessere persönliche Entfaltung im Beziehungsraum. Sekundär aber fühlt man sich durch diese Eigenheiten bedroht und eingeengt. Die Beziehung zu diesen Eigenheiten des Partners bleibt aber ambivalent, auch wenn sie jetzt einseitig negativ dargestellt wird.

b) Die Defizite des andern wirkten besonders attraktiv, weil man glaubte, ihm bei deren Überwindung helfen zu können.

Man stellt fest, daß der Partner sich gar nicht helfen lassen will. Man ist frustriert über die Unzugänglichkeit des andern und seine Tendenz, Konfrontationen auszuweichen. Man hat so viel in die Beziehung investiert, ja, man hat vielleicht in der Beziehung seine Lebensaufgabe und seinen Lebenssinn gefunden und fühlt sich durch die Verweigerung des anderen in seiner Existenz bedroht. Man will ja nur das Gute für den Partner, man will ihn ja glücklich machen, weshalb will er das nicht akzeptieren? Soll man sich damit abfinden, daß jeder ein Anrecht auf sein eigenes Unglück hat?

c) Die Wiederkehr gemeinsam verdrängter Entwicklungen.

Es kann sein, daß man in heimlichem, kollusivem Einverständnis anstehende Entwicklungen gemeinsam zu vermeiden hoffte und sich diese Vermeidung jetzt als Hindernis für notwendige persönliche Entwicklungen erweist. Ein Partnerverhalten, das zunächst als verständnisvoll und schonend erlebt wurde, wird jetzt abgelehnt als fehlende Herausforderung und Unterstützung in anstehenden Entwicklungen. Ein Mann mit schwierigem Charakter etwa kann seine Frau veranlassen, treu und aufmunternd zu ihm zu stehen. Doch dann muß sie feststellen, daß er sich mit anderen Frauen einläßt, von denen er sich wesentlich mehr persönlich herausgefordert und stimuliert fühlt. Er hat den Eindruck, durch die Schonhaltung der Frau zuwenig in seiner Entwicklung gefördert worden zu sein.

Partner konstellieren eine Beziehung so, daß der andere einem jene Entwicklung abfordert, der man auszuweichen neigt

Oft läßt sich beobachten, daß eine Person sich den Partner unbewußt so konstelliert, daß dieser Partner sie mit Tendenzen konfrontiert, denen sie auszuweichen neigt. Man möchte Verantwortung auf andere abschieben, von Beschämungen wegschauen, persönliches Versagen verdrängen, feiges Ausweichen verbergen. Hinter Fehlentwicklungen im Leben steht meist eine Verweigerungshaltung gegenüber dem, was an einen herangetragen wird. Oft kann man sagen, *die Liebespartner weisen einander den Weg.* Das beginnt bereits mit der Partnerwahl. Es wird ein Partner gewählt, der den eigenen Ausweichtendenzen und der Neigung zu faulen Kompromissen einen Riegel vorschiebt, einem einen Widerstand entgegensetzt, einem etwas abfordert, mit einem ringt und kämpft. Georges Simenon (1989) hat das in seinem Roman »Die Marie vom Hafen« sehr schön beschrieben: Ein geltungssüchtiger Psychopath, gewohnt, die Frauen beliebig zu unterwerfen, um sie daraufhin verächtlich fallenzulassen, trifft auf eine 17jährige Gastwirtstochter, die sich von ihm anscheinend überhaupt nicht beeindrucken läßt, bis er sie in einer Falle gefangen hat, nämlich in einem Zimmer, dessen Türe er vor ihr abschließt. Er nimmt den Schlüssel an sich und will sie vergewaltigen. Doch die von ihm erwartete heftige Reaktion von Angst und ohnmächtiger Wut des Mädchens bleibt aus. Sie bleibt seelenruhig sitzen und wartet, was er mit ihr tun will. Lächelnd sagt sie: »Sie sind der Stärkere, nicht wahr?« Er will sich ihr erklären. Sie sagt daraufhin: »Tun Sie, was Sie wollen, da ich Sie ja nicht daran hindern kann, aber ersparen Sie mir Ihre Erklärungen« (S. 111). Daraufhin bricht er zusammen. Die kritische Distanz des Mädchens fordert ihn aufs äußerste heraus. Zeitweilig haßt er sie, daß sie ihm soviel abfordert. Sie bietet ihm aber jenen Widerstand, der für seine Entwicklung notwendig ist. Er macht einen tiefen persönlichen Wandel durch, bis er sie nach einem langen aufwühlenden Prozeß doch für sich gewinnen kann, als erste Frau, deren Freiheit er respektiert.

Intuitiv merken bei der Partnerwahl viele Menschen: Das ist die Person, die eine bisher vermiedene Entwicklung aus mir herausfordern könnte. Aber diese Herausforderung beinhaltet auch die Kränkung, es nicht allein zu schaffen. Dafür wird mancher Partner gehaßt, obwohl die Herausforderung als notwendig anerkannt wird.

Letztlich muß jeder selbst entscheiden, ob er auf die Ansprache des anderen eingehen will. Man kann sich auch jederzeit verweigern.

Weshalb ist es so schwierig, auf die Vorwürfe des Partners einzugehen?

Wenn in unserer Befragung ein so hoher Prozentsatz der Antwortenden der Meinung ist, daß die Vorwürfe des Partners bzw. der Partnerin zutreffen und erfüllbar sind, weshalb ist es dann so schwierig, auf die Vorwürfe einzugehen und sein Beziehungsverhalten dementsprechend zu ändern?

Folgende Gründe scheinen für die Verweigerung der geforderten Veränderung wirksam zu sein:

1. Den Vorwurf des Partners zu beachten hieße, ihm Überlegenheit zuzugestehen. Der Vorwurfsempfänger befürchtet, daß seine Anerkennung des Vorwurfes die Machtbalance in der Partnerschaft stören würde. Man würde dem Vorwerfenden damit Kompetenz und Überlegenheit attestieren. Das Zugeständnis könnte von ihm benutzt werden, seinen Einflußbereich auszubauen und sich zu weiteren Vorwürfen aufgefordert zu fühlen. Da hilft auch eine psychologische Verpackung der Vorwürfe nicht, etwa in dem Sinne, man wolle dem andern ja nur helfen, es liege letztlich in seinem Interesse, sich die Vorwürfe zu Herzen zu nehmen. Der Empfänger fühlt sich zum hilfsbedürftigen Patienten oder zum erziehungsbedürftigen Kind degradiert.

2. Dem Vorwerfenden mangelt es oft an Respekt vor der Verantwortlichkeit des Partners. Der Vorwurfsempfänger hat den Eindruck, der Partner maße sich an zu wissen, wie er sein müßte oder sein könnte, wenn er nur wollte. Der Vorwurfsempfänger wehrt sich trotzig gegen die von ihm empfundene Fremdbestimmung. Er fühlt sich mit Erwartungen und Schuldzuweisungen erpreßt. Er will selbst die Verantwortung für sich übernehmen und in seiner Autonomie respektiert werden.

3. Die Vorwürfe neutralisieren sich wechselseitig. Die Gefahr besteht, daß jeder auf den Vorwurf des anderen aus den obengenannten Gründen gar nicht eingeht, sondern den Vorwurf lediglich zur Rechtfertigung des eigenen Fehlverhaltens benützt. Die Rechtfertigungen bedingen sich dann gegenseitig.

Es entsteht ein Leerlauf von sich in Teufelskreisen neutralisierenden Vorwürfen.

Frau	Mann
Ich will dich nur umerziehen, weil du keine Fehler zugeben kannst.	Ich kann keine Fehler zugeben, weil du mich umerziehen willst.
Ich will dich nur kontrollieren, weil du dich nicht in die Beziehung einbringst.	Ich bringe mich nicht in die Beziehung ein, weil du mich kontrollieren willst.
Ich beanspruche die Verantwortung für die Kinder, weil du keine Verantwortung übernehmen willst.	Ich übernehme keine Verantwortung, weil du die ganze Verantwortung für die Kinder für dich beanspruchst.

Es besteht die Gefahr, daß Vorwurf und Gegenvorwurf sich wechselseitig bedingen, eskalieren und sich neutralisieren. Je mehr Druck die Partner aufeinander ausüben, desto weniger verändert sich. Die Ansprechbarkeit auf den Vorwerfenden als Stimme des Unbewußten ist blockiert.

Der therapeutische Umgang mit Vorwürfen

Paare, die zur Therapie kommen, befinden sich bezüglich ihrer Vorwürfe meist in einer Pattsituation. Der Vorwurf des einen wird im Vorwurf des anderen begründet und neutralisiert den Vorwurf des anderen.

Wie kommt man nun aus dem Leerlauf solcher Interaktionszirkel heraus? Früher versuchten wir, dem Paar diesen Interaktionszirkel aufzuzeigen und eine schrittweise Annäherung zur Mitte anzustreben. Heute wende ich eher *die Technik der getrennten Exploration in Anwesenheit des Partners* an. Diese Technik hatte sich bereits in der Konstruktdifferenzierung (Willi et al. 1992; Frei et al. 1997) bewährt. In Anwesenheit des Partners spreche ich 10 bis 20 Minuten nur mit dem einen und unterbinde in dieser Zeit jegliche Intervention des anderen. Im geschützten Raum des Einzelgesprächs läßt sich die Exploration vertiefen. Bisher verborgene Gefühle von Angst, Schuld und Scham, aber auch die dahinterliegenden tieferen Sehnsüchte und Hoffnungen auf eigene Entfaltung oder auf persönliche Entwicklung des Partners können offengelegt werden. Insbesondere geht es um die Befürchtungen, die verstärkt würden, wenn man auf die Vorwürfe des Partners eingünge. Nachdem ich das Gespräch unter Ausgrenzung des Partners geführt habe, wende ich mich jetzt für eine gleichartige Einzelexploration dem anderen zu. Bei Männern geht es oft zunächst um die Resignation, es der Frau ohnehin nie recht machen zu können. Manche Männer gefallen sich in der Fähigkeit, Schläge einstecken zu können, ohne eine Miene zu verziehen. Voller Schuldgefühle, glauben sie, sich nicht wehren zu dürfen. Wenn sie sich aber wehren, dann häufig mit zu brutalen Mitteln. Was ihnen fehlt, ist das Vertrauen in den Wert einer verbalen Auseinandersetzung. Sie schreiben der Frau Überlegenheit im Ausdiskutieren von Problemen zu. Als ersten Schritt müssen diese Männer lernen, daß sie ein Recht haben, ihre eigene Position zu verteidigen, ihre eigenen Argumente in die Diskussion einzuführen und ihre Meinungen und eigenen Bedürfnisse klar zu vertreten. Bei Frauen geht es oft um die Befürchtung, es werde sich beim Mann gar nichts bewegen, wenn sie den Druck von ihm nähmen, er würde gar nicht ernsthaft hinhören und wäre noch unerreichbarer. Sie haben zu lernen, daß sie mit weniger Druck oft mehr erreichen können. Das wichtigste Ziel ist, die Partner für die Vorwürfe des andern ansprechbar zu machen. Dazu ist eine veränderte Kommunikation der Vorwürfe notwendig. Es gelingt einem weit besser auf die Vorwürfe des andern einzugehen, wenn der Vorwerfende bei seiner persönlichen Betroffenheit bleibt: »Mich stört es, wenn du dieses oder jenes tust oder sagst, das macht mich wütend, das verletzt mich. Mir wäre es aus diesem oder jenen Gründen persönlich wichtig, daß du das änderst. Ich wäre dir dankbar dafür.« Der Vorwerfende stellt sich damit nicht auf den Sockel der Überlegenheit, sondern definiert sich als Betroffener. Er äußert eine Bitte oder einen Wunsch, den der Empfänger erfüllen kann oder nicht. Er bleibt bei seinen Sehnsüchten, Ängsten und Gefühlen, die als solche einer Erklärung offenstehen. Die Partner können sich als Gleichgestellte über das Vorgeworfene auseinandersetzen und werden im dialektischen Gespräch meist finden, daß der Vorwurf teilweise zutrifft und teilweise den eigenen Bedürfnissen des Vorwerfenden entspricht. Die Gefahr der Anmaßung des Vorwurfes wird durch die Formulierung als persönlicher Wunsch reduziert und die Chance, darauf einzugehen, wesentlich erhöht.

Auf Vorwürfe wird man vor allem dann eingehen können, wenn man die Freiheit zugebilligt bekommt, diese in eigener Verantwortung zu beachten, und man sich geliebt fühlt, auch wenn man sich nicht gemäß den Vorstellungen des Partners verändert.

Die Kritik des Partners kann die wichtigste Herausforderung zu persönlicher Entwicklung im Erwachsenenalter sein. Destruktive Eskalationen zwischen erpresserischem Vorwurf, Rechtfertigung des andern Partners und Gegenangriff können die wichtigste Blockierung persönlicher Entwicklung im Erwachsenenalter sein. Positives und Negatives liegen in Paarbeziehungen oft sehr nahe beieinander.

11. Das unbewußte Konstellieren von Umständen, die Veränderungen induzieren

Weshalb kommt es gerade jetzt zur Krise? Exploriert man die Zeit vor ihrem Ausbruch, so läßt sich feststellen, daß sich im zeitlichen Vorfeld Veränderungen in der Beziehung und den Lebensumständen ergeben haben, die jetzt einen Entwicklungsschritt notwendig machen, der bislang vermieden worden ist. Nicht selten haben die Partner unbewußt diese veränderungsinduzierenden Umstände konstelliert. Aus beziehungsökologischer Sicht wird ein Wandel in der Beziehungsgestaltung nicht so sehr aus Einsicht und Intention vollzogen, sondern aus der Notwendigkeit, die durch die Veränderung der äußeren Umstände entsteht.

Der wirkungsgeleitete Lebenslauf in der Koevolution von Partnern

Im ökologischen Therapiekonzept hat der Begriff des *wirkungsgeleiteten Lebenslaufs* eine zentrale Bedeutung (Willi 1996). Damit ist gemeint, daß die Persönlichkeit sich nicht nur durch einen innengeleiteten Prozeß entwickelt, sondern maßgeblich bestimmt wird von den Wirkungen, die eine Person in ihrer Umwelt entfaltet, insbesondere von der persönlichen Nische, die sie gestaltet. Die erzielten Wirkungen sind nicht nur Resultat intendierten Wirkens, sondern sind zugleich Ausgangspunkt neuer Intentionen, Pläne und Handlungen. Die Entwicklung der persönlichen Strukturen, der Schemata bzw. Konstrukte oder der inneren Objekte steht somit in Wechselwirkung zur geschichtlich sich entwickelnden persönlichen Nische. Die Objekte der persönlichen Nische, die sich aus Personen, aber auch aus unbelebten Gegenständen, wie etwa aus der Wohnungseinrichtung, dem Arbeitsplatz oder den Produkten der Arbeit zusammensetzt, sind Träger der Erinnerungsspuren einer Person.

Ähnlich wie das persönliche Konstruktsystem (G. Kelly) bzw. die Schemata (J. Piaget) eine innere Struktur bilden, ist die persönliche

Nische eine äußere Struktur der Person, die als Leitplanke die Entwicklung voranführt. Bei einer Paarbeziehung werden die Verhältnisse insofern kompliziert, als zum einen die Partner sich wechselseitig ein wichtiger Bestandteil der von ihnen gestalteten persönlichen Nische sind, zum andern aber entwickelt das Paar gemeinsam eine dyadische Nische, es gestaltet sich seine gemeinsame Umwelt. Das dyadische Konstruktsystem mit den gemeinsamen Wert- und Zielvorstellungen der Partner und den Spielregeln für das Zusammenleben und die miteinander geschaffene dyadische Nische bilden Leitplanken, in denen das Leben in Partnerschaft sich entwickelt. Sie bestimmen den Kurs der gemeinsamen Fahrt. Sie weisen eine Bandbreite auf, welche Abweichungen nur in Grenzen zuläßt. Vieles kann man gemeinsam erleben und entwickeln, vieles aber, das man an sich entwickeln könnte, liegt brach und findet keine Beantwortung.

Beide Partner werden in der persönlichen Entfaltung in ihrer Beziehung laufend beantwortet, sie erfahren die Unterstützung, Herausforderung und Strukturierung in ihrer Entwicklung durch den Partner, aber sie spüren auch die Einschränkungen, Mißverständnisse und das Unbeantwortetbleiben. Das alltägliche Ringen miteinander erweitert und differenziert die persönliche Entwicklung, aber behindert sie auch. Beide Partner stehen in einem dauernden Wandel. Die persönlichen Erfahrungen müssen laufend in den gemeinsamen Erfahrungsschatz eingebracht werden. Das dyadische Konstruktsystem, auf dessen Grundlage die dyadische Wirklichkeit konstruiert wird, muß an die neuen Erfahrungen immer wieder adaptiert werden. Doch diese individuellen und dyadischen Entwicklungen vollziehen sich nicht in einem regelmäßigen Rhythmus, sondern in Brüchen. Unausweichlich treten Ereignisse ein, die die Liebesbeziehung zu neuen Entwicklungen herausfordern, die eventuell schon längst fällig gewesen wären, die aber bislang hinausgeschoben worden waren. Diese Ereignisse können den Ausbruch einer tieferen Krise bewirken.

Weshalb kommt es gerade jetzt zur Krise?

Im ökologischen Verständnis ist eine wichtige Frage in der Paartherapie: *Wann hat die aktuelle Krise begonnen?* Wann hat sie sich wesentlich verschärft, bzw. wann kamen die Partner zum Entscheid, eine Paartherapie aufzusuchen? Die meisten Paare können einen Zeitpunkt in den letzten Monaten bis wenigen Jahren definieren, zu dem die Krise begonnen hat.

Die Anschlußfrage ist: *Was hat sich im zeitlichen Vorfeld dieses Ereignisses in Ihren Lebensumständen verändert?* Häufig lassen sich umschriebene Beziehungsveränderungen identifizieren: die Geburt eines Kindes, der Tod eines Elternteils, das Bekanntwerden einer Außenbeziehung, der Einzug in ein eigenes Haus, eine berufliche Veränderung, der Wegzug des zuletzt in der Familie verbliebenen Kindes, der Tod eines Hundes, ein Schwangerschaftsabbruch, der Beginn einer schweren Krankheit, usw.

Die dritte Frage lautet: *Was hat dieses Ereignis in Ihrer Beziehung verändert?* Weshalb war es jetzt nicht mehr möglich, wie gewohnt miteinander zu leben? Inwiefern hat sich das Leitbild Ihrer Beziehung verändert? Gingen durch diese veränderten Umstände Kompensationen verloren, die neue Entwicklungen notwendig machen?

Das Interessante ist die Feststellung:

Es sind nicht so sehr innere Einsichten, welche zu Veränderungen im Zusammenleben führen, sondern äußere Umstände und Ereignisse, die den Vollzug eines anstehenden Entwicklungsschrittes in der Beziehungsgestaltung notwendig machen.

Es kann sich dabei um Schicksalsschläge handeln, von denen man ohne eigenes Dazutun betroffen wird, wie Krankheiten, Unfälle, Todesfälle oder politische Veränderungen. Es kann sich aber auch um Ereignisse handeln, die man selbst inszeniert hat oder die vorhersehbar waren, wie eine Schwangerschaft, die Heirat, das Heranwachsen der Kinder, die Pensionierung.

Die äußeren Umstände, welche die anstehende Entwicklung abfordern, haben die Betroffenen oft selbst konstelliert oder mitkonstel-

liert. Es sind insbesondere die bei der Partnerwahl vermiedenen und hintangestellten Beziehungsaspekte, die sich unter den veränderten Umständen zur Entwicklung melden.

Es ist, wie wenn eine innere Stimme, ein innerer Leiter Umstände entstehen ließe, die einem der Partner oder allen beiden eine Änderung in der Beziehung abfordert. Als wäre man für Jahre oder Jahrzehnte von gewissen Anforderungen verschont geblieben und einem Zeit gegeben worden, gewisse Vermeidungstaktiken aufrechtzuerhalten. Doch dann tritt eine Forderung unausweichlich an uns heran, die eine Entwicklung notwendig macht.

Fallbeispiel 10: Therese meldete sich wegen Depressionen zur Einzeltherapie. Sie ist seit 20 Jahren verheiratet mit einem Geschäftsmann, mit dem sie noch bis vor wenigen Jahren gemeinsam einen Betrieb geführt hatte. Seither hat sie keine berufliche Aufgabe mehr und fühlt sich unerfüllt. Sie hatte eine akademische Ausbildung vorzeitig abgebrochen und war vor der Ehe nicht berufstätig. Ihre zwei Töchter sind in der Pubertät. Besonders die eine, 15jährig, ist voller Rebellion gegen die Mutter. Mutter und Tochter stehen in einem schmerzhaften Ablösungsprozeß. Therese ist im Zwiespalt, ob sie der Tochter verbieten soll, mit ihrem gleichaltrigen Freund zu schlafen, oder ob sie im Gegenteil den Freund in die Familie aufnehmen soll. Auch die Entlastung von Aufgaben für die Kinder verstärkt das Gefühl einer Orientierungskrise. Sie sucht eine neue berufliche Herausforderung. Durch die therapeutischen Gespräche fühlt sie sich zu einer Wiederaufnahme ihres Studiums motiviert.

Zu meinem Erstaunen kommt Therese nach einem einmonatigen Intervall in die fünfte Therapiesitzung mit der Mitteilung, sie habe sich von ihrem Mann getrennt, er habe sich eine eigene Wohnung genommen. Bisher war die Beziehung zum Mann kein Thema in der Therapie gewesen. Anlaß für die Trennung war, daß der Mann eine Freundin hat und diese den Anspruch stellte, daß er allwöchentlich eine Nacht bei ihr verbringe. Das kam für Therese nicht in Frage, und sie forderte die Trennung. Der Mann war über ihre rasche und konsequente Reaktion stark verunsichert und bereute offenbar bereits, daß er es soweit hatte kommen lassen. Therese ist aber auch selbst erstaunt, daß die Trennung vom Mann sie nicht deprimiert, sondern im Gegenteil mit neuen Energien versieht. Sie fühlt sich befreit und erleichtert. Erstmals hat sie den Eindruck, über ihr Leben frei entscheiden zu können. Im Moment zweifelt sie eher daran, das Zusammenleben mit dem Mann wieder aufzunehmen, selbst wenn er die Freundin aufgäbe. Sie möchte mit ihm aber eine freundschaftliche Beziehung aufrechterhalten und insbesondere vermeiden, daß die Kinder unter der Trennung leiden. Zu ihrem Erstaunen besserte sich auch die Beziehung zu ihrer Tochter. Diese hatte mit dem Freund geschlafen und daraufhin die Beziehung zu ihm abgebrochen.

Deutlicher als bisher erlebte Therese den Bildungsunterschied zum Mann. Um keinen Streit zu provozieren, hatte sie sich seinem intellektuellen Niveau angepaßt und ihre Fähigkeiten unter den Scheffel gestellt. Es war für sie spürbar, daß der Mann es nur schwer ertragen hätte, wenn sie eine akademische Tätigkeit ausgeübt hätte. So hatte sie darauf verzichtet. In den letzten Jahren habe der Mann mit seinen bald 50 Jahren begonnen, in fanatischer Weise Sport zu betreiben. Das könne er jetzt mit der Freundin fortsetzen, die diesbezüglich ähnlich sei.

Von außen gesehen ist der Anlaß für die Trennung die Außenbeziehung des Mannes. Therese spürt aber, daß sie im Grunde diese Veränderung der äußeren Umstände konstelliert hat. Schon seit Jahren habe sie sich innerlich von ihrem Mann distanziert und damit seinem Bedürfnis nach einer Außenbeziehung Vorschub geleistet. Sie sagt: »Vielleicht habe ich es unbewußt sogar provoziert, daß er sich eine Freundin genommen hat.« Therese hatte ihren Mann öfters zum Besuch kultureller Veranstaltungen aufgefordert. Er ließ sich dafür nicht erwärmen. Seit Jahren möchte sie einmal eine Städtereise unternehmen. Jetzt, wo sie sich getrennt hat, ist ihr das möglich. Sie hat eine Reise gebucht. »Aber natürlich wäre es schöner, gemeinsam mit einem Partner.« Auf meine Frage, ob sie allein fahre, stellt sich heraus, daß sie seit wenigen Wochen eine Beziehung zu einem Historiker hat, der sie auf diese Reise begleiten wird.

In diesem Beispiel wird deutlich, wie Therese in einer depressiven Leere ist, welche mit einer anstehenden Neuorientierung ihres Lebens in Zusammenhang steht. Es sind dann die sich verändernden Umstände, welche den Wandel provozieren, nämlich die Ablösung der rebellischen Tochter, die sexuelle Außenbeziehung des Mannes, die Erfahrung der Freiheit durch die Trennung vom Mann und die neue Beziehung zu einem Mann, der ihr die Möglichkeit anbietet, ihr ungenutztes intellektuelles Potential zu entfalten. Natürlich ist dieser Wandel damit noch nicht abgeschlossen. Es wird für Therese darum gehen, abzuwägen, ob die Trennung definitiv werden soll oder ob sie die Ehe fortsetzen will, bei gleichzeitiger kompensatorischer Verwirklichung ihrer intellektuellen Begabung in einem akademischen Berufsfeld.

Worin liegt die jetzt anstehende Entwicklung in der Gestaltung der Beziehung?

In einem vierten Schritt versuchen wir in der Paartherapie die Funktion der aktuellen Krise herauszuarbeiten. Auf welche äußerlich und innerlich nachzuholenden Entwicklungen verweist die Krise, was bedeutet sie, was ist ihre Aussage?

Hier liegt die Essenz des ökologischen Therapieansatzes: **Die Lebensumstände weisen einem den Weg. Sie fordern einem oft schmerzliche Veränderungen ab, die man sich nicht selten wie aus einer tieferen Einsicht selbst konstelliert hat. Man möchte ihnen ausweichen, aber man spürt auch, daß sie notwendig sind.**

Nicht allen Menschen werden die gleichen Entwicklungen abgefordert. Die einen werden von schwereren Schicksalsschlägen betroffen als andere, die einen früher, andere später. Die einen suchen mehr Herausforderungen, andere lassen diese an sich herankommen. Die einem abgeforderten Entwicklungen können auch die Bewältigung persönlicher Einschränkungen betreffen, auch solche, die man sich zugunsten des Partners, der beispielsweise von Krankheit oder Unfallfolgen betroffen ist, persönlich auferlegt. In gewissen Bereichen trifft es zu, daß nicht das Ereignis als solches relevant ist, sondern die Bedeutung, die ihm zugeschrieben wird. Manchmal liegt die persönliche Entwicklung darin, dem Unvermeidlichen eine andere Bedeutung zu geben. Wenn zwei Liebende einander unterstützen, bilden sie füreinander starke Ressourcen im Bewältigen von Schicksalsschlägen. Wenn sie aber einander verlieren, können sie der wichtigsten Quelle ihrer Entwicklung verlustig gehen. Besonders schwierig ist es, wenn einer von beiden die Herausforderung der Krise annehmen kann und der andere sich ihr verweigert. Soll man auf eine persönliche Entwicklung verzichten, wenn man damit die Beziehung gefährdet, weil der Partner diese Entwicklung nicht mitvollziehen kann oder will? Soll beispielsweise eine Frau auf eine Berufskarriere im Anschluß an die Kinderphase verzichten, wenn der Mann angesichts des beruflichen Erfolgs der Frau von heftiger Eifersucht gepackt wird? Wo es nicht gelingt, eine für beide Seiten akzeptable Lösung auszuhandeln, wird es um eine Güterabwägung gehen. Sich einen schweren Verzicht abzufordern, nur um den Partner zu schonen, bewährt sich meist nicht. Allzuleicht wird der Partner nachträglich verantwortlich gemacht für alles, was sich im persönlichen Leben nicht entfalten konnte.

Es gibt allerdings nicht selten Situationen, wo die persönliche Entwicklung in der Beendigung der Beziehung liegt. Trennung und Scheidung haben in den letzten Jahren neue Formen angenommen. Solange das Schuldprinzip aufrechterhalten wurde, ging es darum, einen von beiden Partnern als Verursacher der Krise zu identifizieren. Heute aber kommen die Partner nach einem längeren schmerzlichen Prozeß meist überein, daß keine tragfähige Basis für die Fortführung der Beziehung mehr besteht. Man verzichtet auf wechselseitige Schuldaufrechnung, man verabschiedet sich in Respekt voneinander und bleibt oft miteinander kameradschaftlich verbunden. Es zeigt sich darin, wie Partner ihre Beziehung nach dem Prinzip Eigennutz gestalten: Wenn die Liebe nicht genügend Raum bietet, in welchem jeder vom anderen in seiner Entfaltung beantwortet wird, besteht keine tragfähige Basis mehr zur Fortsetzung der Beziehung.

An zwei Beispielen möchte ich darlegen, wie die (selbstgeschaffenen) Veränderungen der Lebensumstände den Partnern eine Veränderung ihrer Beziehung abfordern, die sie bisher zu vermeiden vermochten:

Fallbeispiel 11: Hans, ein 70jähriger Mann, meldete sich wegen sexueller Probleme: Er hat Schwierigkeiten, bei den sexuellen Beziehungen zum Samenerguß zu kommen (Ejaculatio deficiens). Diese Störung hat sich erst in den letzten drei Monaten gebildet. Die Schwierigkeit zu ejakulieren hat zu einer Erwartungsangst geführt, durch welche die Störung fixiert wurde. Er ist mit einer wesentlich jüngeren Frau, kinderlos, aber glücklich, verheiratet. Er fühlt sich körperlich und psychisch gesund. Dank seiner vielfältigen Interessen ist er mit seinem Leben sehr zufrieden. Von seiner Frau fühlt er sich wegen seiner Störung nicht unter Druck gesetzt. Sie sei im Sexuellen immer sehr verständnisvoll und zurückhaltend gewesen. Die weitere Exploration ergibt, daß er gut ohne Sex leben könnte und nur wenig sexuellen Drang verspürt. Mir schien es, er wäre im Alter von 70 Jahren durchaus legitimiert, sich auf das Ende eines aktiven Sexuallebens einzustellen. Ich versuchte ihn von seinen eigenen sexuellen Erwartungen zu entlasten. Doch ich spürte, daß er sich nicht darauf einließ und der Meinung war, der Moment, das Sexualleben einzustellen, sei noch nicht gekommen. Etwas in seiner persönlichen Entwicklung schien unerfüllt geblieben zu sein.

Hans war in einer streng protestantischen und puritanischen Familie aufgewachsen. Er war von den Eltern sexuell nicht aufgeklärt worden. Er sei aber auch selbst allen sexuellen Fragen ausgewichen. In jungen Jahren habe er auf Rat eines Pfarrers geheiratet, ohne Lust dazu zu haben. Die Ehe blieb sexuell unvollzogen. Er wurde wegen seiner sexuellen Unerfahrenheit von seiner Frau beleidigt. Nach zweijähriger Ehe kam es zur Scheidung. Dann lebte er eine sehr lange Zeit ohne feste Beziehung, angeblich aus Angst vor neuen Enttäuschungen. Er widmete sich ganz seiner Berufstätigkeit. Erst mit 42 Jahren begann er sich mit Hilfe eines Lexikons sexuell aufzuklären. Er betrieb Masturbation nur im Halbschlaf und mied alle sexuellen »Unschicklichkeiten« wie Pornos oder andere sexuell-erotische Anregungen. Dann lernte er per Inserat seine jetzige Frau kennen.

Schon nach der ersten Therapiesitzung kam es zweimal zu einem normalen Geschlechtsverkehr. Hans wollte auf meine Beschwichtigung seiner sexuellen Probleme nicht eingehen, sondern die sexuelle Frage weiter erforschen. Es war für ihn das erste Mal im Leben, daß er mit jemandem so offen und direkt über Sexualität sprechen konnte. Er war immer bemüht gewesen, seine Frau sexuell zufriedenzustellen. Aber er vermißte es, daß seine Frau nicht sexuell aktiv war.

Diese wagte das nicht, aus Angst, ihn damit zu bedrängen. Sie hätten vieles im sexuellen Bereich noch nie ausprobiert, obwohl er dazu Lust hätte, so insbesondere oralen Sex. Auch kenne er sich in weiblicher Reizwäsche nicht aus.

Von sich aus ermutigte er die Frau, zur nächsten Sitzung mitzukommen. Die Frau sprach sehr liebevoll über ihn. Auch sie hätte Lust zu einem freieren Sexualleben gehabt, sie wollte ihn aber nicht überfordern und befürchtete auch, er würde die Achtung vor ihr verlieren. Das offene Gespräch zwischen ihnen wirkte sexuell sehr stimulierend. Sie konnten jetzt ungestörte Sexualbeziehungen vollziehen und machten dabei viele neue Entdeckungen und Erfahrungen. Sie waren für die insgesamt nur vier therapeutischen Gespräche sehr dankbar.

In diesem Beispiel nutzt der Mann das Symptom der Ejaculatio deficiens als Veränderung seiner äußeren Umstände, die ihm eine Entwicklung abfordern. Das Symptom blockiert einerseits die Sexualität, provoziert jedoch eine Auseinandersetzung, die in den 70 Jahren seines Lebens nicht stattgefunden hatte und jetzt, kurz vor dem Ende der sexuell aktiven Lebensspanne, nachgeholt werden sollte. Es waren die äußeren Umstände des Symptoms, die ihn in Therapie brachten und ihn veranlaßten, offen über Sexualität zu sprechen, zuerst mit dem Therapeuten, dann auch mit seiner Frau. Die Frau war für die Entwicklung bereit, ohne daß sie den Mann mit Erwartungen unter Druck gesetzt hätte.

Fallbeispiel 12: Rolf, Mitte 40, meldet sich auf Drängen seiner Frau, da er sich in einer Midlife Crisis befinde. Er ist mit der etwa gleichaltrigen Esther verheiratet. Das Problem liegt in einer intensiven Liebesbeziehung mit einer sehr temperamentvollen, als feurige Carmen beschriebenen Freundin etwa gleichen Alters. Diese Beziehung ist sehr emotional. Heftige Streitigkeiten wechseln ab mit Versöhnungen. Sexuell habe er noch nie eine so intensive Beziehung erlebt. Die Freundin ist eine streitbare Person, die ihn konfrontiert und herausfordert. Zweimal schon hat er kürzere Zeit mit ihr zusammengelebt, es sei aber nicht gutgegangen. Er ist deswegen in Zweifel, ob ein festes Zusammenleben angestrebt werden sollte. Die Freundin drängt jedoch auf eine Stellungnahme.

Mit Esther hat er immer eine sehr harmonische Ehe geführt. Es gab zwischen ihnen keine Konflikte und keinen Streit. Es sei eine Beziehung im Goldfischglas, abgeschirmt von allen Belastungen. Die Ehe sei gewollt kinderlos geblieben. Da beide gut verdienen, können sie sich viele Freizeitvergnügungen leisten. Aber in den letzten Jahren habe sich bei ihm ein Gefühl innerer Leere eingestellt.

Esther erfuhr vor einem Jahr von dieser Fremdbeziehung. Sie machte ihm keine Szene, blieb vielmehr sanft und diplomatisch. Sie zeigte sich verständnisvoll und gab ihm Zeit, da sie das Ganze als Midlife Crisis definierte, die zu gegebener Zeit vorbeigehen werde. Zu Auseinandersetzungen zwischen ihnen kam es deswegen nicht. Sie seien beide der Devise »Leben und leben lassen« verpflichtet. Rolf leidet jedoch unter dem Hin und Her zwischen den zwei Frauen. Da er über eine zweite Wohnung verfügt, lebt er in den letzten Monaten weitgehend von Esther getrennt. Esther ließ sich bald ebenfalls auf eine andere Beziehung ein und machte dort ähnliche Erfahrungen wie Rolf: eine spannungsvolle emotionale Beziehung mit viel Auf und Ab und großer sexueller Befriedigung. Rolf ertrug diese Fremdbeziehung Esthers schlecht. Dennoch waren sie zueinander weiterhin freundlich und zeigten sich fröhlich. Sie gingen auswärts essen oder verbrachten die Wochenenden miteinander. Aus Rolfs Schilderung in den Einzelgesprächen war für mich nicht spürbar, was ihn noch an Esther bindet. Er scheint sich weder von der einen noch von der anderen Frau lösen zu können. Aber ebensowenig kann er sich für eine der beiden entscheiden. Esther ist für Rolf die Zuverlässige und Fürsorgliche, die Geliebte aber die Aufregende und Herausfordernde.

Rolf hat selbst den Eindruck, daß er ein oberflächliches Leben lebt. Er stehe als »Zaungast« dem Leben gegenüber und habe sich bisher trotz großer Aktivität nie wirklich auf etwas eingelassen. Er ist darauf bedacht, seine Freiheiten zu wahren und das Leben mit Esther zu genießen. Für mich ist spürbar, daß Rolf eine Vertiefung seines Lebens ersehnt, aber gleichzeitig sich davor fürchtet. Die Distanz zum Leben findet eine Begründung in der Angst, die Kontrolle über sich zu verlieren, wenn er sich weiter darauf einläßt. Sowohl sein Vater wie seine Mutter waren mehrmals psychiatrisch hospitalisiert gewesen. Als Kind hatte er an seinen Eltern keinen Halt gefunden und mußte schon früh auf eigenen Beinen stehen. Die Ehe seiner Eltern war chaotisch verlaufen und hinterließ in ihm das Bedürfnis nach einer festen und harmonischen Beziehung ohne Streit und Auseinandersetzung. Im therapeutischen Gespräch verhält er sich einerseits engagiert, andererseits aber sehr darauf bedacht, die Kontrolle über das Gespräch in eigenen Händen zu halten.

Ich versuchte, die Auseinandersetzung mit Esther anzuregen. Rolf entzog sich diesem Vorschlag jedoch lange Zeit. Die Gespräche drohten leerlaufartig zu versanden. Ihm war wichtig, Streit und Auseinandersetzung mit Esther zu vermeiden. Wenn er mit ihr zusammen war, verhielten sie sich zueinander wie Geschwister und berieten sich sogar gegenseitig in den konflikthaften Fremdbeziehungen. Sie sprachen über alles, nur nicht über ihre Beziehung und über die Gefühle, die sie zueinander hatten. Insbesondere die Gefühle des Verletztseins und der Eifersucht blieben ausgeklammert. Wäre nicht von beiden Geliebten Druck ausgeübt worden, so hätte eine vertiefte Auseinandersetzung mit dem Problem zwischen ihnen nicht stattgefunden.

Zur 14. Sitzung erschien Rolf mit Esther. Sie machte mir einen gefaßten und kontrollierten Eindruck. Es wurde jedoch bald deutlich, wie verletzt sie über die Fremdbeziehung Rolfs ist. Als sie vor einem Jahr davon erfuhr, war sie sehr überrascht, da sie glaubte, mit Rolf in einer guten Beziehung zu leben. Es sei für sie eine Welt zusammengebrochen. Sie wollte jedoch nicht die leidende Frau sein, sondern war entschlossen, ihr Glück nicht von Rolf abhängig zu machen. Wenn er in einer persönlichen Krise sei, könne sie ja nichts dagegen tun. Er müsse seinen Weg selbst finden. Sie habe in ihrem Leben Leiden und Streit immer gemieden und sei gut damit gefahren. Die Auseinandersetzungen, die sie jetzt mit ihrem neuen Freund habe, seien zwar emotional, hätten jedoch eher den Charakter eines Rollenspiels. Derartige Auseinandersetzungen mit Rolf seien wesentlich belastender durch die daraus entstehenden realen Folgen. Sie hatte Rolf stark idealisiert. Seit sie über seine Außenbeziehung informiert ist, betrachte sie ihn kritischer und sei aufmerksamer auf seine Schwächen, insbesondere seine Entscheidungsschwäche. Das habe sie zuvor nicht wahrhaben wollen. Im Geschäft neige er ebenfalls dazu, Konflikten auszuweichen und zu hoffen, daß sich alles von selbst ergebe. Irgendwann nach der gemeinsamen Therapiesitzung kam es bei einem Abendessen im Restaurant erstmals zu einem konfrontierenden

Gespräch. Rolf zeigte sich jedoch bald überfordert, so daß Esther es bereits bereute, sich nicht wie üblich fröhlich und unproblematisch verhalten zu haben. Sie befürchtete, derartige Gespräche könnten zuviel Energie kosten. Es wurde deutlich, daß die kollusive Streithemmung der beiden Partner auch bei Esther einen persönlichen Hintergrund hat. Sie hatte schon zweimal erfahren, in einer mehrjährigen Lebensgemeinschaft mit einem Mann wegen einer anderen Frau verlassen zu werden. Sie denkt, man könne einen Mann ja nicht zu einer Beziehung zwingen. Sie leide jeweils nur kurze Zeit, lasse sich bald auf etwas Neues ein und sage sich, daß das Leben weitergeht, Beziehungen nun mal vergänglich seien und die Zeit einer Beziehung abgelaufen sei. In ganz kleinen Schritten und sehr kontrolliert wagten Rolf und Esther sich auf Auseinandersetzungen einzulassen, in welchen es Esther möglich war, zu ihren Bedürfnissen und ihrer Verletztheit zu stehen. Rolf konnte bisher noch keine Entscheidung treffen. Auffallend ist aber, wieviel ihm an der Fortführung der Therapie liegt.

Auch in diesem Beispiel hat Rolf nicht von sich aus einen inneren Wandel vollzogen oder sich aus Einsicht weiterentwickelt, sondern er hat sich äußere Umstände geschaffen, welche die von ihm bisher vermiedene Konfrontation mit seinen Problemen herausfordern. Diese Entwicklung ist unausweichlich, ihr kann nicht mehr weiter ausgewichen werden, so groß die Ängste auch sind, die sie verursacht. Bei Esther verhält es sich ganz ähnlich.

C. Die beziehungsökologische Perspektive der Paartherapie

Dieser Teil des Buches wendet sich vor allem an Psychotherapeutinnen und Psychotherapeuten. Aber auch nicht entsprechend vorgebildete Leser können die folgenden Ausführungen, in denen ich mich um eine allgemein verständliche Sprache bemühe, mit Gewinn lesen.

Die Beziehungsgeschichte in der Spannung zwischen Partnerwahl und heutigem Konflikt ist Grundlage unseres Fallverständnisses der Paartherapie, in dessen Zentrum jetzt anstehende, bisher vermiedene Entwicklungsschritte in der Beziehung stehen. Diese Schritte können auch die Trennung vom Partner sein. In den folgenden Kapiteln wird ferner behandelt, welche Elemente anderer Therapieansätze in dieses Konzept integriert werden, was Paartherapie bewirkt, wie häufig sie von Trennung gefolgt ist und inwiefern sich ihre Wirksamkeit an der Förderung der persönlichen Entwicklung feststellen läßt.

12. Die ökologische Fallkonzeption der Paartherapie

Die ökologische Fallkonzeption der Paartherapie schlägt einen Spannungsbogen zwischen den Sehnsüchten und Ängsten, die bei der Partnerwahl wirksam waren, zum aktuellen Paarkonflikt. Die von uns vorgeschlagene Fokusformulierung bezieht sich auf den sich aus der Beziehungsgeschichte ergebenden, jetzt anstehenden Entwicklungsschritt von Mann und Frau in der Beziehung zueinander und die diese Entwicklung begünstigenden und erschwerenden Faktoren und Umstände.

Wenn ich in den folgenden Kapiteln von »wir« und »uns« spreche, so ist damit das Dozententeam des Instituts für Ökologisch-systemische Therapie gemeint, das seit Jahren an der Entwicklung des therapeutischen Konzepts maßgeblichen Anteil hat.

Unsere paartherapeutische Fallkonzeption ergibt sich als Schlußfolgerung der vorangestellten Kapitel. Die Fallkonzeption konzentriert sich in der Formulierung des ökologischen Fokus. Zuerst sollen einige allgemeine Gedanken auf diese hinführen.

Zielsetzung der ökologischen Paartherapie

Nachdem in den vorangegangenen Kapiteln die theoretischen Grundlagen der ökologischen Paartherapie dargestellt wurden, wird jetzt die Fallkonzeption beschrieben, welche das Kernelement der Behandlung bildet. Wir betrachten die Paartherapie als Kurztherapie. Die Kunst der Kurztherapie besteht in der Formulierung begrenzter Zielsetzungen. Das Ziel der Paartherapie sehen wir nicht primär in der Erhaltung der Paarbeziehung, aber auch nicht in ihrer bloßen Klärung. In unserem Therapieverständnis ist es auch nicht ausreichend, lediglich die Kommunikation zu verbessern oder festgefahrene Beziehungsmuster aufzulösen. Wir gehen von der These aus, daß ein Individuum sich im Gestalten von Beziehungen entfaltet und entwickelt und daß dabei das Beantwortetwerden in der Liebesbeziehung von zentraler Bedeutung ist. Die Paarbeziehung sehen wir als die Beziehungsnische, die einem Individuum entscheidende persönliche Entwicklungen ermöglichen, aber auch verbauen kann. Ziel der Therapie ist es, blockierte Entwicklungen in der Paarbeziehung freizusetzen. Worin die Entwicklung bestehen könnte, läßt sich meist aus der Beziehungsgeschichte herleiten. Es geht wesentlich um die Unterstützung der persönlichen Entwicklung und Entfaltung in einer Liebesbeziehung. Die Erhaltung der Paarbeziehung ist ein sekundäres Ziel, das implizit in der Förderung der persönlichen Entfaltung in der Liebesbeziehung enthalten ist. Eine konstruktive therapeutische Beziehung bildet die Rahmenbedingung und Voraussetzung dieser Entwicklung.

Die Beziehungsgeschichte als Grundlage des Fallverständnisses

Die Beziehungsgeschichte beginnt mit der ersten Begegnung der Partner. Uns interessiert der Spannungsbogen der Partnerwahl zum aktuellen Paarkonflikt. Zwei Phasen sind dabei besonders wichtig: die Initialphase der Beziehung und der Beginn der aktuellen Krise.

a) Initialphase der Beziehung

Ausgegangen wird von den Beziehungssehnsüchten und Beziehungsängsten, welche bei der Partnerwahl wirksam waren. Diese müssen nicht auf unreife, infantile Wünsche zurückgeführt werden, sondern sind auch stark beeinflußt von den der jetzigen Beziehung unmittelbar vorangegangenen Beziehungserfahrungen, so insbesondere von Liebesenttäuschungen, von Scheidungen, verzögerter Ablösung von Mutter und Vater, von langen Perioden von Einsamkeit, von Erfahrungen im Erwachsenenleben also, welche Verletzungen und Frustrationen hinterlassen haben, die jetzt den Boden neuer Hoffnungen bilden. Was sollte mit einer neuen Beziehung um jeden Preis verhindert werden, und was sollte in einer neuen Beziehung besser gemacht werden? Bei der Partnerwahl interessiert uns, in welcher psychischen Verfassung die Partner einander begegneten, was der erste Eindruck voneinander war, ob und wann Verliebtsein eintrat, welche Phantasien und Ängste bezüglich einer Lebensgemeinschaft auftraten, welche persönlichen Entwicklungen die Beziehung in Aussicht stellte und was die neuen Verheißungen waren. Es interessiert uns, welche befürchteten Wiederholungen sich mit dieser Beziehung vermeiden ließen. Wie sind die Partner dann mit Enttäuschungen des Verliebtseins umgegangen, mit Begrenzungen durch eigene Schwächen und jene des Partners? Was waren die Leitvorstellungen für die Partnerschaft, das Motto, mit dem die Beziehung hätte überschrieben werden können? Welche dyadische Nische gestalteten sich die Partner, etwa mit ihrem Heim, einem gemeinsamen Geschäft, als Familie, mit ihrem Freundeskreis? Was waren dann *besondere Vorkommnisse* in der späteren Beziehungsgeschichte, die zu Bruchstellen in der Beziehungsgeschichte wurden? Derartige Ereignisse können z. B. sein: Heirat, Geburt, Abtreibung, Schul- und Erziehungsschwierigkeiten der Kinder, Krankheiten, Arbeitslosigkeit, berufliche und finanzielle Sorgen oder außereheliche Beziehungen.

b) Entwicklung der aktuellen Krise

Dieser Teil der Beziehungsgeschichte wird vom jetzigen Zeitpunkt an rückdatiert und wurde bereits in Kapitel 11 vorbesprochen. Wann ist die aktuelle Krise ausgebrochen, oder wann hat sie sich wesentlich verschlimmert bzw. wann trat der Wunsch auf, eine Paartherapie aufzusuchen? Als wichtigste Frage folgt: Was hat sich in den Beziehungsumständen in der Zeit vor der Krise (Wochen bis Monate) verändert? Mit großer Regelmäßigkeit stellen wir fest, daß im zeitlichen Vorfeld der Krise wesentliche Veränderungen in der Beziehungsnische stattfanden, die sich belastend auf die Paarbeziehung auswirken. So etwa Wohnungswechsel, Veränderungen in der Beziehung zu den Eltern, zu den Kindern, zu Nachbarn und Freunden, Tod von Haustieren. Zuvor war es gelungen, sich eine dyadische Nische zu gestalten, die viele latente Paarprobleme regulierte, was jetzt unter veränderten Bedingungen nicht mehr gelingt, so daß neue Entwicklungen mit neuen Gestaltungen der Beziehungsnische notwendig werden (vgl. Kap. 8, S. 154). Oder es hat sich etwas im Verhältnis der Partner zueinander verändert, was das bisherige Leitbild der Partnerschaft in Frage stellt oder das Gleichgewicht der Partner zueinander verändert. Das können sexuelle Außenbeziehungen sein, aber auch berufliche Veränderungen (Beförderung, Arbeitslosigkeit) oder eine Geburt oder Krankheit, welche die Aufgaben und Funktionen innerhalb der Partnerschaft verändern und neue Entwicklungen notwendig machen.

Was heißt persönliche Entwicklung in einer Partnerschaft?

Welche persönliche Entwicklung in der Therapie anvisiert werden soll, muß sich aus der Problempräsentation der Patienten ergeben. Man kann an den inneren Objektbeziehungen arbeiten, an deren Begründung in der frühen Kindheit, an deren Korrektur durch neue Beziehungserfahrungen in der Übertragung. Damit setzt man sich hohe Ziele, die man immer nur teilweise erreichen kann. Das kann dem Patienten das Gefühl geben, in Defiziten verhaftet zu bleiben, und dem Therapeuten eine eher pessimistische Einstellung verleihen. Man kann aber auch – wie wir es versuchen – von der Lebensgeschichte ausgehen. Die Lebensgeschichte ist immer eine Geschichte voller Unvollkommenheiten, voller Irrtümer, aber auch voller Korrekturmöglichkeiten und positiver Überraschungen. Die Ansprüche auf Veränderung in einer Paarbeziehung durch Paartherapie sind in der Regel nicht unangemessen. Viele Partner kennen ihre persönlichen Schwächen und neurotischen Defizite und hatten sich ursprünglich mit diesen gewählt und geliebt. Viele kennen voneinander die Grenzen und Möglichkeiten einer persönlichen Entwicklung und sind bereit, Leiden an den Charaktereigentümlichkeiten des anderen auf sich zu nehmen. Aber die Leidensbereitschaft hat vor allem da ihre Grenzen, wo sie sich zerstörerisch auf das Selbstwertgefühl auswirkt, wo sie keinen Selbstrespekt mehr ermöglicht, keine Sinngebung und keine Identifizierung, sondern zur Ausbeutung ohne Anerkennung des geleisteten Einsatzes wird.

Anstehende Entwicklungen sind oft zugleich kollusiv vermiedene Entwicklungen. Die Wiederkehr des verdrängten Anteils macht sich als Unzufriedenheit und Unerfülltheit in der Beziehung bemerkbar. Therapeutisch bewährt es sich, nicht von Verdrängung zu sprechen, sondern von hintangestellten oder hinausgeschobenen Entwicklungen, womit der vorläufige Charakter der Verdrängung betont wird. Es kann sein, daß Entwicklungen nicht vollzogen wurden, weil sie nicht gefordert und gebraucht wurden. Grundsätzlich ist das Entwicklungspotential eines Menschen weit größer als das, was er in seinem Leben verwirklicht. Der Lauf des Lebens fordert immer wieder neue Verwirklichungen persönlicher Möglichkeiten, die erst dann notwendig werden, wenn der richtige Moment (*Kairos*) dazu gekommen ist. Auch in einer Therapie werden immer nur jene Entwicklungen möglich sein, für die der rechte Zeitpunkt eingetreten ist. Eine Person kann inadäquate Vorstellungen von ihren eigenen Entwicklungsmöglichkeiten haben. Sie kann der Meinung sein, nur wegen des Partners eine anstehende und ihr zukommende Entwicklung nicht vollziehen zu können. Sie kann der Meinung sein, nur die Auflösung der Partnerschaft werde ihr den notwendigen Freiraum zu dieser Entwicklung anbieten. Es kann aber auch sein, daß jemand eine anstehende Entwicklung zurückstellt, in der Meinung, sie dem Partner nicht zumuten zu können. Man glaubt, den Partner mit dieser Entwicklung zu überfordern und an ihm schuldig zu werden.

Schwierig zu beantworten ist oftmals die Frage, worin der *anstehende Entwicklungsschritt besteht, wenn damit eine Verzichtleistung gefordert wird.* So etwa wenn der Partner durch eine chronische Erkrankung oder durch die Folgen eines Unfalls in seinem Lebensalltag eingeschränkt wird, und der gesunde Partner seine eigenen Lebenspläne aus Rücksicht auf den Partner zurücknehmen muß. Was in einer derartigen Situation der anstehende Entwicklungsschritt ist, kann nur der Betroffene selbst klären. Es kann sein, daß man aus Solidarität, Rücksicht und Liebe zum Partner auf eine eigene expansive Entwicklung verzichtet. Es kann sein, daß einem für die persönliche Entfaltung die positive Beantwortung durch den Partner wichtiger ist als ein maximales Ausschöpfen eigener Entwicklungsmöglichkeiten. Es kann sein, daß man Selbstverwirklichung versteht als ein Ansprechbarsein für das, was mit einem geschehen will. Es gehört zum Konzept des wirkungsgeleiteten Lebenslaufes, daß dessen Verlauf nicht allein von der Person bestimmt wird, sie vielmehr an Prozessen, die ihr persönliches Schicksal übergreifen, partizipiert. Lebensläufe entwickeln sich nicht geradlinig, sondern sind Konstellationen des Wechselspiels zwischen der Person und ihrer Nische. Im Lebenslauf ergeben sich Brüche in der Entwicklungslinie, es treten Ereignisse ein, die für die Person unberechenbar und unerwartet sind. Der Lebenslauf entwickelt sich zur unverwechselbaren und einmaligen Geschichte, zu einem Abenteuer, über das die Person nicht in vollem Umfang selbst verfügt. Was im Moment als Katastrophe erscheint, kann Ausgangspunkt positiver Entwicklungen sein; was für einen selbst sinnlos erscheint, kann für andere sinnvoll sein und indirekt sinnstiftend auf die Person zurückwirken. Eine religiöse Einstellung kann für die einem abgeforderte Ansprechbarkeit eine wichtige Unterstützung bedeuten.

Die ökologische Theorie geht davon aus, daß jeder Mensch über weit mehr Potential verfügt, als er in seinem Leben verwirklichen kann. Welches Potential verwirklicht wird, hängt wesentlich von der Nische ab, von dem angebotenen beantworteten Wirken. Verändern sich die Valenzen der Nische, so wird anderes Potential aktiviert, das bisher brachlag. Veränderungen der Nische durch Lebensereignisse können durch Bereitstellen neuer Valenzen neue persönliche Entfaltungen und Entwicklungen ermöglichen.

Demgegenüber mißt die traditionelle Psychoanalyse den späteren äußeren Umständen lediglich eine Auslösefunktion bei (Hohl 1995). Es komme zu Reinszenierung infantiler Konflikte. Zur Neurose werde ein Konflikt, wenn unter dem Druck sich verstärkender Bedürfnisse oder zunehmender Versagungen bestimmte Minimalgrenzen der Befriedigung unterschritten werden und die bis dahin funktionierenden Techniken der Erlebnisverarbeitung versagen; klinisch äußert sich dies im Auftreten von Symptomen und erlebnismäßig im Entstehen von Leidensdruck. So kritisiert der Psychoanalytiker Hohl, daß den nachödipalen Konflikten kein rechter Stellenwert zugesprochen werde. »Ihnen komme lediglich eine

Auslösefunktion zu, ansonsten würden sie als Reaktualisierungen der infantilen Konflikte betrachtet.« Diese Sichtweise führe dann leicht dazu, daß spätere Konflikte in ihrer Bedeutung für das Leben des Analysanden unterschätzt würden (S. 178).

Symptombildung als Ausdruck einer blockierten Entwicklung der Partner

Die äußeren Veränderungen der Nische stellen den Partnern neue Entfaltungsmöglichkeiten und Entwicklungen in Aussicht. Die Versuchung, auf die Entwicklungsmöglichkeiten einzugehen, versetzen sie jedoch in folgendes Beziehungsdilemma: Entweder ich ergreife die Möglichkeit und nehme mir die Freiheit, neue Entwicklungen zu verwirklichen, mit dem Risiko, unsere Partnerschaft damit zu gefährden, oder ich verzichte auf die Entwicklungsmöglichkeit, um damit die bisherige Beziehung zu erhalten.

Das Bewahrenwollen des Bisherigen ist jedoch nicht möglich. Es entzieht dem Erreichten die Dynamik, die Spannung und Energie, was die Weiterentwicklung der Beziehung weit mehr gefährdet, als das Risiko eines Wandels. Es besteht die Gefahr, daß man die eigenen Entwicklungsmöglichkeiten unterdrückt und den Interessen der Gemeinschaft vorschnell aufopfern will. Andererseits besteht die Gefahr, einen Wandel aus eigener Unsicherheit zu brüsk und zu radikal anzustreben und damit den Partner zur Abwehr und Bewahrung der Beziehung zu provozieren. Unter dem Streß dieses Dilemmas, das sowohl ein innerpsychisches wie ein dyadisches ist, kann es zu einer Symptombildung kommen, also zu Depression, Angstzuständen, psychosomatischen Störungen oder Alkoholismus. Diese Symptome sind einerseits Folge einer unerträglichen Spannung bei einer blockierten Entwicklung, andererseits ist das Symptom als solches eine Veränderung der Umstände, welche einen Wandel notwendig machen und die Paare oftmals in Therapie führen. Das Symptom bringt die Partner an den Punkt zu sagen, »so kann es nicht mehr weitergehen, etwas muß geschehen, was immer die Konsequenzen sein werden – schlimmer als der jetzige Zustand kann eine Veränderung unserer Beziehung nicht sein«.

Sicher gibt es auch heute noch Fälle, wo eine Symptombildung eher einen funktionalen Charakter hat, in dem Sinne, daß sie die aggressive Spannung zwischen den Partnern neutralisiert und man unter der mit dem Symptom legitimierten Schonhaltung die Auseinandersetzung unterläßt. Sicher gibt es auch Fälle, wo die Symptombildung hingenommen wird und sich chronifiziert. Im allgemeinen werden Paare heute aber eher versuchen, die unerträgliche Spannung zu einer Lösung zu führen.

In der Therapie kann man daran anknüpfen, daß ein Symptom gar nicht auftreten würde, wenn die Partner nicht bereits in einen Wandlungsprozeß eingetreten wären. Aus Angst, Schuldgefühlen oder zur Vermeidung von Schmerz und Trauer haben sie den Mut verloren, die eingeleitete Entwicklung weiterzuführen.

Der ökologische Fokus in der Paar- und Familientherapie

Seit Jahren bewährt sich in unserem Therapieansatz die schriftliche Formulierung eines Fokus mit folgendem Aufbau: Wir gehen davon aus, daß die Partner sich zunächst auf ein Leitbild eingestellt hatten, welches ihnen in der Beziehung persönliche Entwicklungen ermöglichte, aber auch gewisse Herausforderungen zurückstellen und vermeiden ließ. Dann traten im Laufe des Zusammenlebens Veränderungen der Umstände auf, welche die Notwendigkeit einer Beziehungsveränderung herbeiführten, doch diese Beziehungsveränderung wurde auf halbem Wege aus Angst vor ihren Konsequenzen blockiert, was dann zur aktuellen Krise bzw. zu einer Symptombildung führte. Als zweiter Schritt wird versucht, aus den Ausführungen der Patienten herauszuhören, was der jetzt anstehende Entwicklungsschritt in der Beziehung sein könnte. Als Drittes soll festgehalten werden, welche Faktoren den Vollzug dieses Entwicklungsschrittes blockieren oder erschweren. Im Grunde spüren die Patienten ja selbst, welche Entwicklung notwendig wäre. Wäre es so leicht, die Entwicklung zu vollziehen, müßten sie nicht eine Paartherapie aufsuchen. Es müssen also Umstände vorliegen, die dieser Entwicklung entgegenstehen. Dabei kann es sich um rational begründbare Umstände handeln, häufig aber handelt es sich um Blockierungen von anstehenden Entwicklungen durch inadäquate Ängste. Es liegt uns viel daran, die Fokusformulierung nicht zu sehr auf die Pathologie, insbesondere auf die Abwehrvorgänge auszurichten, sondern auch die Ressourcen ins Blickfeld zu stellen. Deshalb versuchen wir als nächsten Schritt zu formulieren, welche Voraussetzungen den Vollzug des anstehenden Entwicklungsschrittes begünstigen. Es geht also darum, die persönlichen und situativen Aspekte zu identifizieren, welche die therapeutischen Bewegungen zu unterstützen vermögen. Zuletzt soll beschrieben werden, was die konkreten ersten Schritte in Richtung der angestrebten Entwicklung sein könnten. Es sollte sich um Schritte handeln, die äußerlich beobachtbar und damit evaluierbar sind.

Der ökologische Fokus in der Paar- und Familientherapie:

1. Beziehungskonstellation, in welcher das Problem auftrat	nachdem wir unsere Beziehungen nach folgendem Leitbild gestaltet hatten …, was uns folgende persönliche Entwicklung ermöglichte … und folgende Herausforderungen vernachlässigen und vermeiden ließ …, traten folgende Veränderungen in unseren Beziehungen auf …, welche folgende Beziehungssituation herbeiführten
2. Anstehender Entwicklungsschritt in der Beziehung	… so daß jetzt folgende Entwicklungen in unser Beziehung anstehen …
3. Erschwerende Faktoren	die erschwert werden durch folgende persönliche und situative Umstände …
4. Begünstigende Faktoren	die begünstigt werden durch folgende persönliche und situative Umstände
5. Erste Schritte in der angestrebten Entwicklung	Erste Schritte in der angestrebten Entwicklung in unserer Beziehung könnten sein …

Der Fokus soll in Ich-Form bzw. Wir-Form formuliert werden, um damit möglichst nahe bei der Sprache der Patienten zu bleiben. Immer wieder konnten wir beobachten, daß die psychopathologische Fachsprache einen die Patienten stark entwertenden Charakter bekommt. Der Fokus soll so formuliert werden, daß er den Patienten vorgelesen werden könnte, ohne daß sie sich verletzt fühlen.

Fallbeispiel 13: Marc und Renate sind ein Erfolgspaar, seit 5 Jahren verheiratet, beide in zweiter Ehe. Anlaß zu den therapeutischen Gesprächen war eine Außenbeziehung von Marc. Renate stellte den Kontakt mit mir telefonisch her, Marc kam nur widerwillig zur ersten Sitzung und zeigte sich skeptisch.

Renate weiß seit drei Monaten von der Außenbeziehung. Diese habe ihr den Boden unter den Füßen weggezogen. Sie sei in einen Zustand tiefer Depression und Verzweiflung verfallen und außerstande, ihrer künstlerischen Tätigkeit nachzugehen. Marc bemerkte provozierend, er fühle sich nicht für ihre Kreativität verantwortlich.

Auf die Frage, was sich im zeitlichen Vorfeld dieser Außenbeziehung in ihren Beziehungen verändert habe, kam folgendes heraus: Marc hatte bisher einen erheblichen Teil seiner Zeit in einer anderen Stadt gearbeitet, wo er ein eigenes Büro und ein eigenes Appartement hatte. Vor einigen Monaten hat er diese Außenstation aufgegeben und arbeitet jetzt weitgehend zu Hause. Eigentlich ist er damit weit häufiger mit Renate zusammen. Er hat seinen Computer im Wohnzimmer aufgestellt. Wohnen und Arbeiten sind somit für ihn nicht mehr voneinander abgegrenzt. Dazu kam, daß die Tochter von Renate, die bis dahin mit ihnen zusammengelebt hatte, kürzlich ausgezogen und der Hund gestorben war (Wegfall kompensatorischer Beziehungen). Durch die veränderten Umstände ergab sich eine übergroße und ungeschützte Nähe, die ein wesentlicher Grund für Marcs Unbehagen im Zusammenleben mit Renate war. Er fühlte sich kontrolliert und eingeengt.

Beide hatten traumatisierende Scheidungen hinter sich. Die Erinnerung an diese unglücklichen Vorkommnisse hatte bei beiden den Wunsch verstärkt, in einer neuen Beziehung Harmonie zu suchen und Streit zu vermeiden. Beide idealisierten einander und übersahen Meinungsverschiedenheiten. Marc schildert sich als einen Mann, der seinen beruflichen Erfolg der Fähigkeit zuschreibt, die Erwartungen anderer zu erfüllen. Renate war früher in einem anderen Beruf tätig und entwickelte sich erst im Zusammenleben mit Marc zur erfolgreichen bildenden Künstlerin. Er habe aus ihr etwas gemacht, und das hat ihrer Beziehung eine besondere Erfüllung und einen tieferen Sinn gegeben.

Die Therapie wurde wesentlich dadurch erleichtert, daß Marc sich bereit erklärte, die Beziehung zu der anderen Frau für drei Monate zu unterbrechen, um damit bessere Voraussetzungen für die therapeutische Arbeit zu schaffen. An äußeren Veränderungen realisierten sie als erstes den Umzug in ein anderes Haus, wo er einen Hausteil strikt von Renate abtrennen konnte. Er wollte sich dort ein eigenes Schlaf- und Arbeitszimmer einrichten und legte großen Wert darauf, für die Möblierung selbst besorgt zu sein. Doch das Problem lag tiefer und ließ sich nicht allein mit der besseren Abgrenzung der Lebensbereiche lösen. Marc hatte den Eindruck, daß Renate zu sehr auf ihn bezogen ist, ja, daß er ihr eigentlich die Lebensenergie vermittle und sie von ihm zehre. Renate war früher eine durchaus selbständige Person gewesen. In der Liebe ging sie dann aber ganz in der Beziehung mit Marc auf, freute sich, ihn morgens zu sehen, ihm eventuell im Büro einen Besuch abzustatten und ganz in innerer Verbundenheit mit ihm zu leben. Er hatte wesentlichen Anteil an ihrem beruflichen Erfolg als Künstlerin.

Nach der fünften Sitzung formulierte ich folgenden Fokus:

1. Wir sind ein erfolgreiches Paar. Aus Angst vor Wiederholung unserer vorangegangenen Scheidungen waren wir bemüht, Streit und Meinungsverschiedenheiten zu vermeiden. Ich (Renate) habe Marc bewundert und idealisiert, ich (Marc) habe Renate zu künstlerischem Erfolg verholfen. Wir hatten unser Leben so eingerichtet, daß Renate mir ein schönes Heim bot und ich (Marc) dennoch meine Freiheit bewahren konnte. Durch die getrennte Wohnsituation unter der Woche mußten wir uns nicht mit der Frage übergroßer Nähe befassen.

Doch dann veränderten sich die äußeren Umstände: Renates Tochter zog aus, der Hund starb und ich (Marc) gab mein auswärtiges

Büro auf und arbeitete zu Hause, wo ich mich übermäßig kontrolliert fühlte.

Die aktuelle Krise trat vor drei Monaten mit dem Bekanntwerden meiner (Marc) Außenbeziehung auf.

2. Jetzt steht als Entwicklung an: daß wir Nähe und Distanz in einer für beide akzeptablen Form regeln, ich (Marc) auf die Idealisierung durch Renate verzichte, und ich (Renate) mich mehr auf eigene Füße stelle, und daß wir lernen, uns kritisch miteinander auseinanderzusetzen.

3. Was erschwert wird durch mein (Marc) Bedürfnis, idealisiert zu werden, und durch unsere Angst, ohne Idealisierung die Beziehung zueinander zu verlieren.

4. Was erleichtert wird durch die Erkenntnis, daß ich (Renate) mich unabhängig vom Ausgang der Krise verselbständigen muß, und daß ich (Marc) mit meiner Geliebten zu einer Entscheidung kommen muß.

5. Erste Schritte in dieser Entwicklung könnten sein: daß ich (Renate) es aufgebe, Marc zu kontrollieren, und mich auf die Erklärung beschränke, daß ich diese Außenbeziehung nicht längerfristig hinnehmen werde, und ich (Marc) bereit bin zu einem Moratorium von drei Monaten, um mich in Ruhe mit dem Problem auseinanderzusetzen.

Marc forderte von Renate, daß sie sich mehr auf eigene Füße stellen, unabhängiger von ihm leben und ihn nicht weiter in unkritischer Weise idealisieren solle. Da Renate an ihre frühere Autonomie anknüpfen konnte, fiel ihr diese Entwicklung weniger schwer als erwartet. Aber sie spürte, daß damit etwas in ihrer Beziehung verlorenging. Sie wurde wesentlich kritischer ihm gegenüber und distanzierte sich auch von seiner Erwartung, ihn zu öffentlichen Anlässen zu begleiten. Marc war selbst überrascht, daß ihm die Entidealisierung durch Renate mehr zusetzte als erwartet. Mit ihrer Kritik setzte sie ihm mehr Widerstand entgegen. Renate ging damit durchaus ein Risiko ein, wußte sie ja nicht, ob Marc ihre Kritik ertrage oder ob er dadurch noch mehr in die Arme ihrer Nebenbuhlerin getrieben würde. Doch es blieb

262 | Die ökologische Fallkonzeption

Renate kein anderer Weg offen. Für sie war klar, daß sie die Fortsetzung einer Außenbeziehung von Marc nicht hinnehmen würde. Es war für sie ein schmerzlicher Weg, auf all die Aufmerksamkeiten und subtilen Kontrollen, die sie eingerichtet hatte, zu verzichten. In dem Ausmaß, wie Renate ihm ein echtes Gegenüber wurde, konnte Marc sich in Freiheit für Renate entscheiden und die Außenbeziehung aufgeben.

Das Beispiel zeigt, wie die Veränderung der äußeren Umstände dem Mann Anlaß zum Eingehen einer Außenbeziehung gab, die ihrerseits Druck auf die Partner ausübte, anstehende Entwicklungen in ihrer Beziehung zu vollziehen. Die Fokusformel bildet für die Therapie einen roten Faden.

Wir pflegen den Fokus den Paaren in der Regel nicht direkt vorzulesen. Der Fokus ist vielmehr eine Arbeitshypothese des Therapeuten, die er im Hinterkopf behält, um seiner Arbeit Konsistenz zu geben. Im übrigen verweise ich auf mein Buch »Ökologische Psychotherapie« (1996), wo das Arbeiten mit dem Fokus eingehend beschrieben ist. Ein wichtiger Gewinn des Fokus ist auch die Möglichkeit, das Therapieergebnis zu evaluieren. Nicht selten neigen Therapeuten am Ende einer Therapie zur Enttäuschung, weil nicht alle Ziele, auf die man gehofft hatte, erreicht wurden. Es ist für die persönliche Psychohygiene wichtig, feststellen zu können, daß man zu Beginn der Therapie mit dem Fokus die Ziele häufig realistischer formuliert hatte, als den Erwartungen gegen Ende der Therapie entspricht.

Ein weiteres Beispiel zeigt besonders deutlich, wie durch Veränderung der Beziehungsumstände die Notwendigkeit entsteht, bisher vermiedene Entwicklungen zu vollziehen. Die aus der Vermeidung entstehende Symptombildung öffnet das Paar für eine therapeutische Bearbeitung.

Fallbeispiel 14: Es handelt sich um ein Konsultativgespräch, das ich anläßlich einer Fortbildungsveranstaltung in einer Sexualberatungsstelle geführt habe. Das Paar meldete sich wegen zunehmendem sexuellen Versagen des Mannes, insbesondere Ejaculatio praecox und

Der ökologische Fokus | 263

generelle Abnahme der sexuellen Bedürfnisse. Der ca. 55jährige Mann wurde zuerst von einem Urologen mit Viagra behandelt, was zwar seine Erektionsfähigkeit verbesserte, seine sexuelle Lust jedoch eher blockierte. Das Mittel wurde wieder abgesetzt. Jetzt steht das Paar seit ca. 10 Sitzungen in einer vorwiegend psychoanalytisch orientierten Paartherapie, ergänzt durch Sensate Focus-Übungen (Streichelübungen) nach Masters und Johnson, welche sie als sehr positiv erleben, weil damit der sexuelle Leistungsdruck von ihnen genommen wird.

Die Frau ist etwa gleich alt wie der Mann. Beide habe mehrere unglückliche Liebesbeziehungen hinter sich, beide sind geschieden, beide haben je einen Sohn aus der früheren Ehe. Sie lernten sich vor 20 Jahren in einer Anonymen Alkoholikergruppe kennen. Für beide ist es die längste Liebesbeziehung ihres Lebens. Sie habe ihm wegen ihres fröhlichen Wesens gefallen, sie war hübsch und attraktiv. Aber sie verhielt sich nach den vorangegangenen Liebesenttäuschungen spröde und wollte ihn auf die Stabilität seiner Zuneigung prüfen. Auch er hatte die Verletzungen früherer Liebesenttäuschungen noch nicht verarbeitet und lebte nach der Scheidung wieder bei seiner Mutter. Dort wollte er bleiben, bis er sicher war, daß die neue Beziehung halten würde. Die beiden Partner konnten sich wechselseitig in der Alkoholabstinenz bestärken. Besonders er war für sie ein wichtiger Helfer. Daß sie die Abstinenz miteinander geschafft haben, ist für beide eine wichtige Ressource. Im Bemühen, ein erneutes Scheitern der Beziehung zu vermeiden, wichen sie allen Auseinandersetzungen und Streitigkeiten aus und strebten nach Harmonie. Die Beziehung blieb ohne tiefere Krisen und Schwierigkeiten, aber sie wurde fade und spannungslos, sie entfremdeten sich voneinander.

Dann traten hintereinander Ereignisse auf, welche das bisher friedliche Arrangement durcheinanderbrachten. Die Frau erkrankte vor sechs Jahren an Brustkrebs und wurde unter Schonung der Brust operiert. Dennoch reagierte der Mann mit sexuellem Rückzug, was die Frau tief kränkte, da sie jetzt besonders auf Bestätigung als Frau angewiesen war. Als er ihr auch sonst kaum Unterstützung in ihrer schweren Krankheit zuwandte, ließ sie sich mit einem früheren Jugendfreund ein, von dem sie die benötigte sexuelle Bestätigung erhielt. Die Außenbeziehung der Frau war für den Mann ein schwerster Schock, von dem er sich nicht erholen konnte. Die Frau erhielt anonyme Briefe, in welchen sie als Nutte bezeichnet wurde. Der Verdacht ist bis heute bestehen geblieben, daß diese Briefe vom Mann verfaßt worden waren. Die Wirkung war, daß die Frau erstmals psychotisch dekompensierte und psychiatrisch hospitalisiert werden mußte. Sie entwickelte in der Folge Depressionen und Panikattacken. Sie gab dann aber die Außenbeziehung auf. Seither geht es zwischen ihnen sexuell aber schlechter. Offensichtlich fühlte er sich jetzt zu mehr Sex verpflichtet, gleichzeitig aber nahm sein sexuelles Bedürfnis ab. Dabei spielte möglicherweise auch mit, daß bei ihm vor drei Jahren ein arterieller Hochdruck und Diabetes mellitus diagnostiziert worden waren. Der Auszug des inzwischen erwachsen gewordenen Sohnes der Frau vor zwei Jahren führte dazu, daß die beiden Partner sich stärker einander ausgesetzt fühlten. Die unbefriedigende sexuelle Situation war für die Frau schwer auszuhalten, setzte aber den Mann gleichzeitig immer mehr unter Druck.

Die Seminargruppe formulierte folgenden Fokus:

Nachdem wir, verunsichert von früheren gescheiterten Beziehungen, versucht hatten, unsere Partnerschaft auf Harmonie und Vermeidung von Auseinandersetzungen zu stellen, und wir uns wechselseitig helfen konnten, vom Alkohol dauerhaft Abstand zu nehmen und ein neues Leben auf solider Grundlage zu beginnen, kam es im Laufe der Jahre in unserem Zusammenleben zu Langeweile und Entfremdung. Als ich (Frau) vor sechs Jahren Brustkrebs bekam, litt ich sehr unter dem sexuellen Rückzug des Mannes und suchte mich in einer anderen Beziehung als Frau zu bestätigen, was mich (Mann) sehr erschütterte und bei mir (Frau) Depressionen und Panikattacken auslöste. Seither fühle ich mich (Mann) gedrängt, sexuell aktiver zu sein, als es meinen Bedürfnissen entspricht, was schließlich zu meinem sexuellen Versagen führte.

Als Entwicklung steht an, daß wir lernen, uns offener miteinander auseinanderzusetzen und Sexualität ohne Erwartungsdruck zu leben,

was erschwert wird durch unsere unterschiedlichen sexuellen Bedürfnisse,

was erleichtert wird durch den beiderseitigen Willen, die Beziehung zusammenzuhalten, durch den gemeinsamen Stolz, die Alkoholabstinenz geschafft zu haben, und die Notwendigkeit, zu lernen, uns offener miteinander auseinanderzusetzen.

Erste Schritte wären, die Zurücknahme von Erwartungsdruck zu üben und im therapeutischen Gespräch Vertrauen in den persönlichen Gewinn von Auseinandersetzungen zu finden.

Die Vermeidung von konfrontierenden Auseinandersetzungen entsprach sicher der Disposition zu Suchtverhalten beider Partner. Sie war zunächst aber auch positiv zu werten, ermöglichte sie doch das Aufrechterhalten einer insgesamt befriedigenden Entwicklung in der Beziehung und eine persönliche Stabilisierung. Doch dann traten Ereignisse auf, die jetzt eine neue Entwicklung in Richtung vermehrter persönlicher Auseinandersetzung notwendig machen.

13. Integration von Elementen anderer therapeutischer Ansätze in die ökologische Paartherapie

Was ist der Beitrag des ökologisches Konzepts der Paartherapie und wie verhält sich dieses zu psychoanalytischen, verhaltensorientierten und systemischen Ansätzen? Der psychoanalytische Ansatz hat vor allem herausgearbeitet, wie verinnerlichte Beziehungserfahrungen der Kindheit in den aktuellen Liebesbeziehungen reinszeniert werden. Doch es sind nicht nur die verinnerlichten Beziehungsmuster zu Mutter und Vater, die für die aktuelle Liebesbeziehung bedeutsam sind, sondern auch die aktuellen Beziehungen zu den Eltern und Geschwistern. Die unbeglichenen Rechnungen, Schuldverstrickungen und ungelösten Abhängigkeiten im Drama der Familie stimulieren die Hoffnung, diese mit dem Eingehen einer Partnerschaft aus der Welt zu schaffen, familiäre Fehlentwicklungen zu korrigieren und das nachzuholen, was bisher verpaßt worden war.

Der verhaltensorientierte Ansatz setzt direkt an der destruktiven Kommunikation und an den kommunikativen Defiziten der Partner an und versucht, diese durch Übungen und Einführung von Regeln zu korrigieren. Der Abbau von Verletzungen, die Einführung von fairen und vertrauensbildenden Spielregeln und Rahmenbedingungen sind oft Voraussetzung einer paartherapeutischen Arbeit.

Systemische Ansätze, denen wir uns zurechnen, sind untereinander sehr verschieden. Als gemeinsamen Nenner haben sie die Beachtung und Bearbeitung der aktuellen Beziehungen. Während andere systemische Ansätze stärker die aktuellen Beziehungsmuster und die aktuelle Konstruktion einer dyadischen oder familiären Wirklichkeit beachten, legen wir mehr Gewicht auf den zeitlichen Längsschnitt der Koevolution, auf die persönliche Entwicklung in der Wechselwirkung mit den Entwicklungen des Partners.

Der psychoanalytische Schwerpunkt:
die verinnerlichten Beziehungserfahrungen

Objektbeziehungstheorie und Bindungstheorie

Die psychodynamischen Therapieansätze gehen von einem bedeutsamen Zusammenhang zwischen Beziehungserfahrungen der Kindheit und der Gestaltung von Partnerbeziehungen im Erwachsenenalter aus. Im Mittelpunkt stehen die inneren Objektrepräsentanzen, womit die verinnerlichten Beziehungen zu den wichtigsten Bezugspersonen der Kindheit gemeint sind. Zusätzlich wird der verinnerlichten Paarbeziehung der Eltern Erklärungskraft für das spätere Gestalten einer eigenen Partnerschaft zugesprochen. Ich beschränke mich auf Aspekte der psychoanalytischen Objektbeziehungstheorie, die insbesondere für das Kollusionskonzept, aber auch für die ökologisch-koevolutive Perspektive von grundlegender Bedeutung sind.

Die Objektbeziehungstheorie behandelt die Beziehung zwischen vergangenen und aktuellen intrapsychischen und interpersonellen Objektbeziehungen und fokussiert auf die Inszenierung internalisierter Objektbeziehungen in der aktuellen Partnerbeziehung. Innere Objekte können sich auf dem Boden früher Frustrationen bilden (Fairbairn 1952). Wenn die Mutter die Beziehungsbedürfnisse des Kindes nicht zu befriedigen vermag und das Kind die Realität nicht verändern kann, introjiziert es die frustrierenden Aspekte der Mutter. Sie bilden die Grundlage der in der Folge auf menschliche Objekte gerichteten Erwartungen und Beziehungen. Sollen neue Stufen der Objektbeziehungen erreicht werden, müssen sich innere Objekte in Überprüfung der Realität differenzieren, neu integrieren und verändern. Mißlingt dieser Veränderungsprozeß, so werden aktuelle Beziehungen entsprechend einem »alten« Modell wahrgenommen, beurteilt und gestaltet (Simon, Clement, Stierlin 1999).

Liebesbeziehungen im Erwachsenenalter haben an sich viele Parallelen zur frühen Mutter-Kind-Beziehung. Intimität, emotionale Nähe und Geborgenheitserfahrungen werden in den Liebesbeziehungen des Erwachsenenalters in ähnlicher Weise gesucht und erwartet. Liebesbeziehungen sind deshalb geeignet, die Erinnerung an die früheste Kindheit zu aktualisieren. Damit werden nicht nur schöne Bilder aus der Kindheit reaktiviert, sondern auch Gefühle der Frustration, der Wut und der Rache gegenüber einer als unverläßlich, unempathisch und abwesend erlebten Mutterperson. Durch diese Gefühlsaufladung kann es in Partnerbeziehungen besonders leicht zu einer Reaktivierung frühkindlicher Erfahrungen und Konflikte kommen. Folge davon sind etwa inadäquate Wutanfälle auf geringfügige Frustrationen, unangemessene Regressionstendenzen, uneinfühlbare Ambivalenzhaltungen nach dem Prinzip »komm her zu mir, aber bleib lieber weg, denn ich habe zuviel Angst, wenn Du kommst, obwohl ich nichts lieber möchte als das« (Bauriedl 1995).

Diese Aspekte werden in der Bindungstheorie von John Bowlby (1975) und Mary Ainsworth (1978) noch verdeutlicht, welche gegenwärtig in der Literatur der Paartherapie zunehmende Beachtung findet. Der Wunsch nach Bindung ist ein zentraler Bestandteil unseres Seelenlebens. Karpel (1994) sieht die Tendenz, enge Bindungen zu bilden, als universelles Prinzip des menschlichen Lebens, das sich in der Mutter-Kind-Beziehung und später in der Partnerbeziehung zeigt. Die Paarbeziehung erbt das Vermächtnis (Legacy) der Bindung, das heißt, nicht nur das angeborene Bedürfnis nach Bindung, sondern auch die spezifische Erfahrung der frühen Kindheit. Das führt zu den Ähnlichkeiten zwischen den frühesten Bindungsbeziehungen und den Bindungen in der Erwachsenen-Paarbeziehung. Defizite in der Bindungserfahrung der frühen Kindheit können zur Unfähigkeit führen, Vertrauen zu bilden, zu Anklammerungsverhalten, zu verzerrten Wahrnehmungen des Partners und zu unbewußter Abwehr von Intimität und Verletzungsgefahr. Die Unfähigkeit, Nähe zuzulassen und sich in einer Beziehung zu engagieren, ist in der Regel auf schmerzliche Erfahrungen in frühen Bindungen zurückzuführen. Es entsteht Angst vor Ausbeutung oder Verlassenwerden.

Für die Paartherapie ist die Bindungstheorie vor allem wichtig für das Verständnis der Ambivalenz zwischen dem Ersehnen und dem

Abwehren von Nähe. So erklärt Golden (1991) den stabilen Zusammenhalt von Paaren in destruktiven Beziehungen damit, daß Partner Bindungsfiguren füreinander sind und deswegen einander sogar dann noch Sicherheit bieten, wenn sie sich Unannehmlichkeiten bereiten. Es sind damit zum Beispiel Paare gemeint, die sich tagtäglich verletzen und sich dennoch nicht trennen können. Diese Konstellation wird dann besonders problematisch, wenn es sich um eine Beziehung handelt, in der die Person, die zur Sicherheit des anderen beiträgt, ihr gleichzeitig Qual und Deprivation bereitet. Wenn die »mißhandelnde« Person gleichzeitig eine wichtige Bindungsfigur ist, ist mit einer potentiellen Trennung zumeist große Überlebensangst verbunden. Deshalb wird alles daran gesetzt, die Trennung zu verhindern. Das Bindungsverhalten wird stärker, wenn sich eine Person in Gefahr fühlt, weil sie gleichzeitig erwartet, daß die Bindungsfigur sie vor der Gefahr schützen kann.

An der Bindungstheorie wird kritisiert, daß die lebenslange Stabilität von Bindungsstilen übermäßig betont wird zu Lasten der situativen Variabilität, der Veränderbarkeit in Abhängigkeit von der jeweiligen Beziehung. Es bestehen kaum Vorstellungen darüber, wie sich die Beziehungsmöglichkeiten eines Paares im Verlauf der Partnerschaft verändern können.

Obwohl die Objektbeziehungstheorie für das Verständnis von Paarbeziehungen wichtige und einleuchtende Erkenntnisse fördert, muß sie meines Erachtens durch folgende Fragen überprüft und relativiert werden:

- Stellt die frühe Kindheit die Weichen für spätere Liebesbeziehungen?
- Welche Bedeutung haben die aktuellen Beziehungen zu den Eltern?
- Wie beeinflußt die koevolutive Dynamik der Herkunftsfamilie die Liebesbeziehung?
- Wo soll die therapeutische Bearbeitung von Partnerkonflikten ansetzen: an den verinnerlichten Objektbeziehungen, an der Beziehung zu Herkunftsfamilien oder an der aktuellen Partnerbeziehung?

Stellt die frühe Kindheit die Weichen für spätere Liebesbeziehungen?

Obwohl es heute verschiedene empirische Studien gibt, welche die lebensbegründende Bedeutung früher Objektbeziehungen postulieren, wird es schwierig sein, deren Einfluß auf die aktuelle Partnerschaft abzuschätzen. Die Bedeutungszumessung wird nicht unabhängig von den Überzeugungen des Fragestellers sein. Sie wird zudem von vielen intervenierenden Variablen beeinflußt. Für die Praxis der Paartherapie stellt sich die pragmatische Frage, welche therapeutische Einstellung sich von der Objektbeziehungstheorie herleitet, was damit gewonnen und was damit verstellt wird. Gewonnen wird eine Erklärung für ein den Patienten oft unverständliches Beziehungsverhalten, allerdings auch auf die Gefahr hin, dieses einseitig auf die frühkindliche Erfahrung elterlichen Fehlverhaltens zurückzuführen. Der therapeutische Prozeß kann einerseits durch die damit gewonnene Empathie unterstützt, andererseits aber durch die Resignation vor der Unveränderbarkeit des frühkindlich begründeten Schicksals behindert werden. Es gibt auch Studien, die belegen, daß die frühen Erfahrungen zwar wichtig sind, deren Nachwirkungen aber durch anhaltende, neue Beziehungserfahrungen in jedem Lebensabschnitt korrigiert werden können (Ernst und von Luckner 1985; Hemminger 1982). Wenn dies oft nicht der Fall ist, muß das nicht zwangsläufig mit dem mächtigen Einfluß der frühen Kindheit begründet werden, sondern kann in dem Umstand liegen, daß die destruktive Beziehungssituation der frühen Kindheit sich im Erwachsenenalter fortsetzt. Nach unseren therapeutischen Erfahrungen gelingt es vielen Menschen, frühere Ängste und destruktive Tendenzen in späteren Beziehungen zu verändern und zu überwinden. Sie müssen sich nicht endlos wiederholen. Jeder Mensch stellt zu jeder Zeit konstruktive und destruktive Verhaltensmöglichkeiten bereit. Es hängt entscheidend von der aktuellen Beziehungskonstellation ab, welche dieser Dispositionen aktiviert werden. In der Paartherapie wird man in besonderer Weise Zeuge, in wie hohem Maße dieselben Menschen zu unreifen, regressiven und primitiv-destruktivem Verhalten fähig sind, die sich unter veränderter

Beziehungssituation als sensibel, emotional offen und beziehungsfähig erweisen.

Betrachtet man Lebensläufe, so läßt sich bei vielen Menschen feststellen, daß sie auch ohne Therapie in ihrem Beziehungsverhalten reifen. Zur Therapie melden sich vor allem jene, die in eine Sackgasse geraten sind. Vielen Menschen gelingt es aber, sich Beziehungsbedingungen zu schaffen, welche ihren regressiven, unreifen Tendenzen einen Widerstand entgegensetzen und gesundes und reifes Beziehungsverhalten herausfordern. Die reale Entwicklung einer Person läßt sich retrospektiv durch die Beleuchtung der frühen Kindheit verstehen, sie läßt sich aber nicht voraussagen.

Welche Bedeutung haben die aktuellen Beziehungen zu den Eltern für die Gestaltung der Partnerschaft?

Im psychoanalytischen Denken wird oft die Frage nach den aktuellen Beziehungen zu den älter gewordenen Eltern vernachlässigt. Sind diese Beziehungen heute genauso belastend wie in der Kindheit? Bestehen in der gegenwärtigen Beziehung zu den Eltern schwere ungelöste Schuldverstrickungen, Ambivalenzen von Liebe und Haß, von Ablehnung und Abhängigkeit? Welche Entwicklungen haben die Eltern selbst durchgemacht? Rechtfertigen sie sich oder haben auch sie sich geöffnet und sind zu eigener Kritik fähig?

Die aktuellen Beziehungen zu den Eltern können eine Paarbeziehung blockieren. Eine starke ungelöste Bindung an die Mutter kann einen Mann behindern, sich in die Liebe zu seiner Frau einzulassen. Ein solcher Mann kann dazu neigen, in der Ehefrau in erster Linie die Mutter seiner Kinder zu sehen und seine Mutter mit Enkeln erfreuen zu wollen. Es kann ebenso sein, daß dieser Mann nicht bindungsfähig ist, sondern Beziehungen zu Partnerinnen stark sexualisiert, um der Beziehung zur Mutter nicht durch eine andere Frau Konkurrenz zu machen. Häufig überlassen es Männer ihren Frauen, den Ablösungskampf mit der Mutter auszufechten. Sie stehen hilflos dazwischen und nehmen weder für die eine noch die andere Seite Partei. Manche Mutter wird ihre Rivalin bekämpfen und triumphiert, wenn es ihr gelingt, die Ehe zu spalten, mit der Feststellung: »Ich habe Dir immer gesagt, daß das nicht die richtige Frau für Dich ist«. Analoges kann sich, wenn auch weniger ausgeprägt, durch die Bindung einer Tochter an ihren Vater ergeben.

Die aktuelle Beziehung zu den Eltern kann jedoch auch eine wichtige Ressource einer Paarbeziehung sein. Insbesondere für die Frau deckt die Mutter häufig wichtige emotionale Qualitäten einer Beziehung ab, die sie in der Beziehung zu ihrem Mann vermißt. Häufig gibt es auch gute Beziehungen zu Schwiegereltern, die eine stabilisierende und unterstützende Wirkung auf eine Paarbeziehung haben.

Die Bedeutung der Beziehung zu den aktuellen Eltern wird häufig erst bei deren Tod sichtbar. Der Tod der Eltern kann wichtige, bisher aufgeschobene und vermiedene Entwicklungen ermöglichen. Er kann Paarbeziehungen aber auch in schwere Krisen stürzen, die eventuell zur Scheidung führen.

Es kann auch sein, daß das Paar durch die Konflikte mit den Eltern zusammengehalten wurde und nach deren Tod der bisherige Haß auf die Eltern in Liebe und Schuldgefühle umschlägt. Vieles von dem, was die Eltern gelebt hatten, wird nach deren Tod internalisiert und bestärkt eine vom Partner abweichende Entwicklung. Das materielle Erbe, das Haus und der Besitz werden häufig erst jetzt zum Bestandteil der eigenen Beziehung gemacht und in die dyadische Nische integriert. Das Aufstellen von Gegenständen und das Aufhängen von Fotos der Eltern macht ihre Präsenz im eigenen Lebensraum sichtbar, nicht immer zur Freude des Partners.

Meines Wissens ist noch wenig untersucht, wie die internalisierten Mutter- und Vater-Repräsentanzen mit der aktuellen Beziehung zu Mutter und Vater interferieren, wie weit sie sich mit diesen decken und sie verstärken, wie weit sie aber auch durch die aktuelle Elternbeziehung korrigiert werden. Aussprachen mit den Eltern können in einzelnen Fällen zu erstaunlich offenen Gesprächen mit versöhnender Wirkung führen. Oft aber gelingen diese Gespräche nicht. Der Versuch eines Gesprächs kann auch bei dessen Mißlingen die Lösung von Schuldverstrickung und destruktiven Bindungen an die Eltern erleichtern.

Wie beeinflußt die koevolutive Dynamik der Herkunftsfamilie die Liebesbeziehung?

Schuldverstrickungen und ungelöste Konflikte gibt es nicht nur mit den Eltern, sondern in gleicher Weise mit den Geschwistern bzw. mit der Herkunftsfamilie als Ganzes, ein Thema, das erst in neuerer Zeit adäquate Beachtung findet.

Die koevolutive Familiendynamik habe ich in dem Buch »Ökologische Psychotherapie« (1996) eingehend beschrieben. Es sei hier nur auf deren Bedeutung für die Paarbeziehung hingewiesen. Die Dynamik der Geschwister läßt sich am besten verstehen, wenn man davon ausgeht, daß jedes Kind bei seinen Eltern einen ganz besonderen Platz einnehmen will. Die Kinder müssen miteinander die Liebe und Zuwendung der Eltern teilen, was am ehesten gelingt, wenn sie unterschiedliche Beziehungsbereitschaften der Eltern auf sich lenken. Wenn das eine Kind besonders schulbegabt ist, kann das andere Lob durch sportliche Leistungen erwerben, wenn eines sozial besonders attraktiv ist, kann das andere sich mit großem Bücherwissen hervortun, wenn eines in keinen Besonderheiten zu brillieren vermag, kann es sich mit besonderer Hilfsbereitschaft nützlich machen. Wenn eines keine Wege findet, sich durch irgendwelche Leistungen bemerkbar zu machen, kann es durch Schulversagen, störrisches Verhalten oder Leistungsverweigerung die besondere Aufmerksamkeit der Eltern auf sich ziehen. Wenn eines sich im Schatten seiner erfolgreichen Geschwister fühlt, kann es sich durch Krankheit, z. B. durch eine Anorexia nervosa, ins Zentrum der familiären Aufmerksamkeit rücken. Das Bestreben nach Besonderheit in der Wahrnehmung und Zuwendung durch die Eltern trägt Wesentliches dazu bei, daß Geschwister untereinander so verschieden sind. Obwohl die Kinder mit ihrer Verschiedenheit einen gewissen Ausgleich der Zuwendung der Eltern erreichen, bleiben doch Ungleichheiten in der Wichtigkeit, die sie für die Familiengeschichte haben. Es gibt die Lieblinge von Mutter und Vater, die Vertrauten, die Hoffnungsträger, die Versager, die Kinder, mit denen die Eltern sich besonders identifizieren. Die Gestaltung einer Partnerschaft kann stark von unbeglichenen familiären Rechnungen und Schuldverstrickungen sowie dem Bedürfnis nach ausgleichender Gerechtigkeit und Wiedergutmachung bestimmt sein. Wer von den Eltern besonders privilegiert wurde, ist deswegen größeren Erwartungen ausgesetzt, die es auch mit der Partnerschaft und Familiengründung zu erfüllen gilt. Nicht selten widersetzen sich die Partner solchen Erwartungen und helfen dem Betroffenen, sich stärker von den Eltern abzugrenzen. Benachteiligte Geschwister hoffen durch die Partnerwahl aus ihrem Schattendasein hervorzutreten und sich einen Platz an der Sonne zu erkämpfen. Sie möchten mit der Partnerschaft, insbesondere mit Enkeln, die besondere Anerkennung ihrer Eltern erwerben. Oder sie hoffen, sich mit Hilfe des Partners stärker von der unglücklichen Kindheit abzugrenzen und mit dem Partner eine neue, glückliche und unabhängige Welt zu schaffen. Man hofft, mit dem Partner oder mit den eigenen Kindern einen sozialen Status zu erreichen, der einem nicht zugetraut wurde, oder die Geschwister zu überflügeln und eine späte Bewunderung der Eltern zu erlangen. Nicht selten sind es die benachteiligten Kinder, die sich für die Pflege der betagten Eltern besonders engagieren und damit auf eine späte Anerkennung hoffen. Ivan Boszormenyi-Nagy (1981 und 1986) hat mit seinem Werk auf den Ausgleich von Schuld- und Verdienstkonten, von unbewußten Aufträgen und Vermächtnissen in Familien hingewiesen.

Die Partnerwahl und der Prozeß der Partnerbeziehung kann jedoch auch durch enge Bindungen zwischen Geschwistern beeinflußt sein. Der Partner wird von den Geschwistern, besonders von den gegengeschlechtlichen, als Eindringling wahrgenommen, der die spezielle Beziehung zum Bruder oder zur Schwester gefährdet und zerstört, was heftige, oft uneingestandene Eifersucht und Neid hervorruft. Das Sich-Einlassen in eine Partnerschaft kann dadurch behindert werden. Aber auch die Bewunderung und Idealisierung eines Bruders oder einer Schwester kann die Beziehung zum Partner erschweren und die Identifikation mit der Partnerschaft beeinträchtigen. Mit der freien Wahl, den Namen des Partners zu übernehmen oder jenen der Herkunftsfamilie beizubehalten, haben Frauen heute die Möglichkeit, die weiter bestehende Identifikation mit der Herkunftsfamilie zu betonen.

Das Drama der Familie, mit ihren unbeglichenen Rechnungen,

Schuldverstrickungen und ungelösten Abhängigkeiten, stimuliert die Sehnsucht nach dem Beginn einer Partnerschaft und die Hoffnung, mit dieser eine neue Welt zu schaffen, in der nachgeholt werden kann, was bisher verpaßt wurde, in der familiäre Fehlentwicklungen korrigiert und frühere familiäre Verletzungen kompensiert werden können. Es wäre für Therapeuten aber wichtig, sich nicht nur auf negative und pathologische Aspekte der Herkunftsfamilien zu konzentrieren, sondern auch zu beachten, welche positiven und glücklichen Aspekte der Herkunftsfamilien in der eigenen Partnerbeziehung fortgeführt werden.

Die praktische Frage: Wo soll die Bearbeitung von Partnerkonflikten ansetzen: an den verinnerlichten Objektbeziehungen, an der Beziehung zu den Herkunftsfamilien oder an der aktuellen Partnerbeziehung?

Was ist therapeutisch hilfreicher: die Bearbeitung der inneren Objektbeziehungen, welche Grundlage und Hintergrund von Partnerwahl und aktuellem Paarkonflikt bilden, oder die Bearbeitung der aktuellen Beziehung zum Partner, deren Veränderungen einen korrigierenden Einfluß auf die internalisierten Beziehungserfahrungen haben könnten? Es geht dabei um eine Frage des Settings. Für die Bearbeitung internalisierter Objektbeziehungen eignet sich der geschützte Rahmen einer Einzeltherapie oft besser, weil er mehr Zeit und Raum anbietet, um sich in die verdeckten individuellen Erinnerungen zu vertiefen. Für ein derartiges Vorgehen eignet sich eine Paartherapie oft weniger, weil sie sich stärker auf die Wechselwirkungen der persönlichen Entwicklung der Partner ausrichtet. Das bedeutet aber nicht, daß sie weniger Tiefgang hätte. Wesentliche persönliche Erkenntnisse werden in der Regel über Beziehungen erfahren. Hier setzt die Paartherapie an.

Psychoanalytisch orientierte Paartherapeuten wie Almuth Massing und Günter Reich (2000) betrachten die aktuellen Beziehungen zu den Herkunftsfamilien aus der Mehrgenerationenperspektive. Diese geht von der Hypothese aus, daß sich in schweren Paarkonflikten regelmäßig Beziehungskonflikte oder

Wiedergutmachungswünsche aus den jeweiligen Herkunftsfamilien reinszenieren. Es wird angenommen, daß sich in Familien über Generationen im wesentlichen immer wieder dieselben Konflikte abspielen (intrafamiliärer Wiederholungszwang), wenn keine Unterbrechungen in dieser generationsübergreifenden Kontinuität stattfinden. Zu psychischen Störungen kommt es, wenn Familien sich auf Grund unverarbeiteter Konflikte nicht mehr mit zeit- und lebensgeschichtlichen Veränderungen auseinandersetzen. So bleiben sie an bestimmten Zeitpunkten ihrer Entwicklung stehen. Eine Paarbeziehung ist aus dieser Perspektive nicht nur die Begegnung zweier Individuen mit ihren verinnerlichten Objektbeziehungen, sondern die Begegnung zweier Familiensysteme. Bei der Partnerwahl gibt es eine Tendenz zur Wiederholung der Konflikte der Herkunftsfamilien, die die Partner miteinander loswerden wollen. Mit der Bildung der Paarbeziehung versuchen die Partner, die Beziehungspersonen der Kindheit hinter sich zu lassen. Hierzu ist ein Loyalitätstransfer von der Ursprungsfamilie auf die neue Beziehung und neue Familie notwendig, das heißt, der Partner und das Zusammenleben müssen mehr Gewicht bekommen als Eltern und Geschwister.

Paarkonflikte werden somit als regelmäßige Wiederholungen konflikthafter Muster aus der Eltern-Kind-Beziehung beider Partner gesehen, aber auch als Wiederholungen konflikthafter Muster der Ehebeziehung der Eltern beider Partner. Problematisch ist das Verstricktbleiben mit der Herkunftsfamilie durch Loyalitätsbindungen und unklare Abgrenzung. Es kann auch sein, daß aufgrund starker Differenzen zwischen den Schwiegerfamilien die unterschiedlichen familiären Stile nicht zu einem neuen, eigenen Lebensstil des Paares weiterentwickelt werden können.

Auch im Familienstellen von Bert Hellinger geht es um die familiären Verstrickungen, die dadurch entstehen, daß die Ordnungen der Liebe gestört sind, gewisse Familienmitglieder ausgeschlossen oder nicht angemessen gewürdigt werden und an die Kinder Aufträge erteilt und von diesen übernommen werden. Diese Verstrickungen können die Entfaltung einer Partnerschaft hemmen, aber auch die Selbstverwirklichung in der Partnerschaft behindern.

Die Verankerung der Liebesbeziehung im familiären Hintergrund und in der Familiengeschichte halte ich für wichtig und theoretisch interessant. In unserer praktischen Arbeit mit Paaren glauben wir im allgemeinen wirksamer zu sein durch die Fokussierung auf die Selbstverwirklichung der Partner in der Koevolution ihrer aktuellen Liebesbeziehung.

Der verhaltenstherapeutische Schwerpunkt: die Eigendynamik destruktiver Kommunikation

Die verhaltenstherapeutische Paartherapie konzentriert sich weniger auf die Inhalte der Konflikte als auf das Interaktionsverhalten und die Problemlösefähigkeiten (Lindenmeyer 2000). Unglückliche Paare verstricken sich häufig in anhaltendes negatives Verhalten, das sich wechselseitig verstärkt, so daß sich eine destruktive Eigendynamik entwickelt, die wie ein Ritual immer in gleicher Weise abläuft und trotz hohem Energieaufwand keine verändernde Wirkung mehr erzielt. Es kommt zu einem Zwangsprozeß, in welchem A versucht, das, was ihn am Verhalten von B stört, zu korrigieren, zunächst mit freundlichen Hinweisen, Bitten, dann gesteigert als Kritik, Drohen und Bedrängen, weiter eskalierend zu Schreien, Weinen, Bedrohen, Davonlaufen und Erpressungsmanövern. Die Vorwürfe werden generalisiert auf andere Situationen und Zeiten übertragen (Du warst immer so ... auch da hast du dich ... du liebst mich nicht, sonst würdest du ...). Partner B wäre zunächst beinahe auf die Bitten von A eingegangen, doch mit zunehmendem Druck von A wird ihm das verunmöglicht, da ein Einlenken als Unterwerfung erfahren würde. B wird sich nun seinerseits rechtfertigen, verteidigen und zum Gegenangriff übergehen, oder er wird A durch Nichtbeachtung, zynische Bemerkungen und Bloßstellungen entwerten. Hat die Eskalation ein gewisses Niveau erreicht, so koppelt sich der Streit von den auslösenden Ereignissen ab. Das Karussell von Rede und Gegenrede beginnt sich zu drehen und dreht sich immer schneller und kommt immer leichter in Fahrt. Bald schon geraten sich die Partner wegen jeder nebensächlichen Kleinigkeit in die Haare. Es kommt zwischenzeitlich nicht mehr zur Versöhnung, sondern zu Liebesentzug, sexueller Zurückweisung und Abwendung. An sich handelt es sich bei all diesen Verhaltensweisen um Hilferufe, um die Hoffnung, daß der Partner die im Streitverhalten verborgene Sehnsucht nach Liebe und Zuwendung zu hören vermöchte. Aber man glaubt, man müsse diese Hilferufe mit Nachdruck an den Partner herantragen, damit er diese vernimmt. Es entwickelt sich dann leicht ein Machtkampf, wo jeder glaubt, wenn er sich beim anderen nicht durchzusetzen vermöge, werde er auf verlorenem Posten stehen bzw. vom anderen unterworfen und beherrscht. Jedes Hinhören könnte bereits als Zeichen der Schwäche und des Nachgebens interpretiert werden.

Der verhaltenstherapeutische Ansatz basiert auf dem Modell des operanten Lernens (Lernen am Erfolg), nach dem in einer Paarbeziehung Belohnung oder positives Verhalten die globale Bewertung einer Beziehung verbessert und konstruktives Verhalten verstärkt, während Bestrafung oder negatives Verhalten sie verschlechtert. Gottman und Levenson (2000) kamen auf Grund umfangreicher experimenteller Studien zur Identifikation von Prädiktoren für Stabilität einer Ehe bzw. für Scheidung. Sie fanden wenig Belege für eine Spontanremission dysfunktionaler ehelicher Interaktionen. Vielmehr erwiesen sich die Interaktionsmuster über vier Jahre als sehr stabil. Wenn eine Ehe stabil sein soll, müssen die Partner mindestens fünfmal so häufig positive wie negative Gefühle und Interaktionen aufweisen. Als positive Interaktionen werden bezeichnet, Interesse aneinander bekunden, sich zärtlich zeigen, an den anderen denken, ihn schätzen, Anteilnahme zeigen, mitfühlend sein, den Partner akzeptieren, Freude teilen, miteinander scherzen. Als negative Interaktionen identifiziert Gottman Kritik an der Persönlichkeit und am Charakter des Partners, Verachtung, Rechtfertigung, negatives Gedankenlesen, Jammern sowie Rückzug (»die vier apokalyptischen Reiter einer Ehe«). Als besonders wichtig erweist sich die Fähigkeit, einen eskalierenden Streit zu beenden. Gottman entwickelt ein Kontenmodell: Investitionen in die Beziehung, die einen positiven Gefühlsüberhang entstehen lassen, wie beispielsweise Zuwendung, Aufmerksamkeit, Bewunderung und Respekt, können die Stärke negativer Gefühle im Konflikt abschwächen und relativieren. Von diesem positiven Gefühlsüberhang ist es abhängig, ob Reparaturprozesse in Beziehungen erfolgreich sein können oder nicht. Das gilt auch für die Paartherapie. Die im Therapiegespräch ausgelösten Affekte wirken sich manchmal eher schädlich als konstruktiv aus. Nach Lebow (2000, S. 47) ist es kontraindiziert, Paare in therapeutischen Sitzungen immer wieder auf ihren problematischen Themen beharren zu lassen, es sei denn, diese Prozesse können im Kontext positiver Gefühle ablaufen.

Die logische Konsequenz aus derartigen Forschungen ist, daß Therapie in erster Linie versuchen muß, die Interaktionsmuster zu verändern. Eine frühzeitige Kennzeichnung der destruktiven Verhaltensweisen, bevor sie fixiert sind, ist hier von ausgesprochenem Nutzen. Es soll trainiert werden, Alternativen zu destruktiven Verhaltensweisen zu entwickeln.

Die Ergebnisse der mit riesigem Aufwand betriebenen experimentellen Forschung von Gottman und Levenson sind interessant. Für mich stellt sich allerdings die Frage, ob nicht die Gefahr besteht, Ursache und Wirkung miteinander zu vertauschen. Destruktive Verhaltensweisen sind ja nicht nur die Ursache einer späteren Scheidung, sondern bereits Ausdruck der vorbestehenden Krise in der Beziehung. Ich bin deshalb froh um die Kritik des verhaltensorientierten Paartherapeuten Revenstorf (2000), der Gottman vorwirft, keine Vision einer Paarbeziehung zu haben, kein Verständnis für das, was wir Liebe nennen. »Kann man einfach öfters nett sein und sich ein paar Bösartigkeiten verkneifen, um die Beziehung vor der Auflösung zu bewahren?« (S. 53).

Das verhaltenstherapeutische Konzept der Paartherapie (Lindenmeyer 2000) setzt direkt an der Kommunikation an. Das gestörte Interaktionsverhalten des Paares soll unterbrochen werden und beide Partner sollen in der Sitzung nacheinander zu Wort kommen. In der Verhaltensanalyse wird diagnostiziert, auf welche Weise das kritische Interaktionsverhalten der Partner gegenseitig ausgelöst und aufrechterhalten wird. Mittels eines Reziprozitätstrainings soll gegenseitiges Zutrauen und gegenseitige Wertschätzung der Partner durch vermehrte positive Interaktionen erhöht werden. Die Partner werden in der Therapiesitzung gebeten, einander Komplimente zu machen, positive Gefühle zu äußern, Verwöhnungstage einzuschalten, ein Belohnungstagebuch zu führen, usw. Diese einfachen Übungen können einen starken Einfluß haben und ein Gefühl von Zuneigung und Verständnis entstehen lassen, das die Partner seit langer Zeit vermißt hatten. Es können auch eigentliche Kommunikationstrainings durchgeführt werden, bei denen den Partnern spezifische Regeln des Sprechens und Zuhörens vermittelt werden.

Verhaltens- und kognitionsorientierte Ansätze haben meines Erachtens einen stark pädagogischen Charakter und sagen demzufolge nicht allen Patienten und Therapeuten zu. Die auf positive Einstellungen und Gefühle ausgerichteten Übungen können als allzu direktiv und einengend erlebt werden. Der Therapeut ist in der Rolle des Lehrers, der weiß, welches Verhalten gut und richtig bzw. schlecht und falsch ist. Es kann zu einer sehr raschen Besserung in der Beziehung kommen, wenn beide sich um ein kontrolliertes, konstruktives und wohlwollendes Verhalten bemühen. Die Frage ist aber, wie lange ein derartiges Wohlverhalten andauert. Es dürfte an dieser forcierten Normalisierung liegen, wenn festgestellt wurde, daß die positiven Resultate der verhaltensorientierten Paartherapie wenig dauerhaft waren. Paare, deren Beziehung sich mit Verhaltenstherapie gebessert hatte, wurden häufiger rückfällig als solche mit einsichtsorientierter Therapie (Alexander et al. 1994).

Andererseits ist die Fokussierung auf die Destruktivität der Kommunikation zu Beginn einer Paartherapie oft unumgänglich. Solange die Partner zusehr verletzt sind, werden sie dazu neigen, den anderen in einer Art Vorwärtsstrategie immerzu weiter zu verletzen. Solange die Angst übermächtig ist, auf das, was der andere sagt, hinzuhören, weil das bereits als Eingeständnis eigener Schwäche und eigenen Unrechts verstanden werden könnte, ist es nicht sinnvoll, über Probleminhalte sprechen zu wollen. Die Frage ist allerdings, ob man ein konstruktiveres Kommunikationsverhalten mit Übungen schulmäßig trainieren soll. Ich bevorzuge eine etwas andere Technik, indem ich zu Beginn die Partner in Anwesenheit des anderen nur mit mir und nicht zueinander sprechen lasse. Während ich mit einem von beiden spreche, unterbinde ich Interventionen des anderen. Damit gelingt es viel leichter, aggressives Verhalten auf eigene Betroffenheit und Verletztheit zurückzuführen und in den Vorwürfen die persönliche Sehnsucht nach Liebe sichtbar zu machen. Dieses strukturierte Verhalten gibt den Patienten das Vertrauen, daß der Therapeut die Gespräche zu kontrollieren vermag und einen vor neuen Verletzungen und Beschämungen schützt. Das ermöglicht es besonders Männern, die meist zu Beginn einer Paartherapie abwehrender und skeptischer sind als Frauen, sich zu öffnen und sich auf die Therapie einzulassen. Würde sich die Paartherapie nur auf die Verbesserung der kommunikativen Kompetenz beschränken, so würde sie unseres Erachtens in vielen Fällen ihre eigentliche Aufgabe verpassen. Die Krise ist ja nicht einfach ein zu beseitigendes Übel, sondern ist eine Herausforderung zur Selbstverwirklichung in der Liebe, die durch Ängste und Abwehrmaßnahmen blockiert ist. Es gilt, diese Krise therapeutisch fruchtbar zu machen. Kommunikative Kompetenz ist dazu nicht die Lösung, sondern eine instrumentelle Voraussetzung.

Ausbalancierung der Beziehung und ausgleichende Gerechtigkeit

Ein gemeinsames Ziel aller Konzepte der Paartherapie ist ein besseres Ausbalancieren der Paarbeziehung, ein Ausgleich von Geben und Nehmen, von Privilegien und Pflichten, von Schuld und Verdienst. Einige Konzepte haben das Ausbalancieren zum zentralen Anliegen der Paartherapie gemacht.

Vertreter der Austauschtheorie (Thibaut und Kelley 1959) unterschieden zwischen Kosten (costs) und Nutzen (rewards). In einer Beziehung versuche jeder Partner, das Kosten-Nutzen-Verhältnis zu seinen Gunsten zu gestalten, das heißt, seinen Nutzen zu maximieren und die Kosten zu minimieren. Dabei wird jeder individuell beurteilen, welche Belohnungen er zu welchen Kosten in einer Beziehung erwarten darf, aber er wird die Beziehung auch mit Alternativen vergleichen und für sich die bestmögliche Beziehungsform in Anspruch nehmen. Eine Verschlechterung der Beziehung geht dieser Theorie zufolge mit steigenden Kosten und sinkendem Nutzen einher.

Obwohl diese Theorie meines Wissens gegenwärtig in keinem therapeutischem Konzept direkt umgesetzt wird, entspricht sie in gewisser Weise dem von mir beschriebenen Prinzip Eigennutz in einer Partnerbeziehung. Partner stellen sich in einer Beziehung besonders in andauernden Krisen die Frage »Was bringt mir die Beziehung?«. Heute sind Partner in der Regel nur begrenzte Zeit bereit, eine unbefriedigende Beziehung weiterzuführen, insbesondere, wenn sie bessere Alternativen dazu haben. In einer langjährigen Liebesbeziehung allerdings wird das Schicksal des Partners immer mehr zum eigenen Schicksal. Chronische Krankheiten mit körperlichen und psychischen Behinderungen, aber auch berufliches Scheitern werden so auf sich genommen, wie wenn es einen selbst betreffen würde bzw. man sie selbst verursacht hätte (siehe Willi 1985).

In der Weiterentwicklung ihres Ansatzes trugen Thibaut und Kelley (1978) der Kritik Rechnung, daß Partner nicht nur danach trachten, ihren Gewinn zu maximieren, sondern auch daran interessiert sind, daß es dem anderen gut geht und die Beziehung sich für beide lohnt. Die Equity-Theorie von Walster et al. (1977) erweitert dementsprechend die Austauschtheorie um den Aspekt der Gerechtigkeit. Der Equity-Theorie gemäß hängt die Zufriedenheit in zwischenmenschlichen Beziehungen davon ab, wie ausgewogen, gerecht und fair die Beziehung wahrgenommen wird. Ausgewogenheit und Gerechtigkeit im Sinne der Equity-Theorie besteht dann, wenn die relativen Netto-Ergebnisse der Partner als gleich groß wahrgenommen werden. Wenn Personen der Meinung sind, daß sie sich in einer unausgewogenen Beziehung befinden, entsteht bei ihnen Unbehagen (Mikula und Stroebe 1991, S. 72). Je größer die Ungleichheit, desto stärker wird zum Beispiel auf der einen Seite Schuld, auf der anderen Ärger empfunden. Die Beteiligten werden sich bemühen, die Balance wiederherzustellen, indem die eigenen Beiträge an die Beziehung erhöht bzw. gesenkt werden. Im Sinne einer kognitiven Umwertung können aber auch Beiträge beider Partner neu eingeschätzt werden. In der Equity-Theorie bestimmt sich die Zufriedenheit in einer Beziehung nach ihrem Tauschwert. Wenn keine attraktive Alternative in Sicht ist oder die Kosten für die

Auflösung einer Beziehung hoch sind, bleibt sie stabil. Das heißt, wer alt, gebrechlich, finanziell abhängig und durch materielle Investition oder Kinder an den Partner gebunden ist, bleibt mit ihm zusammen. Wie das funktioniert, zeigen die traditionellen Heiratsriten vieler Völker, die darauf angelegt sind, den Bestand der Ehe zu garantieren: Die Hochzeit findet unter großer Verschuldung, mit Brautgeschenken der Schwiegereltern und in der Öffentlichkeit statt, so daß eine Auflösung blamabel und schwer zu verantworten ist (Revenstorf und Freudenfeld 2000).

Ein in den USA besonders beachteter Ansatz war das Quid pro Quo von Lederer und Jackson (1968/1972). Die Autoren plädierten dafür, die Ehe als Handelsgeschäft zu betreiben, mit einem ständigen Ausgleich von Geben und Nehmen. Sie schlugen Kommunikationsübungen vor, in denen man erlernen konnte, diesen Ausgleich immer wieder herzustellen. Nach ihrer Meinung scheitern Ehen an der ungleichen Machtverteilung.

Obwohl nicht den austauschorientierten Ansätzen zuzuzählen, befaßt sich auch die von Ivan Boszormenyi-Nagy (1987) begründete kontextuelle Psychotherapie mit dem Ausgleich, nämlich dem von Schuld- und Verdienst-Konten in Familie und Partnerschaft. Durch Verdienste bei anderen erwirbt man sich Anrechte (Entitlements) auf die Erfüllung von Erwartungen und Ansprüchen. Vereinfacht gesagt: Es gibt in Beziehungen nichts gratis. Alles, was für einen getan wird, versetzt einen in Schuld, durch die man Verpflichtungen auf sich lädt. Intuitiv spüren Mann und Frau die Notwendigkeit, ihre Verdienste für die Partnerschaft und Familie auszugleichen, oft zwar in unterschiedlichen Funktionen, deren Erfüllung aber in etwa die gleiche Wertigkeit für die Gemeinschaft haben. Intuitiv verhindern sie es, in einseitige Schuld des anderen versetzt zu werden. Verdienste sind immer auch Macht, Schuld geht einher mit schlechtem Gewissen und nicht selten mit Ohnmacht. Doch was sind Verdienste in einer Beziehung? Wenn jemand für den anderen etwas tut und durch eine Dankesbezeugung des anderen belohnt wird, wer steht mehr in wessen Schuld? Jener, dem etwas Gutes getan wurde, oder jener, der Dank erhält? Auf das Prinzip der ausgleichenden Gerechtigkeit habe ich bereits in Kapitel 3 bei der Besprechung des Dilemmas zwischen Kooperation und Rivalität in der Liebe hingewiesen (S. 47). Es ist wohl kein Zufall, daß Ivan Boszormenyi-Nagy die ethische Dimension von Geben und Nehmen stärker für Familien als für Paare, d. h. stärker in der vertikalen als in der horizontalen Achse betont. Bei Paaren spielt vor allem bei sexuellen Außenbeziehungen und bei Scheidung langjähriger Ehe die Schuldproblematik mit. Aber die »Täter« setzen sich oft darüber hinweg, zum einen, weil das Streben nach Selbstverwirklichung übermächtig ist, zum andern, weil die Aufrechnung von Schuld- und Verdienstkonten in einer Paarbeziehung äußerst komplex ist und man sich aus der zermürbenden Aufrechnung losreißen will. Viele »Opfer« fühlen sich betrogen und ausgebeutet – aber haben sie nicht auch selbst zu dieser Ausbeutung beigetragen und sich davon einen Gewinn erhofft?

Die Ausbalancierung von Geben und Nehmen, von Schuld und Verdienst läßt sich nicht mit äußeren Taten allein erreichen. Aber ein Ausgleich für das, was man real für die Partnerschaft tut, wie Haushaltsarbeit, Arbeit für die Kinder, Gelderwerb, Umgang mit Behörden, muß beachtet und bewußt geregelt werden, um der Gefahr vorzubeugen, daß einer von beiden sich benachteiligt und berechtigt fühlt, dem andern Vorwürfe zu machen, und daß der andere in Schuld steht oder sich in Schuld stellen läßt. Die Ausbalancierung kann ein wichtiges Thema der Paartherapie sein. Sie sollte aber eine Rahmenbedingung bleiben und nicht zum eigentlichen Inhalt einer Liebesbeziehung werden. Der Anspruch auf Fairneß und Ausgleich kann als moralische Legitimation auch mißbraucht werden, um den Partner in seiner Entfaltung zu lähmen und zurückzuhalten und damit Neid und Rivalität, die dabei mitspielen, zu kaschieren.

Die Unterscheidung zu anderen systemischen Ansätzen durch den Schwerpunkt auf der Koevolution der Partner

Die systemischen Therapien gehen nicht auf eine Gründerpersönlichkeit zurück, aus deren Werk sich die weitere Entwicklung ableiten ließe. Sie beruhen auf unterschiedlichen Ansätzen. Ursprünglich war die systemische Therapie identisch mit der Paar- und Familientherapie. Sie unterschied sich in ihrem Konzept jedoch von der psychoanalytischen und der verhaltensorientierten Paar- und Familientherapie. Sie konzentrierte sich auf die Familie und das Paar als soziales System und beachtete dabei vor allem deren Organisation, Struktur und kybernetische Regulation. Die wichtige Pioniergruppe von Palo Alto mit Don Jackson, Jay Haley, John Weakland und Paul Watzlawick befaßte sich bereits in den fünfziger Jahren mit der Homöostase, welche ein soziales System mittels Rückkopplungsmechanismen aufrechtzuerhalten sucht, oder mit dem Begriff der zirkulären Kausalität, nach der die Ursache aller Phänomene, insbesondere auch von Symptombildungen, nicht auf einem linearen Verhältnis von Ursache und Wirkung beruht, sondern sich aus der Wechselwirkung des Verhaltens der am System beteiligten Personen ergibt. Es entstand aus den eigenen Reihen die Kritik, daß nicht die Wahrung der Homöostase die therapeutisch relevante Perspektive sei, sondern der Wandel bzw. die Blockierung des Wandels in einem pathologischen System. Es ging um die Verflüssigung verfestigter Beziehungsmuster, um das Aufbrechen der Hierarchien, Regeln und Strukturen, um Verstörung und Störung der den Wandel blockierenden Spiele. So wurde mit paradoxen Interventionen, Symptomverschreibungen oder Umdeutungen dem System das Aufrechterhalten bisheriger Beziehungsmuster erschwert und Wandel provoziert. Später erweiterte sich die systemische Praxis auf Arbeitsorganisationen, auf psychiatrische Kliniken, auf Schulen oder auf die Interaktionen zwischen Schule und Familie. Es wurde festgestellt, daß in der Therapie nicht die Familie als Ganzes das relevante System ist, sondern das Problemsystem, nach der Devise, daß nicht das System sich sein Problem, sondern das Problem sich sein System schafft. Es wurde vermehrt beachtet, mit welchen Interaktionen etwa Therapeuten, Ärzte und andere Helfer sich wechselseitig in ihren Bemühungen neutralisieren, statt zu kooperieren.

Die ursprünglich ganz auf das Interaktionsverhalten ausgerichteten Perspektiven verschoben sich in den 8oer Jahren in Analogie zur kognitiven Wende der Verhaltenstherapie auf die dyadische bzw. familiäre Konstruktion der Wirklichkeit. Dabei wird beobachtet, mit welchen gemeinsamen Überzeugungen und Meinungen in der Familie bzw. im Paar aktuell anstehende Entwicklungen blockiert werden. Durch Erweiterung der Optionen für mögliche Wirklichkeitskonstruktionen kann Bewegung in die erstarrten Überzeugungsstrukturen gebracht werden. In der systemischen Paartherapie (Kowalczyk 2000) werden die unterschiedlichen Sichtweisen von Wirklichkeit der Partner beachtet, und es wird dabei versucht, zu einem kompromißhaften gemeinsamen Entwurf der Wirklichkeit zu gelangen. Im lösungsorientierten Ansatz von Steve de Shazer (1989) steht nicht mehr das Problem im Zentrum des Interesses, sondern die Lösung. Gegenwärtige, vergangene und zukünftige Lösungsmöglichkeiten werden besprochen. Fixierende Umstände und Ausnahmen, bessere und schlechtere Zeiten werden identifiziert und damit die Kompetenz, das Symptom zu beeinflussen, verstärkt und Ressourcen bewußtgemacht.

Die Unterschiede unseres ökologisch-koevolutiven Ansatzes zum systemisch-konstruktivistischen, der im deutschen Sprachraum große Verbreitung gefunden hat, haben wir (Limacher und Willi 1998) eingehend beschrieben. Sie werden auch deutlich in der Beschreibung einer systemischen Paartherapie durch Andrea Ebbecke-Nohlen (2000), Lehrtherapeutin vom Heidelberger Institut für systemische Forschung und Therapie. Sie beschreibt, wie sie als Therapeutin explizit eine eingehende Exploration der Problemgeschichte vermeidet, wegen der Gefahr, in eine »Problemhypnose« zu versinken. Zuviel Information sei für die Therapeutin oft eher verwirrend als klärend. Um die Pathologisierung zu vermeiden, wird das Schwergewicht auf Ressourcenaktivierung und Lösungskompetenz gelegt. So wird in der von ihr dargestellten Therapie, die nur 2 Sitzungen umfaßte, die Auftragsklärung im Erstgespräch genutzt, um die unterschiedlichen Bedürfnisse beider Partner, aber auch die gemeinsamen Wünsche zu erfragen und positiv zu konnotieren. »Das finde ich gut, daß Sie sich Ähnlichkeiten und Unterschiede erlauben.« Es wird zunächst nicht nach dem Problem gefragt, sondern eher nach den Befürchtungen bezüglich der Therapie. Die Therapeutin würdigt in allparteilicher Haltung sowohl die Seite der Veränderung, vertreten durch die Frau, wie jene der Bewahrung, vertreten durch den Mann. Die Therapeutin fördert den Übergang vom Entweder-Oder zum Sowohl-als-auch. Die Therapeutin sagt: »Ich will jetzt an dieser Stelle gar nicht die ganze Geschichte hören. Ich bin schon ganz zufrieden, wenn sie mir sagen, was wem von wem vorgeworfen wird. Der Mann wirft der Frau ihre sexuellen Außenbeziehungen vor. Sie wirft ihm vor, daß er zuwenig Selbständigkeit zeigt. Die Therapeutin behandelt das Problem in der Haltung, daß jedes von beiden gute Gründe für sein Verhalten hat, und klärt somit die Funktion des Symptoms der Krise. Sie fokussiert dann auf mögliche Lösungswege und wägt mit den Klienten deren Vor- und Nachteile ab. In der zweiten Sitzung legt sie das Augenmerk noch auf die Aufträge, die das Paar aus den jeweiligen Herkunftsfamilien in die Ehe aufgenommen hat.

Eine Gemeinsamkeit mit unserem Ansatz liegt darin, daß die Krise als Motor der Entwicklung gesehen wird, das Fremdgehen der Frau als Lösungsversuch, um in einer zu nahen Beziehung Abstand zu gewinnen. Unterschiede bestehen vor allem darin, daß wir der Beziehungsgeschichte, dem Spannungsbogen zwischen den Sehnsüchten und Hoffnungen bei der Partnerwahl und dem aktuellen Konflikt, große Bedeutung beimessen. Die Erhebung der Beziehungsgeschichte hat oft bereits eine versöhnende Wirkung auf die Partner und klärt die tiefere Bedeutung der aktuellen Krise. Ob und wann der eine oder andere Ansatz wirksamer ist, ist vorläufig noch nicht ausgemacht.

Die systemische Therapie hat viele originelle Neuerungen für die Psychotherapie gebracht. Sie löste in den 8oer Jahren große Begeisterung aus und wurde oft in ihren Wirkungen überschätzt. Insbesondere mit dem unreflektierten Einsatz paradoxer Interventionen wurden oft therapeutische Fehler begangen, und der Ruf der systemischen Therapie erlitt Schaden.

Wir rechnen die ökologisch-koevolutive Therapiekonzeption zu den systemischen Ansätzen insofern, als sie sich zentral mit den Wechselwirkungen der Partner in aktuellen, realen Beziehungen befaßt. Wir setzen dabei aber manche Akzente anders. Der ökologische Ansatz ist stärker individualisiert und entwicklungsorientiert. Im Zentrum steht die Person, welche Beziehungen als Medium für ihre persönliche Entwicklung nutzt. Dabei gilt, daß nichts die per-

sönliche Entwicklung so stimuliert wie eine Liebes- und Partnerbeziehung, aber auch nichts sie so blockiert und stört wie eine
destruktiv gewordene Beziehung. Besonders interessiert uns der
Spannungsbogen zwischen aktuellem Konflikt und Partnerwahl,
also die Frage, welche persönlichen Entwicklungen die Partner sich
gegenseitig ermöglicht hatten, welche Umstände sich dann veränderten, die jetzt eine Entwicklung notwendig machen, die blockiert
wird. Die Querschnittsbetrachtung der meisten systemischen Ansätze – die Beachtung der aktuellen Beziehungsmuster oder der
aktuellen Konstruktion der gemeinsamen Wirklichkeit – wird in
unserem Ansatz ergänzt durch die zeitliche Längsschnittbetrach-
tung, d. h. durch die Beachtung der Koevolution, des Prozesses persönlicher Entwicklung in der Wechselwirkung mit den Entwicklungen der Partner.

Die Zeit- und Prozeßperspektive der Entwicklung von Paarbeziehungen wird neuerdings auch von anderen systemischen Autoren
beachtet, im deutschen Sprachraum etwa von Hans Jellouschek
(1995), Rosmarie Welter-Enderlin (1996) oder Bert Hellinger
(1994). Beziehungskrisen systemisch zu verstehen heißt, sie in ihren
relevanten Kontexten zu erfassen. Weil Paare als menschliche Syste-
me eine Geschichte haben, ist für sie nicht nur der Kontext der
Gegenwart relevant, sondern auch ihr Vergangenheits- und ihr
Zukunftskontext. Die Krise wird als Vorbote der Veränderung gesehen. In ihr werden Themen des ungelebten Lebens angesprochen.
Angesichts der Krise wird die Frage gestellt: Zu welcher Entwicklung fordert uns die Krise heraus? (von Tiedemann und Jellouschek
2000).

14. Was Paartherapie bewirkt

In einer eigenen Studie untersuchten wir, wie Patienten das Ergebnis einer Paartherapie beurteilen. Paartherapie gilt oft nicht als Behandlung von Störungen mit Krankheitswert und läuft Gefahr, durch die Krankenkassen nicht übernommen zu werden – zu Unrecht, gemäß unserer Studie. Der Streß der Paarkonflikte führt bei vielen Partnern zu einer Beeinträchtigung der körperlichen und psychischen Gesundheit, ein Befund, der sich im zeitlichen Zusammenhang mit der Paartherapie in unserer Studie in einem hohen Prozentsatz besserte. Paartherapie ist eine schwierige Behandlungsform und häufig mit Enttäuschungen verbunden, wenn die Erhaltung der Partnerschaft als Kriterium für das Gelingen oder Scheitern der Therapie genommen wird. Fast 40 % der behandelten Paare trennten sich während oder nach der Therapie. Das positivste Ergebnis war die Auswirkung der Therapie auf die persönliche Entwicklung, die sich bei Männern und Frauen, bei Zusammenbleibenden und Getrennten feststellen ließ. Dieses Ergebnis bestätigt unseren Ansatz, Paartherapie zu individualisieren, d. h. den Druck des Paarkonfliktes therapeutisch für die Förderung der individuellen Entwicklung zu nutzen.

Ist Paartherapie zur Behandlung gestörter Liebesbeziehungen wirksam? Wird sie voraussichtlich mehr nützen als schaden? Woran bemißt sich ihr Nutzen? Ist Scheidung als Ergebnis der Paartherapie ein Erfolg oder Mißerfolg? Ist Paartherapie überhaupt eine Therapie von Störungen mit Krankheitswert oder ist sie bloß Beratung in Lebensschwierigkeiten – eine für die Finanzierung durch die Krankenkasse entscheidende Frage.

Die Ergebnisse von Paartherapie sind vor allem in ihrer Langzeitwirkung noch relativ wenig erforscht. Ich möchte hier auf eine eigene Studie hinweisen, die manche Fragen berührt, die bisher noch nicht geklärt wurden (Meier, Röskamp, Riehl-Emde, Willi, Familiendynamik, 2002 im Druck; Röskamp 2001). Die eingehende Darstellung von Literatur, Methodik, Ergebnissen und deren Diskussion kann in der Originalarbeit nachgelesen werden. Ich beschränke mich hier auf eine zusammenfassende Diskussion der Resultate, die für die in diesem Buch behandelten Fragen wichtig sind. Wir haben Patientinnen und Patienten ein bis neun Jahre nach Abschluß einer Paartherapie mit einem Fragebogen eingehend befragt. Wenn ich die Befragten als Patienten bezeichne und nicht als Klienten, bekunde ich damit meine Meinung, daß es sich bei Paartherapie um eine Behandlung von Störungen mit Krankheitswert handelt und nicht bloß um Beratung.

Psychotherapieforschung ist ein besonders schwieriges und dorniges Forschungsgebiet. Sie ist trotz der ihr eigenen Unzulänglichkeit, ja, der Unlösbarkeit gewisser methodischer Probleme, von großer Bedeutung und hat bereits Wesentliches zum Wandel der Psychotherapie von der Konfession zur Profession (Grawe et al. 1994) beigetragen. Es gibt keine Einzelstudie, welche nicht gravierende methodische Schwachpunkte aufweisen würde, und somit gibt es auch keine Einzelstudie, deren Ergebnisse beweisenden Wert hätten. Man kann sich der »Wahrheit« immer nur von verschiedenen Seiten annähern. Bei unserer Studie handelt es sich um eine Katamnese, d.h. um eine nachträgliche Befragung von Patienten. Der Schwachpunkt von Katamnesen ist, daß das Therapieergebnis und die Therapiemotivation erst im nachhinein erfragt werden und somit die Gefahr besteht, daß das Therapieergebnis die Erinnerung beeinflußt und eventuell verzerrt. Da andererseits manche von uns gestellte Fragen nicht anderweitig untersucht worden sind, kann unserer Studie mindestens hypothesengenerierende Bedeutung zugemessen werden.

Unsere Nachuntersuchung betrifft 96 Paartherapien, welche von sechs erfahrenen Psychotherapeutinnen und -therapeuten (zwei Frauen, vier Männer) unserer Arbeitsgemeinschaft Koevolution durchgeführt worden waren. Das Ende der Paartherapie lag ein bis acht Jahre zurück, im Mittel vier Jahre. Die Paartherapie umfaßte 5 bis 23 Paarsitzungen (Mittelwert 14 Sitzungen).

Wie beurteilen Patienten das Ergebnis von Paartherapie ein bis acht Jahre nach Therapieende?

Als wichtigste Gründe für die Anmeldung zur Therapie wurden genannt: Kommunikationsprobleme/Streit, Mangel an Respekt und Anerkennung, Entfremdung voneinander und sexuelle Probleme. Selten genannt wurde der Mangel an persönlichen Entfaltungsmöglichkeiten, unterschiedliche Interessen und zuwenig Gemeinsamkeit. Bei einem Drittel bestanden die Probleme bis zu einem Jahr, bei der Hälfte ein bis fünf Jahre. Die Hälfte der Probanden hatten schon therapeutische Vorerfahrung, meist als Einzeltherapie.

Wie hat sich die Paartherapie auf die Paarbeziehung ausgewirkt? Die Interpretation der Antworten zu diesen Fragen von jenen Probanden, die sich in der Zwischenzeit getrennt hatten, ist schwierig. Zwei Drittel der Zusammenlebenden sind mit der Auswirkung der Therapie auf die Paarbeziehung zufrieden, drei Viertel bezeichnen die Probleme, die zur Therapie geführt hatten, als gebessert. Unsere Ergebnisse entsprechen weitgehend denen anderer Studien.

Da es sich bei der Paartherapie meist um Kurztherapien handelte, stellt sich die Frage, ob später andere Therapien in Anspruch genommen wurden. Zwei Drittel der Probanden suchten keine weitere Therapie mehr auf. Getrennte/Geschiedene dagegen nahmen signifikant häufiger eine Therapie in Anspruch. Dabei handelte es sich mit einer Ausnahme nicht mehr um Paartherapien, sondern vor allem um Einzeltherapien oder andere therapeutische Hilfen.

Interessant sind die Unterschiede zwischen Männern und Frauen. Männer gelten im allgemeinen als skeptischer und ablehnender gegenüber Psychotherapie. Die befragten Männer haben vor der aktuellen Paartherapie signifikant seltener eine Einzeltherapie aufgesucht als die Frauen. Sie waren offenbar der Meinung, daß die Beziehungsprobleme – wenn überhaupt in einer Therapie – am ehesten in einer Paartherapie zu bearbeiten seien. Oft wird gesagt, daß Männer von ihren Frauen in eine Paartherapie gebracht werden müssen, um sich mit eigenen Problemen auseinanderzusetzen. Für sich allein erachten sie eine Therapie oft nicht für nötig, ganz nach dem Vorsatz, persönliche Probleme allein lösen zu wollen (vgl.

292 | Was Paartherapie bewirkt

Kap. 5). Dementsprechend sind die befragten Männer mit dem Ergebnis der Therapie für ihre Partnerschaft zufriedener als die Frauen bzw. seltener unzufrieden. Sie suchen auch seltener später eine weitere Therapie auf. Männer sind zu Beginn einer Paartherapie wesentlich abwehrender, scheinen jedoch im Laufe der Paartherapie ihre Einstellung zu ändern und im nachhinein eine positivere Einstellung zu dieser Therapieform gewonnen zu haben, als Frauen.

Frauen gelten als aktiver in der Motiviertheit, eine unbefriedigende partnerschaftliche Situation zu verändern. Die Initiative, therapeutische Hilfe aufzusuchen, kommt mehrheitlich von ihnen. Sie brauchen erfahrungsgemäß oft viel Zeit, den Partner für eine Therapie zu gewinnen. Frauen sind nicht in erster Linie von der Therapie enttäuscht, sondern vom Partner, der sich auch in der Therapie als zuwenig kooperativ erweist. Männer haben weniger Erwartungen und befürchten wohl auch, in der Paartherapie zum Angeklagten gemacht zu werden. Sie sind dann positiv überrascht, daß die Therapie ihnen ermöglicht, ihren Standpunkt darzustellen, ohne durch die Frau übermäßig in die Defensive gedrängt zu werden.

Handelt es sich bei der Paartherapie um eine Behandlung von Störungen mit Krankheitswert?

Soziologische Studien belegen, daß körperliche und seelische Gesundheit positiv mit »Verheiratetsein« korrelieren und Verheiratete eine höhere Lebenserwartung haben, als Nichtverheiratete. Männer scheinen von einer Partnerschaft gesundheitlich stärker zu profitieren bzw. höhere Gesundheitsrisiken nach Trennung aufzuweisen, als Frauen. Verheiratete Männer sind die gesündeste Gruppe. Der Verlust des Partners oder der Partnerin durch Trennung oder Scheidung gehört zu den gravierendsten Belastungen im Leben eines Menschen. Getrennte und geschiedene Erwachsene weisen die höchsten Raten von akuten medizinischen Problemen, chronischen Erkrankungen und Arbeitsunfähigkeit auf (Verbrugge 1979). Geschiedene Männer haben ein erhöhtes Risiko für Suizid, Unfälle, Aufnahme in psychiatrischen Kliniken, Herz-Kreislauf- und andere körperliche Erkrankungen, Frauen für Depression und

Inanspruchnahme medizinischer Dienstleistungen. Bei Frauen werden aber auch die Chancen einer Trennung hervorgehoben. Manche entwickeln eine bessere Selbstachtung, mehr Kompetenz und machen bessere berufliche Karrieren. Streß in Paarbeziehungen korreliert auch mit höherer Störungsanfälligkeit bei Kindern. Eine glückliche Paarbeziehung erweist sich demgegenüber als eine der zentralsten Ressourcen von Gesundheit. Experten im Bereich der sozialen Unterstützung sind sich einig, daß der Partner bzw. die Partnerin die bedeutsamste Unterstützungs- und Ansprechperson bei Problemen ist. Es gibt Hinweise, daß in jüngster Zeit eine zunehmende Zahl von Männern und Frauen auch über positive Erfahrungen im Zusammenhang mit einer Trennung bzw. über eine Förderung von Autonomie und persönlichem Wachstum berichtet. Die Art, wie mit der Scheidung umgegangen wird, ist für deren gesundheitliche Auswirkungen von großer Bedeutung.

Es ist nicht der Ehestatus als solcher, der mit Wohlbefinden einhergeht, ausschlaggebend ist vielmehr die Qualität der Partnerschaft. Zwischen andauernden Paarkonflikten und einer Beeinträchtigung der körperlichen und seelischen Gesundheit besteht ein deutlicher Zusammenhang. *Anhaltende Paarkonflikte sind relevante Risikofaktoren für die Gesundheit.* Psychophysiologische und endokrinologische Studien mit Paaren in Konfliktgesprächen aus den USA und aus Deutschland zeigten relevante Veränderungen körperlicher Funktionen, z.B. kardiovaskulärer Befunde, Veränderungen der Hormonausschüttung und der Immunabwehr. Gottman und Levenson (2000) konnten auf Grund experimentell gemessener physiologischer Variablen aversives Verhalten und damit Scheidung voraussagen. Die Befunde legen eine direkte Beeinflussung der Gesundheit der Partner durch anhaltende Paarkonflikte nahe. Auch Auswirkungen auf die Entwicklung psychiatrisch relevanter Krankheitsbilder wie Depressionen, bipolarer Affektpsychosen und Alkoholmißbrauch wurden festgestellt.

Ungelöste Paarprobleme sind somit ein relevanter Risikofaktor für die Gesundheit. Unsere Studie zeigt, daß ein Großteil der Probanden gesundheitliche Beeinträchtigungen in der Zeit vor Beginn der Paartherapie angeben, die zur Zeit der Befragung zu wesentlichen Anteilen gebessert sind. Körperliche Gesundheitsprobleme im Jahr vor der Paartherapie weisen 70 % der Befragten auf, von den jetzt Getrennten/Geschiedenen sogar 80 %. Diese Probleme haben sich bei 57 % gebessert und nur bei 9 % verschlechtert. Seelische Probleme weisen sogar 80 % der Befragten – sowohl der Zusammenlebenden wie der Getrennten/Geschiedenen – auf. Von diesen schätzen 75 % ihr gesundheitliches Wohlbefinden jetzt besser ein als im Jahr vor der Paartherapie und nur 13 % schlechter. Erstaunlicherweise beurteilen die von uns befragten Getrennten/Geschiedenen ihre heutige körperliche und seelische Gesundheit und ihr Wohlbefinden nicht signifikant schlechter als die Zusammenlebenden. Das gesundheitliche Befinden der getrennten Männer unterscheidet sich nicht von jenem der getrennten Frauen, was ein Effekt der Paartherapie sein könnte.

Die Ergebnisse sprechen also dafür, daß die seelische und körperliche Gesundheit durch den Streß der Konflikte vor der Paartherapie häufig beeinträchtigt war und daß die Patienten sich heute in einem besseren Gesundheitszustand befinden. Zwar kann das verbesserte Befinden nicht direkt der Paartherapie zugeschrieben werden, da der Abschluß der Paartherapie oft Jahre zurückliegt und inzwischen auch andere Einflüsse, beispielsweise eine weitere Psychotherapie, wirksam sein konnten. Zumindest aber läßt sich vermuten, daß die Paartherapie einen Wendepunkt in Richtung verbesserte Gesundheit bildete. Das ist nicht selbstverständlich, wenn man bedenkt, daß es sich im Mittel bei der Paartherapie nur um 14 Sitzungen handelte. In der Paartherapie werden also nicht nur Lebensprobleme besprochen, sondern gesundheitsrelevante Störungen therapiert. Paartherapie scheint eine besonders wirksame Form von Kurzzeittherapie zu sein.

Trennung und Scheidung nach Paartherapie im Urteil der Patienten

Von den 96 Paarbeziehungen unserer Studie leben heute 51 Paare zusammen, 45 getrennt, davon 24 geschieden. Von den 47 % der heute Getrennten kam es in 8 % bereits vor Beginn der Paartherapie zur Trennung, bei 18 % bei Therapieende und bei 21 % im Katamnesezeitraum. Bei fast 40 % kam es also in oder nach der Paartherapie zur Trennung. Diese Trennungsrate liegt im unteren Bereich der Scheidungsraten nach Paartherapie im Vergleich zu anderen Studien.

Trennung/Scheidung nach Paartherapie (von 96 befragten Paaren)

	zusammenlebend	getrennt	davon geschieden
heute	51 Paare = 53 %	45 Paare = 47 %	24 Paare = 25 %
vor Beginn der Therapie		8 Paare = 8 %	
bei Therapie-ende		17 Paare = 18 %	39 % in oder nach Paar-therapie getrennt
im Katamne-sezeitraum		20 Paare = 21 %	

Auffallend ist, daß relativ viele Paare getrennt leben, ohne sich scheiden zu lassen. Die Scheidungsrate von 25 % liegt zwar tiefer als jene der Gesamtbevölkerung (1994 in der Schweiz 38 %). Dennoch mutet das Ergebnis zunächst ernüchternd an, würde man doch erwarten, daß Paartherapie zu einer Verbesserung des partnerschaftlichen Einvernehmens führt und der Stabilisierung bzw. »der Rettung der Ehe« dient. Paartherapie scheint somit wenig Effekt als Scheidungsprophylaxe zu haben. Wie ist das zu verstehen?

Denkbar wäre, daß sich die später Geschiedenen schon früher nie eigentlich geliebt haben. Dies trifft auf unsere Probanden nicht zu. Obwohl die Befragung retrospektiv stattfand, gaben 4/5 der Befragten an, ihren Partner bzw. ihre Partnerin sehr oder ziemlich geliebt zu haben, auch wenn es später zur Trennung kam. Nur 7 % gaben an, ihren Partner bzw. ihre Partnerin kaum oder nicht geliebt zu haben. Diesbezüglich unterscheiden sich die Getrennten/Geschiedenen nicht von den Zusammenlebenden.

Es wäre denkbar, daß die jetzt Getrennten/Geschiedenen von

vornherein Scheidungsabsichten hegten und Paartherapie als Alibi-
übung der Scheidung vorschalten wollten. Auch dies trifft nicht zu.
Nach den Erwartungen an die Paartherapie befragt, sahen nur gerade 5 % aller Probanden in der Paartherapie den ersten Schritt zur
Trennung/Scheidung, von den später Getrennten/Geschiedenen
waren es 11 %.

Es wäre denkbar, daß Paartherapie Trennung/Scheidung nicht
nur nicht verhindert, sondern sogar fördert. Paartherapie führt
unausweichlich zur Konfrontation der Partner. Vieles, was an Konflikten verdrängt und zugedeckt worden war, wird nun offengelegt.
Auch wenn Therapeuten sich bemühen, wechselseitige Verletzungen in den Paargesprächen zu vermeiden und sich als Übersetzer
und Vermittler zwischen die Partner stellen, läßt es sich nicht verhindern, daß die Partner Bilanz ziehen und sich mit der Frage konfrontieren, ob noch eine Basis für ein weiteres Zusammenleben
vorliegt.

Als häufigste Gründe für Trennung und Scheidung in unserer
Studie werden das Fortbestehen von Kommunikationsproble-
men/Streit, bei Frauen der Mangel an Respekt und Anerkennung,
bei Männern Entfremdung genannt. Scheidungen wurden in unserer Untersuchungsgruppe häufiger von Frauen eingeleitet. Frauen
sind – wie bereits erwähnt – auch häufiger unzufrieden mit dem
Therapieergebnis für die Partnerschaft. Sie werfen ihren Partnern
vor, zuwenig für eine Verbesserung der Beziehung getan zu haben.

Trennung und Scheidung können auch für die Therapeuten ein
enttäuschendes und belastendes Therapieergebnis sein. Bei zer-
strittenen Paaren keimt während der Therapie häufig die Hoffnung
auf, miteinander einen gemeinsamen Weg finden zu können. Eine
Trennung wird meist nicht nüchtern und rational vollzogen, sondern versetzt zumindest einen der Partner in Verzweiflung, Trauer,
Wut und Haß. Rational kann der Therapeut sich einreden, die Therapie diene in erster Linie der Klärung der Beziehung. Dies war
auch die am häufigsten genannte Therapieerwartung der Probanden (39 %). Es ist für den Therapeuten schwierig, sich von Patienten zu verabschieden, die in einem verzweifelten und emotional
aufgewühlten Zustand sind. Allerdings: In unserer Katamnese werden Trennung und Scheidung von den Patienten weit positiver

beurteilt, als erwartet. Die Probleme, die zur Therapie geführt haben, werden im Urteil der Getrennten/Geschiedenen jetzt von 50 % als gebessert und nur von 16 % als verschlechtert bezeichnet, was sich allerdings signifikant (p < 0.01) von der Beurteilung der Zusammenlebenden unterscheidet (78,8 % besser, nur 2 % schlechter). Zwei Drittel der getrennten/geschiedenen Frauen und Männer würden in einer vergleichbaren Situation heute wieder eine Paartherapie bzw. Paartherapie kombiniert mit Einzeltherapie aufsuchen. Überrascht hat uns insbesondere, daß die gesundheitliche Entwicklung nach Trennung in unserem Sample nicht schlechter ist als bei den Zusammengebliebenen, bei den Frauen sogar eher noch besser (Verbesserung 58 %, Verschlechterung 8 %). Ebensowenig läßt sich ein Unterschied bezüglich des seelischen Wohlbefindens feststellen, welches sich bei 78 % der Getrennten verbesserte und nur bei 14 % verschlechterte. Man kann also vermuten, daß der Beziehungsstreß sich in der Zwischenzeit wesentlich reduziert hat. Erfreulich ist auch, daß die Beziehung zum ehemaligen Partner bei mehr als der Hälfte besser ist als vor der Therapie und nur bei einem Viertel schlechter. Vielleicht hat die Paartherapie zu einer Klärung der Beziehung beigetragen, die Verbindendes und Trennendes verständlich und betrauerbar machte und zu einem faireren, weniger kränkenden Umgang der Partner nach der Trennung führte. Wenn eine Trennung unvermeidlich wird und sogar wünschenswert erscheint, ist Auseinandergehen in gegenseitigem Respekt ein vordringliches Ziel der Paartherapie, um der oft gravierenden emotionalen Belastung durch Nachtrennungskonflikte vorzubeugen. »Helping couples divorce is a legitimate part of marital therapy and the therapy may help the adults have a better post-divorce adjustment« (Bray 1995). Van Steenwegen (1998) führte die bisher einzige uns bekannte Studie über die Bewertung der Trennung durch die Patienten durch. 7 Jahre nach Paartherapie beurteilten 13 von 16 Befragten die Trennung als positiv, als Erleichterung und Ende des Unglücklichseins, als Möglichkeit zu neuen Lebensperspektiven oder als Entwicklungschance zum Aufbau einer neuen befriedigenderen Beziehung. Nur zwei Personen beurteilten die Trennung als negativ.

Auswirkung der Paartherapie
auf die persönliche Entwicklung

In bisherigen Studien hat der Nutzen der Paartherapie für die persönliche Entwicklung kaum Beachtung gefunden und kommt als Outcome-Kriterium nicht vor. Christensen und Heavey (1999) fordern eine Erweiterung der Ergebniskriterien. Zukünftige Forschung solle auch Daten der persönlichen Entwicklung berücksichtigen, wie Wohlbefinden, soziale Funktionsfähigkeit und psychische Symptome. Solche Daten könnten auch bei Getrennten in Nachuntersuchungen weiter verfolgt werden und ein vollständigeres Bild der Auswirkungen der Paartherapie aufzeigen. In Langzeitstudien hat nur van Steenwegen (1998) bei der Untersuchung von Trennung nach Paartherapie festgestellt, daß ein signifikanter Unterschied zwischen der Beurteilung der Getrennten und Zusammengebliebenen bezüglich der Hilfe besteht, die durch die Paartherapie für die Partnerschaft erfahren wurde, jedoch kein signifikanter Unterschied in bezug auf den persönlichen Gewinn.

In unserer Studie stellten wir die *Frage nach der Zufriedenheit mit dem Ergebnis der Paartherapie für die persönliche Entwicklung.* Die Zufriedenheit mit dem Ergebnis für die persönliche Entwicklung ist mit 80 % bei den Zusammenlebenden deutlich höher als die Zufriedenheit mit dem Gewinn für die Partnerschaft (68 %). Dies ist um so bemerkenswerter, als eine »verbesserte persönliche Entwicklung« zu Beginn der Therapie nur von einer Person als Erwartung an die Gespräche genannt wurde. Auch in der Therapie fällt auf, daß die Patienten – und wohl auch Therapeuten – zu Beginn der Therapie ausschließlich auf die Paarbeziehung ausgerichtet sind und erst im Laufe des Therapieprozesses die Bedeutung der Herausforderungen der Paarbeziehung auf ihre persönliche Entwicklung feststellen und wahrnehmen. In Kommentaren zur Frage der Zufriedenheit beschreiben Probanden, daß sie bewußter, selbstsicherer und konfliktfähiger geworden sind, sich besser abgrenzen und eigene Bedürfnisse formulieren können, aber auch, daß sie eigene Anteile an der Paarproblematik erkannt und mehr Distanz zu eigenen Erwartungen an eine Beziehung gewonnen hätten. Von den Getrennten sind 55 % mit dem Ergebnis der Therapie für ihre persönliche Entwicklung zufrieden. Das ist zwar signifikant weniger als die 80 % der Zusammenlebenden, die sich zufrieden mit der Auswirkung der Therapie auf ihre persönliche Entwicklung geäußert hatten. Zusätzlich zu den obengenannten Kommentaren wird von den Getrennten/Geschiedenen aber auch der Gewinn für die nächste Partnerschaft erwähnt.

Bei den Zusammenlebenden sind Männer und Frauen mit etwa 80 % in ihrer Bewertung gleich zufrieden, unzufrieden ist niemand. Bei den Getrennten bringen die Frauen ihre Zufriedenheit deutlicher zum Ausdruck (60 % zufrieden, gegenüber knapp 50 % bei den Männern) und sind weniger häufig unzufrieden (knapp 10 % gegenüber knapp 20 % bei den Männern). Getrennte Frauen betonen in den Kommentaren häufiger den Zuwachs an Selbstbestimmung und die Entlastung von Schuldgefühlen. Es macht den Eindruck, daß sie persönlich von der Paartherapie mehr profitierten als die Männer. Die Getrennten nehmen in gut 50 % später eine Einzeltherapie wegen der gleichen Probleme, die zur Paartherapie geführt haben, in Anspruch, ein signifikanter Unterschied zu den Zusammenlebenden. In der Gruppe der Getrennten besteht jedoch kein Unterschied in der Zufriedenheit mit dem Ergebnis der Paartherapie für die persönliche Entwicklung je nachdem, ob anschließend noch eine Einzeltherapie durchgeführt wurde.

Der Gewinn der Paartherapie für die persönliche Entwicklung ist in unserer Untersuchung das positivste Ergebnis aller Fragen. Diese hohe Zufriedenheit bestätigt unseren Ansatz, nach dem die Liebesbeziehung eine wichtige Herausforderung der persönlichen Entwicklung ist, und zwar unabhängig davon, ob sie gelingt oder scheitert. Es überrascht, daß eine so hohe Zufriedenheit mit dem Ergebnis der Paartherapie für die persönliche Entwicklung noch nach einem Katamnesezeitraum von ein bis acht Jahren angegeben wird. Es wäre denkbar, daß die Paartherapie die persönliche Entwicklung sogar intensiver fördert als Einzeltherapie. Zumindest handelt es sich bei der Paartherapie um eine Therapieform, die neben hoher Wirksamkeit bei durchschnittlich 14 Sitzungen auch eine hohe Wirtschaftlichkeit aufweist.

Sowohl Therapeuten als auch Patienten sollten sich des Gewinns der Paartherapie für die persönliche Entwicklung unabhängig vom Ergebnis des Zusammenbleibens bewußter sein. Die Trennung der Liebenden ist zwar nach wie vor ein unerwünschter und schmerzlicher Prozeß, aber häufig ist er unvermeidbar, um die Kräfte wieder freizusetzen für neue persönliche Entfaltungen und Entwicklungen.

Zusammenfassende Gedanken und Ausblick

Synthese einiger Kernaussagen

Nichts fordert die persönliche Entwicklung im Erwachsenenalter so heraus wie eine konstruktive Liebesbeziehung, nichts aber lähmt und blockiert sie so wie eine destruktiv gewordene Liebesbeziehung. Einer derartigen Aussage findet – im Unterschied zu den Jahren nach 1968 – heute wieder breite Zustimmung. Es wurde aber bisher wenig herausgearbeitet, weshalb Liebesbeziehungen für die persönliche Entwicklung und Entfaltung von so hoher und unersetzbarer Bedeutung sind. Das ist das Thema dieses Buches. Als zentrale These wird unterstellt, daß Liebesbeziehungen nicht harmonisch und selbstlos sind, sondern eigennützig und spannungsgeladen. Partner hoffen in der Liebe ihr intimstes persönliches Potential zu entfalten und zu verwirklichen. Dazu sind sie jedoch wechselseitig auf das Beantwortetwerden durch den anderen angewiesen, der ihnen Raum gibt, sich in der Liebe zu ihm, mit ihm und durch ihn zu entfalten. Um diese Beantwortung differenziert und engagiert zu erhalten, muß der Selbstentfaltung des andern ebenso Sorge getragen werden wie der eigenen. Dennoch: Die Liebe der Partner bleibt ambivalent in dem Dilemma, wie weit die Beziehung zueinander die Entfaltung des eigenen Potentials begünstigt oder behindert. Daraus ergibt sich der Zwiespalt zwischen Bindung und Freiheit, Nähe und Distanz, Kooperation und Rivalität oder Altruismus und Egoismus.

Eine Liebesbeziehung durchläuft verschiedene Stadien, von denen jedes sein eigenes Thema hat, die persönliche Entwicklung der Partner herauszufordern. Diese Herausforderungen betreffen etwa die Fähigkeit, eine verbindliche Beziehung einzugehen, ohne allzu große Angst vor Verlust an Freiheit, aber auch ohne übergroße Angst davor, verlassen zu werden und sich auszuliefern; sie beziehen sich auf die Fähigkeit, mit den begrenzten Liebesmöglichkeiten des Partners und mit seinen eigenen umzugehen und sich selbst und den Partner in seinen Grenzen zu akzeptieren, oder um die Anforderung, sein persönliches Potential in den Aufbau einer gemeinsamen Welt zu investieren, im Bewußtsein, damit auf die Wahl anderer Möglichkeiten zu verzichten, dafür mit dem Gewinn, sich mit einer gemeinsam geschaffenen Welt identifizieren zu können. Jede dieser Herausforderungen kann Angst auslösen und Anlaß geben, sich mit Abwehrmaßnahmen zu schützen und gegen den Partner abzusichern. Die Bewältigung dieser Ängste kann durch frühere Traumatisierungen in Beziehungen erschwert sein, die eine übermächtige Liebessehnsucht, aber auch eine übergroße Angst vor deren Erfüllung hinterlassen. Betroffene können sich miteinander in eine Kollusion einspielen, die gleichzeitig Erfüllung wie Schutz vor Überforderung in Aussicht stellt.

Liebe ist heute der wichtigste Faktor, der Paare zusammenhält. Aber sie ist mit hohen Erwartungen verbunden, welche Paarbeziehungen konfliktanfällig machen. Die Konflikte der Paare ergeben sich in erster Linie als normale Interessenkonflikte zwischen den unterschiedlichen Ansprüchen der Partner. Ein dauerhaftes, konstruktives Zusammenleben in einer Liebesbeziehung erfordert eine hohe Kompetenz im Umgang mit Meinungsverschiedenheiten und in der Fähigkeit, sich miteinander auseinanderzusetzen.

Liebespartner sind sich die kompetentesten Kritiker und unerbittlichsten Herausforderer, weil jeder von der Entfaltung des anderen direkt betroffen ist. Was sie sich wechselseitig vorwerfen, trifft in der Regel zu, allerdings nur im Lichte der Gegenvorwürfe des andern. Partner sind füreinander die Stimme des Unbewußten, d. h. der verdrängten Aspekte der persönlichen Entwicklung. Manche wehren sich aber dagegen, auf die Vorwürfe des andern einzugehen, weil sie eine unbequeme Wahrheit enthalten und man befürchtet, bei deren Befolgung dem Einfluß des Partners zuviel Raum zu geben. Krisen in Liebesbeziehungen treten auf, wenn die Partner sich gegen anstehende Entwicklungen in ihrer Beziehung verschließen. Wandel in der Beziehung ergibt sich meist nicht so sehr durch Einsicht und persönliche Motivation. Vielmehr sind es die sich verändernden Umstände und äußeren Ereignisse, die den Vollzug anstehender Entwicklungen notwendig machen.

Häufig konstellieren die Partner ihre Beziehungsumstände allerdings selbst so, daß ein Wandel eingeleitet wird, den sie gleichzeitig ängstlich blockieren.

In unserem Verständnis von Paartherapie wird versucht, die Herausforderungen der Partner als entwicklungsförderndes Agens zu nutzen. Die Liebesbeziehung erweist sich als intensivste Förderung der persönlichen Entwicklung im Erwachsenenleben. Die Unterstützung der persönlichen Entwicklung in einer Paartherapie ergibt sich unabhängig davon, ob die Partner ihr Zusammenleben fortsetzen oder sich trennen.

Ausblick auf die zukünftige Entwicklung von Partnerbeziehungen

Dieses Buch steht an einem Wendepunkt im gesellschaftlichen Verständnis von Partnerbeziehungen. Nachdem bis vor kurzem eine stabile Ehe als unverzichtbare Grundeinheit der Gesellschaft galt, mit der Anforderung, Schwierigkeiten in der Partnerschaft zu ertragen und sich den Anforderungen der Familie unterzuordnen, kam es in den sechziger und siebziger Jahren zu einer radikalen Absage an die ehelichen Zwänge und zu einem neuen Leitbild von Unabhängigkeit und Selbstbestimmung. Dieses erfuhr in den neunziger Jahren insofern eine Korrektur, als Liebesbeziehungen heute wieder als unersetzliche Werte eines glücklichen und erfüllten Lebens gelten. Es kam dabei aber nicht zur Rückkehr zur stabilen Ehe. Die Häufigkeit von Ehescheidungen, aber auch Wiederverheiratungen nahm weiter zu. Wenn dieses Buch Liebe als die maßgebliche und unersetzbare Bedingung für den Zusammenhalt einer Partnerbeziehung in heutiger Zeit erklärt, wird das für manche banal und selbstverständlich tönen. Aber das Ideal einer Liebesehe wurde und wird in vielen Kulturen, bei denen Großfamilien für die soziale Sicherung und Ordnung zuständig sind, als Utopie gesehen, deren Erfüllung dem Bereich der Märchen und Mythen zuzuweisen ist. Tatsächlich bildet Liebe für den Zusammenhalt einer Partnerbeziehung eine labile Grundlage. Liebe läßt sich nicht erzwingen und absichern, sie muß laufend gehegt und gepflegt werden, sie ist verletzbar, sie schlägt leicht in Wut und Haß um, sie ist ihrem Wesen nach unberechenbar, wenn auch – wie ich in diesem Buch zu zeigen versuche – in ihrer Unberechenbarkeit nicht unverständlich. Sofern es nicht zu einem grundsätzlichen Umbruch in unserer Kultur kommt, ist nicht zu erwarten, daß die Trennungs- und Scheidungshäufigkeit wieder rückläufig wird. Die finanzielle Unabhängigkeit der Partner, die Selbstbestimmung und Eigenverantwortung für die Gestaltung des eigenen Lebens, die hohe berufliche Verfügbarkeit und Mobilität, die rasche Veränderung aller Lebensumstände in einer sich globalisierenden Welt lassen zwar oftmals Sehnsucht nach Stabilität und sicherer Geborgenheit entstehen, stellen jedoch kaum die gewonnenen Freiheiten in Frage. Trotz unveränderten Wünschen nach lebenslanger, exklusiver und bedingungsloser Zugehörigkeit gilt es, mit einer hohen Trennungswahrscheinlichkeit leben zu lernen. Immer mehr Menschen scheuen davor zurück, ihr Potential in eine Beziehung verbindlich zu investieren. Sie verzichten darauf, sich mit kostspieligem Mobiliar einzurichten, und möchten sich nicht mit Kindern in unauflösbare Verpflichtungen einlassen. Ein grundsätzlicher kultureller Umbruch könnte sich etwa ergeben, wenn wegen der niedrigen Geburtenrate nicht mehr genügend Nachwuchs vorhanden ist, um das Funktionieren der Gesellschaft zu gewährleisten, oder wenn eine Kultur mit mehr Nachwuchs und familienfreundlicherer Lebensphilosophie sich als überlebensfähiger erweist.

Es wird in diesem Buch die These vertreten, daß die Hoffnung auf Selbstverwirklichung durch die Beziehung heute der maßgebliche Faktor für die Bildung einer Liebesbeziehung ist. Liebe bildet sich, wenn zwei Menschen auf der Suche ihres Weges aufeinander treffen mit der Aussicht, miteinander vieles von dem, was sie in langen Zeiten der Sehnsucht bereitgestellt hatten, ins Leben hineinzuholen und zu verwirklichen. Das Beantwortetwerden im intimsten persönlichen Bereich verleiht der Verwirklichung der eigenen Person eine andere Qualität von Realität. Einander in den eigenen Möglichkeiten entdecken und bestärken und einander kritisch herauszufordern, gibt einer Beziehung Substanz und läßt eine gemeinsame Geschichte entstehen, in welcher man miteinander viele Schwierigkeiten bewältigt, die den Zusammenhalt bestärken.

Dennoch: Ein lebenslanger Zusammenhalt einer Liebesbeziehung gelingt in vielen Fällen nicht. Zunehmend machen Menschen Gebrauch von den neuen Freiheiten, eine Liebesbeziehung nach eigenen Vorstellungen und eigenen Normen zu unterhalten. Die Ehe als verbindliche Willensbekundung, einander beizustehen und einander zu vertrauen in guten und schlechten Zeiten, ist nach wie vor für die meisten die erstrebenswerteste Grundlage einer Liebesgemeinschaft. Doch die Form der Ehe entspricht nicht allen Menschen. Manchen gelingt es besser, eine Lebensgemeinschaft ohne Trauschein zu leben. Aber auch ein Zusammenleben entspricht nicht allen Menschen. Manche können einander persönlich näher sein, wenn sie in zwei getrennten Haushalten wohnen. Wiederum andere schätzen die Freiheit und Ungebundenheit ihres Privatlebens und suchen Liebe und persönliches Engagement nicht in Paarbeziehungen, sondern in anderen Beziehungen zu verwirklichen.

Oft werde ich gefragt, ob denn die hohe Zahl von Singles nicht meiner These widerspreche, daß Liebesbeziehungen für die Menschen von heute von so zentraler Bedeutung seien. Dabei ist zu beachten, daß viele Menschen, die alleine leben, eine feste Liebesbeziehungen zu einem Partner haben, aber ohne Wunsch oder Möglichkeit, zusammenzuziehen. Das Leben als Single ist für viele Alleinstehende nicht ein erwünschter und frei gewählter Zustand. Viele vermissen die Möglichkeit, einen geeigneten Partner oder eine geeignete Partnerin zu finden. Ich bin natürlich nicht der Meinung, daß alleinstehende Menschen sich nicht selbst verwirklichen könnten. Wahrscheinlich gibt es aber einen innersten persönlichen Kern, der sich am ehesten verwirklichen kann im Erkanntwerden, im Anruf und in der Beantwortung durch einen Liebespartner.

Ich vermute, daß es trotz fundamentalistischer Bemühungen nicht zu einer Rückkehr zur untrennbaren Ehe kommen wird. Wahrscheinlicher scheint mir, daß die Gesellschaft lernt, mit Trennungen und Scheidungen besser umzugehen. Das Hauptproblem bilden dabei die Kinder, für die die Geborgenheit in einem stabilen und nicht in Frage gestellten familiären Rahmen wichtig ist. Aber

Scheidung ist nicht einfach Scheidung. Mit einer Trennung kann man sehr unterschiedlich umgehen. Heute sind immer mehr Paare bestrebt, in gegenseitigem Respekt auseinanderzugehen, und vielen gelingt es nach der Trennung, eine freundschaftliche Beziehung aufrechtzuerhalten. Viele Elternpaare nehmen die Trennung in ihrer Auswirkung auf die Kinder sehr ernst. Sie finden Wege, den Kindern Sicherheit und Geborgenheit zu vermitteln, und sorgen dafür, daß der erzieherische Kontakt zu beiden Eltern aufrechterhalten bleibt. Aber auch die Gesellschaft nimmt die veränderte familiäre Situation allmählich deutlicher wahr und bietet mit Kinderbetreuung und Schule eine die Familie ergänzende Struktur an.

In diesem Buch wird die Liebesbeziehung als wichtigste Herausforderung der persönlichen Entwicklung im Erwachsenenalter gesehen. Mir liegt deshalb auch viel daran, die Trennung einer Liebesbeziehung in ein positiveres Licht zu stellen. Von vielen Menschen höre ich, daß sie sich durch die Trennung persönlich intensiver entwickelten als durch das Zusammenleben. Viele Menschen, wahrscheinlich Männer eher als Frauen, setzen sich mit ihrem partnerschaftlichen Fehlverhalten oft erst nach einer Trennung auseinander. Viele hören die partnerschaftliche Kritik nicht, solange sie zusammen leben, und brauchen den Schmerz der Trennung, um sich zu öffnen und besser in sich und in den Partner hineinzuhorchen. Dabei wäre es wichtig, früher oder später fähig zu werden, sich mit der Trennung einer Liebesbeziehung zu versöhnen, einer Liebesbeziehung, die ja oft einen wesentlichen Teil der eigenen Lebensgeschichte ausmachte, die einem viele persönliche Entwicklungen ermöglichte und Erfahrungen vermittelte, welche die Grundlage für eine spätere, besser gelingende Partnerbeziehung bilden können. Aber die Chance einer positiven Entwicklung durch Trennung erfordert die Bereitschaft, die Trauer über den Verlust zuzulassen und diese nicht durch das vorschnelle Eingehen einer neuen Beziehung zu überspielen.

Literatur

Abraham, K. (1913): *Über neurotische Exogamie*. Imago, London, Band III.

Ainsworth, M. D. S., Blehar, M. C., Waters, E., Walls, S. (1978): *Patterns of Attachment: a Psychological Study of the Strange Situation*. Erlbaum, Hillsdale, NJ.

Alexander, J. F., Holtzworth-Munroe, A., Jameson, P. (1994): »The Process and Outcome of Marital and Family Therapy: Research Review and Evaluation«. In: Bergin, A. E. und Garfield, S. L. (Hrsg.): *Handbook of Psychotherapy and Behavior Change*. Wiley & Sons, New York, pp. 595–630.

Anand, M. (1995): *Tantra oder die Kunst der sexuellen Ekstase*. Mosaik, München (The Art of Sexual Ecstasy. The Path of Sacred Sexuality for Western Lovers. Tarcher, Los Angeles 1989).

Auckenthaler, A. (1983): *Klientenzentrierte Psychotherapie mit Paaren*. Kohlhammer, Stuttgart.

Augsburger-Dölle, Th. (1996): *Die Förderung der Einseitigkeit. Karrierewünsche und Karrierehindernisse von Schweizer Ärztinnen und Ärzten*. Huber, Bern.

Augustinus, Aurelius (1983): *Aufstieg zu Gott*. Walter, Olten.

Balint, M. (1947): *Die Urformen der Liebe und die Technik der Psychoanalyse*. S. Fischer, Frankfurt am Main.

Balint, M. (1947): »Über genitale Liebe«. In: ders.: *Die Urformen der Liebe und die Technik der Psychoanalyse*. dtv, München / Klett-Cotta, Stuttgart, 2. Auflage 1997, pp. 136–150.

Bauriedl, Th. (1995): »Psychoanalytische Familientherapie«. In: Mertens, W. (Hrsg.): *Schlüsselbegriffe der Psychoanalyse*. Verlag Internationale Psychoanalyse, Stuttgart, pp. 345–351.

Bodenmann, G. (2000): »Streß, kritische Lebensereignisse und Partnerschaft«. In: Kaiser, P. (Hrsg.): *Partnerschaft und Paartherapie*. Hogrefe, Göttingen, pp. 193–218.

Boszormenyi-Nagy, I., Krasner, B. R. (1986): *Between Give and Take. A Clinical Guide to Contextual Therapy*. Brunner/Mazel, New York.

Boszormenyi-Nagy, I., Spark, G. M. (1981): *Unsichtbare Bindungen*. Klett-Cotta, Stuttgart, 7. Auflage 2001 (Invisible Loyalties, Harper & Row, Hagerstown 1973).

Botton, A. de (1997): *Versuch über die Liebe*. S. Fischer, Frankfurt am Main.

Bowen, M. (1972): »On the Differentiation of Self«. In: J. Framo (Hrsg.), *Family Interaction – A Dialogue between Family Researchers and Family Therapists*. Springer, New York.

Bowlby, J. (1975): *Bindungen*. Kindler, München (Attachment and Loss. Basic Books, New York 1969).

Brandstädter, J., Baltes-Götz, B., Heil, F. (1990): »Entwicklung in Partnerschaften: Analyse zur Partnerschaftsqualität bei Ehepaaren in mittlerem Erwachsenenalter«. *Zeitschrift für Entwicklungspsychologie und Pädagogische Psychologie* 22 (3).

Bray, J., Jouriles, E. (1995): »Treatment of marital conflict and prevention of divorce«. *Journal of Marital and Family Therapy* 21, 461–473.

Buber, M. (1973): *Das dialogische Prinzip*. Lambert Schneider, Heidelberg, 3. Auflage.

Buber, M. (1984): *Ekstatische Konfessionen*. Gütersloher Verlagshaus, Gütersloh, 5. Auflage.

Buber, M. (1993): *Mystische Zeugnisse aller Zeiten und Völker*. Diederichs, München.

Burkhart, G. (1997): *Lebensphasen – Liebesphasen. Vom Paar zur Ehe, zum Single und zurück?* Leske & Budrich, Opladen.

Christensen, A., Heavey, C. L. (1999): »Interventions for couples«. *Annual Review of Psychology* 50, 165–190.

Coellen, M. (1997): *Paartherapie und Paarsynthese. Lernmodell Liebe*. Springer, Wien.

Cooper, D. (1972): *Tod der Familie*. Rowohlt, Reinbek.

Dawkins, R. (1989): *The Selfish Gene*. Oxford University Press, Oxford.

Dicks, H. (1967): *Marital tensions*, Basic Books, New York.

Dorian, B. J., Garfinkel, P. E., Brown, G. M. et al. (1982): »Aberrations in lymphocyte subpopulations and functions during psychological stress«. *Journal of Clinical and Experimental Immunology* 50, 132–138.

Ebbecke-Nohlen, A. (2000): »Systemische Paartherapie – Das Balancieren von Gemeinsamkeiten und Unterschieden«. *Psychotherapie im Dialog* 1, 21–28.

Eibl-Eibesfeldt, I. (1998): *Liebe und Haß*. Piper, München, 12. Auflage.

Ellis, L., Ebertz, L. (Hrsg.) (1997): *Sexual Orientation: Toward Biological Understanding*. Praeger, Westport, Connecticut.

Ellis, L., Ebertz, L. (Hrsg.) (1998): *Males, Females, and Behavior: Toward Biological Understanding*. Praeger, Westport, Connecticut.

Erikson, E. H. (1973): *Identität und Lebenszyklus*. Suhrkamp, Frankfurt am Main.

Ernst, C., Luckner, N. von (1985): *Stellt die frühe Kindheit die Weichen?* Enke, Stuttgart.

Fairbairn, W. (1952): *Psychoanalytic Studies of the Personality*. Tavistock, London.

Fehm-Wolfsdorf, G., Groth, T., Kaiser, A., Hahlweg, K. (1998): »Partnerschaft und Gesundheit«. In: Bundesministerium für Familien, Senioren, Frauen und Jugend (Hrsg.): *Prävention von Trennung und Scheidung*, Kohlhammer, Stuttgart, pp. 261–279.

Foerster, H. von (1984): »Das Konstruieren einer Wirklichkeit«. In: P. Watzlawick (Hrsg.): *Die erfundene Wirklichkeit*. Piper, München, pp. 39–60.

Frei, R., Riehl-Emde, A., Willi, J. (1997): »Verbessert die Technik der Konstruktdifferenzierung die Ergebnisse der Paartherapie?« *Familiendynamik* 22, 64–82.

Freud, A. (1978): *Das Ich und die Abwehrmechanismen*. Kindler, München.

Freud, S. (1918): *Beiträge zur Psychologie des Liebeslebens*. GW VIII, Imago, London, pp. 65–91.

Freud, S. (1914): *Zur Einführung des Narzißmus*, GW X, Imago, London, pp. 138–170.

Frisch, M. (1985): *Tagebuch 1946–1949*. Suhrkamp, Frankfurt am Main.

Geary, D.C. (1998): *Male, Female: The Evolution of Human Sex Differences*. American Psychological Association, Washington, D.C.

Glasersfeld, E. von (1984): »Einführung in den radikalen Konstruktivismus«. In: P. Watzlawick (Hrsg.): *Die erfundene Wirklichkeit*. Piper, München, pp. 16–38.

Golden, G.K. (1991): »Coupling: Contracts, Attachment and Love«. In: Brothers, B.J. (Hrsg.): *Coupling. What makes permanence?* Haworth Press, New York, pp. 63–70.

Gondonneau, J. (1972): *Freiheit in der Liebe*. Benziger, Zürich.

Gottman, J.M. (1995): *Laß uns einfach glücklich sein. Der Schlüssel zu einer harmonischen Partnerschaft*. Heyne, München. (Two-Part Harmony, The Breakthrough, Research on Why Marriages succeed or fail. Simon & Schuster, New York 1994).

Gottman, J.M., Levenson, R.W. (2000): »Wie stabil sind Ehebeziehungen über mehrere Jahre?« *Familiendynamik* 25, 4–13.

Gottman, J.M., Levenson, R.W. (2000): »Wie verändern sich Ehebeziehungen im Laufe der Jahre?« *Familiendynamik* 25, 14–38.

Grawe, K., Donati, R., Bernauer, F. (1994): *Psychotherapie im Wandel. Von der Konfession zur Profession*. Hogrefe, Göttingen.

Gray, J. (1998): *Männer sind anders, Frauen auch*. Mosaik, München (Men are from Mars, Women are from Venus, Harper Collins, New York 1992).

Grof, C., Grof, S. (1990): *The stormy search for the self*. St. Martin's, New York.

Gruenebaum, H. (1997): »Thinking about romantic/erotic love«. *Journal of Marital and Family Therapy* 23, 295–307.

Grün, A. (2000): *Die Trauung. Segen für das gemeinsame Leben.* Vier-Türme, Münsterschwarzach.

Hamilton, R. (1964): »The genetical evolution of social behaviour«. *Journal of Theoretical Biology* 7, 1–25.

Hark, H. (Hrsg.) (1998): *Lexikon Jungscher Grundbegriffe.* Walter, Zürich, 4. Auflage.

Hellinger, B. (1994): *Ordnungen der Liebe.* Carl-Auer-Systeme, Heidelberg.

Hemminger, H. J. (1982): *Kindheit als Schicksal.* Rowohlt, Reinbek.

Hetherington, E. M., Cox, M., Cox, R. (1982): »The effects of divorce on parents and children«. In: Lamb, M. (Hrsg.): *Nontraditional families.* Lawrence Erlbaum, Hillsdale, NJ, pp. 233–288.

Hoffmeister, J. (1955): *Wörterbuch der philosophischen Begriffe.* Meiner, Hamburg, 2. Auflage.

Hofstadter, D. R. (1983): »Metamagikum. Kann sich in einer Welt voller Egoisten kooperatives Verhalten entwickeln?« *Spektrum der Wissenschaft*, August, 8–14.

Hohl, J. (1995): »Neurotischer Konflikt«. In: W. Mertens (Hrsg.): *Schlüsselbegriffe der Psychoanalyse.* Verlag Internationale Psychoanalyse, Stuttgart, 2. Auflage, pp. 176–184.

Jacobson, N. S., Schmaling, K. B., Holtzworth-Munroe, A. (1987): »Component analysis of behavioral marital therapy: 2-year follow-up and prediction of relapse«. *Journal of Marital and Family Therapy* 13, 187–195.

Jellouschek, H. (1995): »Lebensübergänge in der Paarbeziehung«. In: Egner, H. (Hrsg.): *Lebensübergänge oder Der Aufenthalt im Werden.* Walter, Solothurn.

Jellouschek, H. (1999): *Wie Partnerschaft gelingt – Spielregeln der Liebe.* Herder, Freiburg im Breisgau, 3. Auflage.

Jung, E. (1967): *Animus und Anima.* Rascher, Zürich.

Kaiser, R. (2000): »Partnerschaft und Herkunftsfamilie«. In: ders. (Hrsg.): *Partnerschaft und Paartherapie.* Hogrefe, Göttingen, pp. 113–146.

Kaiser, R. (Hrsg.) (2000): *Partnerschaft und Paartherapie.* Hogrefe, Göttingen.

Karpel, M. A. (1994): *Evaluating Couples. A Handbook for Practitioners.* Norton, New York.

Kehl, M. (1990): »Psychologie als religiöse Heilslehre: Selbstverwirklichung im New Age«. In: Frielingsdorf, K. und Kehl, M. (Hrsg.): *Ganz und heil. Unterschiedliche Wege zur »Selbstverwirklichung«.* Echter, Würzburg, pp. 11–25.

Kernberg, O. F. (1995): »Psychoanalytische Objektbeziehungstheorien«. In:

312 | Literatur

Mertens, W. (Hrsg.): *Schlüsselbegriffe der Psychoanalyse*. Verlag Internationale Psychoanalyse, Stuttgart, pp. 96–104.

Kernberg, O. F. (1997): *Wut und Haß*, Klett-Cotta, Stuttgart (Aggressions in Personality Disorders and Perversions, Yale University Press, New Haven 1992).

Kernberg, O. F. (1998): *Liebesbeziehungen. Normalität und Pathologie*. Klett-Cotta, Stuttgart (Love Relations. Normality and Pathology. Yale University Press, New Haven 1995).

Kiecolt-Glaser, J. K., Fisher, L. D., Ogrock, P., et al. (1987): »Marital quality, marital disruption, and immune function«. *Psychosomatic Medicine* 49, 13–34.

Kobak, R. R., Hazan, C. (1991): »Attachment in Marriage: Effects of Security and Accuracy of Working Models«. *Journal of Personal and Social Psychology* 60, 861–869.

König, K. (1984): »Unbewußte Manipulation in der Psychotherapie und im Alltag«. *Georgia Augusta* 40, 10–16.

König, K. (1993): *Gegenübertragungsanalyse*. Vandenhoeck & Ruprecht, Göttingen.

Kowalczyk, A. (2000): »Systemische Paartherapie«. In: Kaiser, P. (Hrsg.), *Partnerschaft und Paartherapie*. Hogrefe, Göttingen, pp. 339–363.

Kreische, R. (2000): »Psychoanalytische Paartherapie«. In: Kaiser, P. (Hrsg.): *Partnerschaft und Paartherapie*. Hogrefe, Göttingen, pp. 257–270.

Kreuz, J. vom (1999): *Die Dunkle Nacht*. Herder, Freiburg im Breisgau, 4. Auflage.

Küfner, H. (1989): »Bindung und Autonomie als Grundmotivation des Lebens und Verhaltens«. *Forum der Psychoanalyse* 5, 99–123.

Kuhn, T. (1973): *Die Struktur wissenschaftlicher Revolutionen*. Suhrkamp, Frankfurt am Main (The Structure of Scientific Revolutions, University of Chicago 1962).

Lebow, J. L. (2000): »Building a Science of Couple Relationships: Comments to Two Articles by Gottman and Levenson«. *Family Process* 38, 167–173 (ein wichtiger Beitrag zu einer wissenschaftlichen Untersuchung der Paarbeziehungen. *Familiendynamik* 25, 39–49 (2000)).

Lederer, W. J., Jackson, D. D. (1968): *Ehe als Lernprozeß*. Pfeiffer, München 1972 (The Mirage of Marriage. Norton, New York 1968).

Lee, J. A. (1974): »The styles of loving«. *Psychology Today* 8, 44–51.

Lersch, P. (1962): *Aufbau der Person*. Barth, München.

Limacher, B., Willi, J. (1998): »Wodurch unterscheidet sich die ökologisch-koevolutive Therapiekonzeption von einer systemisch-konstruktivistischen?« *Familiendynamik* 23, 129–155.

Lindenmeyer, J. (2000): »Paartherapie aus der Sicht der Verhaltenstherapie«. *Psychotherapie im Dialog* 1, 15–20.

Linster, H. W. (2000): »Klientenzentrierte Paartherapie«. In: Kaiser, P. (Hrsg.): *Partnerschaft und Paartherapie*. Hogrefe, Göttingen, pp. 271–291.

Liturgische Institute Salzburg, Trier und Zürich (1999): *Die Feier der Trauung*. Herder, Freiburg im Breisgau.

Luborsky, L. (1988): *Einführung in die analytische Psychotherapie*. Springer, Berlin (Principles of psychoanalytic psychotherapy. Basic Books, New York 1984).

Marks, N. F. (1996): »Flying solo at midlife: Gender, marital status, and psychological well-being«. *Journal of Marriage and the Family* 58, 917–932.

Massing, A., Reich, G. (2000): »Psychoanalytische Paartherapie nach dem Mehrgenerationenansatz«. *Psychotherapie im Dialog* 1, 8–14.

Masters, R. D. (1988): »Evolutionsbiologie, menschliche Natur und Politische Philosophie«. In: Meier, H. (Hrsg.): *Die Herausforderung der Evolutionsbiologie*. Piper, München, pp. 251–289.

Mathes, E. W., Wise, P. S. (1983): »Romantic love and the ravages of time«. *Psychological Reports* 53, 839–846.

Maturana, H. R., Varela, F. J. (1987): *Der Baum der Erkenntnis*. Scherz, Bern.

Mayr, E. (1988): »Die Darwinsche Revolution und die Widerstände gegen die Selektionstheorie«. In: Meier, H. (Hrsg.): *Die Herausforderung der Evolutionsbiologie*. Piper, München, 3. Auflage, pp. 221–250.

Mechthild von Magdeburg, zit. nach Buber, M.: *Ekstatische Konfessionen*.

Meier, B., Röskamp, A., Riehl-Emde, A., Willi, J. (2002): »Trennung nach Paartherapie im Urteil der PatientInnen«. *Familiendynamik* 27 (im Druck).

Mentzos, St. (1995): »Abwehr«. In: Mertens, W., *Schlüsselbegriffe der Psychoanalyse*. Verlag Internationale Psychoanalyse, Stuttgart, 2. Auflage, pp. 191–199.

Mentzos, St. (2000): »Externalisierung«. In: Mertens, W. und Waldvogel, B. (Hrsg.): *Handbuch psychoanalytischer Grundbegriffe*. Kohlhammer, Stuttgart, pp. 182–184.

Mertens, W. (1995): *Schlüsselbegriffe der Psychoanalyse*. Verlag Internationale Psychoanalyse, Stuttgart, 2. Auflage.

Mertens, W., Waldvogel, B. (Hrsg.) (2000): *Handbuch psychoanalytischer Grundbegriffe*. Kohlhammer, Stuttgart.

Mieth, D. (Hrsg.) (1979): *Meister Eckhart*. Walter, Olten.

Miklowitz, D. J., Goldstein, M. J., Neuchterlein, K. H., et al. (1988): »Family factors and the course of bipolar affective disorder«. *Archives of General Psychiatry* 45, 225–231.

314 | Literatur

Minuchin, S., Rosman, B., Baker, L. (1983): *Psychosomatische Krankheiten in der Familie*. Klett-Cotta, Stuttgart (Psychosomatic Families. Anorexia Nervosa in Context. Harvard Univ. Press, Cambridge 1978).

Moeller, M. L. (1988): *Die Wahrheit beginnt zu zweit*. Rowohlt, Reinbek.

Moor, P. (1981): *Reifen – Glauben – Wagen. Menschwerdung durch Erziehung*. Theologischer Verlag, Zürich.

Needleman, J. (2000): *Das kleine Buch der Liebe*. S. Fischer, Frankfurt am Main (A little Book on Love. Doubleday, New York 1996).

Norwood, R. (1986): *Wenn Frauen zu sehr lieben. Die heimliche Sucht, gebraucht zu werden*. Rowohlt, Reinbek.

Otscheret, E. (1988): *Geschichte und Interpretation der menschlichen Zweispältigkeit*. Asanger, Heidelberg.

Reich, G., Cierpka, M. (1996): »Der psychodynamische Befund«. In: Cierpka, M. (Hrsg.): *Handbuch der Familiendiagnostik*. Springer, Berlin, pp. 279–306.

Revenstorf, D. (2000): »Liebe und die empirische Forschung. Gottmans Versuch, das Unfaßbare faßbar zu machen«. *Familiendynamik* 25, 50–54.

Revenstorf, D., Freudenfeld, E. (2000): »Paartherapie – Stand der Kunst und Kontroversen«. *Psychotherapie im Dialog* 1, 2–7.

Riehl-Emde, A. (1998): *Die Liebe – eine vernachlässigte Dimension in Paartherapie und Eheforschung*. Habilitationsschrift Zürich.

Riehl-Emde, A. (1999): »›Ist seine Ehe auch ihre Ehe?‹ Eine alte Frage in neuem Licht«. *System Familie* 12, 132–138.

Riehl-Emde, A. (2000): »›Kann denn Liebe Sünde sein?‹ Paarforschung und Paartherapie entdecken ein neues Gebiet«. *Psychotherapie im Dialog* 1, 76–80.

Riehl-Emde, A., Frei, R., Willi, J. (1994): »Menschen in Trennung und ihre Ambivalenz: Erste Anwendung eines neu entwickelten Paar-Inventars«. *Psychotherapie, Psychosomatik, Medizinische Psychologie* 44, 37–45.

Riehl-Emde, A., Willi, J. (1997): »Sich verlieben und die große Liebe. Eine Fragebogenaktion und Überlegungen aus paartherapeutischer Sicht«. *Psychotherapeut* 42, 85–91.

Rogers, C. R. (1981): *Der neue Mensch*. Klett-Cotta, Stuttgart (A Way of Being. Houghton Mifflin, Boston 1980).

Rogers, C. R. (1973): *Entwicklung des Persönlichkeit*. Klett, Stuttgart (On Becoming a Person. A Therapist's View of Psychotherapy. Houghton Mifflin, Boston 1961).

Röskamp, A. (2001): *Wirksamkeit von Paartherapie im Urteil der Patienten*. Diss. Zürich.

Sassmann, H., Brankhans, C., Hahlweg, K. (2000): »Behaviorale Ansätze der Gesundheits- und Entwicklungsförderung für Paare«. In: Kaiser, P. (Hrsg.): *Partnerschaft und Paartherapie*. Hogrefe, Göttingen, pp. 365–382.

Schiepek, G. (1999): *Die Grundlagen der Systemischen Therapie*. Vandenhoeck & Ruprecht, Göttingen.

Schindler, L., Hahlweg, K., Revenstorf, D. (1998): *Partnerschaftsprobleme: Diagnose und Therapie*. Springer, Berlin, 2. Auflage.

Schindler, L., Hahlweg, K., Revenstorf, D. (1999): *Partnerschaftsprobleme: Möglichkeiten zur Bewältigung*. Springer, Berlin, 2. Auflage.

Schlippe, A. von, Schweitzer, J. (1996): *Lehrbuch der systemischen Therapie und Beratung*. Vandenhoeck & Ruprecht, Göttingen.

Schmidt, G. (1998): »Wir sehen immer mehr Lustlose«. *Familiendynamik* 23, 348–365.

Schubart, W. (1989): *Religion und Eros*, Beck, München.

Schwarzer, A. (2000): *Der große Unterschied*. Kiepenheuer & Witsch, Köln.

Shaver, P., Hazan, C., Bradshaw, D. (1988): »Love as attachment: The integration of three behavioral systems«. In: Sternberg, R. J., Barnes, M. L. (Hrsg.): *The Psychology of Love*. Yale University Press, New Haven, pp. 68–99.

Shazer, St. de (1989): *Der Dreh. Überraschende Wendungen und Lösungen in der Kurzzeittherapie*. Carl-Auer-Systeme, Heidelberg (Clues. Investigating Solutions in Brief Therapy. Norton, New York 1988).

Simon, F. B., Clement, U., Stierlin, H. (1999): *Die Sprache der Familientherapie*. Klett-Cotta, Stuttgart, 5. Auflage.

Spitzer, M. (2001): *Ketchup und das kollektive Unbewußte*. Schattauer, Stuttgart.

Steenwegen, A. van (1998): »Divorce after couples therapy: An overlooked perspective of outcome research«. *Journal of Sex and Marital Therapy* 24, 123–130.

Sternberg, R. J. (1986): »A triangular theory of love«. *Psychol. Rev.* 9, 119–135.

Sydow, K. von (1998): »Sexualität und/oder Bindung«. *Familiendynamik* 23, 377–404.

Thibaut, J. W., Kelley, H. H. (1959): *The Social Psychology of Groups*. Wiley, New York.

Tiedemann, R. von, Jellouschek, H. (2000): »Systemische Paartherapie – ein integratives Konzept«. *Psychotherapie im Dialog* 1, 37–44.

Vogel, Ch. (1992): »Gibt es eine natürliche Moral? Oder: Wie widernatürlich ist unsere Ethik«. In: Meier, H. (Hrsg.): *Die Herausforderung der Evolutionsbiologie*. Piper, München, 3. Auflage, pp. 193–219.

Walster, E., Utne, M. K., Traupmann, J. (1977): »Equity-Theorie und intime Sozialbeziehungen«. In: Mikula, G., Groebe W. (Hrsg.): *Sympathie, Freundschaft und Ehe.* Huber, Bern, pp. 193–220.

Watzlawick, P., Beavin, J. H., Jackson, D. D. (1969): *Menschliche Kommunikation.* Huber, Bern (Pragmatics on Human Communication. Norton, New York 1967).

Weis, H. W. (1998): *Spiritueller Eros.* Via Nova, Petersberg.

Weiss, J., Sampson, H. and the Mount Zion Psychotherapy Research Group (1986): *The psychoanalytic process: Theory, clinical observation, and empirical research.* Guilford, New York.

Welter-Enderlin, R. (1996): *Deine Liebe ist nicht meine Liebe. Partnerprobleme und Lösungsmodelle aus systemischer Sicht.* Herder, Freiburg im Breisgau.

Wickler, W., Seibt, U. (1983): *männlich weiblich.* Piper, München.

Wickler, W., Seibt, U. (1991): *Das Prinzip Eigennutz.* Piper, München.

Wilber, K. (1988): *Halbzeit der Evolution.* Scherz, Bern.

Willi, J. (1975): *Die Zweierbeziehung.* Rowohlt, Reinbek.

Willi, J. (1978): *Therapie der Zweierbeziehung.* Rowohlt, Reinbek.

Willi, J. (1985): *Ko-Evolution. Die Kunst gemeinsamen Wachsens.* Rowohlt, Reinbek.

Willi, J. (1991): *Was hält Paare zusammen?* Rowohlt, Reinbek.

Willi, J. (1996): *Ökologische Psychotherapie.* Hogrefe, Göttingen.

Willi, J. (1997): »The significance of romantic love for marriage«. *Family Process* 36, 171–182.

Willi, J. (2000): »Koevolutive Aspekte der Paartherapie«. *Psychotherapie im Dialog* 1, 29–36.

Willi, J., Frei, R., Günther, E. (2000): »Psychotherapy of Panic Syndrom: Focusing on Ecological Aspects of Relationships«. *American Journal of Psychotherapy* 54, 226–242.

Willi, J., Frei, R., Limacher, B. (1993): »Couples Therapy Using the Technique of Construct Differentiation«. *Family Process* 32, 312–321.

Willi, J., Limacher, B., Frei, R., Brassel-Ammann, L. (1992): »Konstruktdifferenzierung in der Paartherapie«. *Familiendynamik* 17, 68–92.

Wydler, H. (1997): »Sexualität Jugendlicher: safe, aber nicht immer«. *P&G Prävention & Gesundheitsförderung im Kanton Zürich* 3, 13–15.

Sachregister

Abgrenzung, 43, 108, 154, 202
Ablösungskampf, 272
Abwehrmaßnahmen, 220
– gegen Liebessehnsucht, 128
– bei Partnerwahl, 136
– in Verliebtsein, 143
– in Liebesenttäuschung, 148
– im Gestalten einer gemeinsamen Welt, 161
– in Pensionierungsphase, 167
– in Altersehe, 169
Akkommodation der Wirkbereitschaft, 35
Akzeptation, 217, 229
Allparteilichkeit, 287
Altersehe, 167
Altruismus, 27, 41, 42
Altwerden, 165
Ambivalenz
– zwischen Anziehung und Angst, 73, 81
– zwischen Bindung und Freiheit, 48 f.
– neurotische, 185, 196
Ängste, 252
– der Männer, 74
– der Frauen, 74
– vor Liebessehnsucht, 128
– bei Partnerwahl, 136
– in Verliebtsein, 143
– in Liebesenttäuschung, 148
– im Gestalten einer gemeinsamen Welt, 161
– in Pensionierungsphase, 167
– in Altersehe, 169
– Beziehungsängste, 252
Anima, 75–81

Animus, 75–81
Anpassungsvorteil, kultureller, 61
Anziehung, 72 , 77
Assimilation der Ansprechbarkeit, 35
Attraktivität, 49, 50, 72, 77, 230
Ausbalancierungen der Beziehung, 47, 282, 285
ausgleichende Gerechtigkeit, 38
Austauschtheorie, 282
Autopoiese, 214

Balance von Macht, 38
beantwortetes Wirken, 34
Beantwortetwerden in der Liebe, 31
Begegnung, 108
Begrenzung der Liebesbeziehung, 149
Berufskarrieren, 57, 58
Beziehungsängste, 252
Beziehungsgeschichte, 178, 252–254
Beziehungskonstellation, 232
Beziehungssehnsüchte, 252
Bindung, 48
Bindungsfähigkeit, 269
Bindungstheorie, 269
Bindungsunfähigkeit, 48

christliche Religiosität, 104

Dauer, 48
Dauerhafte Liebe, 126
Delegation von Animus und Anima, 76
Dialektik der Vorwürfe, 228
dialogisches Prinzip, 107

Dilemmas in Beziehungen, 40–51
Disposition, neurotische, 185
Doppelbindung, 207
double bind, 207
dyadische Nische, 156
dyadisches Gedächtnis, 156

Egoismus, 27, 41
Ehe, 55, 88
Ehesakrament, 117
Eigennutz, in der Liebe, 27–29, 41
Ejaculatio deficiens, 243
Ekstase, 106
Elternbeziehung
– aktuelle, 272
Emanzipation, 55
Energie, 104
Enttäuschungsphase, 80
Entwicklung
– anstehende, 242, 254
– konstellierte Herausforderung,
   242
– persönliche, 254
– als Verzicht, 255
– hintangestellte, 255
– vermiedene, 255
– blockierte, 257
Entwicklungsaufgaben, 125, 128,
   135
Equity-Theorie, 283
erotische Liebe, 22, 104
Erwartungen an Partner, 217
Ethik, 47, 62, 285
– der Liebe, 24–27
Ethologie, 27
Evolution
– kulturelle, 52
– genetische, 52
Exklusivität in der Liebe, 93

Fallkonzeption
– ökologische, 251
Familiengründung, 157
Feminismus, 54
Fitness (Def.), 34, 35
Fitness von Potential und Valen-
   zen (Def.), 33
Fokus
– ökologischer, 258–267
Follow-up-Paartherapien, 290
Fortpflanzungserfolg, 27
Frauen
– Verschiedenheit, 64
– Vorwürfe, 68
– Beziehungsverhalten, 70
– Unterschiede, 72
Frauenkarrieren, 57
Frauenmystik, 111
Freiheit, 48
Fremdwahrnehmung, 220
frühe Traumatisierungen, 51
frühkindliche Erfahrungen, 269,
   271
Funktionsteilung, 37

Gastarbeiter, 198
Gedächtnis, dyadisches, 156
Gegensätzlichkeit, 72
Gegenseitigkeit, 110
Gegenvorwürfe, 227
Geheimnisse in der Liebe, 95
gemeinsame Welt, 45, 154
– innere, 155
– äußere, 156
– persönliche Herausforderung,
   160
– Ängste, Abwehrformen, 161
Gemeinschaftsformen, 27
Genderstudien, 66
Generalisierung, 278

genetische Reaktionsnorm, 33
Gerechtigkeit
– ausgleichende, 47, 284
Geschlechterrollen, 57
Geschlechtsunterschiede, 65, 66
– als Gewinn, 81
Geschwisterdynamik, koevolutive, 274
Gesprächstechnik, 235
Gesundheitsprobleme bei Paarkonflikten, 294
getrennte Exploration, 235
Gleichheit von Rechten, 93
Gleichwertigkeitsbalance, 213
Glück
– Momente des, 105, 109
– in Liebesbeziehung, 9, 18, 22
– sexuelles, 94
Gott, personaler, 107
Gottesliebe, 113
Großelternschaft, 165

Haß, 38, 192
Heiraten, 55
Helferbeziehung, 50
Helferkollusion, 197, 209
Herausforderung durch Liebe, 126, 135
Herausforderung persönlicher Entwicklung, 232
– durch Partnerwahl, 135
– in Verliebtsein, 140
– in Liebesenttäuschung, 146
– im Gestalten einer gemeinsamen Welt, 160
– in Altersehe, 169
– durch Trennung und Scheidung, 172
Herkunftsfamilie, 132, 274
Homöostase, 286

Idealisierung, 145
Identifikation mit Partnerschaft, 21, 22, 42
innere Objektbeziehungen, 276, 268
Interessenskonflikte, 182
interkulturelle Ehen, 131
Introjektion, 268

Kairos, 255
Katamnesen Paartherapien, 290
Kinder
– Zusammenleben mit, 158, 160
Kindererziehung, 58
Ko-Evolution, 8, 289
koevolutive Familiendynamik, 274
koevolutive Geschwisterdynamik, 274
Kollusion (Def.), 45, 188, 190
– Entwicklung einer, 210
– destruktive, 191
– Animus-Anima, 76
– orale, 197
– anal-sadistische, 198
– phallische, 198
– narzißtische, 199
– Nähe-Distanz, 200
– als Korrespondenz unreifer Entwicklungsbereitschaften, 211
– wechselseitige Determination, 213
– Schutzfunktion, 214
– Entwicklung von, 222
– als Durchgangsstadium, 214
– als neurotisches Syndrom, 205
Kollusionsmodelle, 187
Kollusionsmuster, 196
kollusive Vermeidungen, 248, 255
Kommunikation
– destruktive, 278

- digital, 206, 209
- analog, 206, 209
- Inhaltsaspekt, 206
- Beziehungsaspekt, 206
Kommunikationstheorie, 206
Kompensatorische Beziehungen, 149, 175
Komplizenschaft, 188
Kompromißlosigkeit in der Liebe, 194
Konflikte
- Interessen-, 182
- neurotische, 182
- normalpsychologische, 51, 182
Konkubinat, 56
Konkurrenz, 27
Konstruktsystem
- dyadisches, 155, 238
- persönliches, 30, 34, 155, 237
kontextuelle Psychotherapie, 47, 284
Koontogenese, 214
Kooperation, 27–30, 43
Koordination der Lebensläufe, 163
Korrektur der Familiengeschichte, 132, 275
Korrespondenz, 34
- der Entwicklungsbereitschaften, 8, 36, 211
korrespondenzkorrigierende Beziehungserfahrung, 221
Krise
- weshalb jetzt?, 239
- Konstellation der, 239
- wann begonnen?, 253
Kritik
- als Liebesdienst, 210
- als Hilfe, 236
kulturelle Evolution, 52
kulturelle Selektion, 62

kulturelle Verschiedenheit, 131
Kybernetik, 286

Läuterung, 115
Lebensläufe
- Korrektur durch Liebesbeziehung, 174
Lebenswende, 117, 135
Ledige in fester Partnerschaft, 18
Leiden an der Liebe, 9, 113
Lernen am Erfolg, 279
Liebe als Zusammenhalt, 20
Liebe, 9, 13
- Definitionsschwierigkeiten, 13
- die große, 18
- in langdauernden Partnerschaften, 22
- als intimes Beantwortetwerden, 31
- christliche, 111
- als persönliche Herausforderung, 210
Liebesenttäuschung, 145–154, 252
- persönliche Herausforderung durch, 146, 150
- Angst, Abwehrformen, 148
- Umgang mit Begrenzungen, 149
- Kompensationsmöglichkeiten, 149
Liebesentzug, 279
Liebesglück, 9, 18, 22
Liebessehnsucht, 127–129
- Angst, 128
- Abwehrformen, 128
living apart together, 160
Lösungsorientierung, 287
Lust, 82

Machtbalance, 38, 44, 92, 279
Männer

- Verschiedenheit, 64
- Vorwürfe, 68
- Beziehungsverhalten, 70
- Unterschiede, 72
Masturbation, 95
Migranten, 198
Monogamie, 55
Mutterbindung, 272

Nachholen aufgeschobener Entwicklungen, 162
Nächstenliebe, 116
Nachuntersuchung Paartherapien, 291
Nähe-Distanz, 200
neurotische Beziehungsangebote, 186
neurotische Disposition, 185
Neutralisierung von Vorwürfen, 234
New Age, 106, 110
Nische, 256
- persönliche, 237
- dyadische, 156, 238

Objektbeziehungstheorie, 268
Ökologie des Verhaltens, 32
ökologische Paartherapie, 251
ökologische Psychotherapie, 33, 108
ökologischer Ansatz
- Unterschied zu anderen systemischen Ansätzen, 287
ökologischer Fokus, 258–267
operantes Lernen, 279

Paarkonflikte als Gesundheitsrisiko, 294
Paartherapie
- ökologische, 251

- Erwartungen, 292
- Auswirkungen, 292
- Motivation von Männern und Frauen, 293
- Zufriedenheit mit Ergebnis, 293
- als Krankheitsbehandlung, 293
- Trennung und Scheidung, 295
- Scheidung nach, 296
- Auswirkung auf persönliche Entwicklung, 299
- eine wirksame Kurztherapie, 300
Pädagogik des Beziehungsverhaltens, 281
Partnerwahl, 129–137, 252
- Passen, 33, 35
- Ausgangslage, 131
- interkulturelle, 131
- in jüngeren Jahren, 131
- Korrektur der Familiengeschichte, 132
- in späterer Lebensphase, 134
- korrespondierende Dynamik, 135
- Ermöglichung neuer Entwicklungen, 136
- Ängste, Abwehrformen, 136
- Vermeidung bei, 233
patriarchalische Kollusion, 198
Pensionierung, 165
personaler Gott, 107
Personhaftigkeit, 110
persönliche Entwicklung, 254
- durch Paartherapie, 299
- in der Liebe, 22
persönliches Potential, 30
Phasen der Liebe
- persönliche Herausforderung, 135, 140, 146, 160, 169, 172, 176, 177

Register | 323

– Ängste, Abwehrmaßnahmen, 128, 136, 143 148, 161, 167, 169, 176, 177
Phasen einer Liebesbeziehung, 125–180
Pluralität partnerschaftlicher Lebensformen, 63
Potential (Def.), 34, 256
– persönliches, 29
Prinzip Eigennutz, 27, 41, 62, 243
progressive Verwirklichung, 190
Projektion (Def.), 220; 17, 75, 218, 227
– Liebe als, 17
projektive Identifikation, 50, 224
Prominentenkollusion, 198
Prozeß einer Liebesbeziehung, 125–180
psychoanalytische Ansätze, 267, 268
Psychotherapie, ökologische, 33

Reaktionsnorm, genetische, 33
regressive Verwirklichung, 190
Reinszenierung, 268
Respekt, 234
Ressourcenaktivierung, 287
Ritual der Heirat, 117
Rivalität, 36, 37, 46

Scheidung, 55, 171, 243
– Gesundheitsprobleme, 293
– trotz Paartherapie, 296
– persönliche Herausforderung, 172
Schemata, 237
Schuld
– und Verdienst, 47, 284
Schuldverstrickungen, 273, 274
Sehnsucht in Liebe, 31

Sehnsüchte, 74, 127–129
Selbsterkenntnis, 30
Selbstfindung, 30
Selbstheilungsversuch
– interaktioneller, 220
– durch Projektion, 225
Selbstorganisation, 214
Selbstverwirklichung (Def.), 32; 108, 125
– als innerer Prozeß, 29
– in der Liebe, 24, 41
– als Verwirklichung des persönlichen Potentials, 29, 124
Selbstwahrnehmung, 220
Selektion, kulturelle, 62
selfish gene, 27
Sexualbeziehungen, 82–102
Sexualität in der Ehe, 88, 90
Sexualleben, 53
Sexualneurose, 53
sexuelle
– Aggressivität, 85
– Außenbeziehungen, 91–93, 97
– Befreiung, 54
– Geheimnisse, 95
– Lust, 82, 84
– Lustlosigkeit, 87, 88
– Phantasmen, 94
– Repression, 53
– Treue, 54
– Übergriffe, 87
– Untreue, 91
– Vereinigung, 88
– Zugehörigkeit, 87
Sich-Fremdbleiben
– in der Liebe, 96
– in der Sexualität, 96
Singles, 18
Spiritualität, 104, 115
Streß wegen Paarkonflikten, 294

Struktur der Partnerschaft, 55
- innere, 237
- äußere, 238
Sublimation, religiöse, 113
Suchen, gemeinsames, 15, 137, 219
Symptom, als Herausforderung, 245
Symptombildung, 257
systemische Therapieansätze, 267, 285
- als Paar- und Familientherapie, 286

Tantra, 104
Tod der Eltern, 273
Trennung nach Paartherapie, 295
- Zufriedenheit mit Therapie, 298
- seelisches Wohlbefinden, 298
- Auswirkung auf persönliche Entwicklung, 300
Trennung, 171, 243
- persönliche Herausforderung, 172
Treue, 54, 87, 91

Übergriffe in Beziehung, 219
Über-Ich, strafendes, 224
Überlebensvorteil
- individueller, 61
- kultureller, 61
Übertragungsbeziehung, 221
Unabhängigkeit, 108
Unausgesprochenes, 205
unbewußt, 188, 205, 229
Unbewußtes, 75
- gemeinsames, 8, 75
Untreue, 54
Unverfügbarkeit über Liebe, 115

Valenzen (Def.), 34; 256
Vaterbindung, 273

Veränderung der Umstände, 242, 253
Verbindlichkeit, 48, 158
Verdrängung, 229
Vereinigung, 109, 104–106, 114
Verhaltensökologie, 32
verhaltensorientierte Ansätze, 267
verhaltenstherapeutische Therapieansätze, 278
Verletzungen, 252
Verleugnung, 220
Verliebtsein, 16, 17, 80, 137–144
- auf den ersten Blick, 17
- Bedeutung für dauerhafte Liebe, 17
- Evidenz, 138
- Utopie, 138
- coup de foudre, 138
- negative Bewertung, 139
- persönliche Entwicklung, 140
- Angst, Abwehrformen, 143
- unerwidertes, 143
Vermeidung, 240, 257
- gemeinsame, 232
Verschiedenheit von Männern und Frauen, 64
Verwirklichung
- des Potentials, 30
- in der äußeren Welt, 30
Verzicht, 242, 255
Vision, 137
Vorerfahrungen, traumatisierende, 51
Vorwürfe
- destruktive, 226
- Fragebogenstudie, 67, 226
- zutreffende, 227
- Dialektik, 228
- partnerschaftliche, 67, 216
- therapeutischer Umgang mit, 235

Wahrnehmung des Partners, 220
Wandel, 117
Wechsel, 48
Welt, innere, 8
– äußere, 8
Widerstand gegen Kollusionsange-
   bot, 191, 215
Wiederholungszwang, 214
– konflikthafter Muster, 277
Wiederverheiratung, 57
wirkungsgeleiteter Lebenslauf, 256,
   237
Witwenschaft, 169

Wohnungseinrichtung, 156
Wut, 192, 193, 194, 202

Zeitpunkt, der rechte, 255
Zielsetzung der Paartherapie,
   251
zirkuläre Kausalität, 286
Zufriedenheit
– in Liebesbeziehung, 18, 22
– mit Paartherapie, 299
Zusammenhalt von Paaren, 20
zweite Lebenshälfte, 162
Zweitehen, 173

Personenregister

Abraham, K. 132
Ainsworth, M. 269
Alexander, J. F. 281
Alferman, D. 65
Anand, M. 105
Augustinus, A. 113

Balint, M. 83
Bauriedl, T. 269
Belsky, J. 19
Boszormenyi-Nagy, I. 47, 275, 284, 285
Bowen, M. 213
Bowlby, J. 269
Braun, C. von 65, 66
Bray, J. 298
Buber, M. 8, 31, 107, 108, 109, 110
Burkhart, G. 54

Christensen, A. 299
Cierpka, M. 183
Clement, U. 268
Colardeau, C.-P. 228
Coellen, M. 104
Cooper, D. 55

Darwin, C. 25, 26, 27
Dawkins, R. 27

Ebbecke-Nohlen, A. 287
Ebertz, L. 66
Eibl-Eibesfeldt, I. 28
Ellis, L. 66
Ernst, C. 271

Fairbairn, W. 268
Foerster, H. von 218

Frei, R. 20, 186, 235
Freud, S. 83, 131, 205, 229
Freudenfeld, E. 284
Frisch, M. 216, 217, 219

Geary, D. C. 66, 67
Gibbons, E. 25
Glasersfeld, E. von 218
Golden, G. K. 270
Gondonneau, J. 54
Gottman, J. M. 279, 280, 294
Grawe, K. 291
Gray, J. 69, 70, 72, 73
Grün, A. 119
Gruenebaum, H. 140
Günther, E. 186

Hahlweg, K. 14
Haley, J. 286
Hamilton, W. D. 26, 27
Heavey, C. L. 299
Hegel, G. W. F. 24
Hellinger, B. 133, 277, 289
Hemminger, H. J. 271
Hofstadter, D. R. 41
Hohl, J. 256

Jackson, D. D. 284, 286
Jellouschek, H. 92, 94, 105, 289
Johannes vom Kreuz 113, 114
Jung, C. G. 75, 81, 229

Kaiser, R. 130
Karpel, M. A. 269
Kehl, M. 106
Kelley, H. H. 282, 283
Kelly, G. 30, 237

Register | 327

Kernberg, O. F. 83
Kowalczyk, A. 287
Krasner, B. 47
Kuhn, T. 218

Lebow, J. L. 280
Lederer, W. J. 284
Lee, J. A. 14
Lersch, P. 41
Levenson, R. W. 279, 280, 294
Limacher, B. 287
Lindenmeyer, J. 278, 280
Lorenz, K. 26
Luborsky, L. 184
Luckner, N. von 271

Massing, A. 276
Maturana, H. 214, 218
Mechthild von Magdeburg 112
Meier 290
Meister Eckhart 41, 106, 116
Mentzos, S. 220
Mikula, G. 283
Minuchin, S. 213
Moeller, M. L. 227

Needleman, J. 15, 31
Nietzsche, F. 227
Norwood, R. 220

Piaget, J. 30, 237

Reich, G. 183, 276
Revenstorf, D. 14, 280, 284
Riehl-Emde, A. 17, 20, 90, 91, 138, 290
Rogers, C. 217, 229
Röskamp, A. 290

Rovine, M. 19

Sampson, H. 215
Schindler, L. 14
Schmidt, G. 87, 88, 89, 90, 93, 95
Schubart, W. 105
Schwarzer, A. 65
Seibt, U. 27, 44, 71
Shazer, S. de 287
Simenon, G. 232
Simon, F. 268
Spark, G. 47
Spitzer, M. 67
Steenwegen, A. van 298, 299
Stephan, I. 65, 66
Sternberg, R. J. 14
Stierlin, H. 268
Stroebe, W. 283
Sydow, K. von 89, 90

Tannen, D. 69, 70
Tiedemann, R. von 289
Thibaut, J. W. 282, 283

Varela, F. 214, 218
Verbrugge, L. 293

Walster, E. 283
Watzlawick, P. 206, 286
Weakland, J. 286
Weiss, J. 215
Welter-Enderlin, R. 289
Wickler, W. 27, 44, 71
Willi, J. 17, 20, 22, 30, 33, 67, 108, 125, 138, 140, 141, 149, 154, 168, 181, 184, 186, 196, 213, 235, 237, 263, 274, 287, 290
Wydler, H. 54

Bibliographische Information Der Deutschen Bibliothek
Die Deutsche Bibliothek verzeichnet diese Publikation in der
Deutschen Nationalbibliographie; detalllierte bibliographische
Daten sind im Internet über<http://dnb.ddb.de>abrufbar.

Klett-Cotta
© J. G. Cotta'sche Buchhandlung Nachfolger GmbH, gegr. 1659,
Stuttgart 2002
Fotomechanische Wiedergabe
nur mit Genehmigung des Verlags
Printed in Germany
Schutzumschlag: Finken & Bumiller, Stuttgart
Gesetzt in der 10 Punkt Minion
von Offizin Wissenbach, Höchberg bei Würzburg
Auf säure- und holzfreiem Werkdruckpapier gedruckt
und gebunden von GGP Media, Pößneck
ISBN 3-608-94336-6

Fünfte Auflage, 2002

Evan Imber-Black:
Die Macht des Schweigens
Geheimnisse in der Familie
Aus dem Amerikanischen von Rita Seuß und Sonja Schumacher
371 Seiten, gebunden, ISBN 3-608-93456-1

»Der schöne Schein verdeckt allzuoft Abgründe, in denen es von Spannungen brodelt. Welchen Einfluß Geheimnisse auf das Seelenleben des einzelnen und das komplizierte System Familie haben können, hat Imber-Black auf mutigen Expeditionen erfahren.«
Der Spiegel

»Nach der Lektüre des Buches gehört kein Vergrößerungsglas dazu, um den Fluch zu ermessen, der von entlarvten Geheimnissen ausgehen kann. Die eindringliche Darstellung macht deutlich, daß die Reaktionen bei jedem, der durch ein Geheimnis gefangengehalten wird, nicht auf das nahe Umfeld beschränkt bleiben.«
Die Zeit

Samuel Shem/Janet Surrey:
Alphabete der Liebe
Warum Mann und Frau doch zusammenpassen
Aus dem Amerikanischen von Maren Klostermann
368 Seiten, gebunden, ISBN 3-608-91993-7

Sie reden anders, sie lieben anders, sie sind anders – und eigentlich können sie einander nie verstehen. Und dennoch, Männer und Frauen stammen keineswegs von verschiedenen Planeten: Die Kluft zwischen den Geschlechtern ist überbrückbar. Shem und Surrey zeigen mit diesem Buch, wie man gerade diese Unterschiede zum Aufbau einer zutiefst befriedigenden Beziehung nutzen kann. Im Zentrum steht der radikale Wechsel vom Ich und Du zum Wir. Das Wir ist der Schlüssel, der Paaren den Weg aus Beziehungssackgassen, aus Wut und Enttäuschung weist und zum persönlichen Wachstums jedes einzelnen beiträgt. Für eine neue Beziehungskultur.

Klett-Cotta

Mihaly Csikszentmihalyi:
Lebe gut!
Wie Sie das Beste aus Ihrem Leben machen
Aus dem Amerikanischen von Michael Benthack
213 Seiten, gebunden, ISBN 3-608-93455-3

Wir alle versuchen, ein erfülltes Leben zu führen, überall hoffen wir auf Glück und Zufriedenheit. Doch nichts ist so schwierig, wie den richtigen Weg zu einem glücklichen Leben zu finden.

»Wie sieht ein erfülltes Leben aus? Der führende Glücksforscher der Welt weiß Antwort.«
Focus

»Ein kluges und weises Buch«
Süddeutsche Zeitung

Arnold Lazarus:
Fallstricke der Liebe
Vierundzwanzig Irrtümer über das Leben zu zweit
Aus dem Amerikanischen von Sabine Behrens
136 Seiten, gebunden, ISBN 3-608-91918-X

Kaum jemand weiß wirklich, wie man eine Ehe führt! Die meisten Menschen gehen mit Wunschträumen und unrealistischen Erwartungen in das Leben zu zweit. Daher sollte jeder Heiratswillige eine Art Stellenangebot formulieren und aufzählen, was er als Partner geben kann und was er erwartet. Dies könnte viel Kummer und Ärger ersparen.

»In den Köpfen vieler Paare spuken irrige Vorstellungen über ›die gute, glückliche Beziehung‹ herum. Statt Glück gibt's daher Streß und Streit. In diesem Buch räumt Lazarus mit den 24 schlimmsten Irrtümern auf. Pro Irrtum ein Kapitel, jedes mit vielen Beispielen und Argumenten.«
Brigitte

Mihaly Csikszentmihalyi:
FLOW. Das Geheimnis des Glücks
Aus dem Amerikanischen von Annette Charpentier
424 Seiten, 1 Abbildung, gebunden, ISBN 3-608-95783-9

»Gewiß, diese Hochstimmung zu erreichen, ist nicht einfach – *flow* läßt sich nicht auf Knopfdruck abrufen. Aber je stärker die Motivation, je besser man seine Tätigkeit beherrscht und je öfter man die Bedingungen schafft, desto eher stellt sich *flow* ein. Und wer einmal *flow* erlebt hat, der wird ihn auch ein zweites Mal erleben. Und immer wieder.«
Marie Claire

Arnold A. Lazarus / Clifford N. Lazarus:
Der kleine Taschentherapeut
In 60 Sekunden wieder o.k.
Aus dem Amerikanischen von Christoph Trunk
4. Aufl. 2000. 259 Seiten, broschiert, Lesebändchen, ISBN 3-608-91972-4

In knapper, prägnanter Form präsentieren Arnold und Clifford Lazarus 101 Tips, um uns psychisch fit zu halten. Auf pragmatische, mitunter auch unkonventionelle Weise führen sie einfache Techniken vor, in verschiedensten Bereichen des Alltags, ob in der Beziehung, im sozialen Leben oder im Beruf, besser klarzukommen.

Die Botschaft ist einfach: Wir können viel mehr in unserem täglichen Verhalten und somit unserem Wohlbefinden verändern, als wir glauben. Die Autoren zeigen, wie wir uns von falschen Erwartungen, destruktiven Ideen, negativen Emotionen befreien – kurz, wie wir in einer verrückten Welt kühlen Kopf bewahren, mit Zuversicht wir selbst sein und so tagtäglich zum Architekten eines besseren Lebens werden können.